CW01653661

Dictionnaire amoureux *illustré* de l'

Alsace

Dictionnaire amoureux *illustré* de l'

Alsace

Gilles Pudlowski

PLON | GRÜND

COLLECTION DIRIGÉE PAR
JEAN-CLAUDE SIMOËN

Cet ouvrage est une version illustrée
et abrégée de l'édition originale
parue en 2010

Texte original
Gilles Pudlowski

Direction d'ouvrage
Jean-Claude Simoën

Édition
Luc-Édouard Gonot

Conception graphique
ABM Studio

Iconographie
PIXL

Photogravure
Les Caméléons, Paris

© Éditions Plon, Gründ, 2016
ISBN : 978-2-324-01779-7
Dépôt légal : octobre 2016
Imprimé en Espagne

Garantie de l'éditeur
Malgré tous les soins apportés à la fabrication, il est malheureusement possible que cet ouvrage comporte un défaut d'impression ou de façonnage. Dans ce cas, il vous sera échangé sans frais. Veuillez à cet effet le rapporter au libraire qui vous l'a vendu ou nous écrire à l'adresse ci-dessous en nous précisant la nature du défaut constaté. Dans l'un ou l'autre cas, il sera immédiatement fait droit à votre réclamation.

Éditions Gründ, un département d'Édi8,
12, avenue d'Italie
75013 Paris
Tél. : 01 44 16 09 00
Fax : 01 44 16 09 01
www.grund.fr

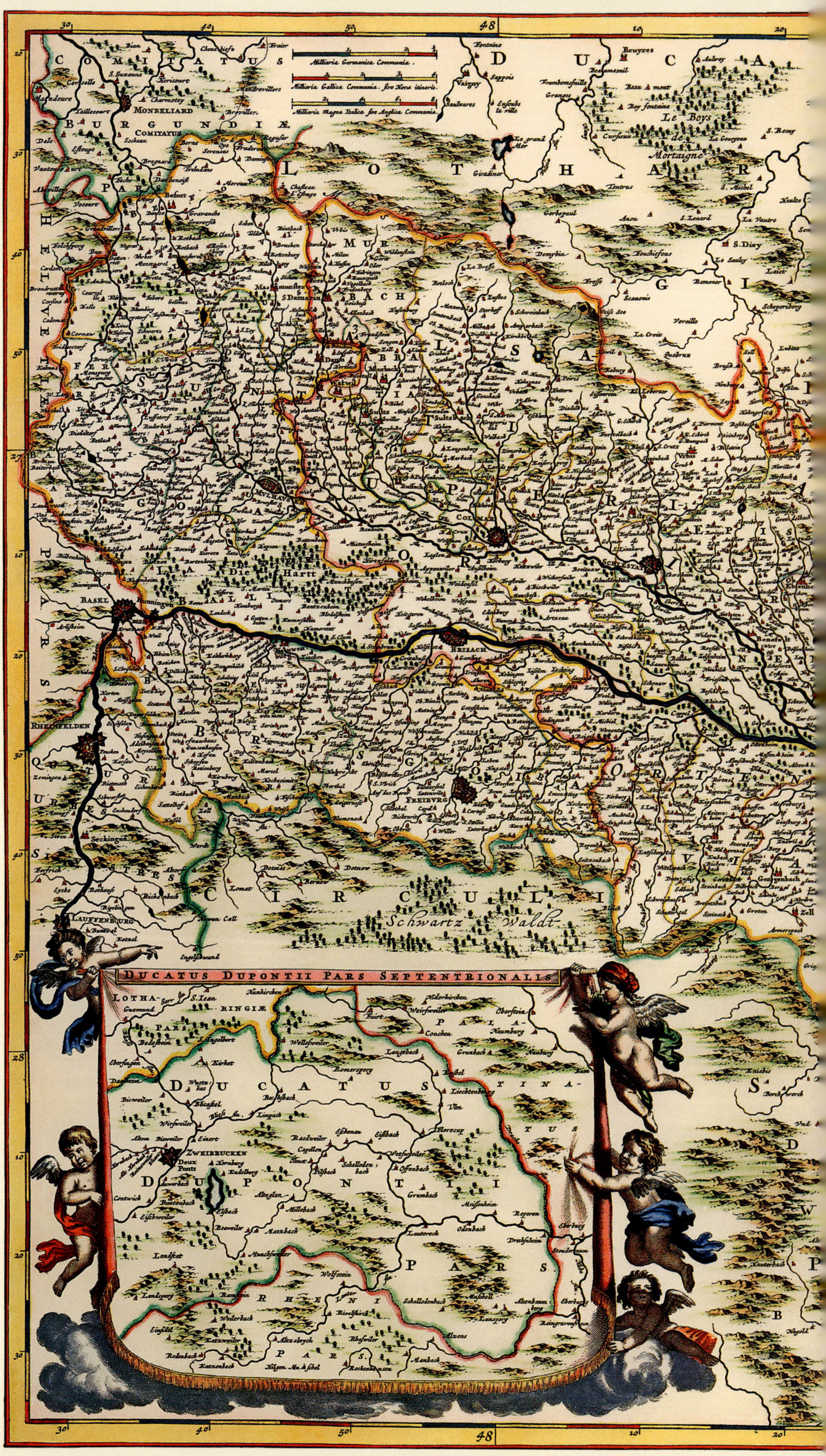

Milliaria Germanica Communia.
Milliaria Gallica Communia, sive Horæ itineris
Milliaria Magna Teutica sive Anglica Communia
COMITATUS BURGUNDIÆ
MONBELIARD
LOTHARINGIÆ
Le Boys
Mortaigne
S. Diey
BASEL
RHEINFELDEN
Seckingen
LAUFFENBURG
FREIBURG
Schwartz Waldt
DUCATUS DUPONTII PARS SEPTENTRIONALIS
DUCATUS DUPONTII PARS
ZWEIBRUCKEN
Deux Ponts

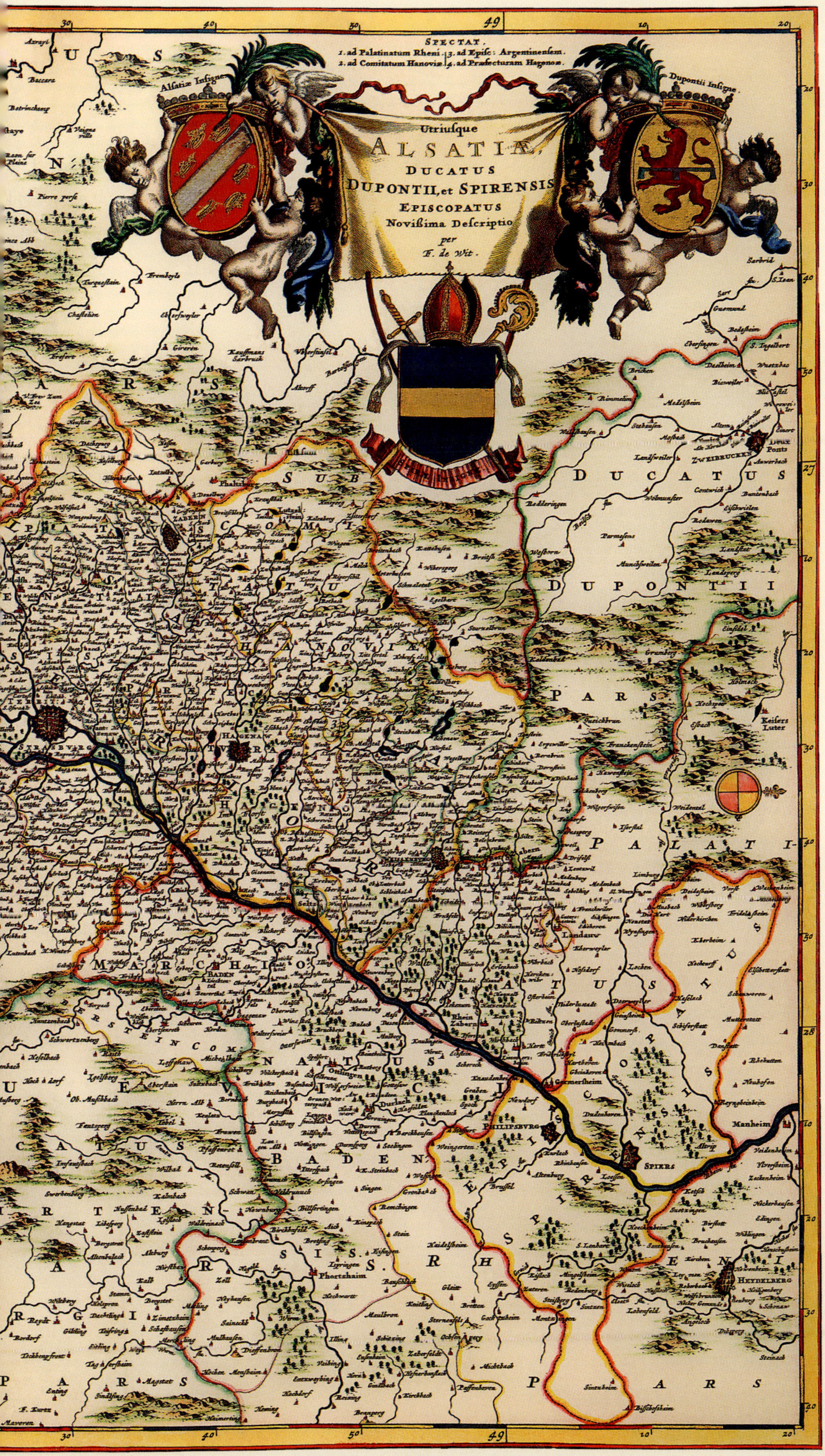

SPECTAT.
1. ad Palatinatum Rheni. 3. ad Episc: Argentinensem.
2. ad Comitatum Hanoviæ. 4. ad Præfecturam Hagenoæ.
Alsatiæ Insigne
Dupontii insigne
Utriusque
ALSATIÆ,
DUCATUS
DUPONTII, et SPIRENSIS
EPISCOPATUS
Novissima Descriptio
per
F. de Wit.
DUCATUS
DUPONTII
PARS
PALATI-
ZWEIBRUCKEN
Keisers Luter
Landaw
SPIERS
Manheim
HEYDELBERG
Phortzheim
BADEN

DOUBLE PAGE PRÉCÉDENTE Carte de l'Alsace et de la vallée du Rhin de 1688 par Frederick De Wit.

« Les matinées de septembre, à Sainte-Odile, sont des matinées de bonheur. On voit une plaine aussi douce et neuve, dans ses blondes vapeurs, flottantes, que la jeune fille classique de l'Alsace. Délicieusement mouvementée, bien qu'aux regards distraits elle paraisse unie, cette vallée du Rhin prouve les grâces et les forces de la ligne serpentine. Ses chemins, jamais droits, ondulent avec nonchalance. La jeune plaine d'Alsace auprès de la vieille montagne ! serait-on tenté de dire ; mais que le soleil atteigne la montagne si noire, elle s'éclaire, devient jeune à son tour. Plaine rhénane ou montagne vosgienne, c'est ici une bienfaisante patrie, le lieu des plaisirs simples. Une nation laborieuse y sait jouir de son bonheur terrestre. Quelles figures satisfaites chez les pèlerins qui défilent sur la terrasse de Sainte-Odile ! Se bien promener et bien manger en gaie compagnie, c'est la devise de l'Alsace heureuse. [...] »

MAURICE BARRÈS

LA MAGNIFIQUE ALSACE, TOUJOURS PAREILLE ET TOUJOURS DIVERSE

CONFESSION D'UN ALSACIEN PROFESSIONNEL

Longtemps, j'ai cru que l'Alsace était une région française. Avant de comprendre que cette terre si particulière et si particulariste – ce qui n'est pas la même chose – se suffisait à elle-même. Que ses demeures à pans de bois, son débordement de fleurs, son marché de Noël, son imagerie à la Hansi, ses caricatures grinçantes à la Ungerer, sa gourmandise à la fois soignée et obsessionnelle, son sens de l'accueil comme nulle part ailleurs, sa propreté helvétique, son sens de l'ordre façon germanique, ses racines rhénanes en faisaient un pays à part.

Je dis bien un pays, comme il y a le Pays basque, comme la Corse n'est pas seulement une île, comme Saint-Pol Roux affirmait de la région qu'il a choisie comme centre de son œuvre : « Bretagne est univers. » Différente des autres, mais plus différente encore que les autres régions *à part*, l'Alsace aime répéter que nul ne la comprend. Et ce n'est pas l'auteur de ces lignes qui changera le bel adage cher à Germain Muller selon lequel, entre Vosges et Rhin, « le contraire est toujours vrai ». Ou encore, comme le dit Frédéric Hoffet : « Tout ce qu'on dit sur cette belle région est sujet à contestation, et l'inverse aussi. »

Confessons-le d'emblée : nul ne pouvait être moins bien placé pour livrer un dictionnaire amoureux et consensuel de l'Alsace que l'auteur de ces lignes. Lorrain, avec un nom à consonance polonaise qui trahit le Français de fraîche date, Mosellan, natif de la région juste à côté, mais fort bien placé, en revanche, pour comparer l'Alsace avec la France « de l'intérieur », Juif, donc n'appartenant pas aux deux grandes religions historiques, il livre ici une Alsace forcément partiale, pour ne pas dire parcellaire. Mais il s'agit bien d'un dictionnaire *amoureux*. Et en matière d'amour, celui qui signe ce livre et cette préface n'a que peu de leçons à recevoir concernant une région qui fut le grand œuvre de sa vie, lui ayant arraché tant de pages, de livres, de guides, d'articles, d'anthologies, vantant sa vie quotidienne ou rêvée, sa gourmandise proverbiale, ses écrivains, ses fêtes, ses sites, ses belles tables, ses lieux de bonheur au quotidien.

Le mot est lâché et il reviendra souvent ci-après. Cette « Alsace heureuse » dont parlait Hansi est de celle qui aime parler d'elle-même, ressasser son bonheur d'être, entre elle et avec les siens, multipliant les « alsatiques », les explications, les tentatives de psychanalyse, les essais politiques, les biographies, les ouvrages de recettes, les albums d'images, les recueils de nouvelles ou de poèmes et les romans à clef. Comme on peut l'affirmer d'une autre région, pareillement jalouse de sa différence, on glissera que l'Alsace est un roman, une longue mélodie, une fable. Elle fut convoitée par les uns, envahie par les autres, pillée par tous.

Elle fut celte, germaine, laminée par les Suédois, ruinée par la guerre de Trente Ans, repeuplée par les Suisses[1].

« L'Alsace, c'est comme les toilettes : c'est toujours occupé », relève en riant Tomi Ungerer. Et son copain Roger Siffer, cherchant sans la trouver une définition exacte de l'Alsacien, de noter à son tour :

« C'est un pays qui a été envahi des centaines de fois. Il se trouve à côté de l'Allemagne, de la Suisse, de la Lorraine, et c'est un endroit de passage. C'est-à-dire que, même quand il n'y avait pas de guerre, les gens passaient. Quand les Italiens voulaient acheter un peu de fromage en Hollande, ils passaient et violaient nos grands-mères. Quand les Russes venaient acheter des huîtres en Bretagne, ils passaient par l'Allemagne et hop là ! nos grands-mères en reprenaient un coup. Donc c'est un pays très mélangé. Cette situation historique tragique et cette situation géographique ont fait que c'est un pays qui a le sens de la moquerie et de l'autodérision. On ne trouve cela ni en Bretagne, ni en Corse, ni en Occitanie. C'est peut-être un des traits de caractère les plus intéressants et les plus originaux de ces fameux Alsaciens que je ne sais pas définir. »

La première fois que l'auteur de ce livre a mis les pieds en Alsace, ce fut lors de sa petite enfance. Dans les parages enchantés des Vosges du Nord, en lisière du grand domaine forestier de La Petite Pierre et des rochers magiques de Graufthal. Il y est revenu souvent, lycéen à Strasbourg, puis voisin curieux, épaté, souvent bluffé, touriste ébloui. Jusqu'à devenir cet observateur prétendument averti, ce spécialiste malgré lui, ce répondeur obligé à toutes les questions pièges. Il a été ainsi chargé, par presque tous les titres de la presse française (du *Quotidien de Paris* à *Gala*, de *VSD* au *Nouvel Observateur*, pêle-mêle, eh oui, sans oublier *Le Point* où il exerça si longtemps, ni les *DNA* qui lui font confiance chaque semaine depuis plus d'un quart de siècle), d'éveiller la connaissance des lecteurs d'ici comme de l'intérieur, suscitant, à coups d'articles, de dossiers, de préfaces, l'intérêt renouvelé pour ce pays à part, réputé magique, singulier, charmeur, gourmand, goinfre, gourmet et romantique.

On me permettra d'ajouter que le voyage n'est pas terminé, loin de là. Quand Jean-Claude Simoën m'a demandé de rédiger ce volume pour sa collection, les obstacles les plus évidents ont surgi devant mes yeux. Qu'allais-je dire de sensé sur le catholicisme – une religion que j'ignore sans le vouloir – ou le protestantisme qui ne puisse être contesté, ou encore sur le dialecte qu'à mon grand dam je ne pratique pas ? Et comment imaginer qu'une pierre neuve puisse être apportée valablement dans le jardin si encombré de la connaissance d'ici ? Mais celui-ci m'a aussitôt rassuré. Le fautif, ce serait lui. Même si je risque fort, quant à moi, de passer sinon pour l'idiot du village, du moins pour le naïf aux deux cent sept entrées, désireux de tout rassembler, de tout unir, de tout évoquer en quelques mots définitifs...

1 Renvoyons, pour toutes les étapes de l'histoire, à l'excellente *Histoire de l'Alsace*, de Philippe Meyer, Perrin, 2008.

CI-DESSOUS La cigogne est revenue et tout le village est ravi (Hansi, extrait de *Mon village*, ceux qui n'oublient pas).

Voici donc ce dictionnaire partiel, partial et passionné sur une région aussi riche en artistes de talent qu'en penseurs experts, en poètes affables qu'en cuisiniers fameux, en savants narquois qu'en vignerons audacieux, en militaires courageux qu'en chansonniers rieurs, en artisans débonnaires qu'en quidams extraordinaires. J'entends déjà la voix rauque et rocailleuse de mes détracteurs futurs :

— Mais comment as-tu pu [avec l'accent] oublier des poètes de talent comme Nathan Katz, les frères Matthis, Sylvie Reff, Jean-Claude Walter ou Roland Reutenauer ? N'accorder qu'une si faible place au Haut-Rhin, par rapport au Bas-Rhin, jouer avec tant de force de toutes les fibres du Pays de Hanau ou de l'Outre-Forêt en moquant les parages de Mittelwihr et de Westhalten ? Chanter la gloire du Kochersberg et oublier celle de la vallée de Saint-Amarin ? Vanter Luc Hueber et Martin Hubrecht en oubliant Émile Stahl et Théophile Schuler ?

Bien sûr, je ne cherche pas là des verges pour me faire fouetter. Mais je sais bien que mon Alsace à moi cousine avec la Lorraine, voire la Moselle qui est la mienne et surtout ma terre natale, flirte avec les Vosges (88), louvoie non loin de la Forêt-Noire. Et que le Rhin n'y a que peu de place… sinon à Bâle ! Bref, c'est ma vision des choses, d'un pays à part, d'une région en or, la plus belle qui soit, la plus franche du collier et la plus facile à aimer, qui est ici livrée. Avec ses contradictions, ses complexes, son sens inné de l'autodérision. La chaleur de ses tavernes, le bon goût des choses simples affirmé avec passion. Bref, une Alsace d'hier, d'avant-hier, d'aujourd'hui plus que de demain, je l'avoue, avec ses images fausses ou vraies. Mais que, passionnément, je voudrais vous faire aimer.

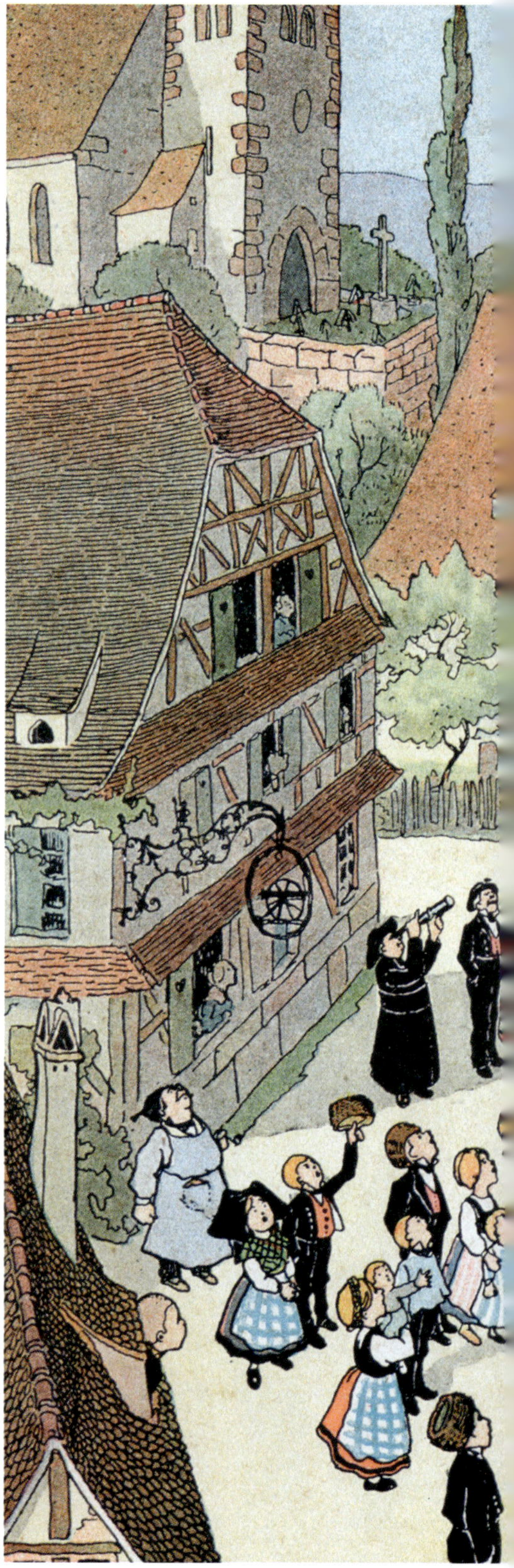

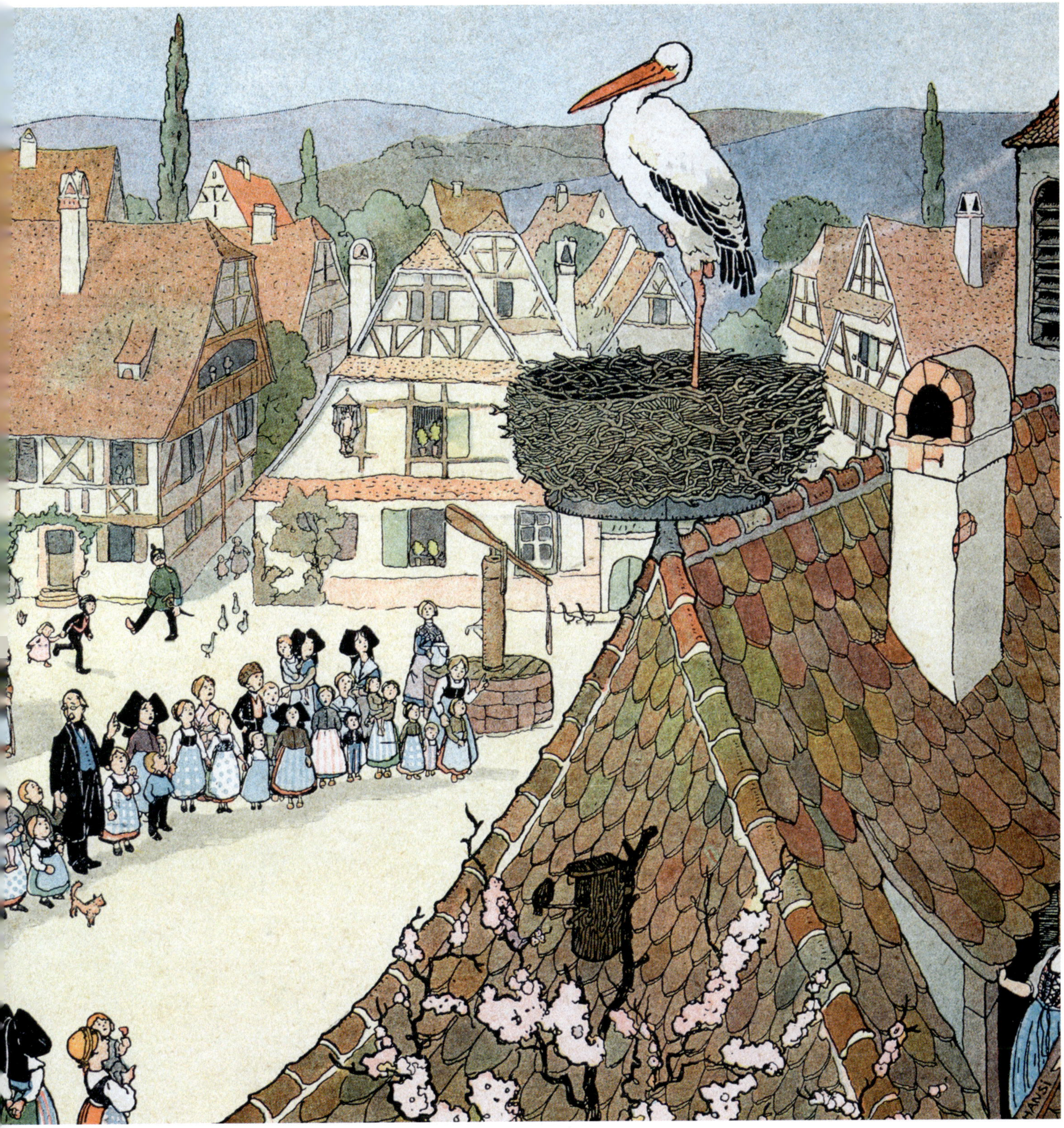
HANSI

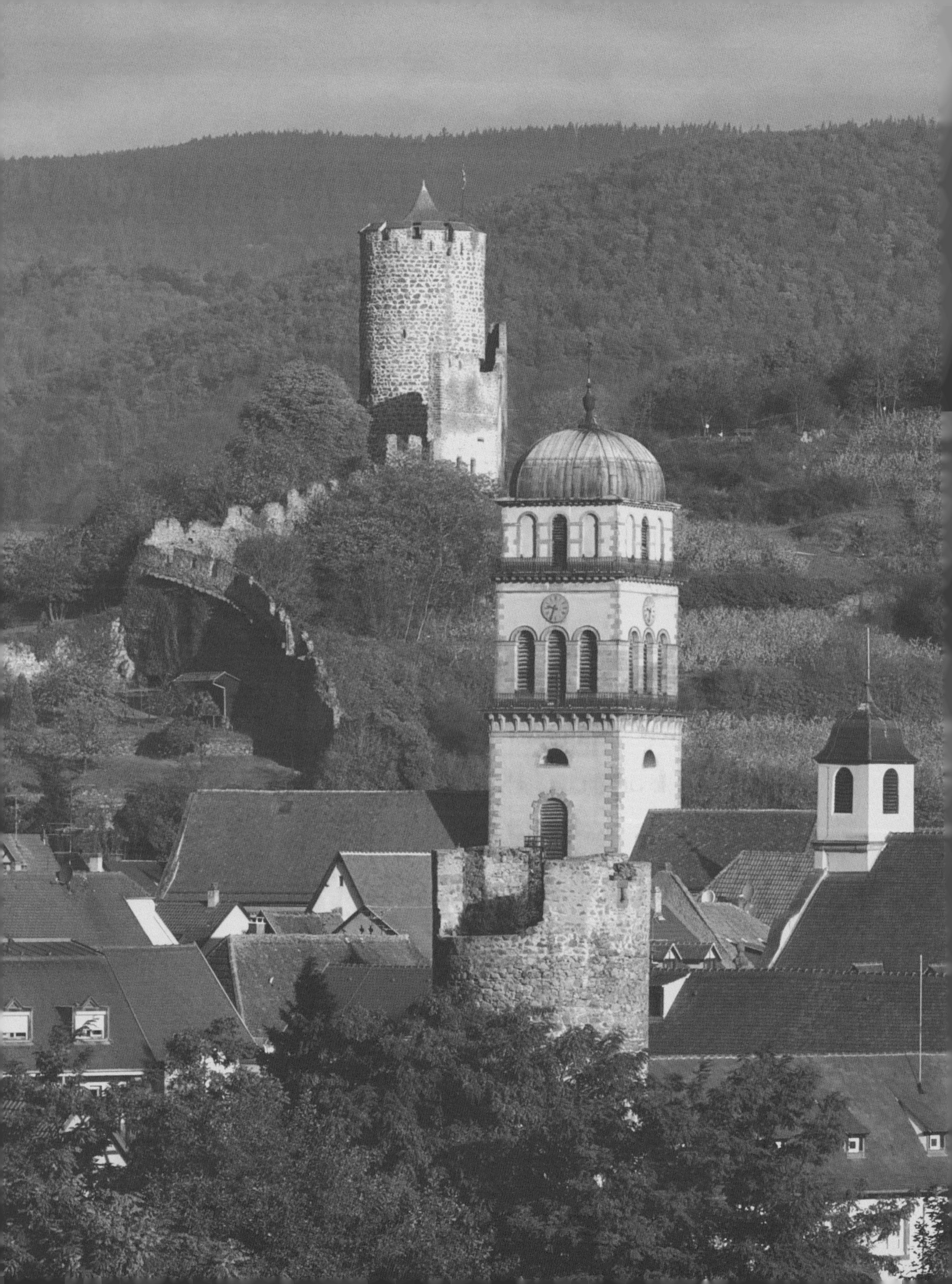

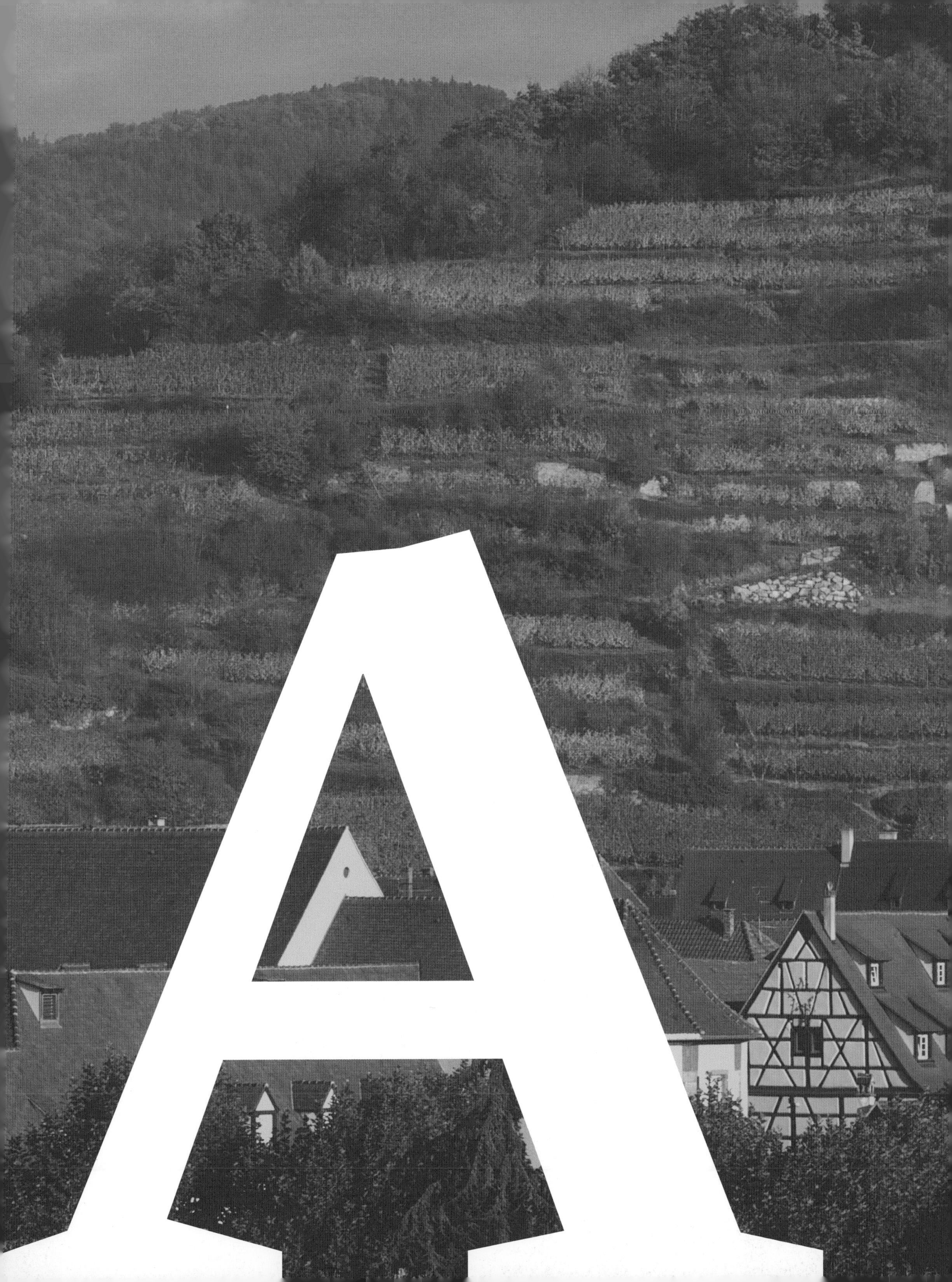
A

CI-DESSOUS Une famille alsacienne en 1900… comme au théâtre, dans les contes d'Erckmann-Chatrian ou les tableaux de Stoskopf.

ALSACE ET ALSACIENS

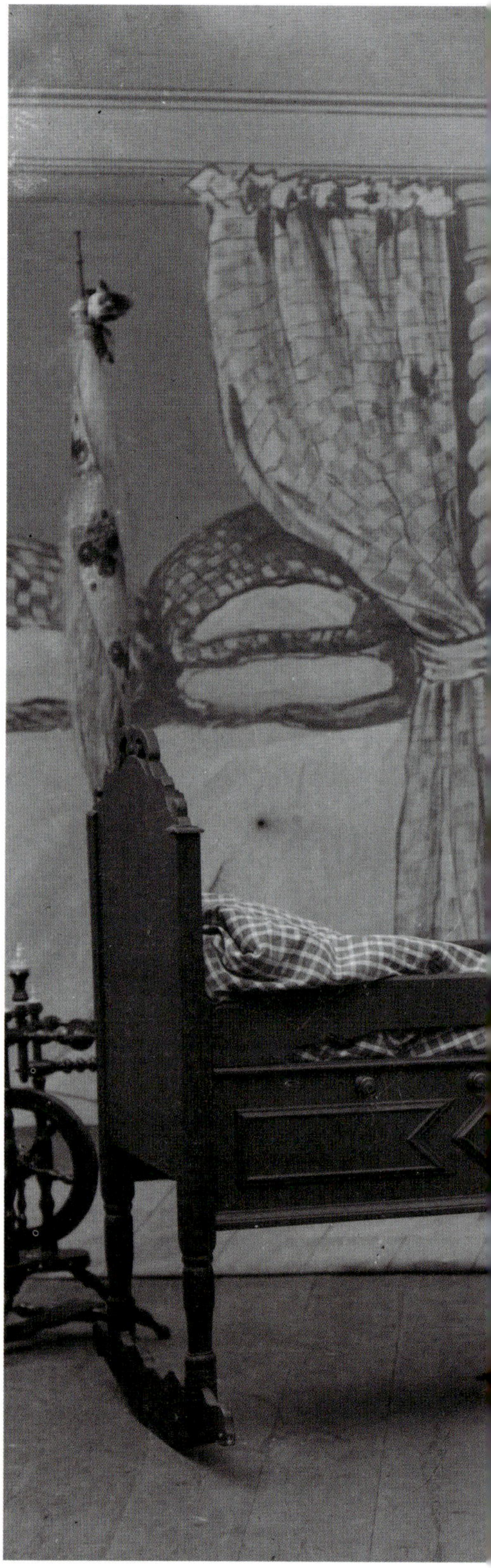

« J'aime l'Alsace, malgré les Alsaciens », dit en riant mon copain et voisin Georges Schmitt. Explication : ce drôle de zèbre est moitié lorrain (et tout voisin de l'Alsace), natif de Sarrebourg, aubergiste à Phalsbourg (« le soldat de l'an II »), ancien herboriste et décorateur à Sarrebourg et Sarreguemines, et un quart alsacien. Sa grand-mère repose à Eckartswiller, de l'autre côté de la « frontière alsaco-lorraine », bref, du « bon côté » des Vosges, si l'on se réfère à ce que pensent nos amis natifs d'Alsace, et cent pour cent alsacophones.

Peut-on aimer l'Alsace sans aimer aussi ses habitants ? Certains le croient, je l'ai cru. Je ne le pense évidemment plus. Depuis plus de vingt ans, moi le Juif polonais lorrain, mosellan, natif de Metz, j'ai élu domicile dans le Bas-Rhin, au pied ou presque du col de Saverne. J'aurai retrouvé le grès rose de mon enfance, celui des rochers troglodytes de Graufthal et de la vaste forêt de La Petite Pierre, celui-là même qui servit à la construction de la cathédrale de Strasbourg. J'aime cette symphonie en vert (celui des sapins vosgiens) et rose (de la terre d'ici) qui est bien la marque colorée du pays.

On sait que l'actrice Anémone fut condamnée en justice pour les avoir un jour traités de « Boches parlant français ». Eux qui ont vu leur territoire convoité par les envahisseurs et leur identité menacée par les uns et les autres, qui ont été enrôlés de force dans la Wehrmacht, se méfient volontiers de tout ce qui n'est pas « eux ». « Alsacien, voit rien, dit rien, mange bien », explique Tomi Ungerer, roi des provocateurs, dans un dessin où il représente ses concitoyens mués en autruches. Qui notait encore : « L'Alsace, c'est comme les toilettes, c'est toujours occupé. »

Doué d'humour, mais ne le montrant pas toujours, l'Alsacien peut parfois rebuter par un accueil rustique ou un phrasé rocailleux. Mais lorsqu'il vous ouvre son cœur, c'est avec largesse et souvent pour

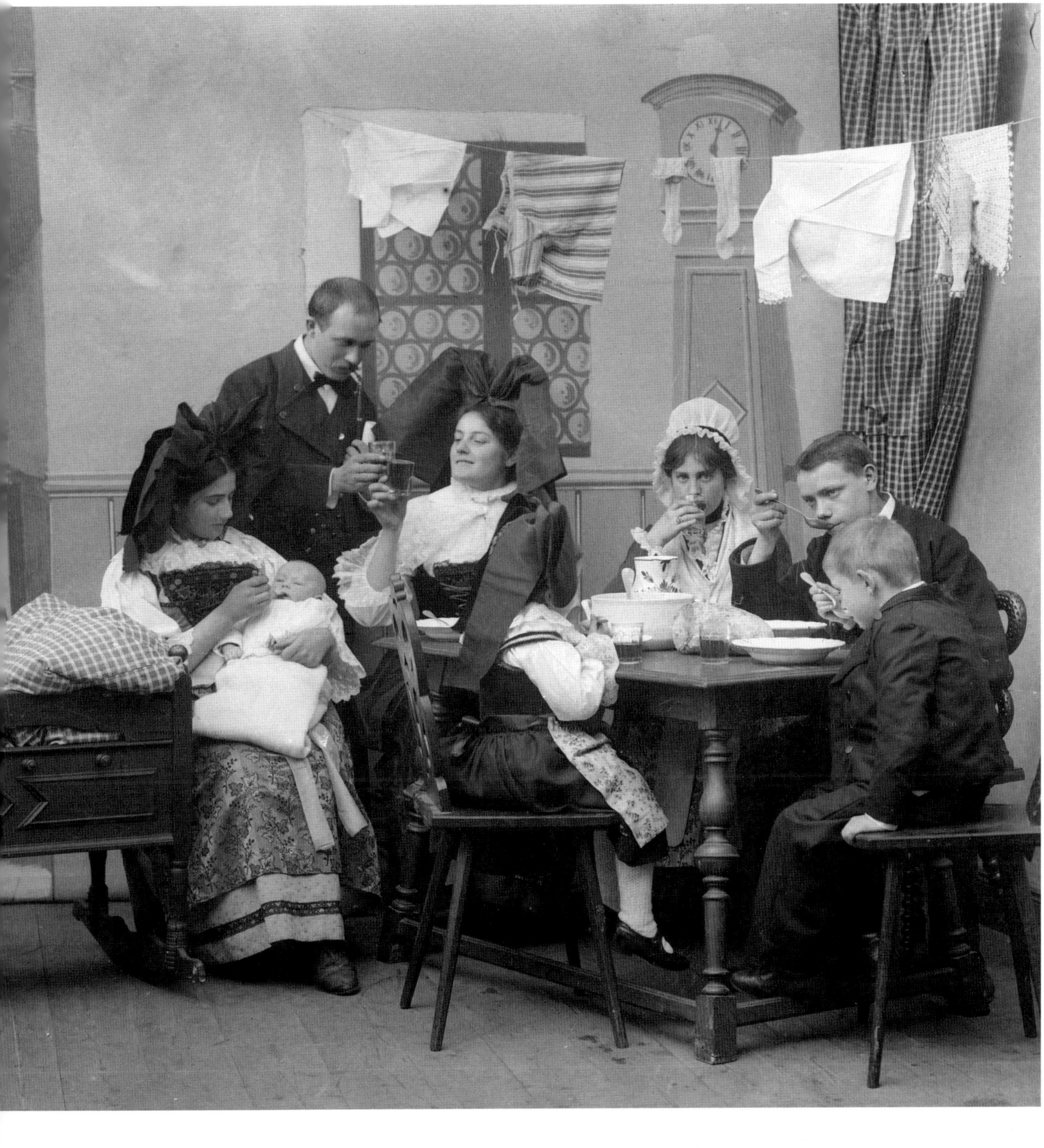

longtemps. Drôle, à la façon de Woody Allen, l'Alsacien sait se moquer de lui-même. « Tout ce qu'on dit sur l'Alsace est faux et le contraire aussi », note, ou à peu près, Frédéric Hoffet dans sa classique *Psychanalyse de l'Alsace*. Et d'ajouter qu'il « balance sans cesse entre l'autojustification et l'autosatisfaction ». Autant dire qu'il pense qu'il est le meilleur, mais estime que personne ne s'en rend compte.

Lorsqu'on lui demande son identité, il énonce souvent son nom avant son prénom, comme à l'armée. Et comme en Allemagne. Il peut paraître rigide. Mais son « germanisme » est aussi un romantisme. Lent. « L'Alsacien est un Belge qui n'a pas été assez rapide pour traverser la frontière et aller en Suisse », se moque-t-il souvent (la blague est de Marc Haeberlin, le grand chef de l'Auberge de l'Ill, d'Illhaeusern) en s'évoquant lui-même.

Nostalgique de sa région, loin du pays, il s'épanche volontiers, évoque sa *heimweh*. Devant un verre de riesling, une mousse bien tirée, un coup de schnaps et une assiette de presskopf, il sera le premier à évoquer l'Alsace avec passion, émotion, sinon une larme de regret dans la voix.

En me relisant, je me dis que l'Alsacien que je cite plus haut n'existe guère, du moins tel quel. Et qu'il en est de mille façons. Mais tous et toutes pourront çà et là se reconnaître. L'Alsacien est d'abord, et avant tout, alsacien avant d'être français, et d'abord de son village avant d'être d'ailleurs. Le chansonnier Roger Siffer, natif du Val de Villé, réclamait d'ailleurs, en riant, l'autonomie de sa vallée par rapport au reste de l'Alsace, et celle du côté de sa rue contre le reste de son bourg.

L'Alsacien qui peut paraître si sérieux – et rigide – est aussi rieur – d'abord contre lui-même. Il pratique l'humour par-devers soi, et sa manière de se moquer de lui-même évoque l'autodérision à la façon juive et particulièrement yiddishisante. Bref, si l'Alsacien sait être drôle, c'est que tout dans son pays incite à la gaieté. Et pas seulement ses belles échoppes gourmandes, ses tables joyeuses qui pratiquent le vin droit et la bière franche.

« Quel beau jardin ! » lâchait Louis XIV en descendant la côte de Saverne, mais c'est déjà le début de notre histoire...

ALSACE BOSSUE

Elle est la méconnue, la mal-aimée de la région. Les Alsaciens du milieu, du sud ou des grandes villes, qui s'en moquent volontiers, la nomment dédaigneusement *s'krumm:* la « tordue ». D'autres encore l'appellent « Alsace tortue ». Il faut dire que tout semble y aller plus lentement qu'ailleurs. Au nord-ouest de l'Alsace, elle paraît glisser son « nez » – c'est sa forme – dans les affaires lorraines.

Les guides l'expédient ou la traitent mal. Au point même de lui dénier parfois son identité alsacienne. Ainsi, Jacques-Louis Delpal, dont les riches opuscules et les vertueuses encyclopédies font, à juste titre, autorité, se contente d'écrire à son propos, en liminaire de son *Alsace* (Guides Minerva, 1995) : « Cette "bosse" au caractère lorrain n'est pas présentée dans ce guide : la Sarre n'a rien d'une rivière alsacienne ! »

Il est vrai que si sa géographie l'apparente à sa voisine mosellane, comme son habitat et le relief qui lui donne son nom, son histoire appartient bien à celle de l'Alsace, au moins depuis 1793 et la création des départements, alors que ses villages, tous protestants, se voient sans déplaisir coupés de la Lorraine catholique et que sa petite capitale, Sarre-Union, est née de la fusion de deux cités, Bouquenom et La Neuveville. À la première, aux venelles tortueuses, aux maisons à oriel, s'oppose la seconde, aux rues plus larges, aux artères tirées au cordeau. Entre les deux, que relie un pont à arches, la Sarre assure le trait d'union, d'où son nom.

La ville, qu'on dit un tantinet endormie, même si la métallurgie ou l'industrie du jus de fruits lui donnent une part de leur activité, s'éveille chaque année, le 15 août, pour une brocante qui attire tout le pays. Les étals se dressent joyeusement sur la grand-rue, de part et d'autre de l'église Saint-Georges (du XVe siècle revue au XVIIIe), de l'ancienne synagogue, de l'hôtel de ville de 1684 et du musée dit de l'Alsace-Bossue et de ses traditions, notamment de la fabrication des chapeaux, sis dans l'ancien collège des Jésuites, et permettent de sillonner le centre au pas du flâneur curieux.

La campagne qui l'entoure est dominée par des collines, des prairies, des boqueteaux, des vergers, qui l'apparentent à une Normandie alsacienne, avec ses verts champs dodelinants parsemés d'arbres torves. Au nord-ouest de la région, elle constitue la porte des Vosges du Nord et se montre la gardienne de beaucoup de ses traditions. Entre Harskirchen et Diedendorf, traversé par le canal des Houillères de la Sarre, se trouve le grand domaine de Bonnefontaine, propriété des Schlumberger, qui constitue la plus grande forêt privée de France. Ses villages fleuris, soignés, ont enrichi leur demeure d'originales avancées vers la rue, dites *Schopfhus*, en patois. Les portes sont souvent soulignées de linteaux sculptés, portant les dates de construction, voire les noms de leurs propriétaires.

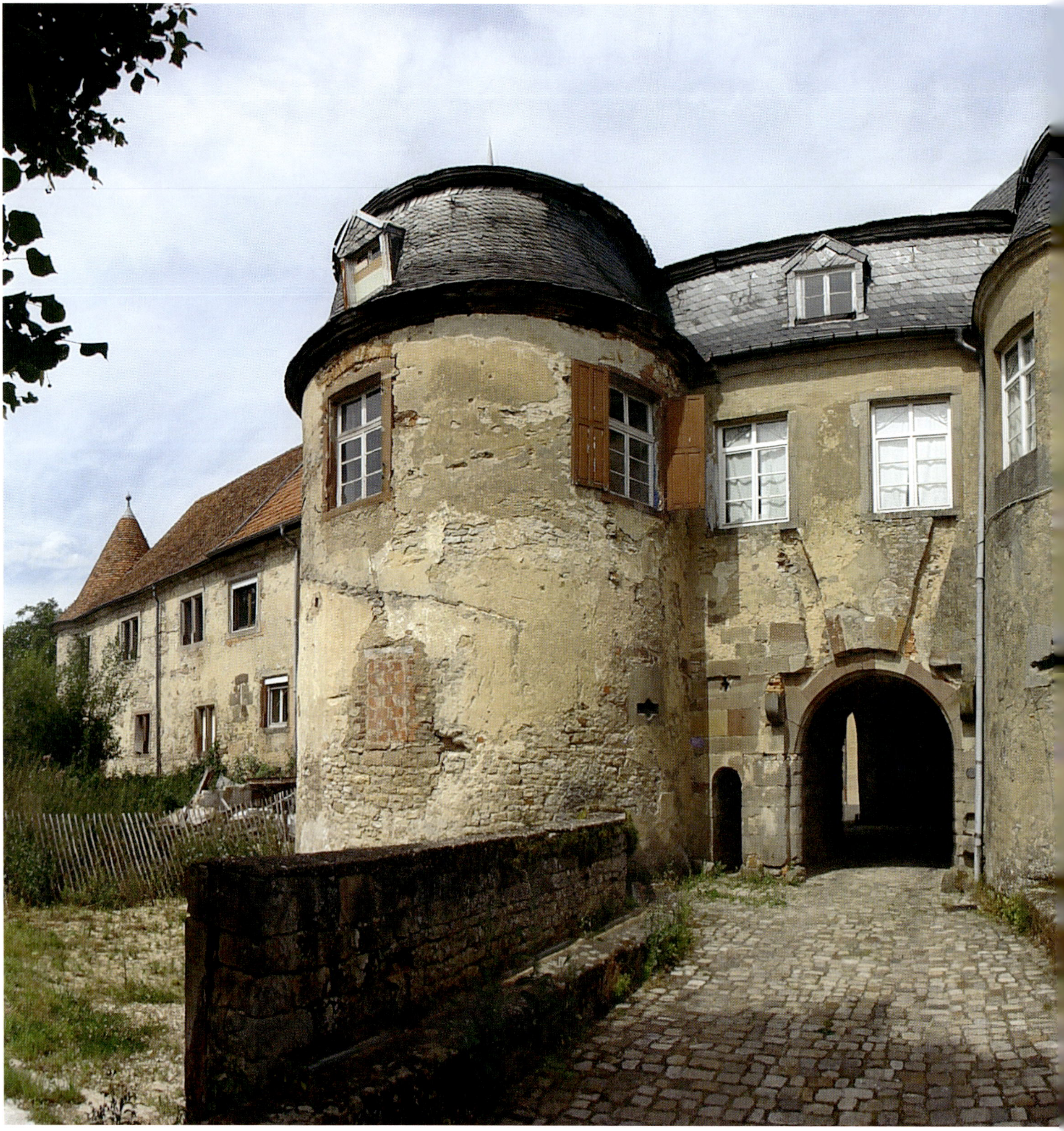

CI-DESSOUS Le noble château de Lorentzen conserve son air majestueux et une certaine rigueur rustico-aristocratique.

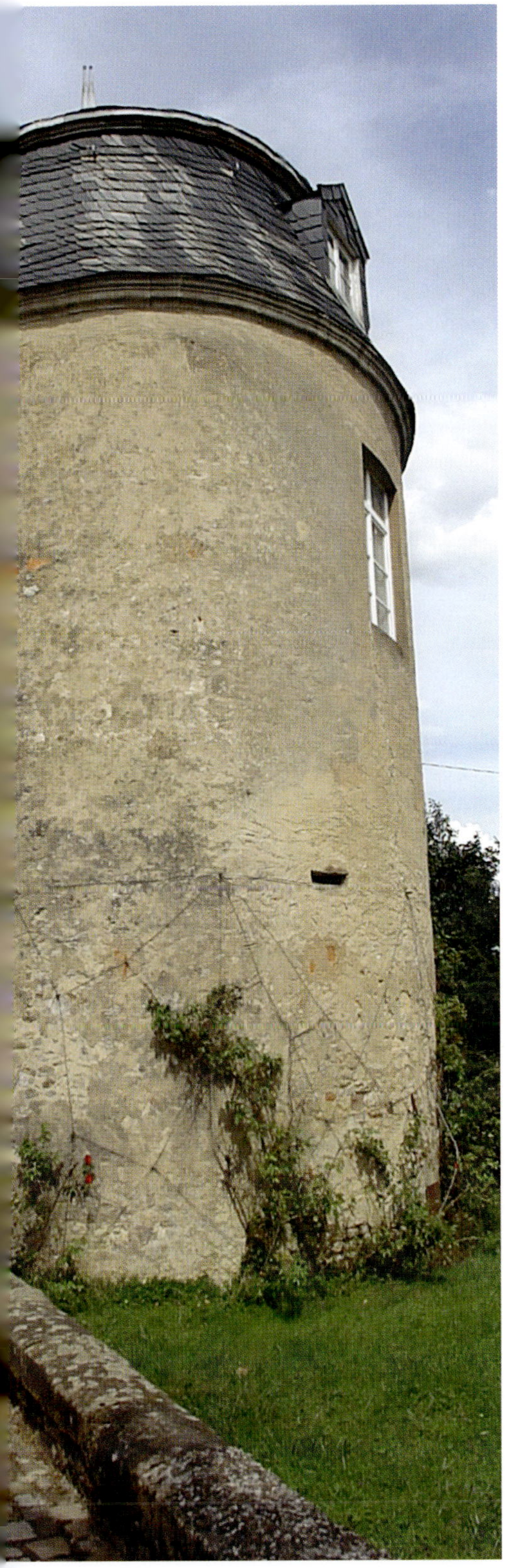

Quelques-uns des meilleurs connaisseurs de l'Alsace et de ses usages en sont natifs. Ainsi les sœurs Walther, Annie et Doris (auteures de *La Cuisine d'Alsace*, parue en 1983, chez Denoël, avec une exquise préface de Jean Egen), originaires de Dehlingen, village pittoresque et bucolique qu'elles décrivent avec gourmandise dans leur livre. Pour la petite histoire, Annie fut la très parisienne Mme Gallimard, l'épouse d'Antoine, le patron de la grande maison d'édition de la rue Sébastien-Bottin. Mais elle n'avait pas renié ses origines, et l'une des photos illustrant son volume de recettes la représentait, avec sa sœur jumelle, en costume alsacien, le nœud noir ne voilant pas la chevelure blonde.

Notons encore que, parmi ses richesses méconnues, figurent le campanule à bulbe du temple d'Harskirchen, la collégiale Saint-Blaise, millésimée 1481, de Sarrewerden, qui fut l'ancienne capitale du comté, l'église fortifiée de Domfessel du XIVe siècle, mais aussi le château du XVIe siècle, grand corps de logis Renaissance, flanqué de ses deux tours d'angle, de Diedendorf, qui possède aussi, vers Wofskirchen, une église primitive d'origine mérovingienne.

Le castel le plus majestueux de la région est celui de Lorentzen, élevé dès le XIVe siècle par les seigneurs de Lichtenberg. Restauré au XVIe, occupé par les Lorrains en 1649, assiégé par les troupes françaises qui le saccagèrent, il a été transformé au XVIIIe siècle, avant d'être détruit partiellement par un incendie en 1847. Malgré tous ses malheurs, le domaine en impose avec son entrée majestueuse, ses deux tours cylindriques, son long passage voûté débouchant sur une cour rectangulaire. Noble demeure privée, gardant sa majesté malgré les aléas de l'histoire, elle évoque le destin de l'Alsace, sans cesse ballottée, toujours vivante.

AMMERSCHWIHR

Ville ou village ? Cité gourmande – les Armes de France sont la grande table du lieu, depuis Pierre Gaertner, élève de Fernand Point et compagnon de route de Paul Bocuse, relayé depuis par son fils Philippe, qui poursuit l'héritage, prolongeant la tradition de la fameuse sole aux nouilles et de l'exquise volaille au vinaigre –, elle est un symbole et un souvenir. Témoin des combats dits de la « poche de Colmar », fin 1944, Ammerschwihr a vu détruire une partie de ses maisons anciennes, rebâties à la hâte après la guerre.

Ce mélange habile de demeures hautes, anciennes ou d'aujourd'hui, ses tours fortifiées (des Fripons, des Bourgeois), restes de ses remparts d'autrefois, contribuent à son cachet d'aujourd'hui. Les vignerons d'ici (les Adam, les Sick-Dreyer, les Schätzel) sont fiers de leur grand cru local, le kaefferkopf, qui donne, sur 67 hectares, un gewurztraminer élégant, un riesling de toute beauté, mais aussi un pinot gris fort prisé, et qui fut le dernier des grands crus d'Alsace à trouver sa délimitation officielle et son décret, sa richesse étant le revers de sa qualité. Il est également l'un des rares grands crus, avec l'altenberg de Bergheim, à pouvoir se vendre, sous son nom propre, comme mélange de cépages, à condition que gewurztraminer et riesling y figurent en majorité. On sait qu'elle possédait, dès 1435, sa foire annuelle et que ses privilèges rivalisaient alors avec les villes impériales de la Décapole, regroupement de dix cités indépendantes d'Alsace. Une ville ou un village ? On se balade ici de cave en cave, on retrouve les prestiges d'une cité médiévale dans les demeures et ruelles de la ville haute qui ont échappé aux combats de la guerre. Ses remparts datent du XVIe siècle. Sur la place du marché, trône une fontaine dite de l'Homme Sauvage, datant de 1560. L'ancien hôtel de ville Renaissance en grès rose n'est plus qu'un pieux vestige partiel, témoin des combats passés.

Il y a une grandeur vraie à Ammerschwihr. Petite ville ou gros village, une riche demeure de 1613 abrite l'ancien siège de la corporation des vignerons avec ses poteaux d'angle et ses fenêtres sculptées. Sous un nid de cigogne subsiste un cadran solaire. L'église Saint-Martin en gothique tardif est entourée de quelques maisons nobles. Pour en éprouver la beauté préservée, il faut la découvrir au terme d'une marche paisible depuis le village des Trois-Épis.

Le chemin sinueux et pentu, rassurez-vous, dans le sens de la descente, traverse les vignes, depuis la forêt, longeant, après les hautes sapinières, le lotissement moderne du Huhnabuhl. Toute la plaine d'Alsace y dévoile sa beauté.

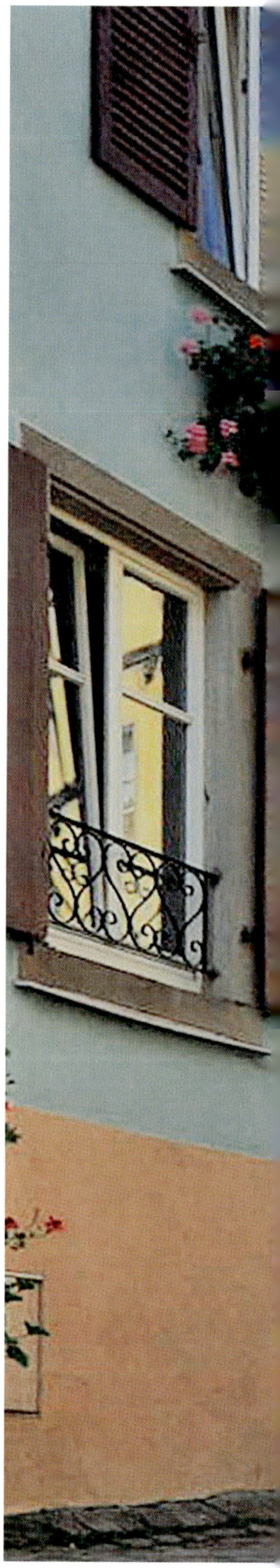

CI-DESSOUS Sous le ciel bleu d'Alsace, Ammerschwihr, partiellement détruite par la guerre, conserve une bonne part de son aspect médiéval.

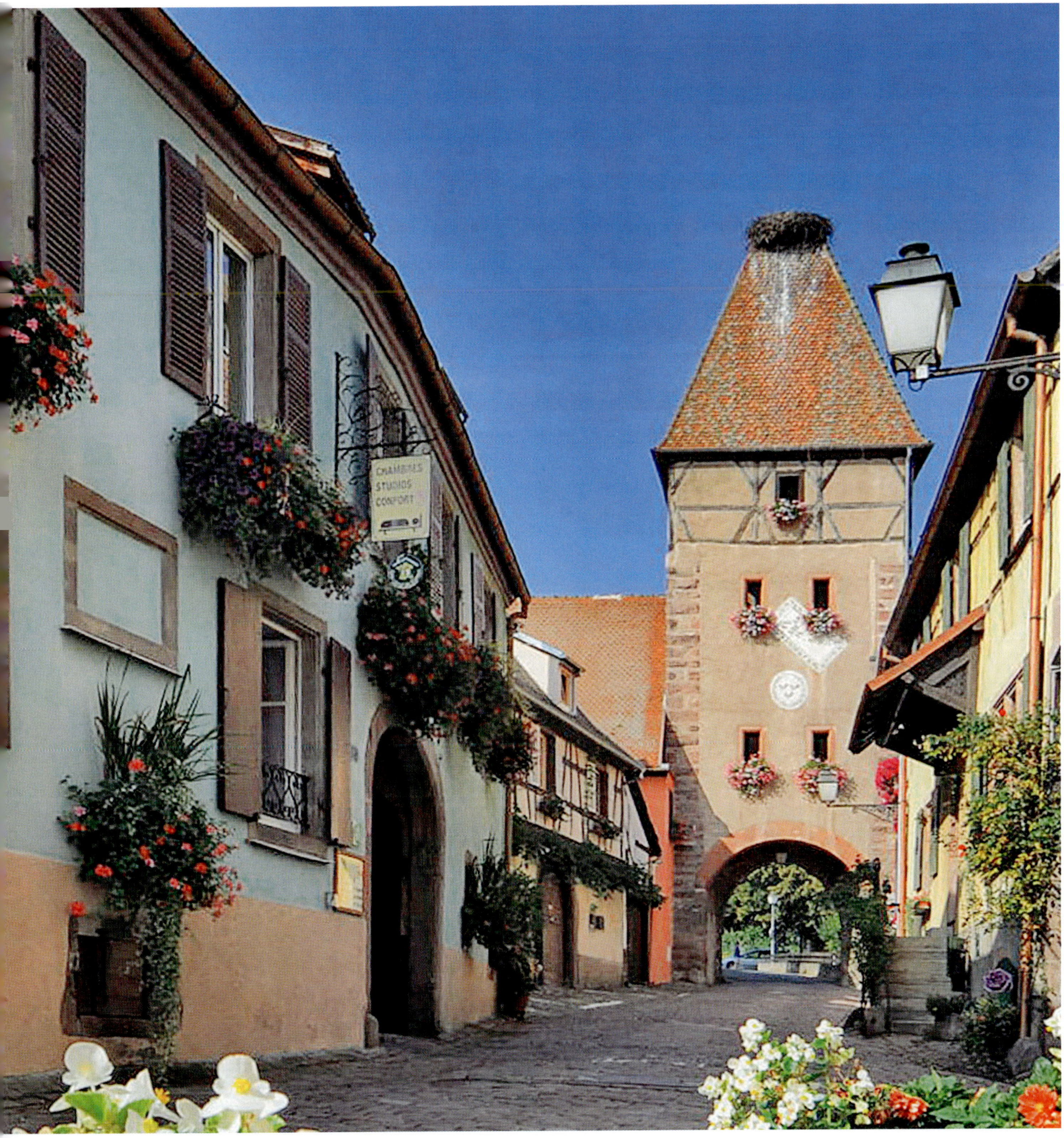

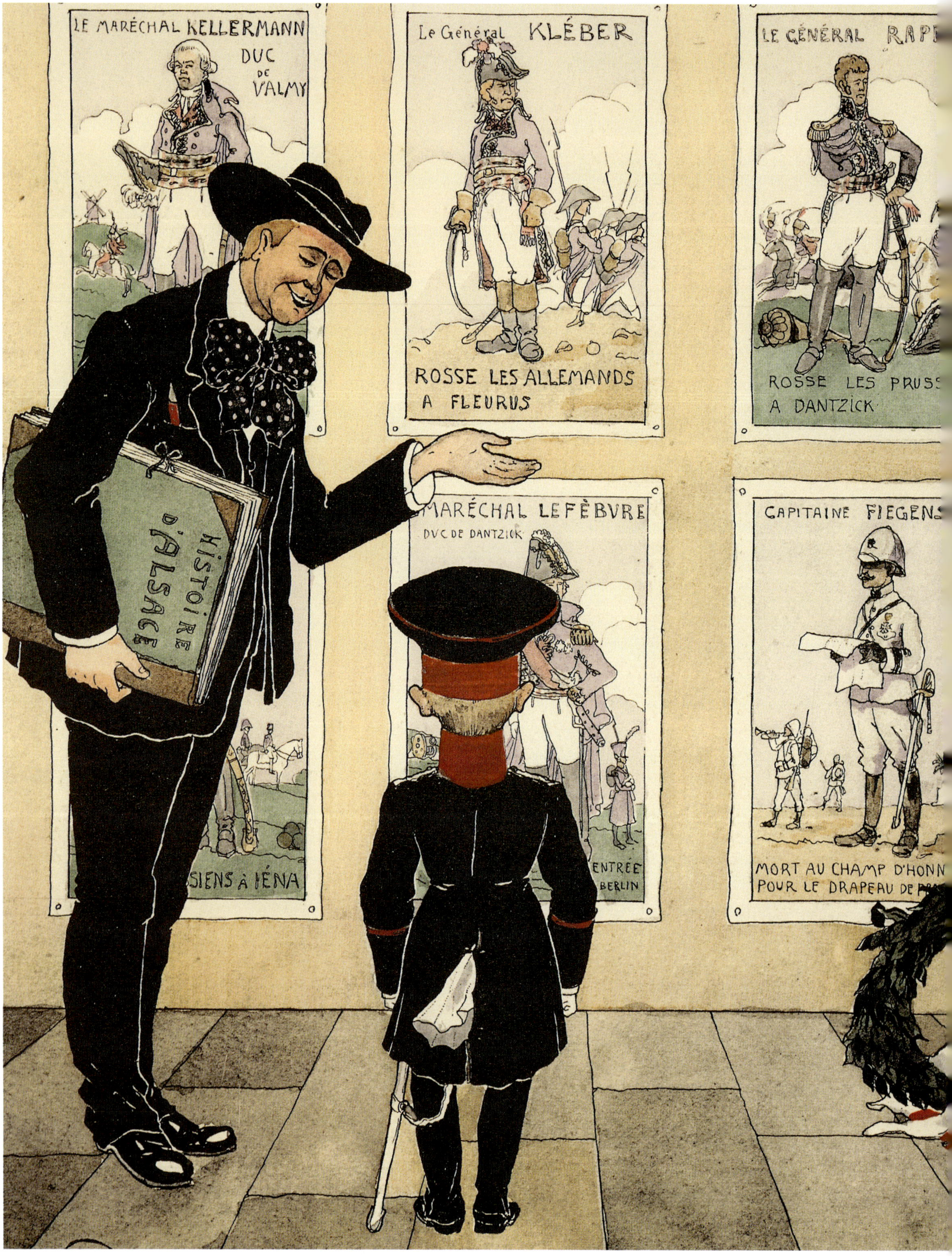
LE MARÉCHAL KELLERMANN
DUC DE VALMY
Le Général KLÉBER
ROSSE LES ALLEMANDS
A FLEURUS
LE GÉNÉRAL RAP
ROSSE LES PRUSS
A DANTZICK
HISTOIRE D'ALSACE
MARÉCHAL LEFÈBVRE
DUC DE DANTZICK
SIENS À IÉNA
ENTRÉE
BERLIN
CAPITAINE FIEGENS
MORT AU CHAMP D'HONN
POUR LE DRAPEAU DE

CI-CONTRE Quand Hansi présente les héros hexagonaux à un officier prussien qui avait traité les Français de « Wackes » (autrement dit : voyous).

ANNEXION (L')

« Tu arrives d'Allemagne », me glissait ma famille paternelle quand je venais voir, depuis Metz, mon grand-père à Nancy. C'est que l'annexion a laissé des traces dans la mémoire collective.

Notons d'abord que lorsqu'on dit « l'annexion », désignant une page douloureuse et controversée, il s'agit, et uniquement, de l'annexion de l'Alsace et d'une partie de la Lorraine à l'Allemagne après la guerre de 1870 et jusqu'à la victoire de 1918. Le Second Empire s'effondre, en effet, après sa défaite face à la Prusse, Strasbourg capitule, après le terrible bombardement du 27 septembre. Mulhouse est occupée le 3 octobre, Colmar le 8, Sélestat le 24, Neuf-Brisach, malgré les remparts de Vauban, le 10 novembre. L'armistice est signé le 28 janvier 1871.

Occupée militairement, l'Alsace se rend aux urnes pour désigner ses députés à la nouvelle Assemblée constituante et envoie à Bordeaux des hommes décidés à faire obstacle aux projets d'annexion de Bismarck. Avec ceux de Moselle, ils sont vingt-huit en tout à protester contre l'annexion votée par leurs collègues. Le traité de paix signé entre la France et la Prusse, le 10 mai 1871 à Francfort, qui ratifie l'annexion de l'Alsace au Reich, « bouleverse et maltraite la population alsacienne », note Philippe Meyer dans son *Histoire de l'Alsace* (Perrin, 2008).

Reste que, comme le glisse Laurence Turetti dans l'excellent *Quand la France pleurait l'Alsace-Lorraine* (La Nuée Bleue, 2008), « l'opinion publique alsacienne n'est pas d'un seul tenant. Elle est notamment traversée par des clivages religieux : [...] les protestants passent pour des partisans de la Prusse. Ainsi dans le canton de Bouxwiller, dix-huit maires protestants semblent, en 1871, favorables au nouveau gouvernement. À l'inverse, les catholiques soutiendraient la France [...] » Les grandes villes, elles, sont résolument anti-annexionnistes, soit par sentiment national, soit aussi parce que, comme à Mulhouse, elles sont essentiellement francophones.

En juin 1873, la majorité des élus aux conseils généraux refusera de prêter serment à l'empereur, et Ernest Lauth, maire de Strasbourg, qui a laissé parler ses sentiments français, est révoqué et démis de ses fonctions de conseiller général, son conseil municipal se solidarisant avec lui, refusant de siéger sous l'égide d'un fonctionnaire allemand. Lorsque, à partir de 1874, l'Alsace peut élire des représentants dûment, au Reichstag, elle envoie à Berlin neuf députés protestataires sur les neuf possibles...

L'article 2 du traité de Francfort prévoit que les Alsaciens désireux de conserver la nationalité française peuvent choisir d'opter jusqu'au 1er octobre 1872. Le 30 septembre 1872, journée de l'exode, « l'Alsace-Lorraine se vida de 50 000 de ses enfants », note Roland Oberlé dont le livre (*L'Alsace au temps du Reichsland, 1871-1914*, A.D.M. éditeur, 1990) fait autorité sur le sujet. Cent dix mille Alsaciens avaient signé une déclaration revendiquant leurs sentiments d'appartenance à la France, affirmant qu'ils « redevenaient allemands malgré eux ».

Pendant des années, Alsaciens et Lorrains quittèrent en masse leur province natale. Le service militaire obligatoire est introduit dans les territoires conquis, mais il ne fut pas suivi par tous. En 1872, sur 33 475 inscrits, 7 454 seulement se présentèrent. Un grand nombre de jeunes gens en âge d'être soldats préfèrent partir pour la France, c'est le cas du jeune héros des Oberlé dans le roman éponyme de René Bazin. L'émigration se prolonge jusqu'en 1900 ; puis, après un temps d'arrêt, reprend en 1905. Le nombre d'Alsaciens qui viennent se fixer en France, entre 1871 et 1914, est évalué à 400 000.

L'Alsace (Bas-Rhin et Haut-Rhin, moins le Territoire-de-Belfort, plus deux cantons des Vosges, ceux de Saales et Schirmeck), flanquée de la Moselle (à laquelle on a rajouté une partie de la Meurthe, avec Dieuze et Château-Salins), devient donc « Terre d'Empire » (Reichsland) sous le nom d'Elsass-Lothringen. Elle est ainsi propriété indivisible de l'ensemble des États allemands, partagée entre trois présidences (Haute-Alsace, Basse-Alsace et Lorraine), subdivisée en vingt-deux cercles administrés par un président supérieur, coordonnant l'ensemble de l'appareil administratif et rendant compte directement à la section Alsace-Lorraine de la chancellerie à Berlin. Les pouvoirs de son président supérieur, en l'occurrence Eduard von Moeller, à partir d'août 1871, sont quasi dictatoriaux, et le but avoué est celui de la germanisation à outrance.

En 1874, on crée une délégation (Landesausschuß), sorte de parlement provincial, et, à partir de juillet 1879, un gouverneur (Statthalter), nommé par l'empereur, gouverne, en son nom, administrant l'Alsace-Lorraine depuis sa résidence de Strasbourg. Une nouvelle Constitution, votée par le Reichstag le 27 mai 1911, accorde une plus grande autonomie au territoire. Bien que l'Alsace-Lorraine soit institutionnellement encore dépendante de Berlin, elle est enfin considérée comme un Land à part entière.

Mais c'est bien l'armée qui possède la réalité du pouvoir, comme le montre l'affaire de Saverne. En 1913, soit quarante-deux ans après l'annexion, le lieutenant von Forstner insulte les officiers d'origine alsacienne, les traitant de « Wackes » (c'est-à-dire de « voyous »), promettant dix marks de récompense et l'impunité à la recrue qui lui apporterait la peau de l'un d'eux. Hansi en fit un de ses dessins célèbres – où l'on voit ledit officier faire l'emplette d'un paquet de chocolat sous bonne garde, face à la population locale, amusée et rieuse. Quant à *Simplicissimus*, journal satirique allemand, il imagine, sous le titre « Une victoire française », la France « reconnaissante » remettre la Légion d'honneur au lieutenant von Forstner « pour sa campagne fructueuse en Alsace », réussissant à mettre en porte-à-faux la population locale avec les autorités impériales, alors qu'on la croyait fort bien intégrée au Reich.

Après la victoire de 1918, l'Alsace et la Moselle sont rendues à la France. La liesse est générale. Les troupes françaises accueillies à Colmar ou Strasbourg ressemblent aux dessins d'Hansi. Reste que, durant la période d'annexion

(1871-1918), les grandes villes se sont développées et enrichies, la région modernisée (même si nombre de ses industries se sont exilées en Normandie, à Belfort, en Lorraine non annexée ou en Algérie), et des quartiers neufs ont été construits suivant le vœu de Bismarck qui voulait faire « la politique par l'architecture » (*Politik durch Bauen*).

De nombreuses lois progressistes, adoptées par l'Empire allemand de 1877 à 1914, qui modernise son droit civil, s'appliquent toujours, aujourd'hui encore, à l'Alsace-Moselle. Elles concernent la chasse (avec un droit de chasse administré par les communes et la réparation des dégâts éventuels entièrement à la charge des chasseurs), les caisses de maladies obligatoires (le taux de remboursement de la Sécurité sociale est de 90 % et celui de l'hospitalisation de 100 %), les assurances en accidents et invalidité vieillesse, les chambres de commerce, le code professionnel, l'aide sociale, le domicile de secours, la réglementation du travail des mineurs, le repos dominical, les assurances sociales. Sans omettre la création de la notion de faillite civile, protégeant les débiteurs – ni commerçants, ni paysans, ni artisans –, et leur permettant de se libérer de leurs créances.

Enfin, la séparation de l'Église et de l'État, votée sous « le petit père Combes » en 1905, n'a pas cours en Alsace-Moselle qui vit toujours sous le régime du Concordat. Celui-ci, datant de 1801, signé par Napoléon Bonaparte, n'a été abrogé ni par l'annexion allemande en 1870 ni par le retour des trois départements au sein de la République française en 1919. La religion est enseignée obligatoirement à l'école primaire et au collège public, mais une dispense est acceptée sur simple demande écrite des parents en début d'année scolaire. En cas de dispense, les élèves du primaire assistent à des cours de « morale », et les collégiens sont simplement dispensés de cours. Les ministres (curé, pasteur, rabbin) des trois cultes reconnus sous le Concordat (catholique, protestant, juif) sont indemnisés par l'État.

Annexion, donc, époque douloureuse, avec une culture imposée, par le droit civil et la force militaire, une identité arrachée, mais aussi d'évidents faits positifs. Un siècle seulement plus tard, on en parle, à « l'intérieur » comme d'une brûlure, d'une déchirure ou d'une amputation. « La France amputée de son côté Est. » Chaque grande cité française possédait sa rue de Metz ou de Strasbourg, ou son avenue d'Alsace-Lorraine. Ce fut et c'est toujours le cas de Toulouse, Bordeaux, Auch, Nantes, Tours ou Châtellerault.

Si, « à l'intérieur », les enfants des écoles ont un tantinet oublié ce phénomène, en Alsace et en Moselle, on n'oublie pas. Cette mémoire longue est encore une qualité éminemment alsacienne, celle d'une région condamnée à demeurer fidèle à elle-même par-delà les aléas de l'histoire. Mais qui a su tirer d'évidents bénéfices d'une situation contrastée.

CI-CONTRE Hans-Jean Arp et l'« Etoile » du poète, en plâtre peint.

ARP (HANS-JEAN)

Il était l'ennemi de la forme figée, de la toile peinte, des contours nets. Il revendiquait l'espace, la liberté de la forme et de la matière. Pourquoi ne pas le dire : Arp est souvent mieux « vu » en Suisse, en Allemagne, aux États-Unis et en Espagne que dans sa région natale. Ce rebelle ne détestait sans doute pas d'être incompris. Les fondations Arp sont à Clamart, Rolandseck ou Locarno. Et les musées de New York, Washington, Valence, Bâle, Zurich ou Berlin ne sont pas avares de cet artiste aux dons multiples.

Ses œuvres sur bois, ses mises en relief, ses bouts de papier, de laine, d'ivoire, de céramique, de verre provoquent autant qu'elles racontent. J'avoue que, si elles m'intriguent ou m'amusent, elles me laissent froid. Au MAMCS (musée d'Art moderne et contemporain de Strasbourg), comme ailleurs, ses œuvres côtoient celles de ses frères de style, Max Ernst, Kandinsky, Paul Klee, Robert Delaunay, Victor Brauner. L'humour, le pied de nez, le clin d'œil sont toujours là, en embuscade.

Il y a sa demeure, à deux pas de la rue Mercière qui mène à la cathédrale. Il y a ce prénom double (français et allemand, accolés). Il y a le mystère d'un surréaliste fêté enfin chez lui dans le musée d'Art moderne et contemporain de la ville de Strasbourg. Qui lui a consacré une monumentale exposition « Art is Arp ».

Né en 1887 au 52 de la rue du Vieux-Marché-aux-Poissons (ce qu'atteste sa plaque sur l'oriel), sculpteur, dessinateur, peintre, poète en langue française et allemande, Hans-Jean Arp aura vécu dans l'ombre de ses camarades de mouvement. Cofondateur du mouvement Dada, en 1916, il participa au Blaue Reiter allemand, comme au constructivisme. Il est aussi le coauteur des anciens décors de l'Aubette, exécutés en 1928, en compagnie de sa femme Sophie Taeuber-Arp et de Théo Van Doesburg.

Il a beaucoup voyagé : à Zurich, Berlin, Cologne, Paris ou Hanovre. Décédé (à Bâle) en 1966, auteur d'une œuvre importante, il a laissé tableaux, bois peints, broderies, papiers collés. Trois de ses sculptures sont aujourd'hui érigées avenue du Général-de-Gaulle à Strasbourg. Son décor de l'Aubette, restauré, retrouvé, se visite désormais de nouveau, au premier étage et au-dessus du restaurant éponyme, place Kléber.

La cathédrale, à côté de laquelle il vivait, lui a inspiré la litanie reproduite ci-après. Lisez-la sans œillères et soyez surpris de ces quelques lignes extasiées. Même si son *La cathédrale est un cœur* évoque *a mezza voce* le « la terre est bleue comme une orange » d'Eluard, ce surréaliste avait aussi une vision linéaire des choses. Ce provocateur avait un cœur.

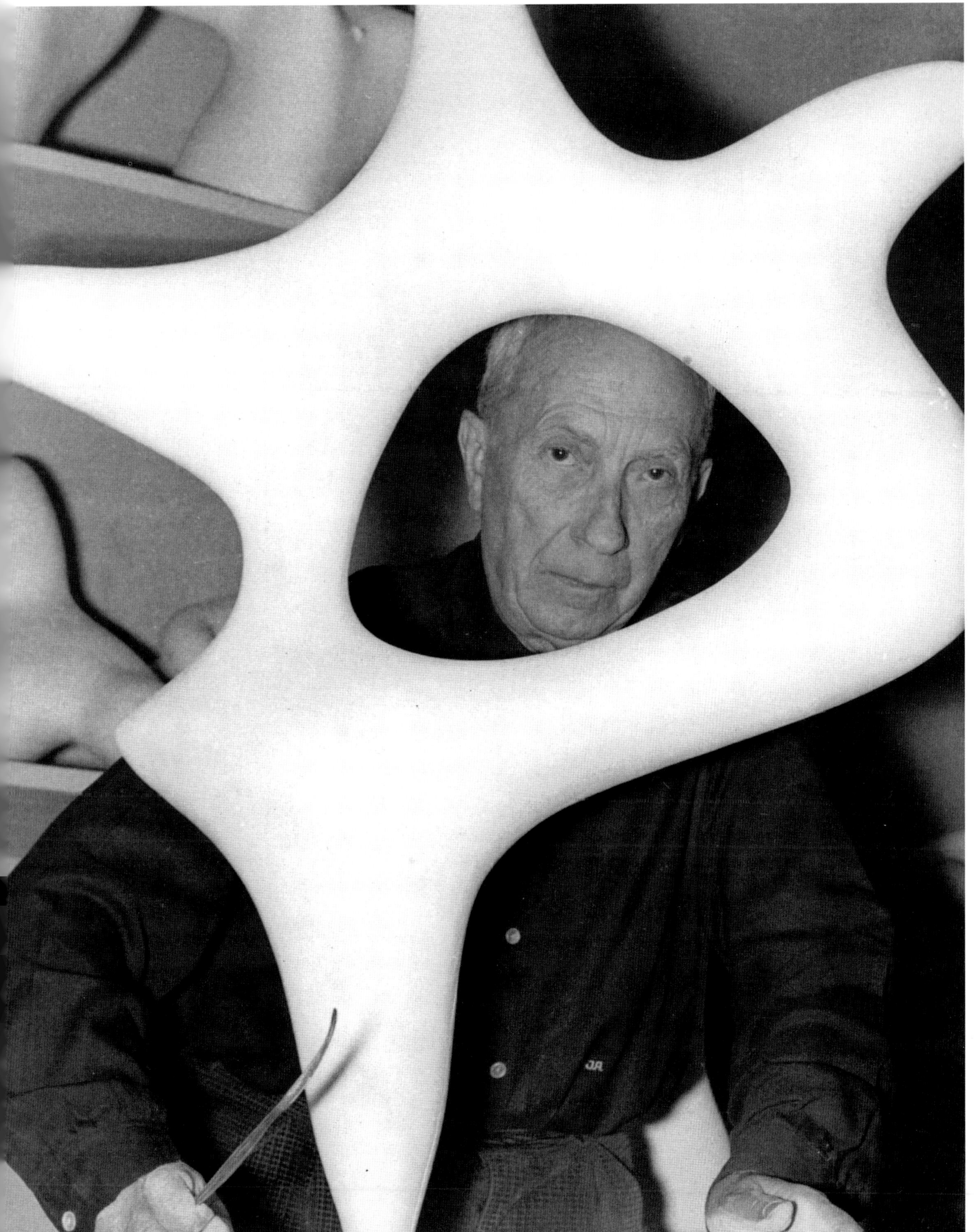

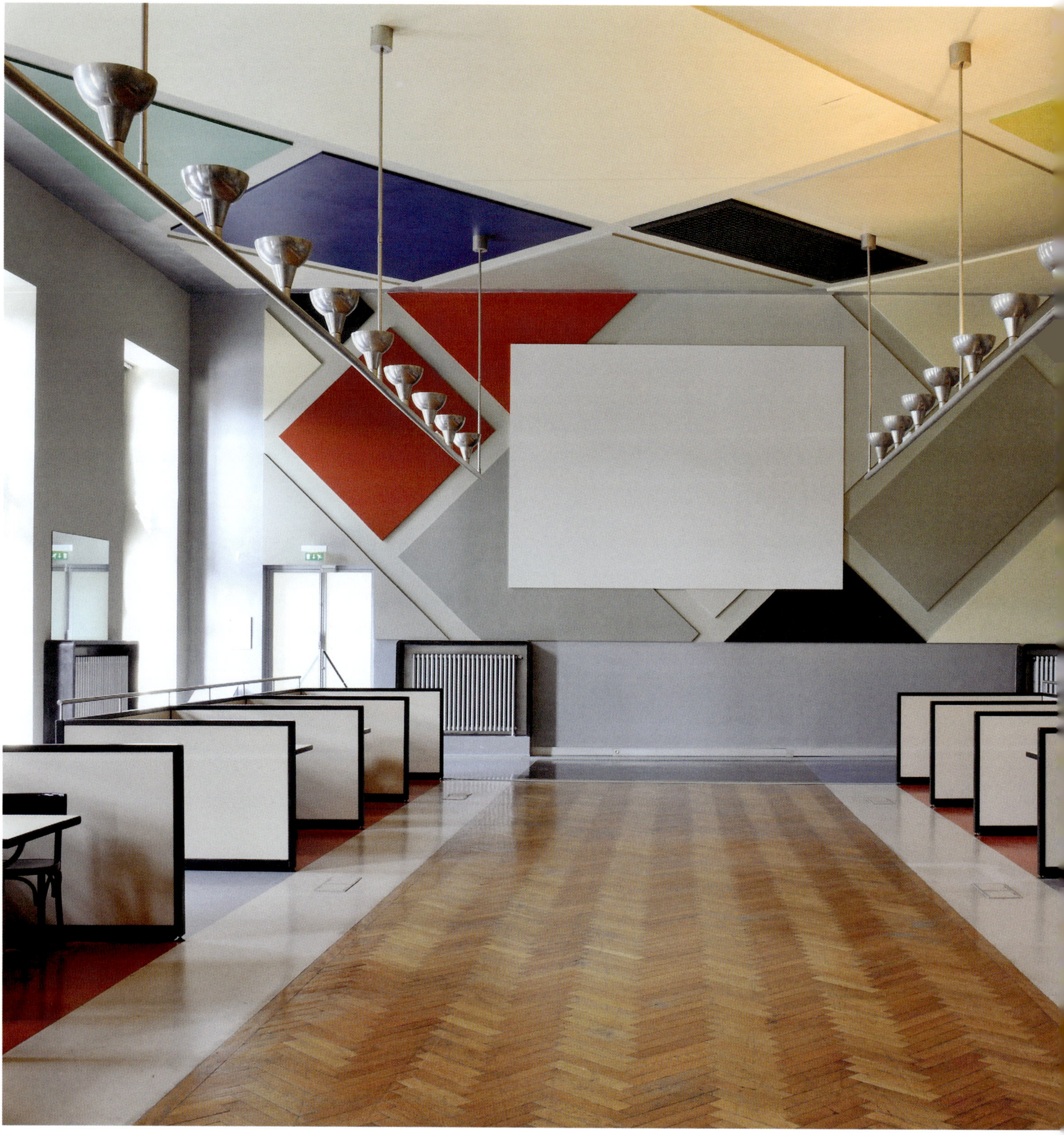

CI-DESSOUS La grande salle de l'Aubette, place Kléber à Strasbourg : un décor Art déco parfait aux formes géométriques et aux chromatismes tranchés à la Kandinsky, signé Jean Arp, Sophie Taeuber-Arp son épouse et leur ami Théo Van Doesburg.

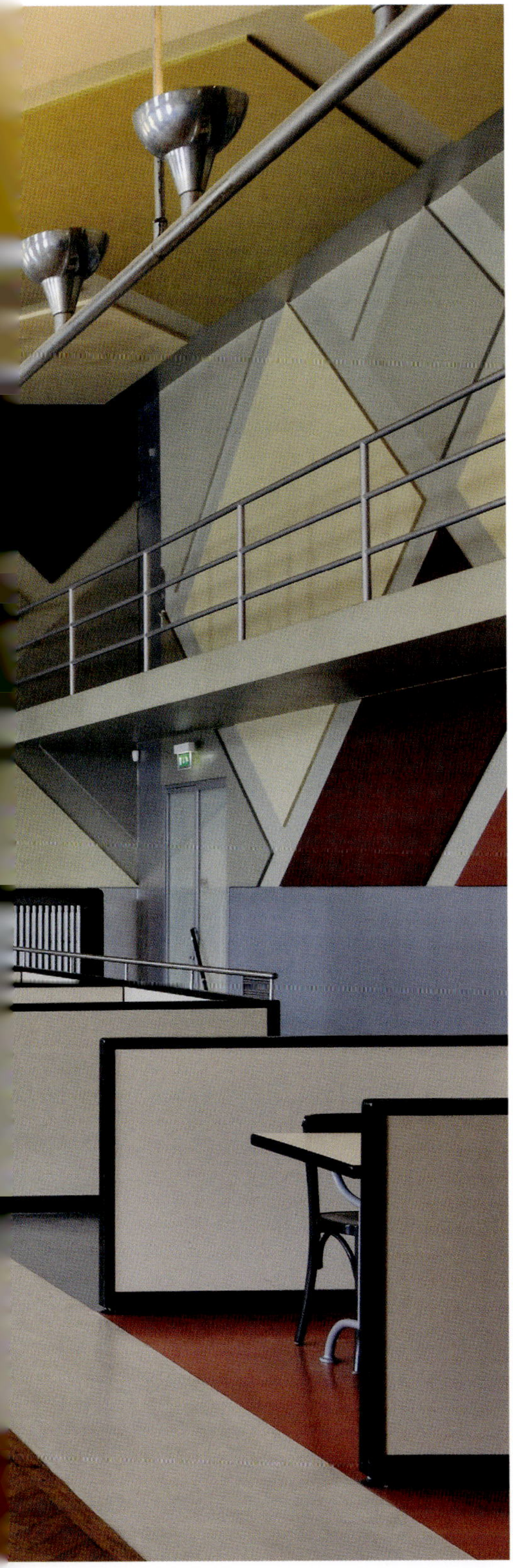

La cathédrale est un cœur
Comment ai-je pu dire
que la cathédrale de Strasbourg
était un cœur ?
Pour la même raison
que vous pourriez dire
que nous sommes une branche d'étoiles
que les anges ont des mains de poupée
que le bleu est en danger de mort
qu'il déteste les surhommes
et qu'il préfère les hommes de neige
qui fondent sur une plage d'été
entourés de lampes à pétrole.
La cathédrale est un cœur.
La tour est un bourgeon.
Avez-vous compté les marches
qui mènent à la plate-forme ?
Elles deviennent chaque soir de plus en
plus nombreuses.
Elles poussent.
La tour tourne
et tourne autour d'elle.
Elle tourne elle pousse
elle danse avec ses saintes
et ses saints
avec ses cœurs.
S'envolera-t-elle avec ses anges
La tour de la cathédrale de Strasbourg ?
La cathédrale de Strasbourg est une
hirondelle.
Les hirondelles
croient aux anges de nuages.
Les hirondelles
ne croient pas aux échelles.
Pour monter en l'air
elles se laissent tomber en l'air
dans l'air tissé
de bleu infini.
La cathédrale de Strasbourg
est une hirondelle.
Elle se laisse tomber dans le ciel ailé
Dans l'air des anges.

Jours effeuillés (Gallimard, 1966).

CI-DESSOUS Le vignoble en automne, quand la vigne jaunit et les feuilles se teintent de jaune, orange et rouge.

AUTOMNE

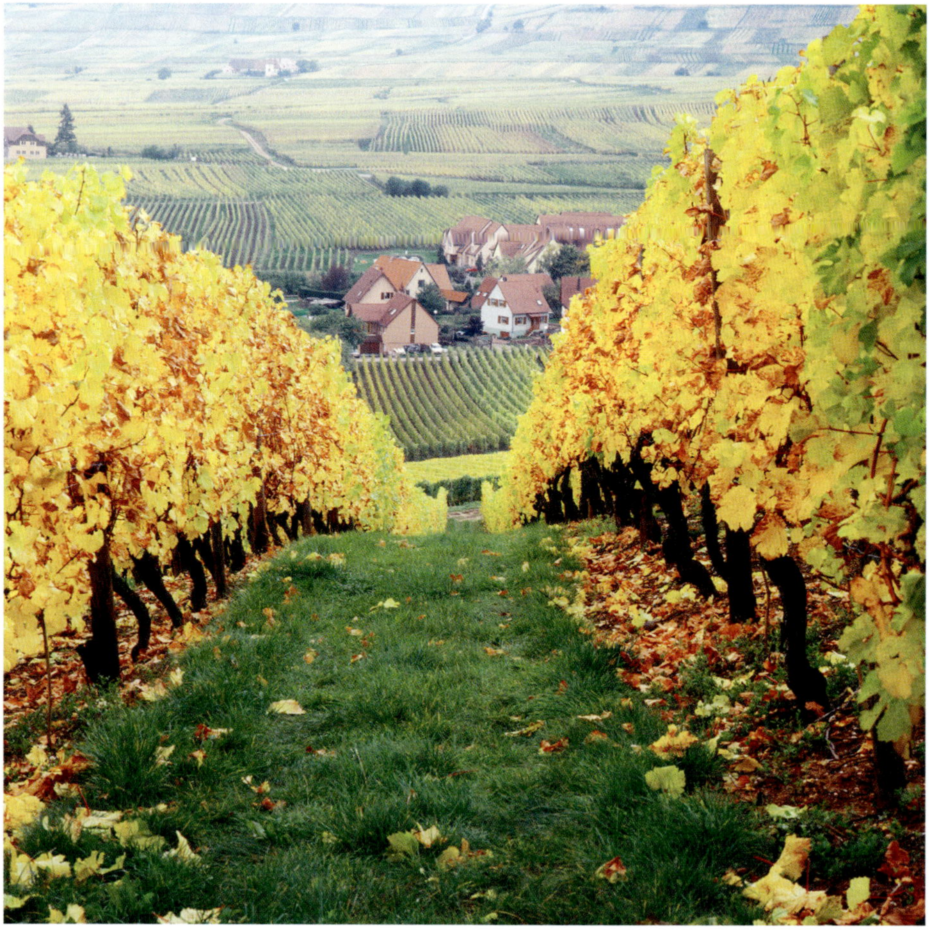

Automne, chanson douce : c'est là, sans nul doute, la saison reine d'Alsace. Vendanges, cueillette des fruits, couleurs mordorées, odeur de sous-bois : tout y est présent pour une saison magique. La route des vins bat son plein touristique. Mais c'est vers les Vosges du Nord qu'il faut se diriger pour une symphonie de teintes digne de la palette d'un maître coloriste.

Les rouges, jaunes, orange tendre, douce sanguine, que j'ai connus dans le Vermont, le Connecticut, le New Hampshire ou le Massachusetts, au temps de l'été indien flamboyant de la Nouvelle-Angleterre, c'est bien ici que je les aurai retrouvés. Un voyage d'automne qui me reste en mémoire ? Celui fait avec feu Jean-Claude Goumard qui reprit Prunier, lui donna son nom, rue Duphot à Paris, le redécora grâce à Lalique, dont la boutique et le siège étaient ses voisins, rue Royale, et qu'il entreprit de me faire visiter dans ses ateliers de Wingen-sur-Moder.

Il détint les clefs de la demeure, si je puis dire, grâce au directeur d'alors, Gérard Tavenas, qui était un habitué fervent de sa table. J'organisai le voyage. Le départ en avion le dimanche soir vers Strasbourg-Entzheim, l'arrivée tardive à Obersteinbach, au pied de la ligne des châteaux forts, un repas délicieux chez Anthon, avec des vins de grande classe (un riesling Clos Sainte-Hune de chez Trimbach, une Romanée Saint-Vivant de chez Leroy : je m'en souviens encore, deux décennies plus tard !), une bonne nuit réparatrice dans une auberge ancienne qui a su garder le cachet d'antan, puis nous voilà consacrant notre matinée du jeudi à rallier la ligne bleue de la grande forêt vosgienne de part en part.

Une quarantaine de kilomètres, certes, mais déjà un autre monde, avec la douceur de l'air, le ciel d'un bleu immaculé, celui de l'été indien, juste après une nuit fraîche, les feuilles éclaboussant routes et sentiers. Les bourgs et villages, Oberbronn, Rothbach, Weinbourg, offrant leur grès et leur colombage sur des murs à la chaux : contrastes du vert, du blanc et du rose. Ce fut là comme un éblouissement durable.

Mais l'automne en Alsace, ce peut être la flamboyance de couleurs vives dans les vignes désertées, parsemées de restes de feuilles. Des odeurs de pressoir, de raisins mûrs, de fermentation lente et douce. Odeurs enivrantes du gewurz épicé, du tokay riche et fumé, du sylvaner vif et frais, du pinot blanc au nez de banane mûre...

Ou encore de marches dans les sous-bois, quand le pied semble se mouvoir dans la glaise, qu'on découvre la trace d'un sanglier ou d'un cerf, non loin de la ruine enchantée d'un château fortifié...

Odeur encore d'amitié, de repas tôt partagé le soir dans une auberge où l'on coupe la terrine de marcassin et le jambon fumé, où l'on partage le civet de lièvre et la noisette de chevreuil aux airelles qu'on arrose d'un pinot noir épais au parfum de framboise, de cassis, de mûre sèche et de sureau mêlés. Odeur encore du kirsch qui enveloppe le palais sans le brûler et fait trinquer ensemble à la saison neuve.

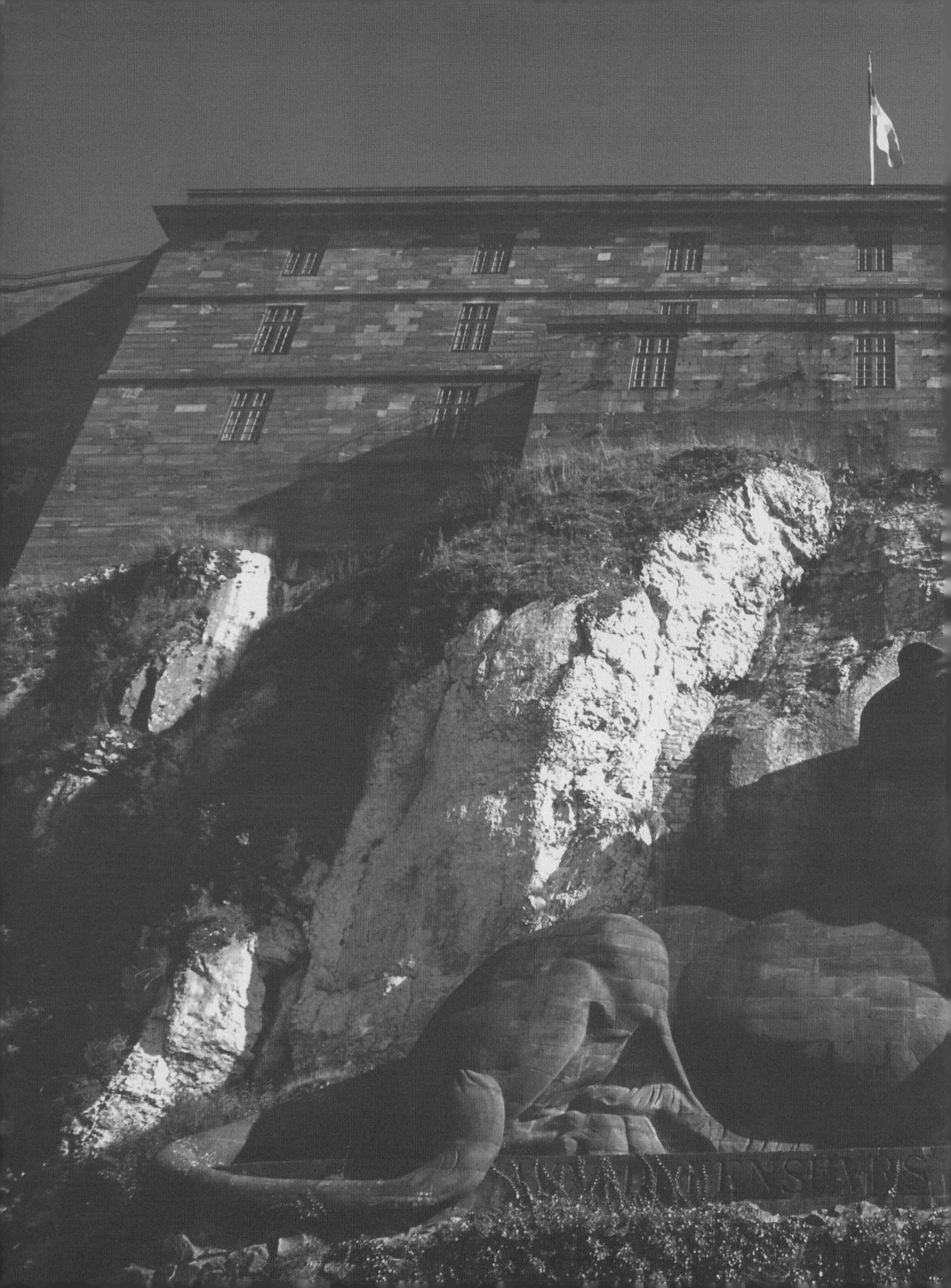

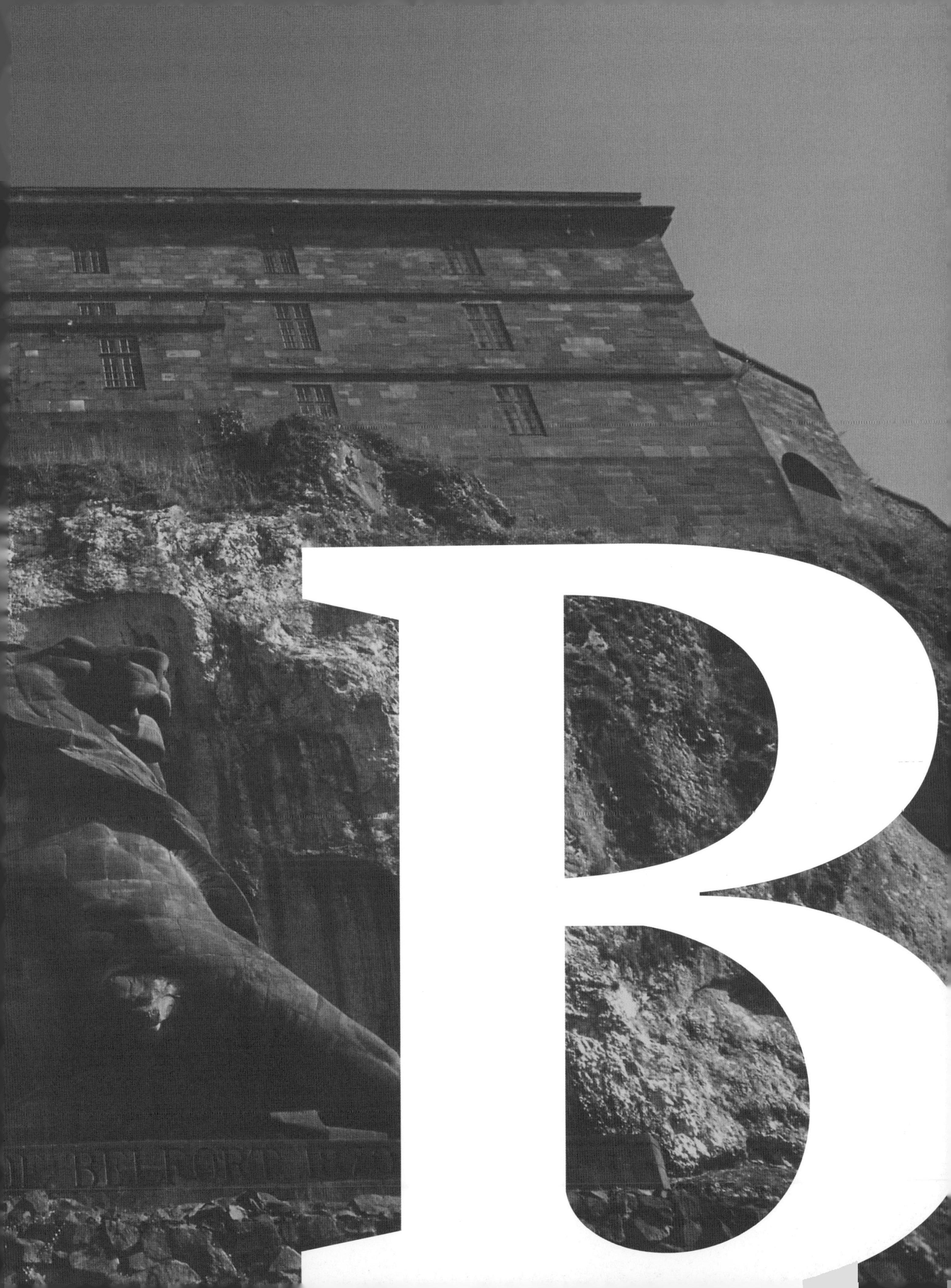
B

CI-DESSOUS Un bel appel d'air au Ballon de Guebwiller, qu'on nomme plus communément « Grand Ballon » et qui culmine à 1424 mètres...

BALLONS (DES VOSGES)

Montagnes douces, vieux massifs, sommets rêveurs, amicaux, complices, comme d'anciens compagnons. J'ai des souvenirs de promenades côté ballons vosgiens à me faire revenir les larmes de la nostalgie brumeuse. Sewen, au bout de la vallée de la Doller, est une belle base d'excursion pour les marcheurs vers le ballon d'Alsace. Son pèlerinage de la Vierge, son ossuaire, son lac naturel, comme son voisin d'Alfeld et les cascades de Seebach, ne peuvent faire oublier le sommet enivrant d'où se devinent les Alpes ou le Mont-Blanc par temps clair – je ne parle pas de l'Everest, ni de l'Himalaya ! –, mais plus sûrement le Donon, la plaine d'Alsace, le vignoble, l'à-plat du Rhin, la Forêt-Noire. La statue de la Vierge, voisine du sommet, délimitait, jadis, au temps de l'annexion, la frontière avec la France.

En Allemagne, au sud de la Forêt-Noire, le Belchen culmine à 1 414 mètres (non loin du Feldberg qui le domine à 1 493 mètres). En Alsace, côté Vosges du Sud, c'est le Grand Ballon ou ballon de Guebwiller (à 1 424 mètres), que l'on confond avec le ballon d'Alsace, qui constitue, lui, l'extrémité sud de la chaîne et s'élève à 1 250 mètres d'altitude. Les ballons – qui seraient la traduction de Belchen, ou un hommage au dieu du soleil, Belenos, révéré par les Celtes – forment une succession de sommets plus ou moins arrondis.

Mais il y a d'autres sommets, d'autres montagnes effilées sur des crêtes méritant sinon tout à fait le nom de ballons, du moins détenant le droit d'appartenir pleinement au parc naturel régional des ballons des Vosges. Le Storkenkopf (1 366 mètres), le Hohneck (1 362), le Kastelberg (1 350), le Klintzkopf (1 340), le Schweisselwasen (1 270), le Petit Ballon (1 267), le Brézouard (1 228), sans omettre le ballon de Servance (1 216), à cheval entre Lorraine côté Vosges et Alsace version Haut-Rhin, marquent le territoire, donnant l'illusion d'une frontière. Lignes bleues, arrondis vert sombre et brumeux : c'est bien là que l'Alsace côté montagne offre ses versants les plus rêveurs. On les aperçoit depuis la plaine, ils donnent l'illusion de l'infini.

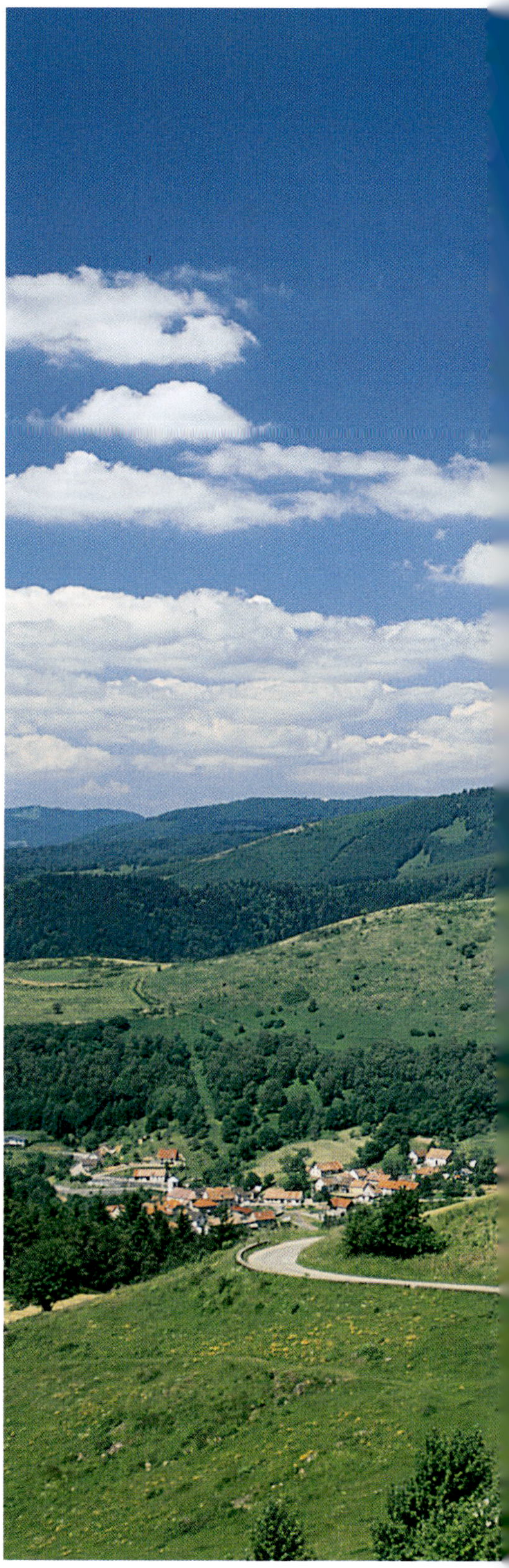

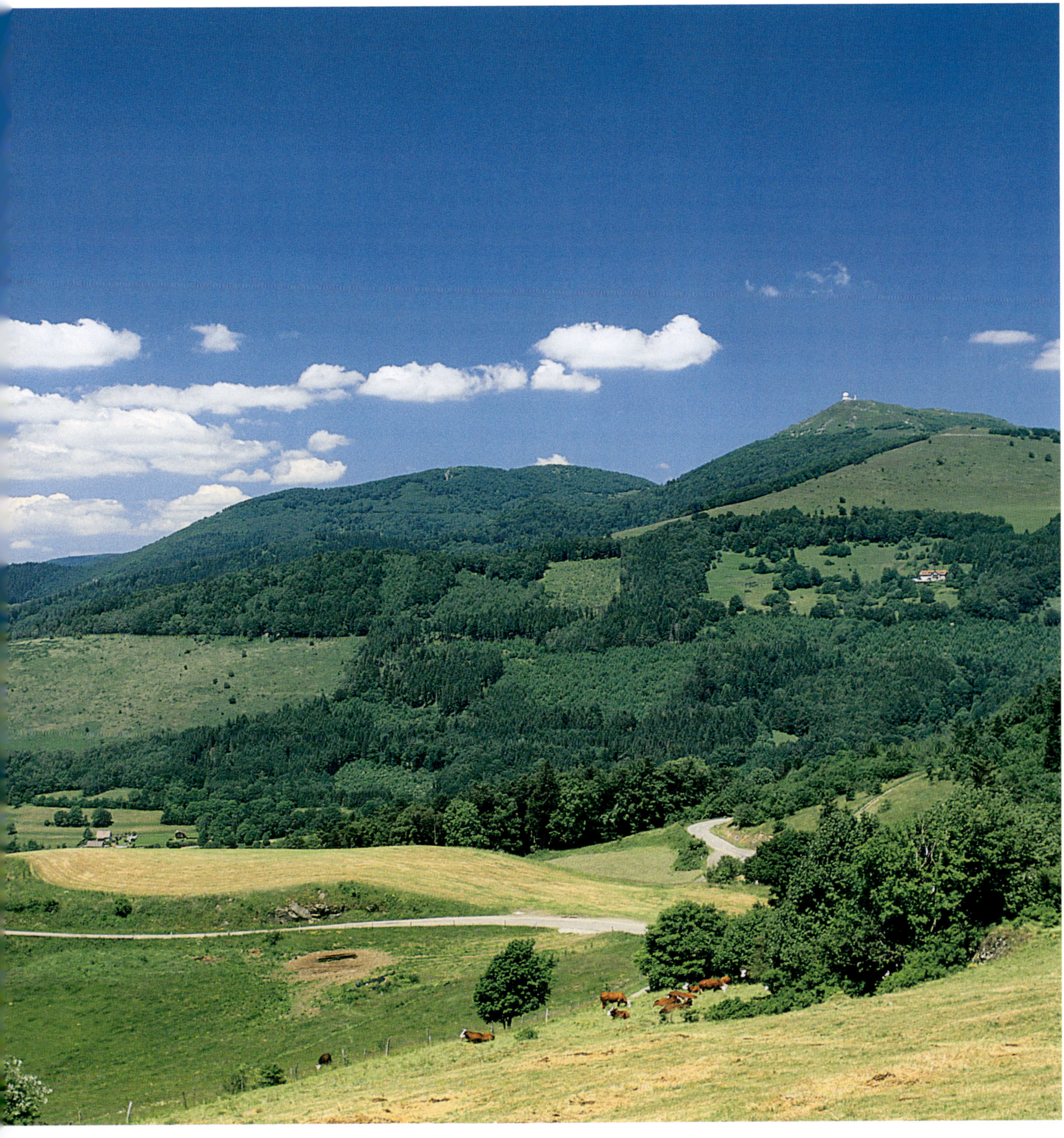

CI-DESSOUS Le Grand-Ballon dans la (presque) lumière du soir.

Ces ballons, depuis que les canons se sont tus et les frontières plus guère contestées, se dédient davantage à la flânerie nostalgique, le rêve sans heurt, la songerie poétique, qu'à la conquête effrénée, alpenstock avec drapeau au bout des mains. Les marcheurs arpentant volontiers les abords de la route des crêtes font halte dans les fermes-auberges qui enrichissent les randonnées dans le si beau val de Munster, ou dorment au pied du Grand Ballon, dans le fameux chalet-hôtel qui porte ce nom.

J'y ai traîné mes enfants jadis. Nous avions bivouaqué au hasard de Guebwiller, entre le Markstein et le Vieil Armand ; rejoint le sommet, dotés d'un bel appétit réveillé par le grand air. Je me rappelle la remarque de ma grande fille qui était encore toute petite. « Mon papa, il est journaliste », avait-elle susurré à l'oreille de la pauvre patronne qui se perdait dans les commandes entre ses diverses et nombreuses tablées, quand la soupe, la croûte au munster ou la choucroute n'arrivait pas.

Bah, ce n'était pas bien méchant. Et ça m'a paru accélérer un peu les choses. Au lieu d'en avoir honte, je m'en amuse aujourd'hui. Non loin du monument des diables bleus, destiné à glorifier l'héroïsme des chasseurs alpins sacrifiés pour la France, nous étions tout bonnement et plus modestement les valeureux de la randonnée du jour qui affirmions le simple droit à la pitance du marcheur affamé...

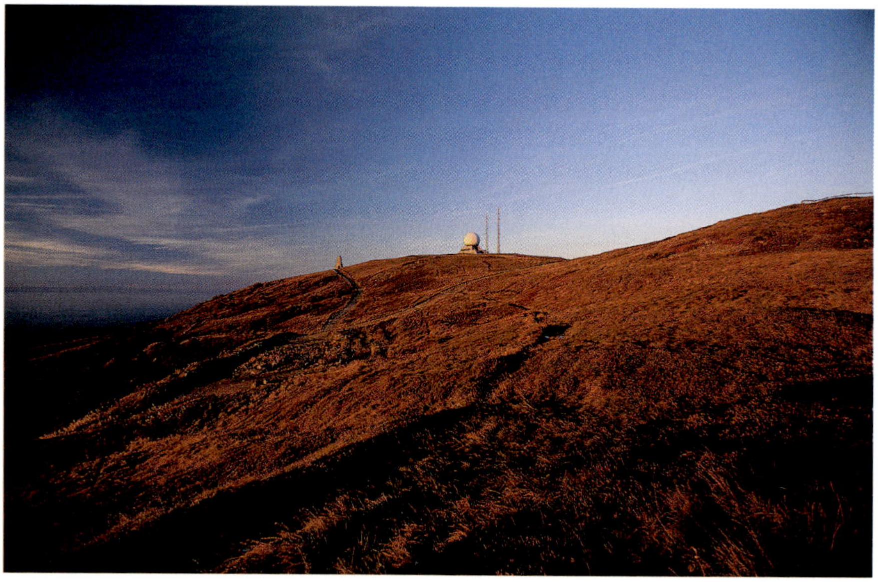

BARR

La place est bancale. L'auberge Le Brochet la regarde. L'hôtel de ville, merveille Renaissance de 1640, avec oriel – surmonté d'un fronton à volutes – et clocheton, bâti sur les restes d'un château, la surplombe. On dirait évidemment une place de théâtre, qui sert aussi à présenter les vins locaux pour la foire de juillet. On pourrait trouver plus de charme à Barr si les demeures étaient plus fleuries, plus pomponnées. Mais la ville, majoritairement protestante, n'est pas du genre à se hausser du col, ni à se laisser happer par le grand tourisme.

Elle a cependant des arguments, avec les canaux ouverts, les proches montagnes couvertes de vignes, du Kirchberg ou du Kastelberg, les maisons nobles qu'on découvre au fur et à mesure de la balade. Andlau est sa discrète voisine, avec les mystères de son abbatiale dédiée à Sainte-Richarde, comme la montagne du Hohwald, et aussi Mittelbergheim, avec sa collection de maisons Renaissance, son coteau du Zotzenberg, ses deux clochers.

Mais Barr prend des allures de mini-capitale du vin bas-rhinois. Strasbourg n'est qu'à une trentaine de kilomètres, Molsheim ou Obernai à quelques pas, Sélestat figurant une grande voisine. Les ruines aristocratiques l'entourent, celles des châteaux d'Andlau, du Spesbourg et du Landsberg. Les vignerons sont des seigneurs. Je pense aux Hering, qui veillent avec la componction de luthériens rigoureux (un pléonasme!) sur les destinées du Clos de la Folie Marco. Sur ce beau terrain granitique et schisteux, leur sylvaner, ailleurs réputé simple, voire « vulgaire », a des allures de cépage de grande classe, donnant un vin de race.

Je songe encore à mon copain André Lorentz, qui, venu de Bergheim, a épousé il y a plus d'un demi-siècle la fille Klipfel. Il faisait volontiers goûter chez lui de très vieux millésimes, 1959 ou 1964, ce qui en muscat comme en riesling est quelque chose, histoire de montrer que l'Alsace sait prendre de l'âge en gardant du nerf. Mais est-ce sa vocation ? Un rosé d'été, gouleyant et fruité, un rouge de Barr séveux, un magnifique gewurztraminer issu du Clos Zisser, un muscat à croquer et un riesling, dont la cuvée porte le nom du beau-père Louis Klipfel, et qui est « simplement à boire », se contentent, dans sa grande cave, de faire diablement plaisir. Et je n'oublie pas sa quetsche, distillée en finesse avec sa saveur du fruit net et frais.

D'autres vignerons d'ici, qu'ils se nomment Wantz ou encore Heywang, sur la proche commune d'Heiligenstein, qui promeut un original « klevner », qui est le traminer d'avant la greffe qui le transforma en « gewurz » (épicé), soit un savagnin, valent le coup d'être cités et goûtés. Mais j'aimais bien André, qui n'était pas simplement vigneron, négociant fameux, bateleur de son propre vin et de sa région – avec son frère Charles, dit « Charlot » ou encore « le pharmacien », car il débuta des études médicales avant de reprendre l'affaire familiale, celle de Bergheim dans le Haut-Rhin, d'où il truste le marché de la brasserie parisienne –,

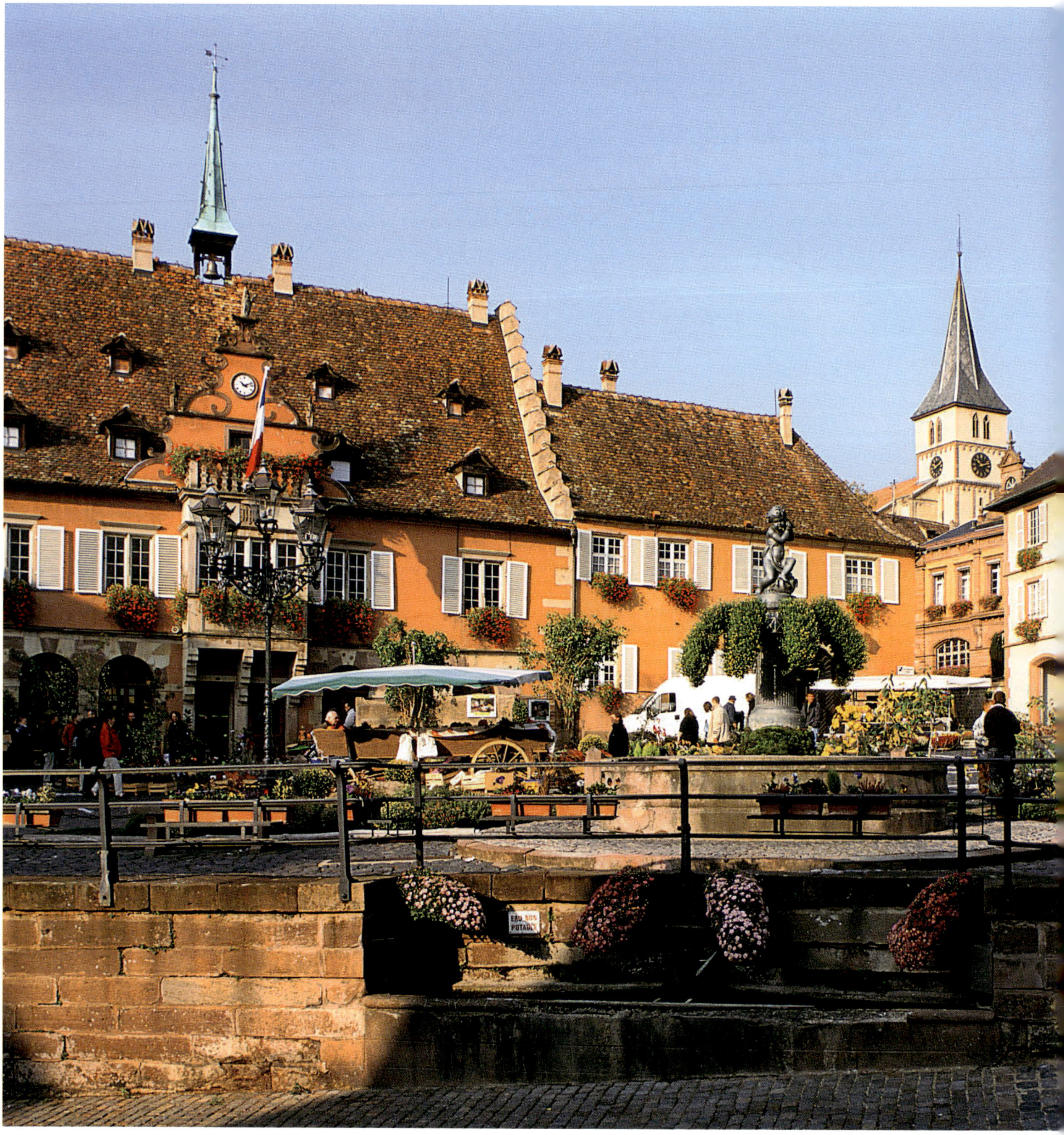

CI-DESSOUS La grand-place de Barr, surélevée, qui m'a toujours parue bancale et qui, avec ses nobles édifices Renaissance, pourrait cousiner avec une distinguée cité flamande.

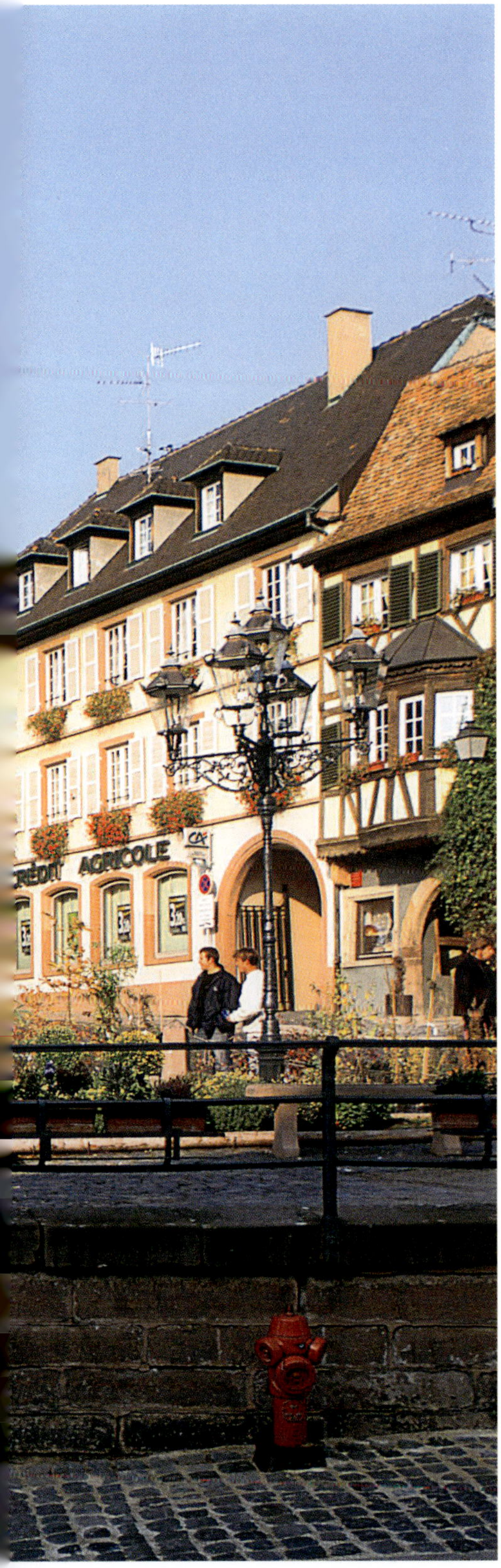

mais encore un fort caractère. Un ermitage vosgien à Thannenkirch ou une virée à ski au Markstein suffisait à son bonheur. De Strasbourg à Mulhouse et d'Haguenau à Colmar, mais aussi de Metz à Baden-Baden et de Karlsruhe à Bâle, tout le monde boit, a bu ou boira du Klipfel, bannière ou plutôt étiquette jaune, indiquant le bon rapport qualité/prix, sous lequel se cachait le souriant André. La renommée de Barr la vineuse et la charmeuse *a mezza voce*, dont le terrain de football porte le nom de son beau-père, lui doit beaucoup.

BARTHOLDI (FRÉDÉRIC-AUGUSTE)

On regarde la statue verte, géante, plantée sur la grand-route entre Colmar et Mulhouse. On se frotte les yeux. Mais oui, c'est bien elle, et l'on ne s'est pas trompé de continent : la *Statue de la Liberté éclairant le monde*, ou plutôt sa réplique exacte, comme dans la baie de New York, pile à l'entrée du port. C'est que son auteur, Frédéric-Auguste Bartholdi, est bien né à Colmar, le 2 août 1834.

Il est le fils de Jean-Charles Bartholdi (1791-1836), conseiller de préfecture, et d'Augusta Charlotte, née Beysser (1801-1891), fille d'un maire de Ribeauvillé. En sus de la fameuse *Statue de la Liberté*, offerte par la France aux États-Unis, on lui doit le *Lion de Belfort*, sculpté dans une falaise pour célébrer la résistance héroïque de la ville lors du siège de 1870-1871, et le *Vercingétorix* de Clermont-Ferrand.

Après un voyage mémorable en Égypte – il en ramène des peintures orientalistes qu'il signe du pseudonyme amusant et alsacien d'Amilcar Hasenfratz –, Bartholdi devient architecte à Colmar. Il a conservé la maison familiale du 30, rue des Marchands, qui abrite, depuis 1922, le musée qui porte son nom, après avoir été léguée à la ville en 1907. Son premier monument officiel est colmarien, dédié au général Rapp et daté de 1856. Durant la guerre de 1870, il est chef d'escadron des gardes nationales, aide de camp du général Giuseppe Garibaldi, et agent de liaison du gouvernement, particulièrement chargé de s'occuper des besoins de l'armée des Vosges.

En 1871, à la demande d'Édouard Lefebvre de Laboulaye (dont Bartholdi a effectué un buste en 1866) et de l'union franco-américaine, il effectue son premier voyage aux États-Unis, pour sélectionner en personne le site où sera installée la célèbre *Statue de la Liberté*. Le projet ressemble beaucoup à un projet de statue qui aurait été érigée à l'entrée du canal de Suez… si Ismaïl Pacha l'avait accepté en 1869. Il devient alors le sculpteur le plus célèbre du XIXe siècle d'Europe et d'Amérique du Nord.

Franc-maçon depuis 1875, il adhère à la loge Alsace-Lorraine à Paris. C'est à partir de cette date qu'il commence la construction de la *Statue de la Liberté* dans ses ateliers parisiens, rue Vavin. La même année, le 15 décembre, il conclut un mariage qu'il qualifie lui-même de « rocambolesque » avec Jeanne-Émilie Baheux de Puysieux, qui se serait rajeunie, pour l'occasion, de treize ans. Leur union est célébrée à l'hôtel de ville de Newport (Rhode Island, États-Unis). Elle sera cependant heureuse, quoique sans enfants.

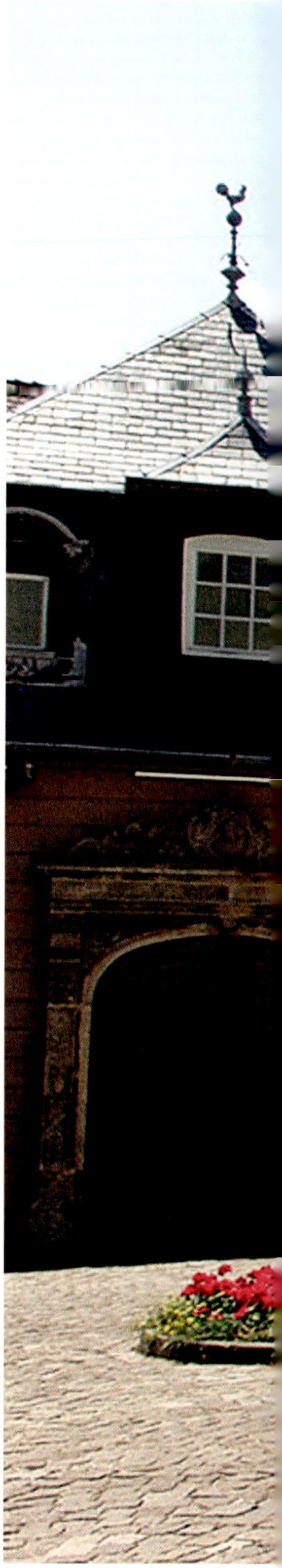

CI-DESSOUS Dans la cour du musée Bartholdi à Colmar : un hommage et un lieu de pèlerinage dédiés au père de la statue de la Liberté.

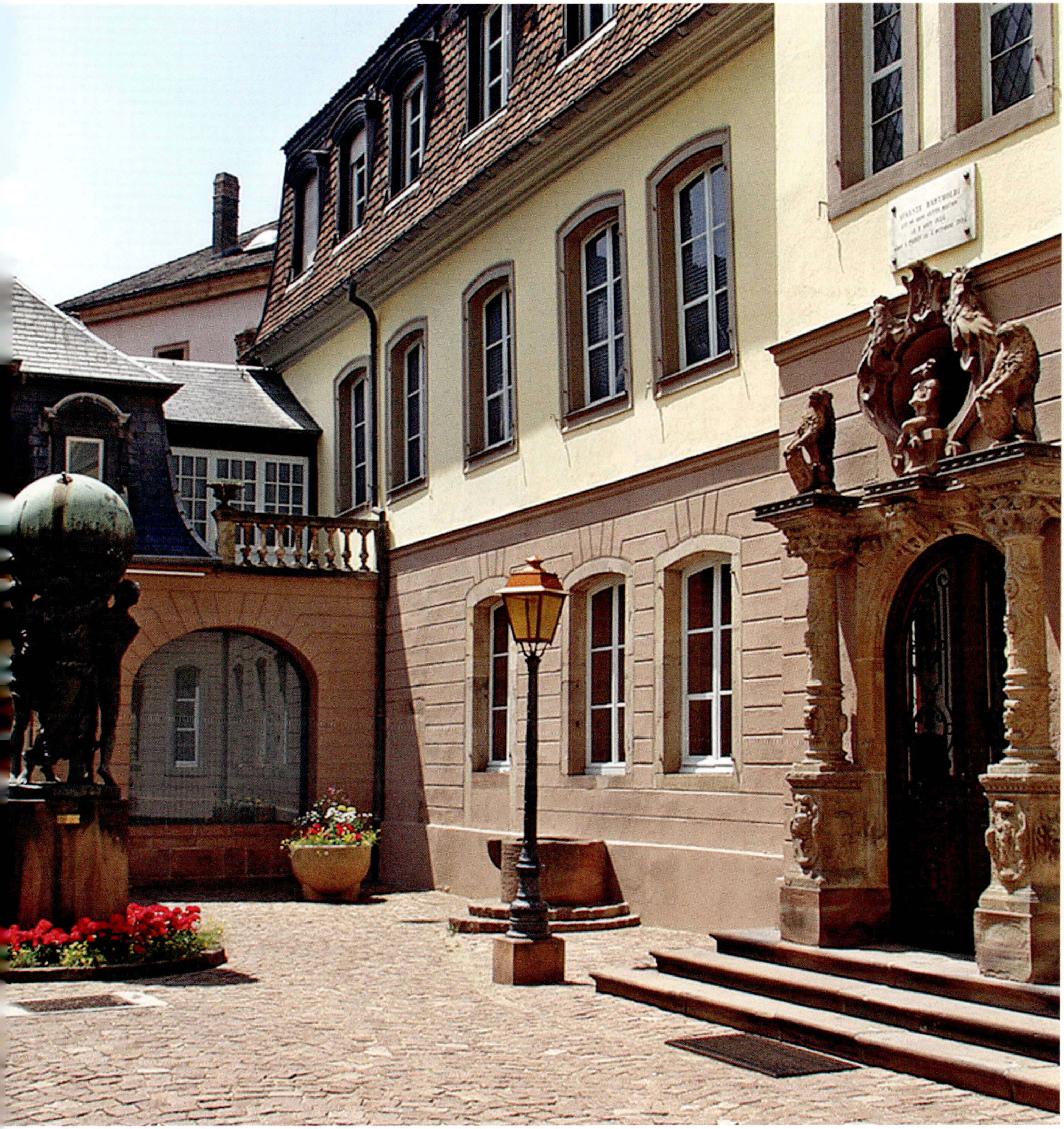

Frédéric-Auguste Bartholdi effectue son dernier voyage aux États-Unis pour l'inauguration, le 28 octobre, de la *Statue de la Liberté*, à New York. Il est fait commandeur de la Légion d'honneur en 1882. Il habite alors dans un hôtel particulier à Paris au 80, rue d'Assas. Il meurt de tuberculose le 4 octobre 1904 à Paris, avant d'être enterré au cimetière de Montparnasse.

Colmar n'a pas été ingrate avec son enfant chéri. Outre la réplique de la *Statue de la Liberté*, sa statue du général Rapp orne la place dédiée à ce dernier. On peut voir encore la fontaine Schwendi, dédiée au bailli de Charles Quint censé tenir dans ses mains les plants de tokay ramenés de Hongrie en Alsace, place de l'Ancienne-Douane. Et encore le tonnelier au-dessus de la Maison des Têtes, la fontaine du Vigneron, à l'angle des rues des Écoles et du Vigneron, le monument de l'Amiral Bruat place du Champ-de-Mars, et la fontaine Roesselmann, place des Six-Montagnes-Noires.

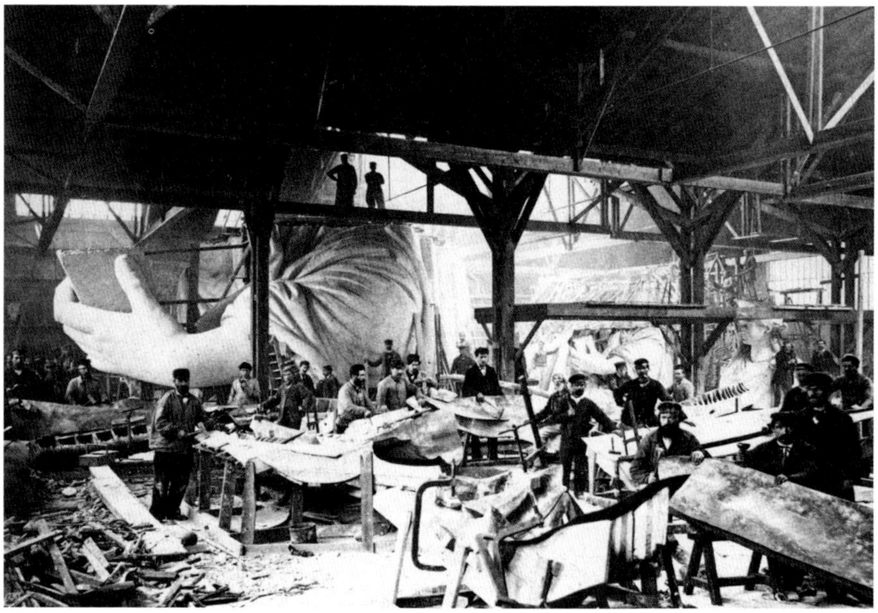

CI-DESSOUS Dans l'atelier de montage de la *Liberté éclairant le monde*.

BIÈRE

« C'est avec la bière, dit l'adage local, que la soif commence à devenir belle. » L'Alsace aime la bière, qui le lui rend bien. Son credo : celui de la belle soif, de la boisson vive et fraîche. La bière est dite de basse fermentation alcoolique. Elle titre en moyenne 4,8° ; elle est, par excellence, la boisson désaltérante : celle des mois d'été. Mais elle est aussi celle de toutes les occasions. Bière de mars, tirée des premiers brassins du printemps, bière de Noël, plus forte, plus charpentée, légèrement douce et épicée, pour supporter les frimas de l'hiver. Bière d'accompagnement, donc de gastronomie, bière aussi à boire toute seule, hop là, pour le plaisir et se désoiffer.

Avec soixante litres consommés par habitant, le marché alsacien demeure, en effet, le premier de l'Hexagone. Il est vrai que la culture de la bière est ici de tous les instants. On rappelle que le premier brasseur s'installa en 1259 dans le quartier de la cathédrale : c'était le précurseur au nom prédestiné, Arnoldus Cervisarius, qui prend place dans l'impasse nommée aujourd'hui ruelle de la Bière. Sept cent cinquante ans plus tard, son histoire apparaît comme celle d'une vaste concentration. Au début du XIXe siècle, Strasbourg et sa périphérie comptent deux cent cinquante brasseurs. Aujourd'hui, le géant hollandais Heineken, qui a racheté Ancre Pils, Mutzig, Fischer, Adelshoffen, fermant peu à peu leurs unités de production, trône dans le faubourg de Schiltigheim, d'où Schutzenberger, l'une des grandes brasseries de tradition, que tenait la famille Muller, a purement et simplement disparu.

Kronenbourg, d'ancestrale fondation alsacienne (c'était la famille Hatt dès le XVIIe siècle), a été reprise par le Danois Carlsberg. Elle possède son siège social dans le quartier éponyme de Cronenbourg, et fabrique sa bière dans la plus grande unité brassicole d'Europe, à Obernai. La bière de Saverne (fondée en 1845 par la famille Scheickhardt), réputée pour l'eau limpide, pauvre en nitrates et légèrement acide que filtrent les roches de grès rose des Vosges, a été rachetée par le Sarrois Karlsberg (à ne pas confondre avec le Danois homonyme, mais avec « C » au lieu de « K »), qui produit en France sous le nom de Karlsbrau, et encore, en Alsace, de la Licorne, une bière pils, amère et rafraîchissante. Elle fait figure de sauveur de la maison, développant, avec une aile moderne, le château brassicole initial.

Les petits poucets du genre ? Il y a les brasseries artisanales de Lutterbach près de Mulhouse et Lauth à Scharrachbergheim, au cœur de la route des vins côté nord, avec sa grande salle de brasserie pour les tables flambées et ses belles cuves à bière apparentes (presque une provocation, mais, en Alsace, la boisson de Gambrinus et celle de Bacchus ont toujours fait bon ménage). Et puis Saint-Pierre, non loin de Barr et d'Andlau, entre

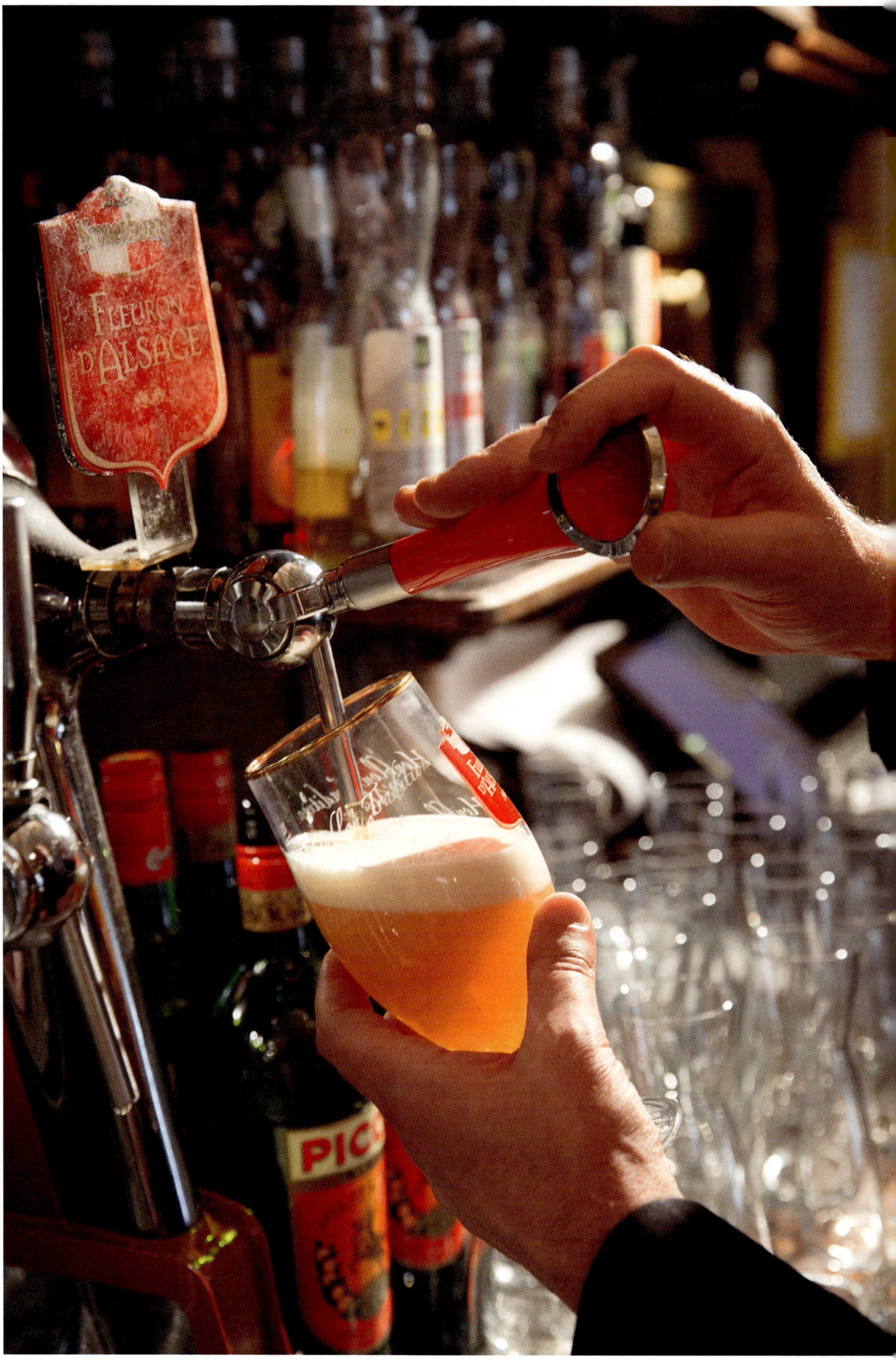
Kronenbourg
FLEURON D'ALSACE

CI-CONTRE « C'est avec la bière que la soif commence à devenir belle », dit l'adage alsacien.

vignoble et forêt, sans oublier celle, fraîche et légère, d'Uberach, à côté de Pfaffenhoffen et au cœur du pays d'Hanau.

J'allais omettre le dernier des Mohicans, l'ultime brasserie indépendante d'importance et à la fois « 100 % alsacienne » : dans le village d'Hochfelden, au cœur du Kochersberg et de l'Ackerland, à deux pas des champs d'orge et de houblon, bref, au cœur des choses. Depuis sept générations et depuis 1898, les Haag gèrent cette demeure de tradition créée en 1840. Michel, costume gris de fonction, souriant et filiforme, riant sans excès, comme il sied au digne représentant d'une dynastie protestante, la pilote avec sérieux et rigueur, tout en présidant le syndicat des brasseurs d'Alsace. Sous son égide, la brasserie a été modernisée sans perdre cet aspect traditionnel de château local dont on visite avec émotion la belle salle de brassage avec ses cuves en cuivre.

Son produit vedette : la Pils, une bière de tradition, qui colle fort bien avec les habitudes d'ici, fraîche, légère, un brin amertumée en sa version blonde, qui lui donne son air de petite cousine alsacienne de la Pilsen tchèque, bref, une bière qui « corrige » la soif et fait un bel accompagnement avec tous les plats de gastronomie. Mais il y a aussi la Grand Malt, blonde puissante, la Mortimer ambrée, titrant 7,5°, la Blanche, rafraîchissante, au malt de froment, comme la Wendelinus, type bière d'abbaye, un brin sucrée : toutes témoignent, à leur manière plaisante et variée, du soin défendu par cette maison rare.

La figure de proue de la demeure : Yolande Haag, l'épouse de Michel, grande dame charmeuse, un peu Sophia Loren, un peu Gloria Lasso. C'est à elle qu'on doit les nouveaux slogans de la demeure : « Alsaciens nous sommes ! Et fiers de l'être. » Et encore : « Alsaciens nous sommes, Alsaciens nous resterons. » Ou enfin : « Alsaciens nous sommes et pour toujours. » Sans oublier : « Nous sommes indépendants et voulons le rester. » C'est elle encore qui porte la bonne parole de la brasserie dans les grandes tables d'Alsace : toutes, du Crocodile à l'Auberge de l'Ill, ont inscrit Météor sur leurs cartes. Mais on boit aussi Météor à Paris, dans des endroits élégants et éternels, tels le Flore ou la Closerie des lilas. Manière de dire que, pour Yolande l'impétueuse, boire Météor, c'est la fois une manière d'être, une façon de vivre, bref de respirer : chic et alsacienne.

CI-CONTRE Le noble et vertueux bretzel, brioche salée
qui laisse trois fois passer le soleil…

BRETZEL

J'ai des souvenirs de bretzels qui croquent en bouche comme des souvenirs d'amour. Bouts de pâte sèche ou douce, fins morceaux de sel et jolie mousse gambrinale pour l'accompagner… Le bretzel, c'est l'ami de la chope, le compagnon du gourmand qui patiente, qui fait craquer la pâte entre ses doigts.

Mais qu'est-ce donc que ce bretzel-là ? Un biscuit salé, un compagnon de la bière, un symbole, un emblème : c'est tout cela un bretzel. Cette gourmandise en forme de huit couché ou de nœud serré se croque à toute heure du jour. Craquant ou mou, chaud ou froid, en pâte (issu de levain, avec huile, sel, eau, farine, sel), devenu « mauricette », il fait encore un sandwich de bonne compagnie, s'accompagnant de jambon blanc ou cru, fromage blanc ou sec, saucisson sec ou saucisse de foie.

Son ancienneté date du XIIe siècle : il illustre le *Hortus deliciarium*, ce code des délices alsaciens, qu'on retrouve au mont Sainte-Odile près d'Obernai, trônant sur la table de noces royales et sur la desserte de celle-ci. Il figure encore dans une pétition municipale de Strasbourg au XVe siècle permettant aux boulangers de les confectionner huit jours avant et après la Saint-Martin. Il restera l'apanage des boulangers, autorisés à les préparer trois fois par semaine.

Il est également hautement symbolique. Permettant de voir trois fois le soleil au travers, il est utilisé comme décoration du sapin de Noël, mais aussi pour le bouquet des rameaux le dimanche avant Pâques, faisant usage encore de témoignage amoureux pour le jeune homme qui l'offre à sa bien-aimée.

Le bretzel d'Or est la récompense suprême offerte aux défenseurs culturels ou gourmands de la région. Un symbole qui se mange, un emblème qui se croque, une invitation à boire une bière et à sabler l'Alsace. Bref, il y a tout cela dans cette fine pâtisserie salée, si vertueuse, si intelligente…

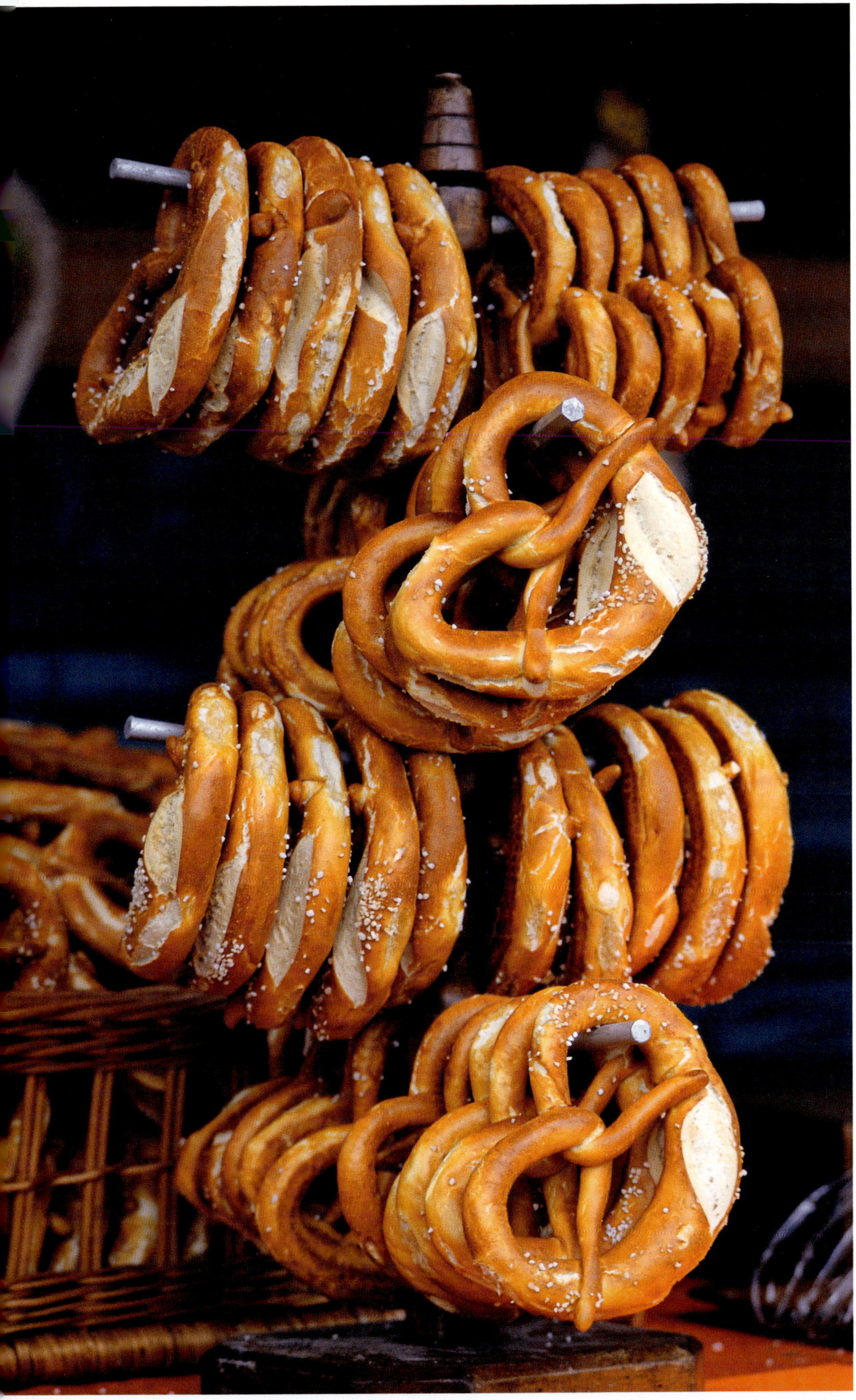

« Nous avons mangé sur les bords de l'Ill cette tendre et jeune choucroute fraîche de saison qui est à la vieille, bien marinée, dans le courant de l'hiver, ce que la vierge timide et pâle est à la femme de quarante ans. Pour notre part, nous préférons la maturité de l'expérience... La choucroute qu'on nous offrit à la brasserie, à côté de celle qu'on pare de perdreaux ou de faisans en Alsace pendant la durée de la chasse, était bonne, escortée de la côtelette de porc fumée, de la saucisse et du morceau de lard. Bonne sans plus. On ne mange réellement de sublime choucroute qu'en famille. »

CURNONSKY

LA FRANCE GASTRONOMIQUE. L'ALSACE, F. ROUFF ÉDITEUR, 1921

BUGATTI

Un nom, une légende, un mythe, des lieux de souvenirs : celui et ceux d'un petit ingénieur milanais, né en 1881 dans une famille d'artistes, attiré par le baron de Dietrich en Alsace annexée. Ce dernier fabrique alors des voitures à Niederbonn-les-Bains sous licence Bollée. Il va confier sa production au jeune Italien, dont la présence ne gênera pas l'occupant prussien, alors qu'il le croit malléable et docile. Nous sommes en 1902. Le génial Ettore Bugatti imagine des bolides légers, puissants, racés. Il gagne course sur course, accumule les victoires. Puis décide de rouler assez vite pour son propre compte.

Molsheim sera le lieu de sa gloire, à partir de 1909. Ettore Bugatti fabrique des voitures à la fois belles et élitaires. On se disputera sa type 10, sa type 35, son cabriolet Stelvio ou sa sublime Royale. Formes oblongues, carrosseries bleues, grises ou jaunes, moteurs beaux comme des pièces d'orfèvrerie : *la bella allura* italienne se reflète dans la manière de construire. Il y a, chez Bugatti, une élégance Ettore comme il y aura une allure Chanel, un style Saint Laurent, un mouvement Dior, un phrasé Lagerfeld.

Roi de la vitesse et de la beauté sur roues dans les années folles. Ettore Bugatti marque son temps. Le sultan du Maroc et les riches collectionneurs américains se ruent à Molsheim pour essayer ses nouveaux prototypes, logent au château Saint-Jean et à l'hostellerie Pur-Sang. Rien n'est trop beau pour eux, ni trop cher. Ettore et son équipe de techniciens zélés imaginent les prouesses techniques les plus folles pour les moteurs les plus légers, les modèles les plus aériens. Les plus grands coureurs de leur temps, de Pierre Veyron à Maurice Trintignant, volent de succès en succès pour les prestiges de sa marque.

Sept mille huit cents voitures sortent de ses usines. Elles sont aujourd'hui des bijoux convoités. Ses joujoux géants et colorés sont désormais des pièces de musée, à la Fondation qui porte son nom au musée de la Chartreuse à Molsheim ou, mieux, à la cité de l'Automobile de Mulhouse, grâce à Fritz Schlumpf qui fut son plus zélé collectionneur.

La question que se pose le visiteur de hasard est simple : comment une marque aussi prestigieuse, dont le nom demeure aussi fameux, qui remporta mille courses et, plusieurs fois, les Vingt-Quatre Heures du Mans, a-t-elle pu disparaître (même si existe encore, sous label Volkswagen, une Bugatti-Veyron) ? Bien sûr, lorsque Ettore décède en 1947, l'époque n'est pas vraiment à la voiture de luxe. Citroën commercialise sa 2CV et l'automobile va devenir un engin démocratique au service de tous. Mais Rolls-Royce et Bentley sont bien toujours là. Et Porsche, Lamborghini, Ferrari, Maserati. Et l'on sait que la Royale, produite en 1926 en six exemplaires, coûtait le prix de trois Rolls-Royce...

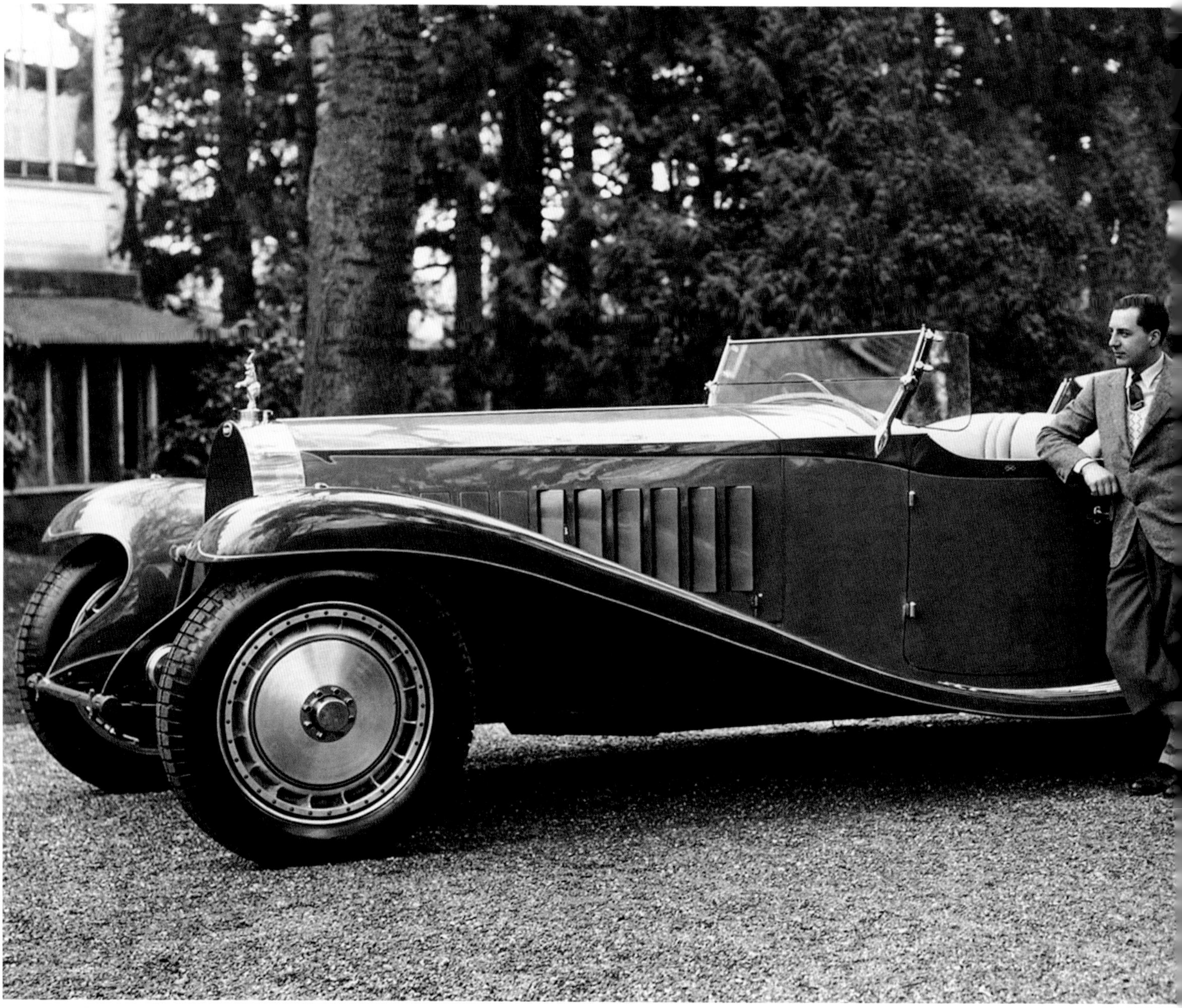

CI-DESSOUS C'est Jean Bugatti (fils d'Ettore) qui pose avec la grande Type 41 Royale (1932) construite pour le roi du prêt-à-porter Henri Esders et dépourvue de phares car il ne roulait jamais la nuit.

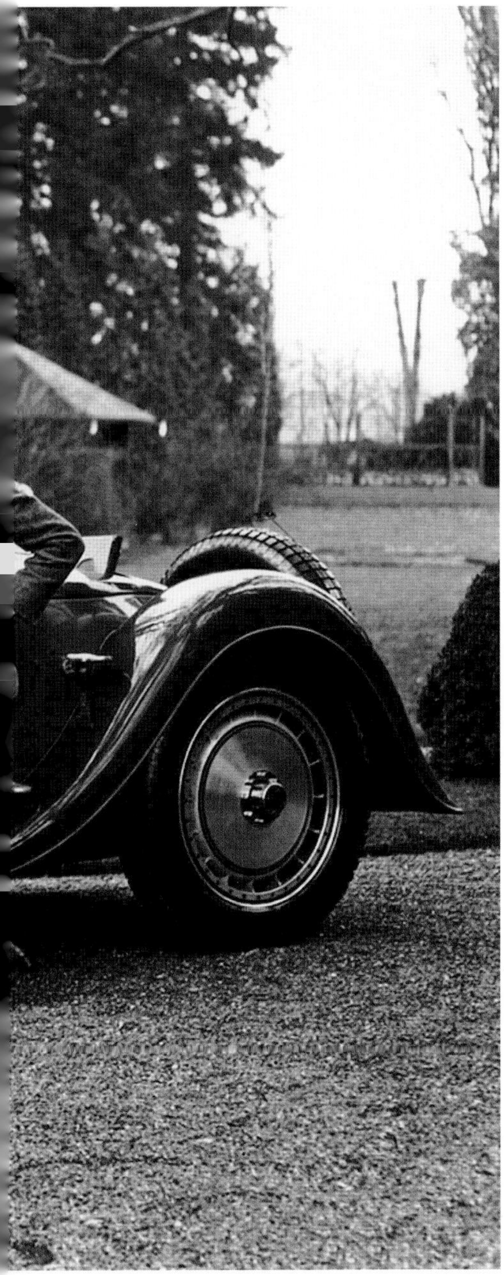

Précurseur et pionnier, homme d'élégance et technicien de génie, fils et frère d'artistes, voulant faire aussi beau que bon, vif comme l'éclair et splendide comme la plus scintillante des étoiles, Ettore n'était sans doute plus à son aise ou à son heure en cette seconde moitié du XXe siècle qui s'avançait sans lui. Les grèves du Front populaire avaient ébranlé son pouvoir. La Seconde Guerre mondiale qui a donné l'occasion aux nazis de récupérer les usines à son profit l'avait atteint plus encore.

Seul un procès lui permit de revenir à la tête de son entreprise, mais pour un temps trop bref. Autour de lui le monde vacillait. Rembrandt, son frère, sculpteur animalier célèbre, au prénom prédestiné, avait créé pour lui le bouchon de moteur en verre, en forme d'éléphant. Mais il s'était suicidé. Son fils Jean, son héritier présumé, pilote d'essai, concepteur de génie à son tour, trouva la mort à trente ans sur une route, à Duppigheim, non loin de Molsheim.

Carlo, son père, peintre, sculpteur, ébéniste, était venu finir sa vie aux côtés d'Ettore, son fils chéri. Huit membres de la famille reposent désormais au proche cimetière de Dorlisheim. Bref, Bugatti n'est plus aujourd'hui qu'un souvenir. Entretenu il est vrai avec passion par des collectionneurs à l'enthousiasme presque naïf, fiers de conduire leurs jolis bolides bleus, avec leur marque ovale sur fond rouge. « Les Enthousiastes Bugatti » : le nom du club le plus fameux veut tout dire. Il s'agit d'entretenir une flamme, de faire, surtout, comme si elle brûlait toujours.

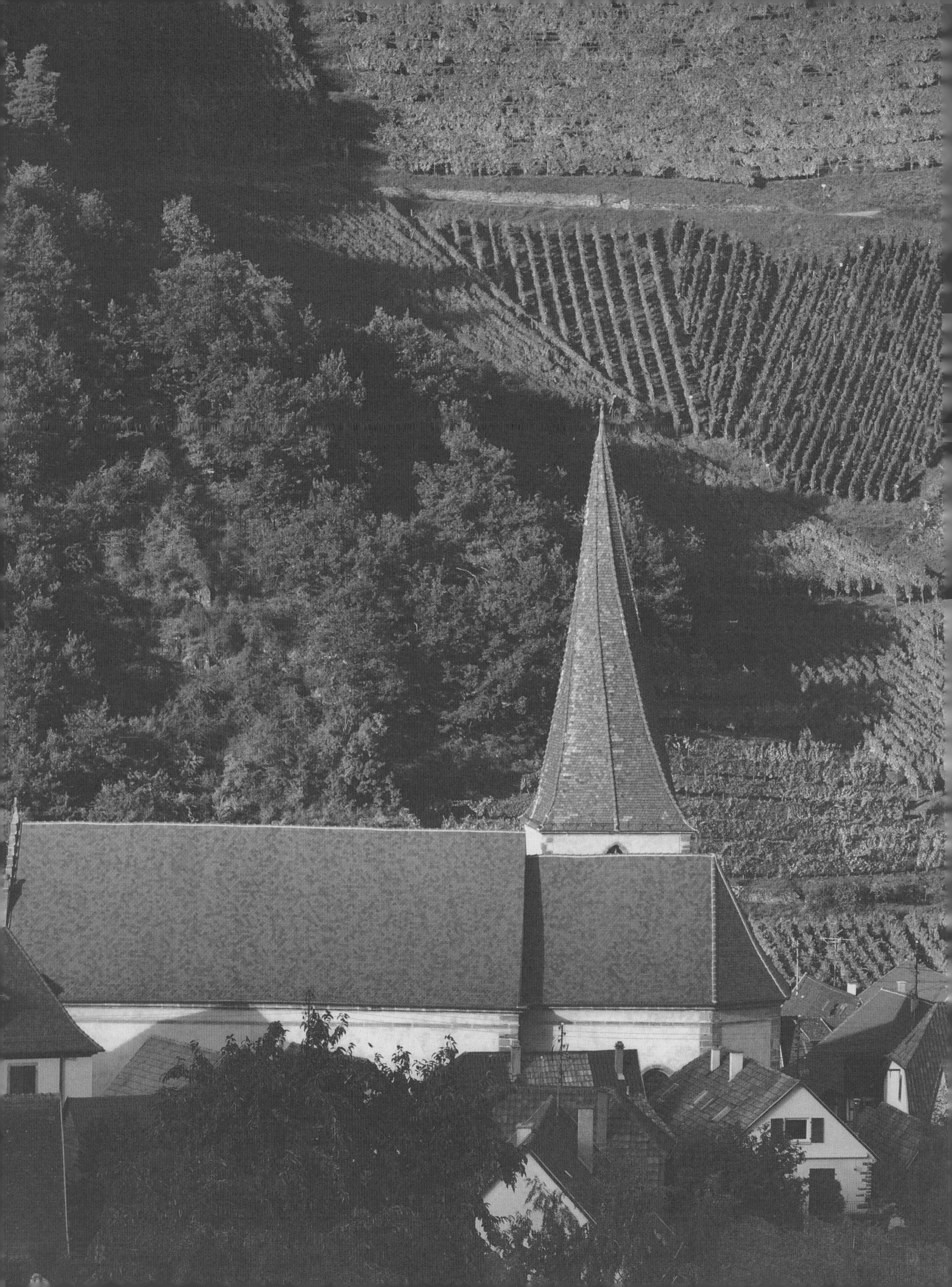

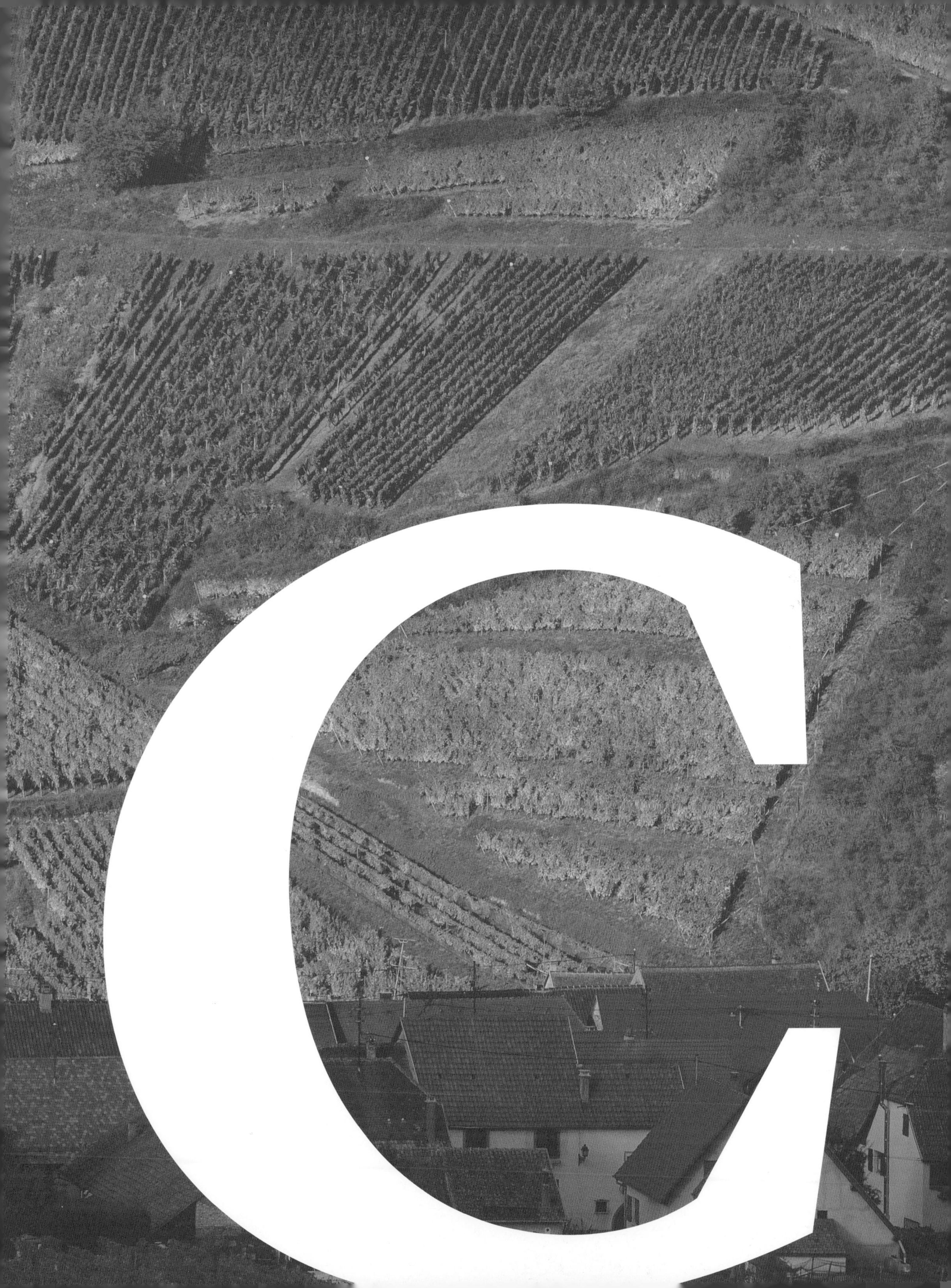

C

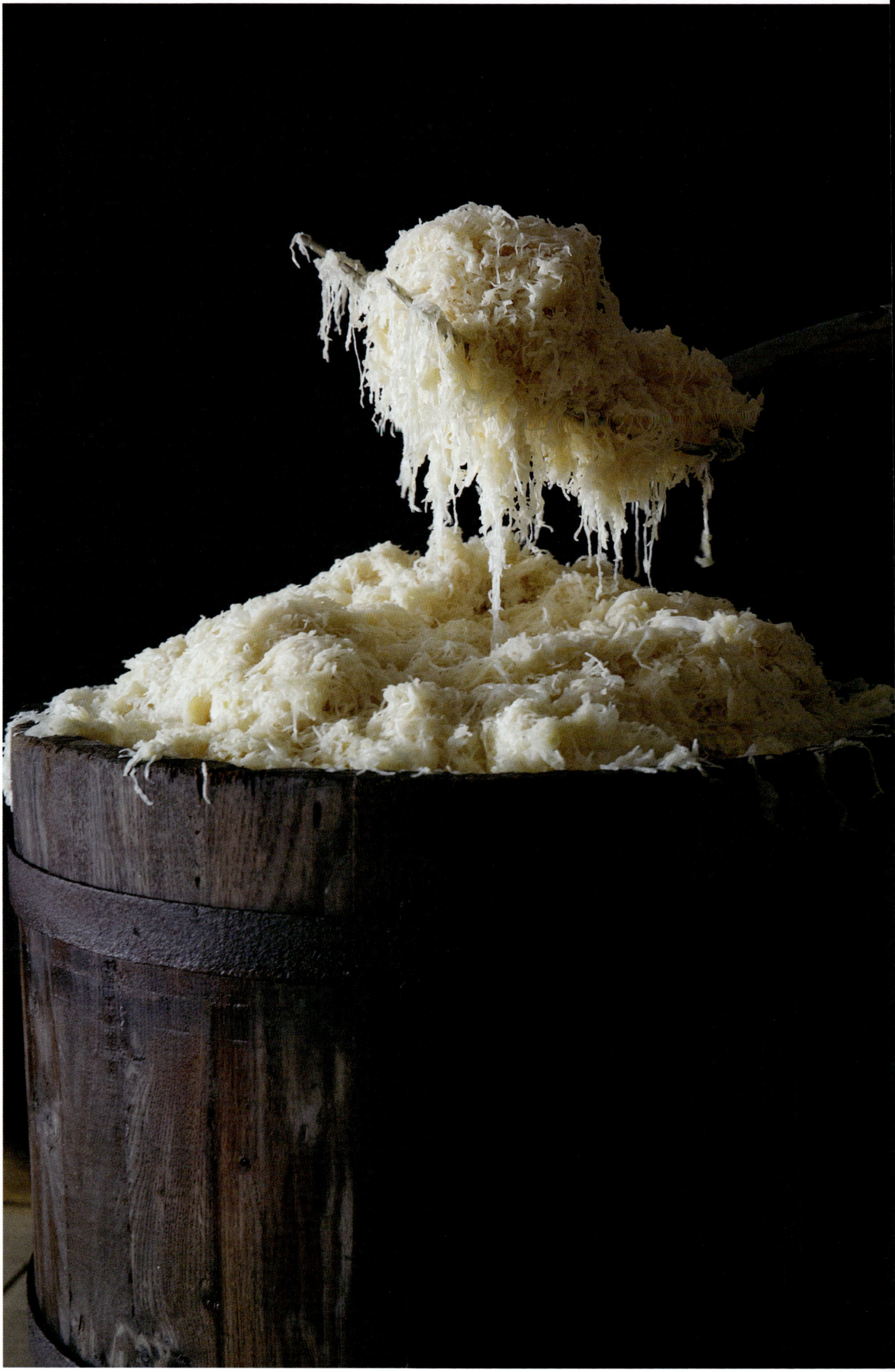

CI-CONTRE « Si tu refuses la choucroute, tu refuses l'Alsace. »
(Roger Siffer)

CHOUCROUTE (LA)

Un plat copieux, géant même, en sa version strasbourgeoise et colmarienne, un légume de santé, un symbole de force et un motif de fierté, mais d'abord un mythe : c'est tout cela, la choucroute.

Il y eut jadis une « route de la choucroute », mais ce fut un gag. Au nord de la province, Philippe Schadt, aubergiste à Blaesheim, non loin de l'aéroport de Strasbourg, en constituait la première sentinelle, pile au milieu des champs de choucroute, de Geispolsheim et de Krautergersheim (littéralement : « Maison du chou » ou « Chou-Ville »). Tandis qu'à l'extrême sud de la province et à deux pas de la frontière suisse, Tony Hartmann, en plein Sundgau, tenait salon de thé (la Oltinguette) au cœur du pittoresque village de Oltingue. Le lieu a disparu et Hartmann a émigré. Mais on se souvient encore de son sorbet à la choucroute et de sa confiture mitonnée avec le même chou fermenté.

Schadt, en sa joyeuse auberge fréquentée par les artistes qui y ont laissé des œuvres insolites comme Tomi Ungerer ou Raymond-Émile Weydelich, avait inventé le hors-d'œuvre n° 1 à base de ce produit-fétiche : des nems à la choucroute. Explication. La choucroute est bien un légume – du chou fermenté – avant d'être un plat. Et se plaît à tous les accommodements. En outre, ce met d'allure un tantinet alsaco-asiate est un hommage aux Chinois qui bâtirent leur Grande Muraille en mangeant du chou fermenté, légume ferrugineux, qui leur donna la force d'aller au bout de leur tâche.

Confiture, nem, sorbet… il y a aussi la salade de choucroute crue au cervelas rôti, que servait jadis Tony Schneider à l'Arsenal, et la choucroute aux poissons chère à Guy-Pierre Baumann, mais aussi, de ce dernier, la choucroute orientale avec merguez. L'essentiel ? Prouver que le chou fermenté peut s'accommoder de toutes sortes de manières.

« La choucroute est tolérante », expliquait le professeur Julien Freund, dans un article fameux de la revue *Saisons d'Alsace*. « Son fumet supporte diverses préparations de pommes de terre : en robe de chambre, au lard, à l'étouffée, sautées, grillées ou même simplement cuites à l'eau. Elle adopte maintes sortes de graisses : saindoux, beurre, graisse d'oie ou de rôti. La variété des viandes d'accompagnement auxquelles elle consent est infinie : saucisses de toute espèce, tels “knack”, saucisse blanche, lorraine, montbéliard, de ménage, chipolatas ou boudin ; viandes multiples : jambon, lard fumé ou salé, quenelles, petit salé, fumé de toute nature, oie, faisan, etc. Elle excuse le vin rouge, bien qu'elle ait un faible pour la bière et qu'elle se laisse gâter par le vin blanc. Chaque estomac peut y trouver son bonheur… »

Manière de dire que la choucroute est un plat à facettes. Et d'abord un produit plein d'esprit. Chou « sur » – ou « Sur Krut », dans sa langue germanique

CI-DESSOUS La choucroute, plat symbole, met de résistance, vendue sur toutes les foires et tous les marchés de France – ici dans les années 1950 – comme un hommage à la région avec son chou « suri » et sa charcuterie variée.

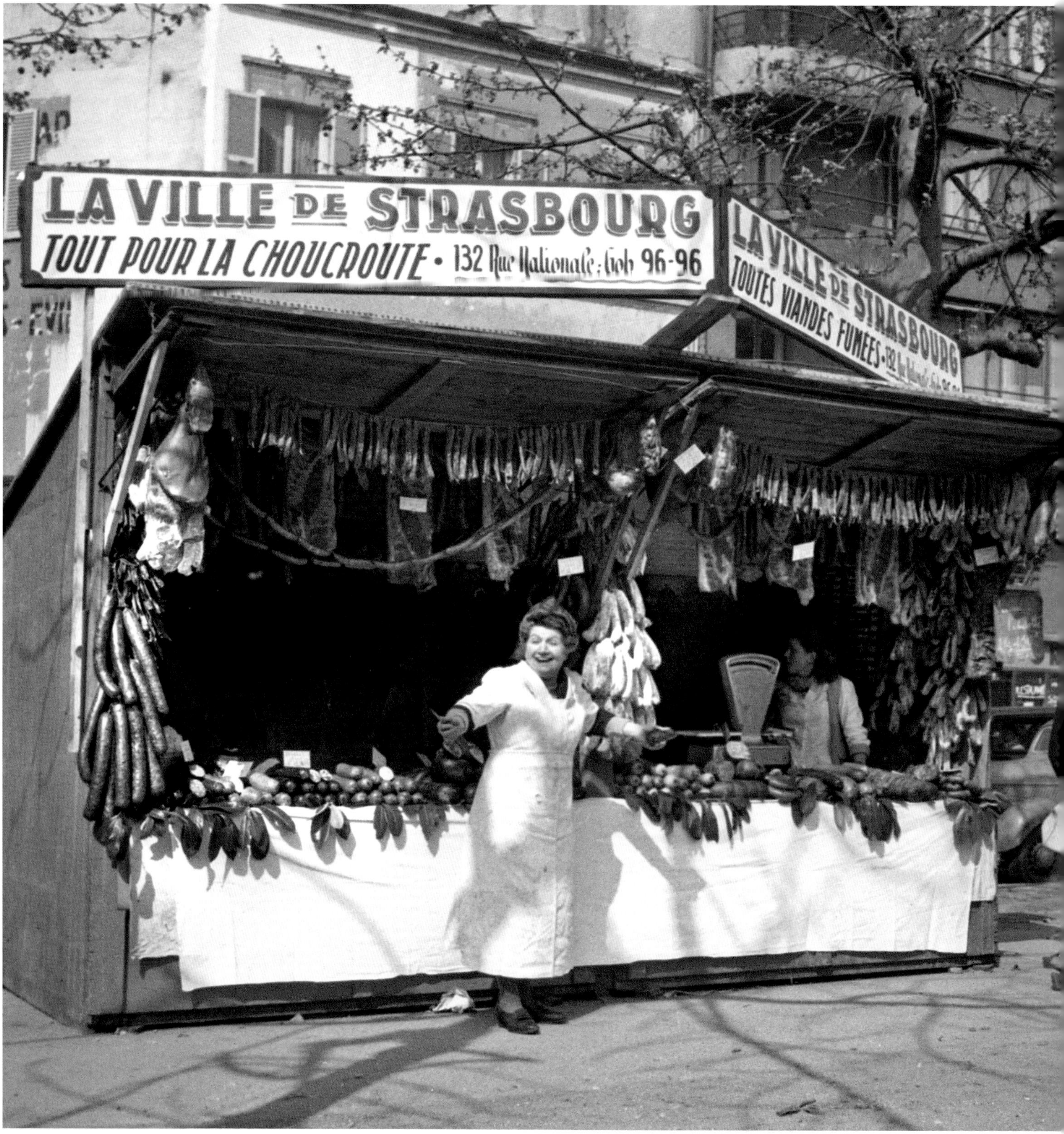

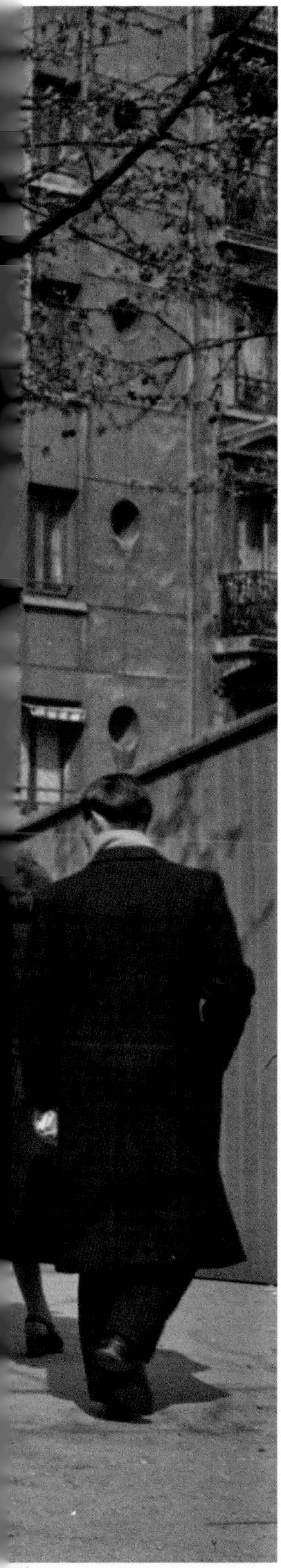

d'origine –, il est issu de l'espèce « quintal d'Alsace ». On le récolte à la mi-juillet, aux environs de Strasbourg, puis tout l'automne. On le débarrasse de ses feuilles supérieures, on l'« étrogne » – c'est-à-dire que le trognon est retiré à la machine –, avant de le découper en fines lanières. Il est ensuite placé dans une cuve généralement très vaste, salé pour 2,5 % de son poids frais. Le sel facilite l'exsudation de son eau de constitution et produit une saumure qui le protège de l'air.

Le chou, ainsi tassé, est hermétiquement fermé dans la cuve afin de fermenter durant quinze jours à huit semaines. Ainsi font les bons artisans de Geispolsheim, de Blaesheim ou de Krautergersheim, aux environs immédiats de Strasbourg. Si la choucroute n'est rien d'autre que du chou fermenté, le travail du cuisinier ou du traiteur sera de préparer son propre parfum. Guy-Pierre Baumann, natif de Magstatt-le-Bas, dans le Sundgau, qui exerça à Paris, rue Marbeuf, avenue des Ternes, avant de reprendre l'historique Maison Kammerzell à Strasbourg, parle de sa « tisane », comprenant dix-huit épices, pas moins ! Chaque orfèvre possède son secret, à base de genièvre, de lard, de saindoux, de vin blanc, de cumin, d'oignons doux.

La choucroute sera plus ou moins douceâtre ou sèche, croquante ou moelleuse, claire ou brune. Certains l'aiment toute fraîche et acide – une choucroute nouvelle du début d'automne ! – ou encore brune, âcre et réchauffée. La meilleure choucroute, pour un Alsacien ? Toujours celle de sa mère ! « Si tu refuses la choucroute, tu refuses l'Alsace », affirme encore Roger Siffer, le chanteur-chansonnier-cabaretier qui a ouvert une taverne-théâtre dans une ancienne choucrouterie, la Surkrutstub, au cœur du vieux Strasbourg et en lisière de son ancien quartier du chou et des tanneurs, la Krutenau, près des bords de l'Ill. Il y sert sept sortes de choucroute, dont une rouge au chou rouge, et une autre à la juive, au pickelfleisch, la poitrine de bœuf saumurée, que l'on accompagne de raifort.

« Plat de résistance », lancé à Paris par les Alsaciens émigrés après l'occupation prussienne des années 1870, ayant créé des brasseries, les Lippmann, les Jenny, les Bofinger, les Floderer, la choucroute demeure l'emblème d'une région qui n'a jamais renié la tradition, n'ayant accepté la nouvelle cuisine et ses petites portions que du bout des lèvres.

CIGOGNES

Hier, un mythe, aujourd'hui, un cliché. « La cigogne est un oiseau instable, qui ne reste pas six mois au même endroit. Elle clapette un charabia arabicohalsacien, qui irrite les tympans des attachés culturels. La cigogne voyage sans passeport, elle émigre comme bon lui semble [...] Avant elles traversaient les frontières en les survolant sans vergogne. Pour annoncer le printemps et dénoncer l'hiver. Cela a bien changé. Comme ces oiseaux ne parlent pas le français, on les considère à Paris comme des étrangers. Pour revenir en Alsace, il faut qu'elles remplissent des tas de formulaires: visa, permis de séjour, permis de chasse. C'est pour cela qu'il y en a de moins en moins », notait avec drôlerie Tomi Ungerer, dans *L'Alsace en torts et de travers* (L'École des Loisirs, 1988).

Mais tout cela a bien changé. Regardez le ciel en ouvrant bien les yeux : elles sont revenues, les belles cigognes parties pour des pays lointains et ensoleillés. Naguère, dans les années 1980-1990, on les trouvait davantage à Rabat qu'à Ribeauvillé. Les fils électriques, le froid, la neige, la pollution et même la chasse les avaient dissuadées de venir s'installer ici durablement comme dans les dessins d'Hansi.

Elles sont pourtant là, désormais, et bien là, en groupe et en famille, perchées dans leur nid modèle. Ceux-ci peuvent faire deux mètres de diamètre, peser jusqu'à 500 kilos. Perchés le plus souvent sur le toit des églises, ils ne sont plus guère vides. Ainsi, sur toute la route du vin, comme dans le beau village reconstruit d'Illhaeusern, à fleur de Ried, ou encore à Ostheim, sur un pan de mur laissé en guise de ruine-souvenir après les combats de la poche de Colmar durant l'hiver 1944-1945, ou encore dans le Val de Villé, elles gîtent par couple, en procession, entre ami(e)s, ou encore avec la maman cigogne veillant sur les gentils cigogneaux.

Carte postale plus forte que vraie, cliché plus que cliché: mais c'est de la réalité d'aujourd'hui dont je vous parle. Si d'aventure l'Alsace se posait des questions sur son identité, l'existence des cigognes et leur prolifération lui fourniraient des raisons de se rassurer. L'Alsace a multiplié les centres de réintroduction du mythique volatile, pour lui permettre de se développer et le dissuader de repartir l'hiver. Les voici donc à Steinbourg, Hunawihr, Kintzheim, Riquewihr, et même à Strasbourg au cœur du parc de l'Orangerie, redevenues un phénomène familier.

Là, regardez, sur un bord de route entre Saint-Jean et Ernolsheim, elles semblent brouter l'herbe au beau milieu des vaches. Leur long bec, leur robe lustrée en noir et blanc, leur fière allure, voisinant avec les troupeaux de vaches limousines en robe marron-rouge, forment un spectacle insolite. Ce n'est plus de carte postale, ni de caricature qu'il s'agit, mais de tableaux vivants d'une nouvelle Alsace aux champs qui a su ressusciter ses belles images d'antan. Hansi, si tu revenais, tu en serais si heureux !

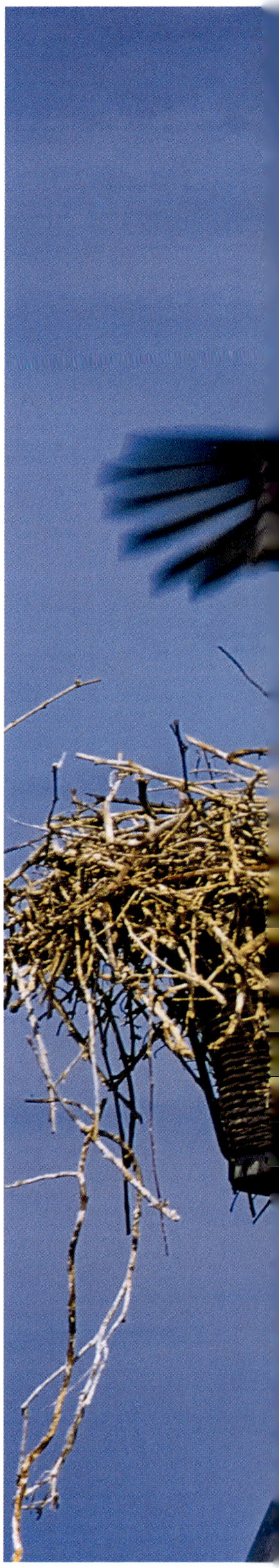

CI-DESSOUS Ah, la cigogne ! Jadis, elle vivait l'hiver au Maroc et revenait l'été. Désormais elle s'est réacclimatée, grâce notamment aux parcs de Steinbourg et d'Hunawihr. Elle fait à nouveau partie du paysage alsacien, sans jouer de la carte postale…

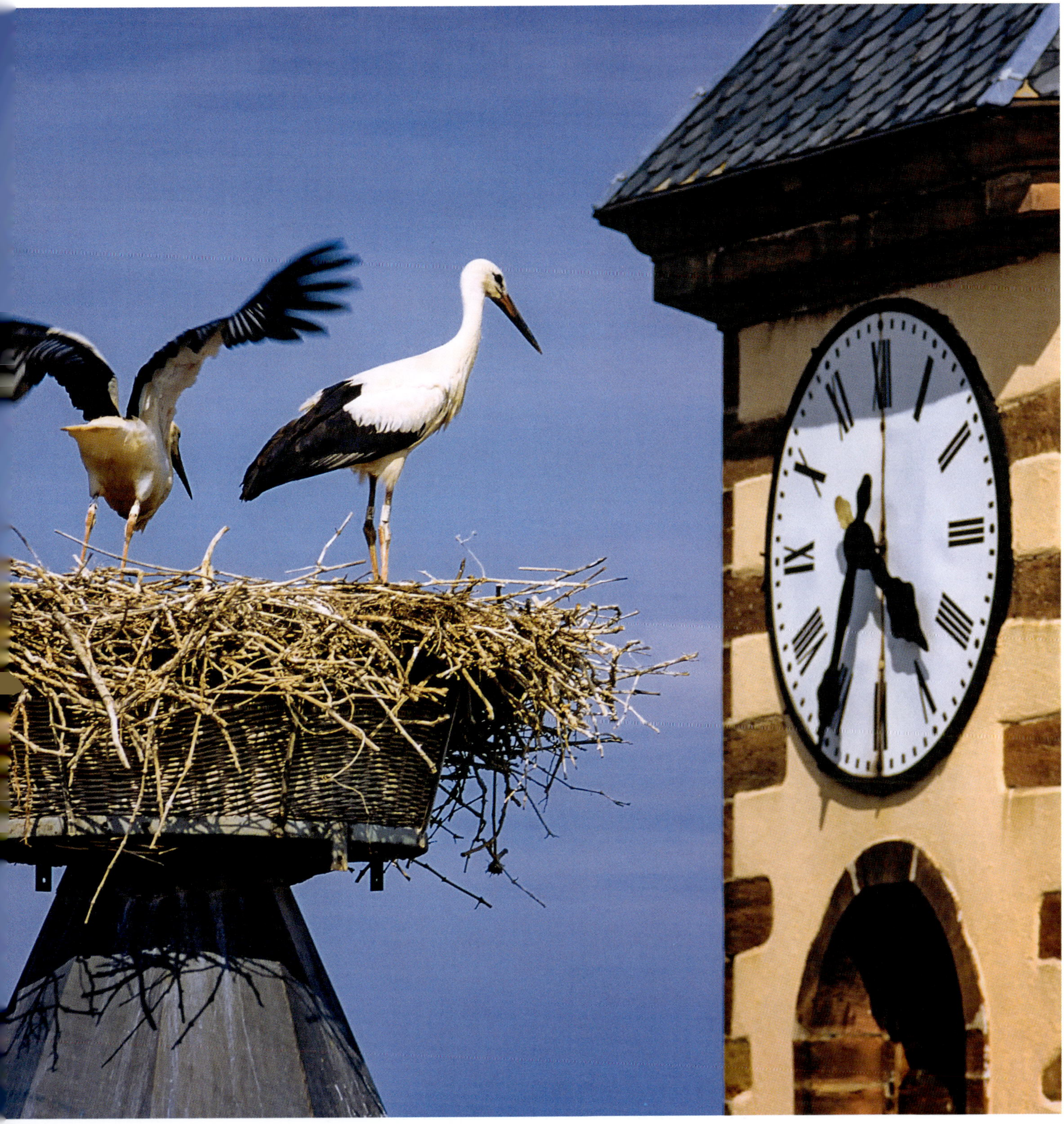

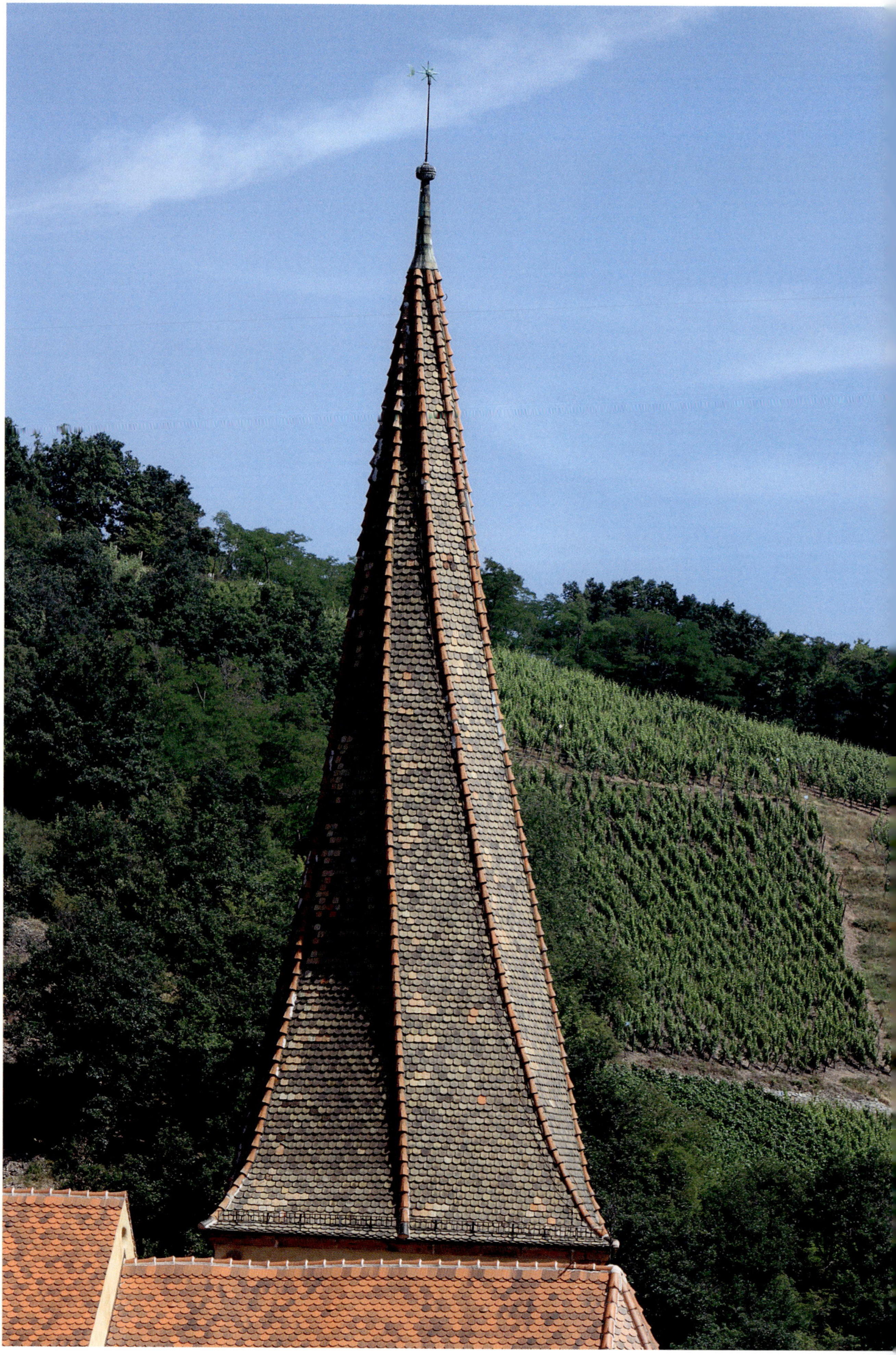

CI-CONTRE Le fameux clocher vrillé de Niedermorschwihr qui domine les toits anciens de ce bourg village perché du vignoble.

CLOCHERS

La France et ses clochers : clichés. L'Alsace et ses clochers : symphonie puissante et contrastée. Les confessions varient, les styles évoluent, les périodes se chevauchent, les pointes, les carrés, les bulbes, les hauts élancements ou les avancées timides : chaque clocher donne sa poésie aux villages. Il n'y a pas mille clochers – même s'il y a bien mille villages –, mais au moins trois fois plus. Avec les cultes multiples et leurs temples à eux dédiés.

Une petite cité, telle Mittelbergheim au cœur des vignes, possède ainsi deux clochers dominant ses demeures Renaissance. L'église catholique, bâtie au XIIe siècle sur les bases d'un sanctuaire roman, voisine avec un presbytère protestant de 1618. Entre les deux trône la maison du veilleur de nuit avec son curieux toit à girouette. Un résumé de l'Alsace, avec ses toits hérissés sur un léger promontoire, face au glorieux coteau du Zotzenberg : pourquoi pas ?

Mais c'est la forme du clocher qui inspire le poète flâneur qui sommeille en tout amoureux de l'Alsace champêtre. Je pense à celui à bulbe un brin baroque de l'église protestante d'Harskirchen de 1757, à ceux, romans et massifs, du Kochersberg, de Crastatt, de Kuttolsheim ou de Pfettisheim, comme une toile blanche. Celui, surmonté d'un clocheton à ardoise, de Gottesheim (littéralement : la maison de Dieu !). Ou encore celui, couvert de tuiles, du canal d'Offenheim.

Je n'oublie pas les synagogues si singulières avec leurs tours à bulbes (sans cloches !) qui forment une route nostalgique plus que sacrée, rappelant là souvent des communautés oubliées ou en voie d'extinction : fameux dôme bleu d'Ingwiller, bulbe pointu et effilé de Saverne ou encore duo de tours à bulbe de Wolfisheim, de Saint-Louis ou de Soultz-sous-Forêt. Dans le genre, celle de Saint-Louis, si proche de Bâle, à l'extrême pointe sud de l'Alsace, avec ses deux tours effilées, dans le goût néobyzantin de la fin du XIXe siècle ou du début du XXe (le lieu date de 1907), vaut le détour. Elle me rappelle, avec sa haute façade rouge à damiers, celle de Saint-Pétersbourg.

Enfin, pour la note insolite et poétique, le clocher vrillé de Niedermorschwihr, cher à Hansi, qui le croqua avec malice. On suggère que sa charpente en bois aurait travaillé avec le temps... Ou que le diable l'aurait tordu dans un mouvement de colère. Sa flèche octogonale, qui date du XIIIe siècle et surmonte la sobre église romane, est, en tout cas, recouverte de jolies tuiles vernissées.

Je n'aurai garde d'oublier le clocher d'ardoise qui surmonte, à Kuhlendorf, non loin de Betschdorf, au pays des potiers, la seule église à colombage d'Alsace. Ni, au cœur du Sundgau, celui de Feldbach, aux airs de campanile très « néo » (il date de 1904 !), dominant un magnifique édifice roman à trois nefs qui fut jadis le lieu d'une abbaye bénédictine de l'ordre de Cluny : un trésor bucolique au cœur de son village.

CI-DESSOUS Deux Alsaciennes et une Lorraine : la coiffe les distingue. Les auriez-vous reconnues ?

COIFFE

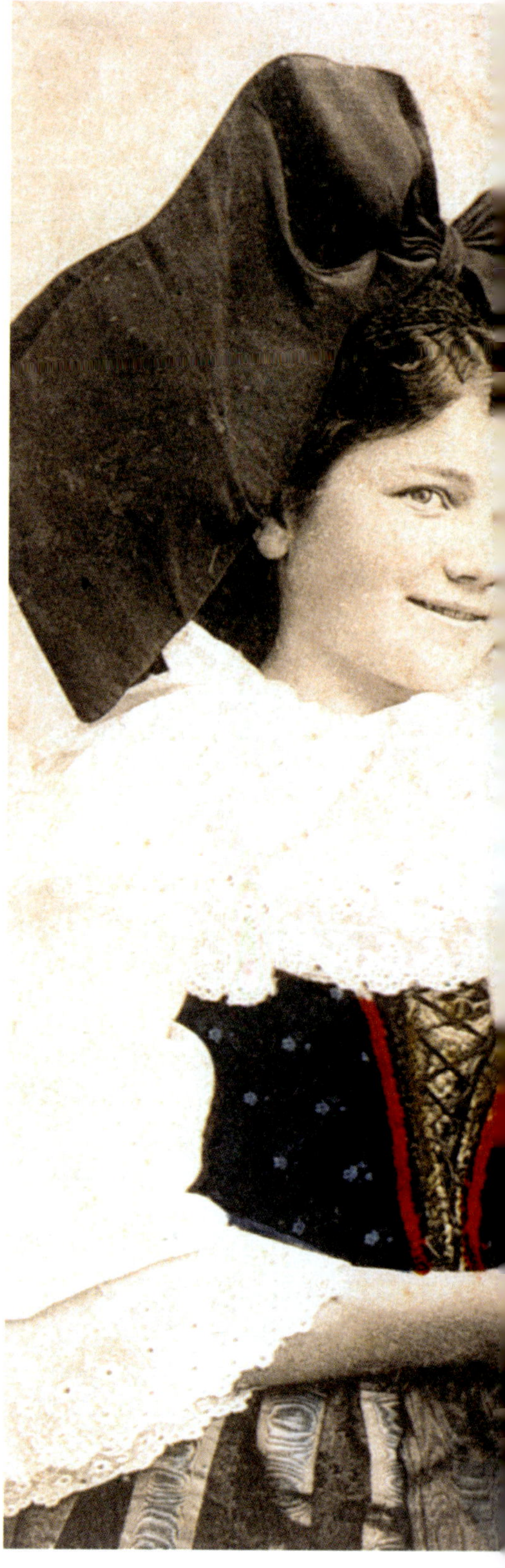

« La » coiffe alsacienne ? Pensez plutôt : les coiffes. On dit « Schlupkapp » pour désigner le bonnet surmonté du nœud noir qui fit longtemps florès dans le pays de Hanau, cette « bigoudénie » alsacienne où les traditions perdurent. Habitat, religion, mobilier, sans omettre le costume, comme ce « Nacktmäntele », ce mantelet à nuque, collerette à empiècement carré, ornée de belles dentelles, qui cache la chemise en lin des demoiselles vêtues à l'ancienne.

Mais il n'y a pas « une » coiffe. Comme en Bretagne, en Normandie ou en Artois, celles-ci varient avec faconde, cousinant avec celles des autres régions. Celle de Meistratzheim, avec son auréole en dentelle de Valenciennes, évoque la « boulonnaise », traditionnelle de la côte d'Opale. Celle d'Achenheim est, joliment, écossaise. Celle de Schleithal, long village-rue de 4 kilomètres, à l'extrême nord-est de la région, flirtant avec le Palatinat, a la forme d'un petit tuyau de dentelle blanche. Elle cousine, curieusement, avec celle de Bénodet.

D'autres coiffes, noires et courtes, ressemblent à celles des badoises. Celle de la « mariée au bouquet », traditionnelle à Seebach, et immortalisée dans une toile de Louis-Philippe Kamm de 1937, figurant au musée alsacien de Strasbourg, est uniquement faite de fleurs. On pourrait disserter encore sur les grands nœuds noirs du XIXe siècle, des paysannes protestantes du Kochersberg chantant le choral, ou encore celles, rouges et flamboyantes, des belles catholiques, portant la statue de la Vierge pour la procession traditionnelle – toujours en vigueur aujourd'hui – de la Fête-Dieu à Geispolsheim, dans les proches environs de Strasbourg, côté champs de choucroute, au sud.

Et ne pas oublier non plus le « Spitzehüet », large bicorne en feutre, aux pointes démesurées, immortalisé par Nicolas de Largillière pour sa *Belle Strasbourgeoise*, prisée des bourgeoises de la fin du XVIIe, dont le port a cessé d'être effectif après 1720 (le tableau, perle du musée des Beaux-Arts au palais des Rohan, date de 1703). Pas d'Alsace sans coiffe ni

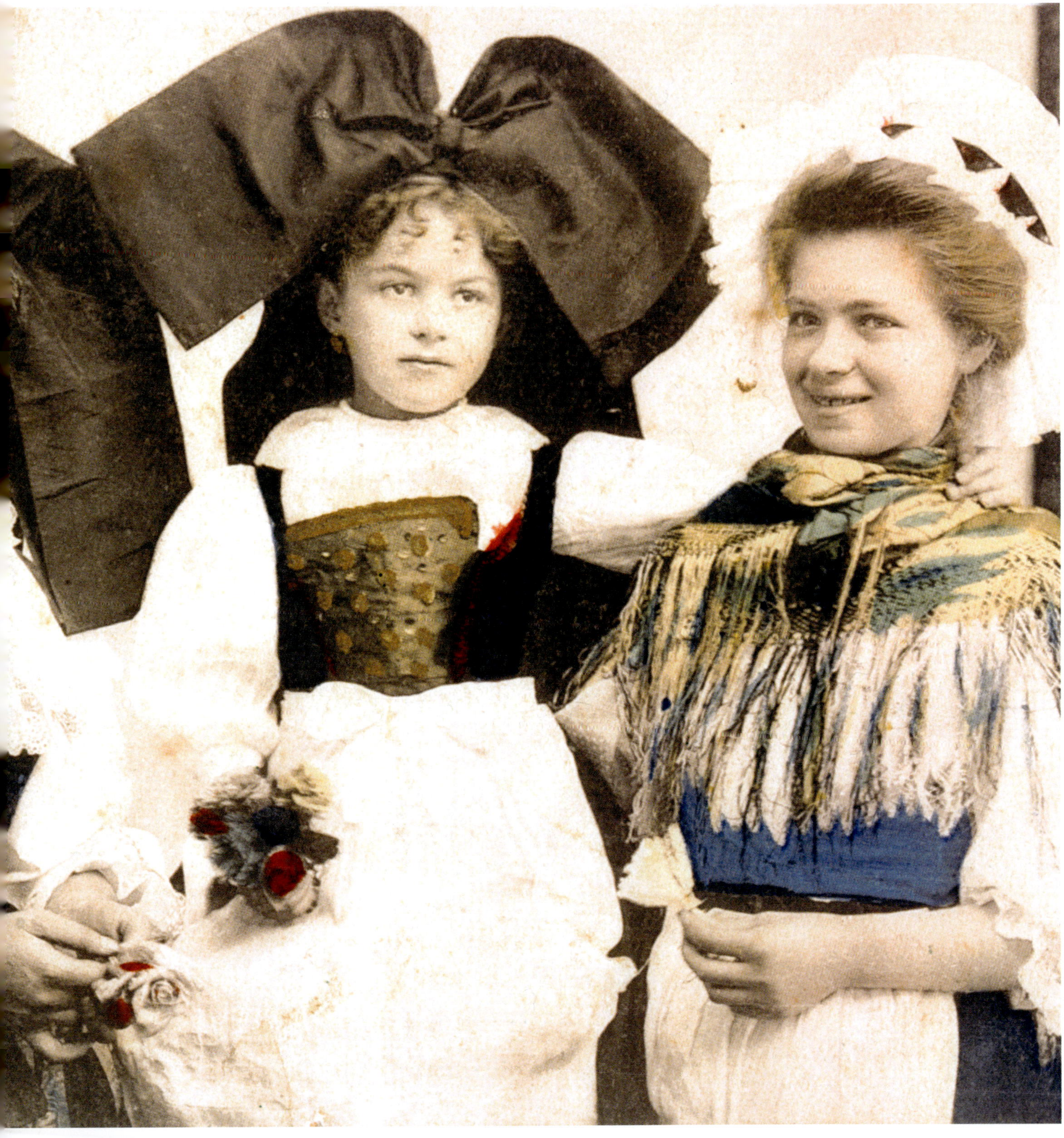

CI-DESSOUS On imagine fort bien que l'histoire de France se lit avec plus de ferveur à la lueur de l'Alsace en tenue folklorique…

chapeau, dira-t-on. L'Alsacien, lui, a son bonnet à poil. Et l'Ami Fritz ne se conçoit pas sans un chapeau rond, comme les Bretons.

Quand Leclerc entre dans Strasbourg, les jeunes filles en coiffe l'accueillent. Mais nous sommes en 1945. Et lorsque Doisneau découvre la région, après guerre, il immortalise les petites filles portant la grande coiffe à cocarde lors des fêtes du 14 Juillet.

J'ajoute que je me suis approprié cette coiffe traditionnelle. À des fins purement personnelles et professionnelles. Cherchant un symbole, qui ne soit ni une assiette, ni une étoile, pour couronner les belles et bonnes tables de la région pour ma rubrique des *Dernières Nouvelles d'Alsace*. Elles sont, en fonction de la qualité proposée, au nombre d'une, deux ou trois. Et, suprême injure, lorsque la table est décevante, eh bien, ladite coiffe est présentée barrée d'un trait, comme une disgrâce.

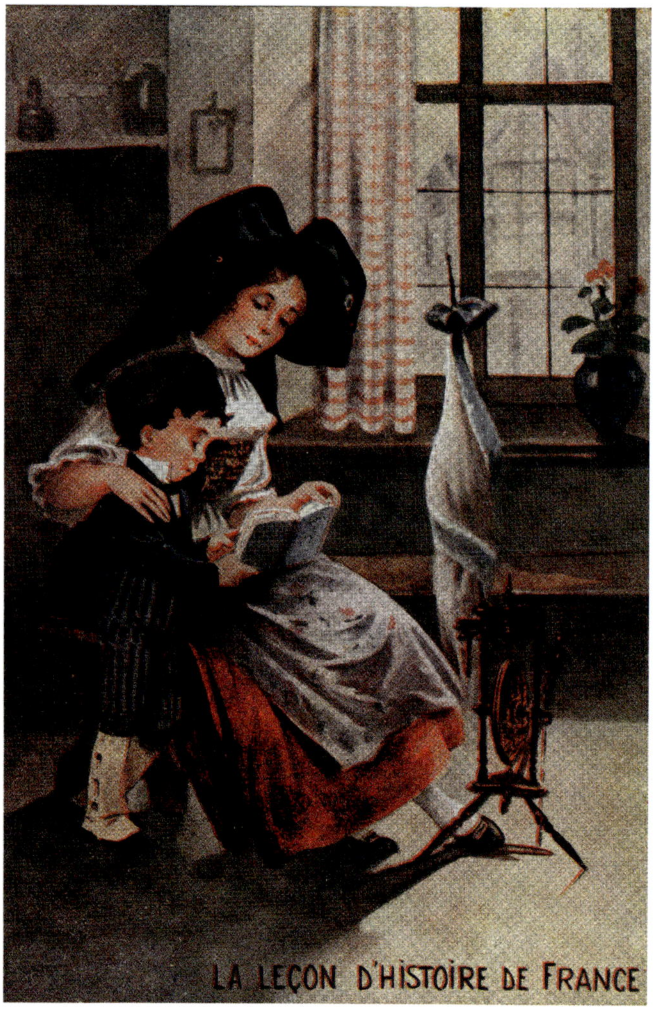

COLMAR

La plus belle des villes d'Alsace ou la plus alsacienne, la « plus belle ville du monde », comme la présentait Romain Rolland à un ami allemand, une ville à la campagne, cernée par les vignes, la montagne et le Rhin : il y a tout cela à Colmar. Même si le nombre d'habitants (65 000) est modeste, ce chef-lieu du Haut-Rhin, qui abrite les institutions et syndicats du vin, les tribunaux, la préfecture, est d'importance.

On vient là pour la beauté de ses monuments multiples, le charme de sa Petite Venise, sa maison des Têtes, sa maison Pfister, son Koifhus ou ancienne Douane, le charme des demeures de bord de quai – la Lauch forme un miroir –, son château d'eau wilhelmien, sa gare néogothique et, bien sûr, son musée Unterlinden, sis dans un ancien couvent.

Ce fut la ville d'Hansi, qui a laissé çà et là ses belles enseignes. Ces dernières semblent en décalage amusant avec les boutiques qu'elles devaient désigner : la charcuterie Fincker Frères a été remplacée par un magasin d'électroménager, même si saint Antoine tenté par le cochon est toujours là, et la gardeuse d'oies de la charcuterie Zimmerlin ne veille plus aujourd'hui qu'un magasin de vêtements. On remarquera encore celle, en forme de kougelhopf tricolore, de la boulangerie Zusslin ou d'une auberge disparue, à l'angle de la rue des Tourneurs et de la place de la Cathédrale, dédiée au général Kléber. Voilà bien le signe que Colmar est une cité à découvrir le nez en l'air.

Chaque pignon, chaque oriel, chaque fresque mérite le coup d'œil. Les sculptures de Bartholdi – comme celle du bailli Lazare de Schwendi ramenant ses plants de tokay de Hongrie ou celle du général Rapp, la demeure dite des Têtes, dans la rue du même nom, avec sa centaine de figurines sculptées, l'ancienne collégiale Saint-Martin, avec sa haute tour, qui culmine à 71 mètres, sa belle nef, son mobilier néogothique dans les chapelles : voilà qui suffirait à remplir d'aise un voyageur amateur d'art.

Les musées, les églises, anciens couvents, bords de quai, demeures Renaissance ou Art nouveau, savamment entremêlés, que des parcs, des cours ou des canaux relient, forment ici une sorte de guirlande merveilleuse.

Calme le soir, bourgeoise, replète, sage, Colmar semble, toute la journée, animée de grands soubresauts touristiques et commerçants. Les vitrines sont belles, les trésors nombreux. On notera, au sein de l'église des Dominicains, ancien couvent auquel est adjoint une bibliothèque, ce trésor à ne pas manquer, outre les beaux vitraux et la verrière de la grande nef, qu'est le panneau de *La Vierge au buisson de roses*, signé de Martin Schongauer, *alias* « le Beau Martin ».

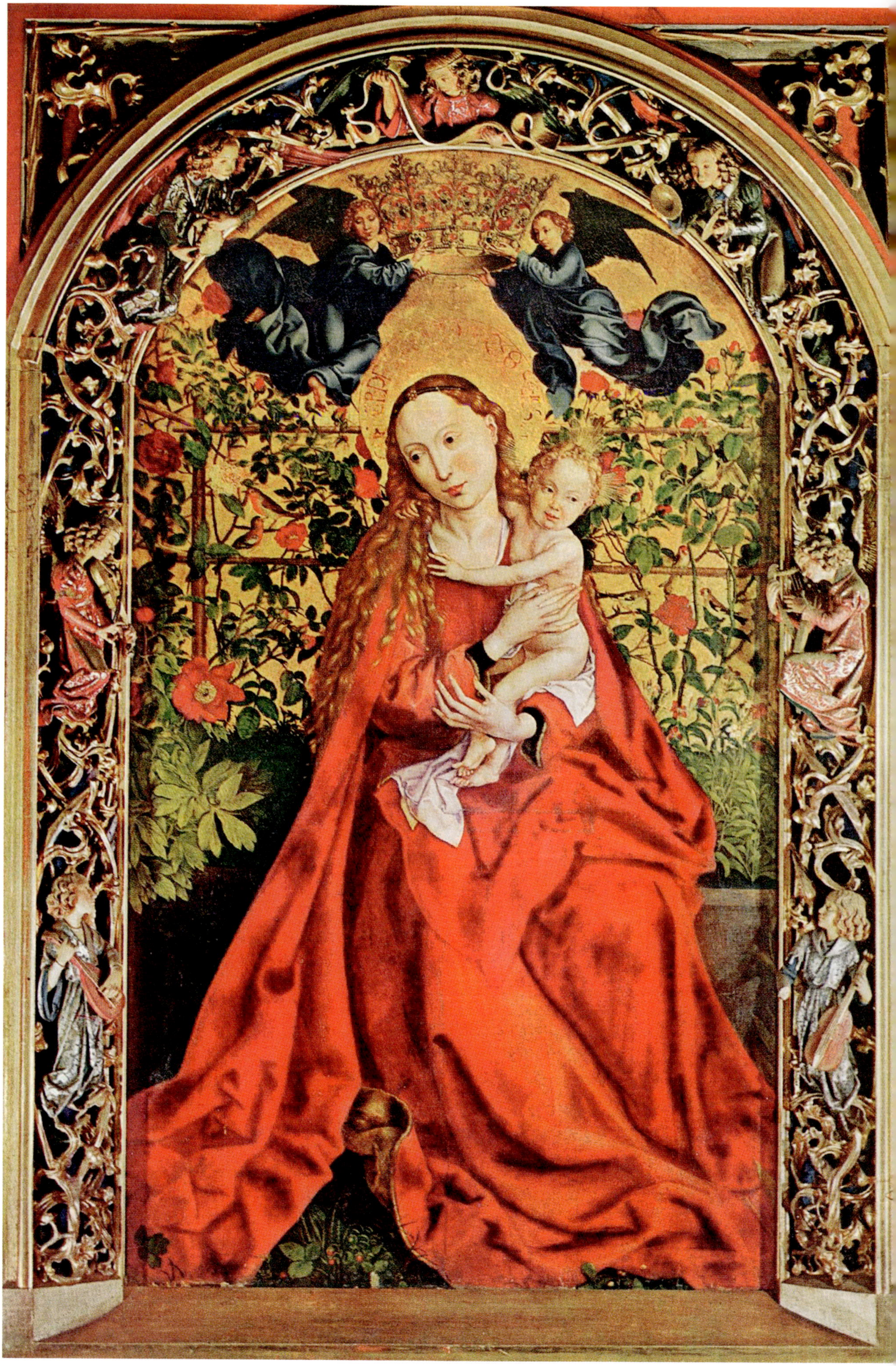

CI-CONTRE *La Vierge au buisson de roses* est le chef-d'œuvre de Martin Schongauer, qui fait apparaître une vierge au visage innocent sur fonds d'or avec ses haies de roses et sa grande robe de même couleur, tenant l'Enfant Jésus dans ses bras et surmontée de deux anges. Raffinement, douceur, légèreté…

Né à Colmar au milieu du XVe siècle, ce peintre issu d'une famille originaire de Souabe, formé dans l'atelier paternel, mais aussi à Leipzig, en Hollande et en Bourgogne, fait apparaître une Vierge au visage innocent sur fond d'or avec ses haies de roses et sa grande robe de même couleur que les fleurs, tenant l'Enfant-Jésus dans ses bras et surmontés de deux anges. Raffinement, douceur, légèreté… On sait qu'Albrecht Dürer vint à Colmar en 1492 pour rencontrer Schongauer, alors considéré comme le maître graveur de son temps, et se perfectionner en cet art. Mais, hélas, ce dernier était mort un an plus tôt.

On louera encore le calme de Colmar, sa verdure, ses beaux parcs, son hôtel de ville, bâti pour une ancienne abbaye cistercienne au XVIIIe siècle, sa façade haute de trois niveaux et couverte d'une toiture à la Mansart. Ou encore ses ruelles et galeries, mêlant l'ancien et le moderne, son noble théâtre de 1849, son ancien couvent des Catherinettes. Le bel ensemble du Koifhus, la proche rue des Marchands, avec l'ancienne auberge du Fer Rouge et ses deux demeures au colombage chantourné (c'était jadis, sous l'égide de Patrick Fulgraff, l'une des grandes demeures gourmandes de la ville), qui prolonge le quartier des Tanneurs, le quai de la Poissonnerie, les parages de la Petite Venise et de la halle du Marché confèrent un tour aristocratique à une promenade vagabonde.

Colmar et ses splendeurs Renaissance, ses pignons, ses redans, c'est Bruges en Alsace. Rue des Têtes, rue des Clés, rue Mercière, rue Schongauer : Colmar ressemble à un livre d'images. La maison Pfister, bâtie en 1537 pour le chapelier Ludwig Scherer, natif de Besançon, qui fit fortune dans l'exploitation des mines d'argent du val de Liepvre, livre ses belles peintures murales, sa tourelle d'escalier, son oriel d'angle, sa splendide galerie au deuxième étage qu'illustrent les portraits de trois empereurs, Maximilien, Charles Quint et Ferdinand Ier.

On reste là comme un piquet, on demeure bouche bée, en contemplant cette succession de maisons-musées. À deux pas, le corps de garde, formé à partir de l'ancienne chapelle Saint-Jacques, a des allures de balcon théâtral, avec sa loggia surmontant sa porte d'entrée qu'encadrent des colonnes de style toscan. La maison Adolph, avec ses arcades du XVIe siècle, ses fenêtres en tiers-point, son deuxième étage pourvu d'une baie à meneau, constitue un autre chef-d'œuvre du XVIe siècle.

Se promener dans Colmar, c'est garder l'œil en éveil. Le point culminant de la visite de la ville est, bien sûr, celle du musée Unterlinden qu'abrite un couvent de 1230, modernisé par les architectes bâlois Herzog & Demeuron et agrandi avec l'annexion des bains municipaux voisins, et dont Jean-Jacques Waltz, *alias* Hansi, après son père, fut le conservateur zélé, de 1924 à sa mort en 1951. L'art du Moyen Âge, la salle des jouets, les vitraux, mobiliers, tapis, armes et armures, multiples exemples, tableaux, archives de la ville, l'orfèvrerie, les faïences et porcelaines y occupent, certes, une place importante, comme la peinture d'Alsace réunie dans la salle dite aujourd'hui Hansi.

CI-DESSOUS Quai de la Poissonnerie. Au long de ses demeures colorées, une balade au gré de la petite Venise colmarienne qui dit la simple beauté de la ville d'Hansi.

Mais le clou d'Unterlinden reste le fameux Retable d'Issenheim. Venu de la commanderie des Antonins, où l'on soignait les maladies de la peau, notamment le mal de Saint-Antoine, dû à l'ergot de seigle, le Christ mis en scène par Mathis Gothardt Nithart, dit Grünewald, est bien un saint torturé, bouillonnant, maladif, un « Christ au tétanos », comme le dit Joris-Karl Huysmans, qui choque, provoque, bouleverse par son expressionnisme, ses couleurs. D'ailleurs, son entourage complice – la Vierge, saint Jean, saint Jean-Baptiste – semble saisi par ce déchirement. Le retable, panneau central et géant sur un polyptique, qui dévoile des sculptures réalistes de Nicolas de Haguenau, offre bien le grand moment saisissant de la visite de ce cloître « sous les tilleuls » (ce que signifie l'enseigne du lieu « Unterlinden »).

Riche Unterlinden, qui mérite pour lui seul la visite à Colmar – il passe, avec ses 350 000 visiteurs par an, notamment venus de Suisse et d'Allemagne proches, pour le musée de province le plus visité de France. Une seule approche n'en épuise évidemment pas les charmes.

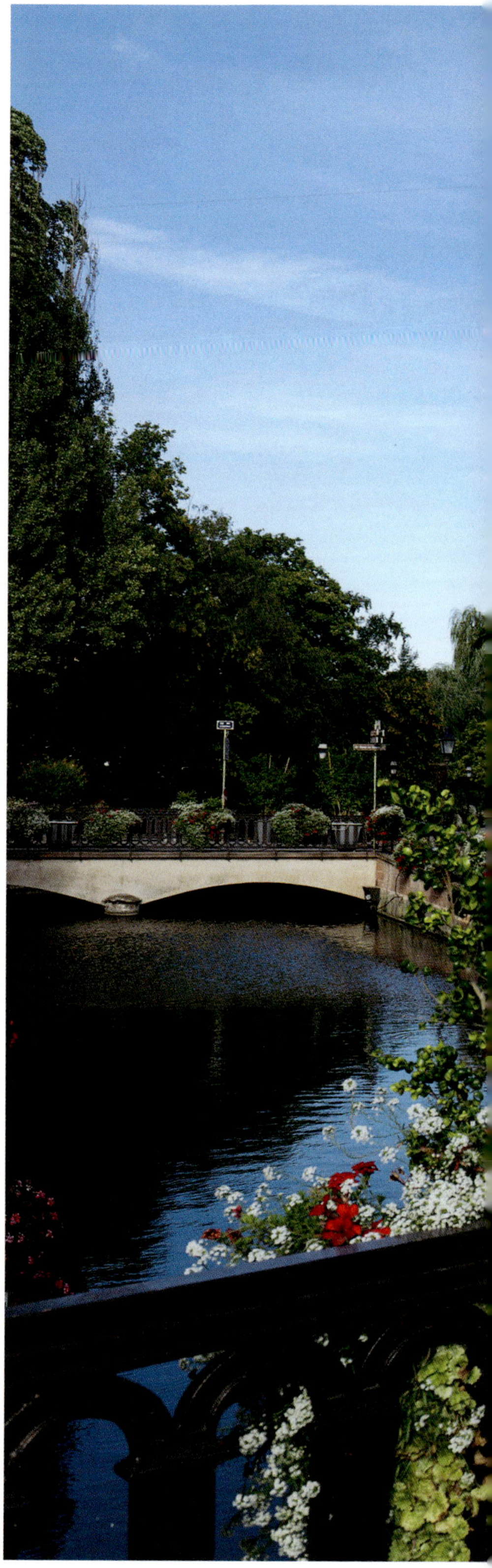

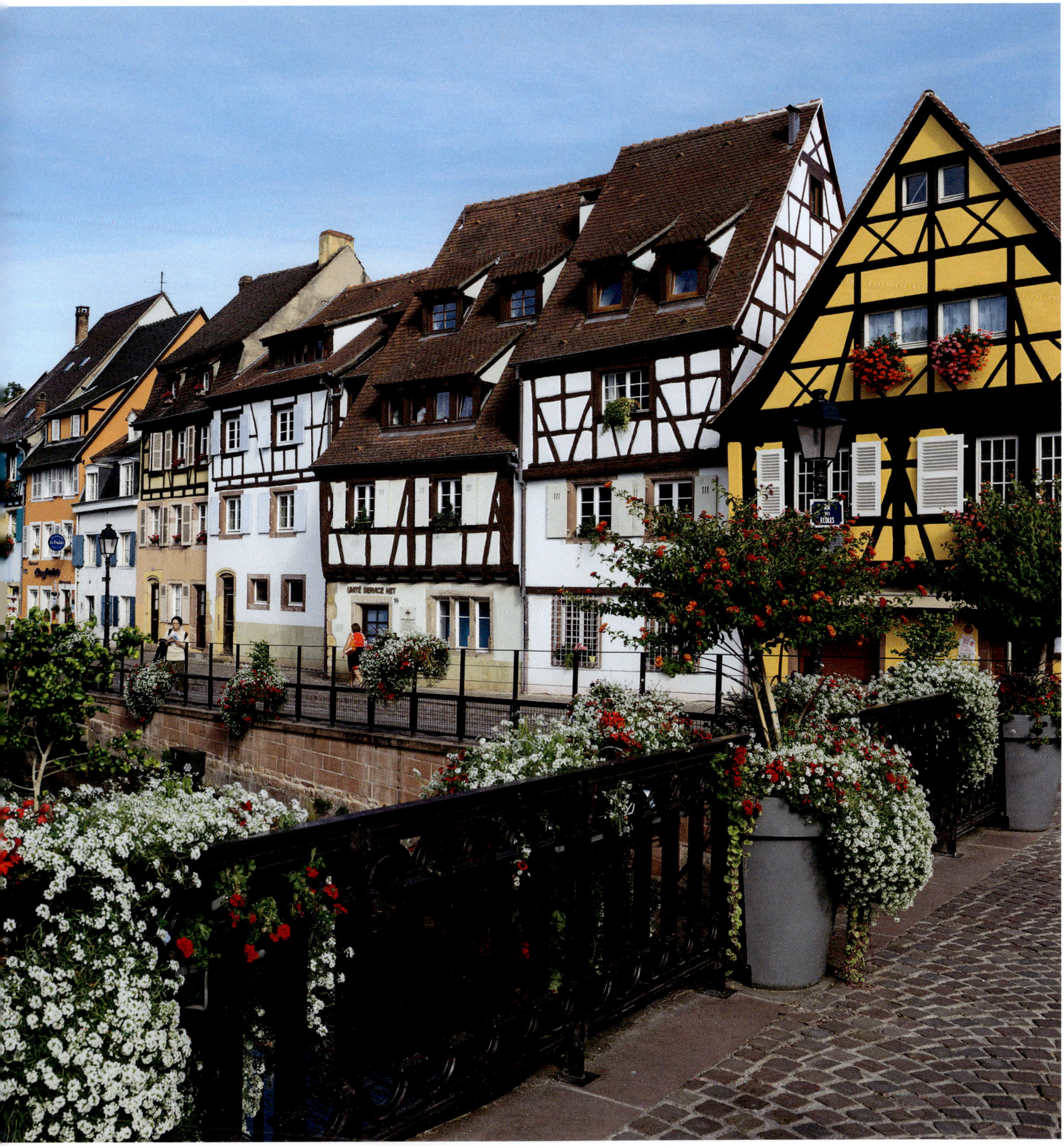
UNITÉ SERVICE NET

COLOMBAGE

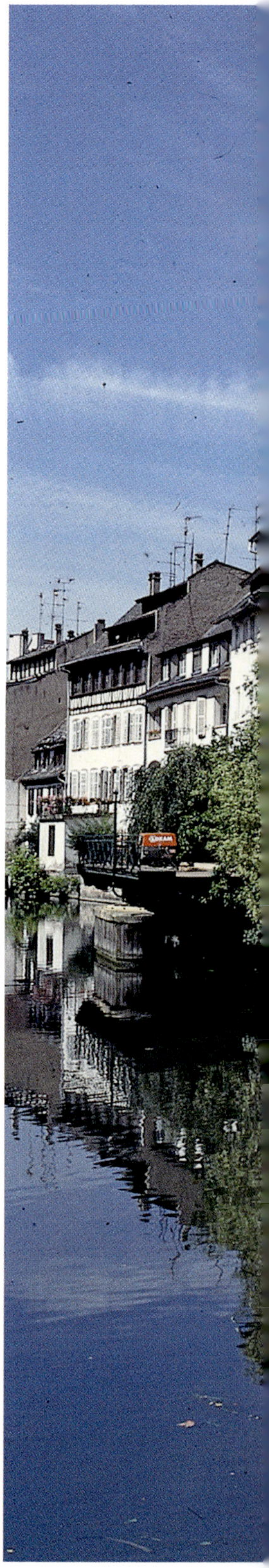

Bien sûr que l'Alsace n'est pas la seule région à faire mirer de belles maisons à pans de bois ! La Bretagne (de Quimper à Dinan) ou la Normandie (du pays d'Auge à Rouen) en possèdent de fort belles. Comme le Comminges dans les Pyrénées et la Champagne autour de Troyes peuvent se vanter à bon droit d'en compter quelques chefs-d'œuvre.

Mais la variété, la fantaisie, la complexité, la joyeuseté du colombage alsacien, qui varie selon les diverses parties de la région, restent proprement exceptionnelles. Les fermes du Kochersberg, les demeures campagnardes quasi seigneuriales du pays de Hanau, les belles charpentes du pays choucroutier (Geispolsheim, Krautergersheim), comme celles du grand Ried (entre Erstein, Sélestat et Marckolsheim), sans omettre les couleurs douces de celles du Sundgau forment un monde à part.

Impossible de ne pas vanter encorbellements, terrasses ou oriels, ces avancées sur la rue qui font la beauté de maisons rares, comme la maison Pfister et celle du Fer Rouge à Colmar, la Taverne Katz à Saverne, la Kammerzell comme la Maison des Tanneurs à Strasbourg. Richesse, variété, complexité : on allait dire science. Une vingtaine d'éléments, au bas mot, composent un appareil à colombage qui a des airs de jeux de Meccano : une sablière basse, des sablières d'étage cachées par une plinthe, un entrait et un faux-entrait, des appuis et des montants de fenêtres, des entretoises, des linteaux, des saillies de rives, des poteaux corniers, des tournisses ou poteaux, un arbalétrier, une écharpe, une décharge, des aisseliers, des décharges d'allège en V, des losanges barrés d'une croix de Saint-André, un potelet d'allège, un poinçon...

Pardonnez-moi d'être si technique et, surtout, rassurez-vous : si vous n'y comprenez pas grand-chose, sachez que moi non plus. D'autres parleront d'auvent, de formes de chaise curule, de poutrages en forme de goutte... que sais je encore ? J'emprunte une partie de ce vocabulaire savant à Maurice Ruch dont *La Maison alsacienne à colombage* (Berger-Levrault, 1977) fait autorité sur le sujet. Mais sachez que la poésie a toute sa place dans ces chefs-d'œuvre paysans légués par les siècles. Toute la route des vins et son ruban, avec ses perles que constituent Riquewihr, Ribeauvillé, Bergheim ou Kaysersberg, sont riches d'exemples du genre.

Façades colorées de jaune, de rouge, de vert, nuances tendres qui s'immiscent dans les bois durs (chênes, châtaigniers) ou tendres (sapins, pins, peupliers), pignons sculptés et ouvragés avec parfois des gargouilles ou des têtes dignes d'édifices religieux, inscriptions encore sur les façades : chaque demeure à colombage est une pièce unique qui raconte une histoire, la sienne et celle de ceux et celles qui l'ont habitée.

CI-DESSOUS Paradoxalement, le quartier de Strasbourg dit de la Petite France est le plus régionaliste, le plus particulariste, bref, le plus riche en demeures à colombages de toute la ville. Ici, la pittoresque Maison des Tanneurs réputée pour son accueil traditionnel, son cadre avenant et sa choucroute…

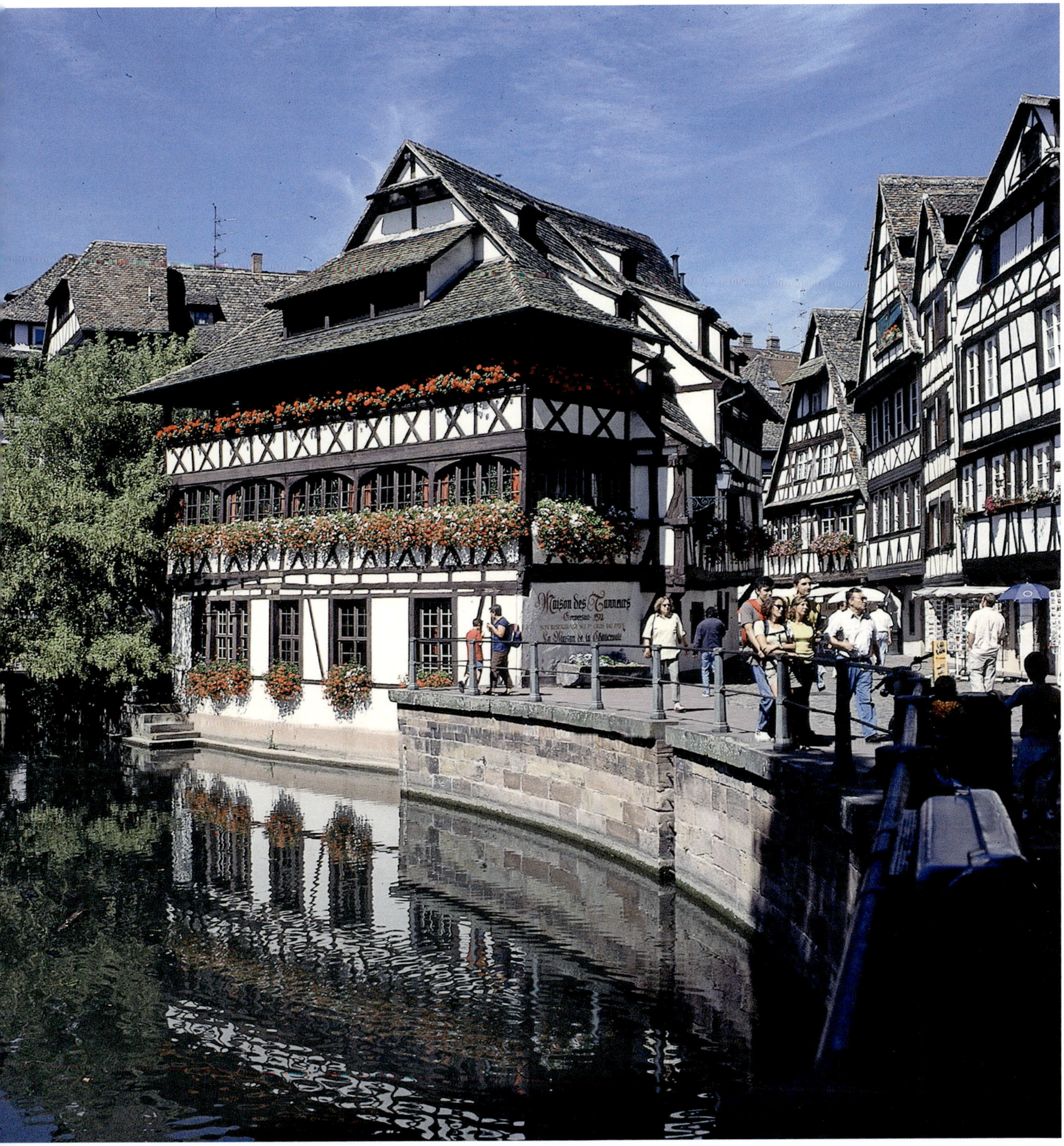

D

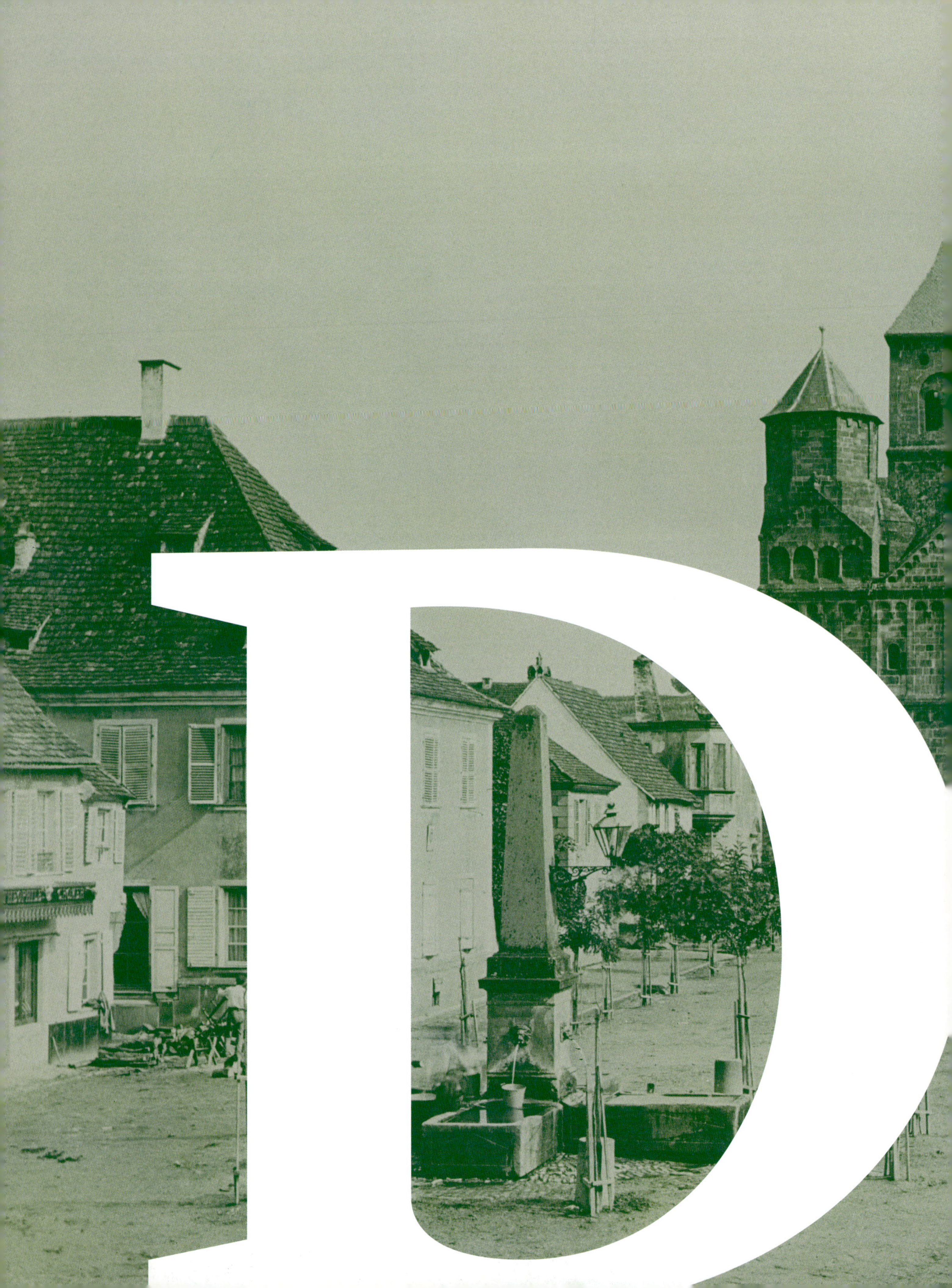

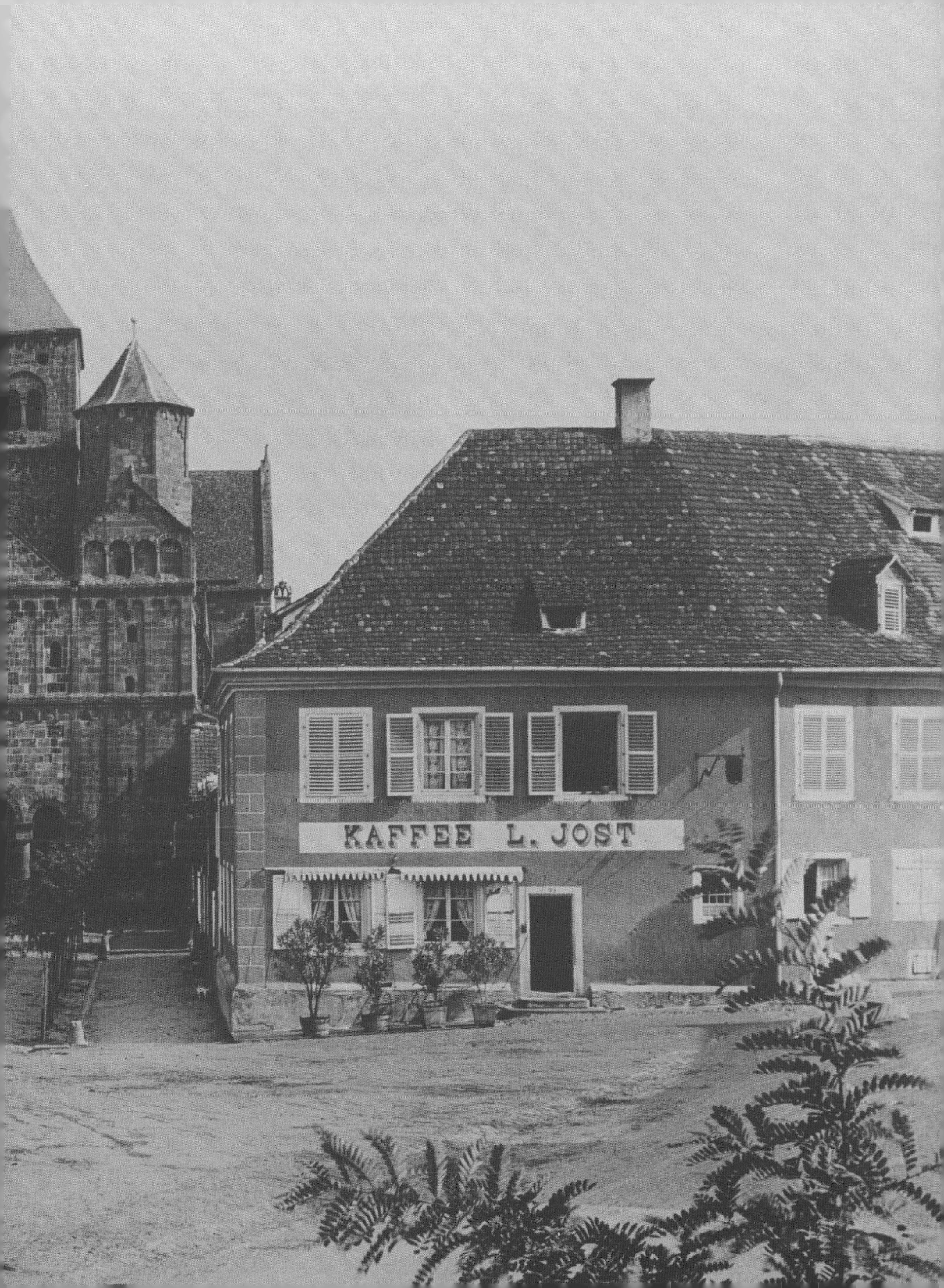
KAFFEE L. JOST

DOISNEAU (ROBERT)

Il est, il était, il reste l'homme des banlieues. Né à Gentilly en 1912, mort à Montrouge en 1994, il est, sans nul doute, le plus populaire de nos photographes. *Le Vin des rues* (avec Bob Giraud), *La Banlieue de Paris* (avec Blaise Cendrars), *Bistrots* (avec Jacques Prévert ou encore Bob Giraud) : voilà quelques-uns des titres qui le racontent. Auxquels on pourrait ajouter encore *Gosses de Paris*, *Les Doigts pleins d'encre* (avec Cavanna), *Les Grandes Vacances* (avec Daniel Pennac), *La Compagnie des Zincs* (avec François Caradec), puis tant d'autres...

On n'en finit jamais avec Robert Doisneau dont le seul nom évoque toujours un gosse avec sa baguette, son litron, son béret, un triporteur en joyeuse vadrouille, trois gars sur le zinc, Prévert, son chapeau, sa cigarette, son chien, sur sa chaise, dans un jardin. Et puis, bien sûr, le fameux *Baiser de l'Hôtel de Ville*, photo posée avec deux étudiants en théâtre, mais si souvent évoquée comme le prototype de l'instant volé qu'on se demande si l'objectif de Doisneau ne faisait pas tout simplement corps avec dame Nature.

Reste qu'on ne s'attendait guère à trouver Doisneau en Alsace. Il y avait été pourtant mobilisé durant la drôle de guerre, attendant l'automne 1939 dans le froid d'une « grange à courants d'air » à Ernolsheim, puis Vendenheim et Mommenheim, bref entre Vosges du Nord et Kochersberg. Il a été rapatrié à Paris, après deux mois de souffrance, d'ennui, de marche de nuit, pour un risque de tuberculose.

Il y reviendra à l'été 1945, parcourant la province en tous sens, du nord au sud et d'est en ouest, à l'initiative supposée d'un imprimeur alsacien de Mulhouse, Pierre Braun. Le temps exact de son reportage reste mystérieux, comme le but réel (reportage, livre, album, affiches ?) de son voyage. Rien ne sera publié de son vivant.

Il faudra la retrouvaille des photos de Doisneau lors de l'archivage de ses œuvres par ses deux filles fidèles, Francine Deroudille et Arlette Doisneau, deux expositions simultanées (l'une à Strasbourg : « Robert Doisneau 1945 : un voyage en Alsace », l'autre à Mulhouse : « Alsace, été 1945 »), enfin, la publication d'un ouvrage largement commenté et illustré avec richesse (*Doisneau, un voyage en Alsace 1945*, Vladimir Vasak, Flammarion 2008) pour qu'un trésor soit mis au jour.

On y retrouve la technique Doisneau, son goût de la pause sans effet ni lourdeur, de la composition visant au naturel. Et on découvre là l'Alsace des belles images, avec ses petites filles rieuses arborant nœud noir et cocarde tricolore, face à un bidon de lait posé sur une fontaine, à un musicien avec son trombone, ou encore en rang joyeux durant une fête de village comme à Thann. Mais aussi

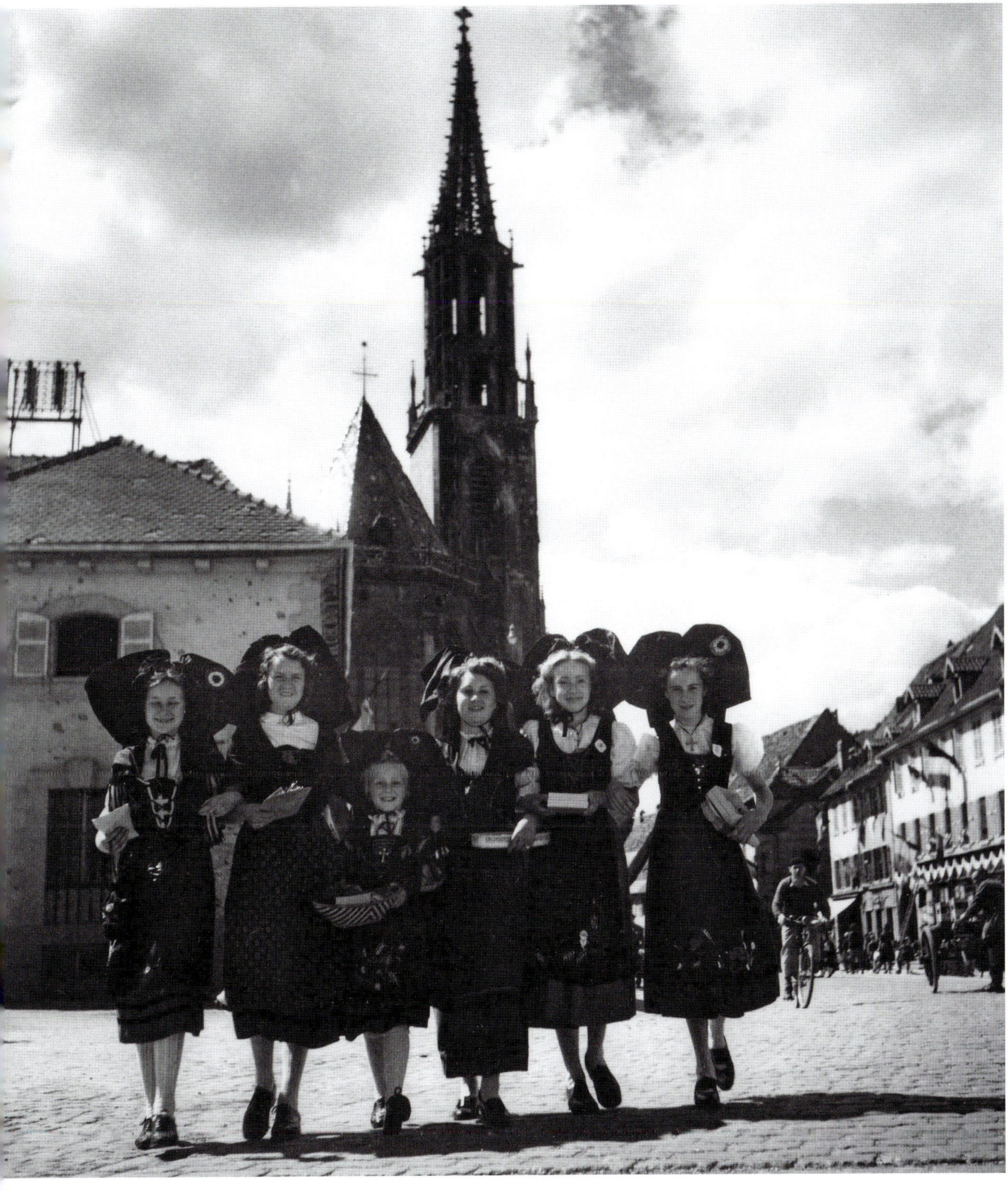

CI-DESSOUS Au centre de Thann, que domine la collégiale Saint-Thiébaut, des jeunes filles arborant costume local, coiffe et cocarde, défilent avec gaieté. L'Alsace de 1945, saisie par Doisneau, a retrouvé son bel esprit de tradition.

CI-DESSOUS Des écoliers du bourg de Marmoutier dansent une ronde pleine d'entrain devant l'église abbatiale Saint-Étienne : un joli symbole de l'Alsace d'après-guerre retrouvant sa joie de vivre.

ses paysans portant le bonnet noir, ses jeunes filles de Seebach en dirndl, ses vendangeurs déjeunant dans les vignes d'Hunawhir, face à l'église fortifée et au clos Saint-Hune, ou encore son homme au chapeau près du Haut-Koenigsbourg menant en roulotte leur repas aux hommes des champs.

Tout ici émeut par ce mélange de naïveté apparente et de vigueur du trait, que souligne le noir et blanc. Il y a, par exemple, ces trois bonnes sœurs esseulées sur une grande place presque vide de Ribeauvillé, au pied des châteaux, une mamie vue de dos au moment de passer une porte fortifiée que surmonte un nid de cigogne à Châtenois, une jeune fille désignant joyeusement à sa petite sœur l'horizon depuis le sommet du Grand Ballon. Ajoutons-y les écolières, sacs au dos, face à l'éleveur de bétail au village, ou la ronde enfantine devant l'imposante église de Marmoutier : voilà qui n'est guère loin d'Hansi.

La jeune fille cousant dans sa demeure, pénombreuse et discrète, d'Oberseebach, au nord extrême de la province, où se livre encore le spectacle d'une vente de bestiaux, les jeunes écoliers rieurs, sous une sculpture religieuse ou portant charrette, à Molsheim ou Colmar, le faucheur buvant son vin au goulot : ce Doisneau-là, qui porte son regard ironique et tendre en bandoulière, avec une inclinaison constante pour la fraîcheur de l'enfance, est bien celui que nous connaissons à Paris et ses lisières.

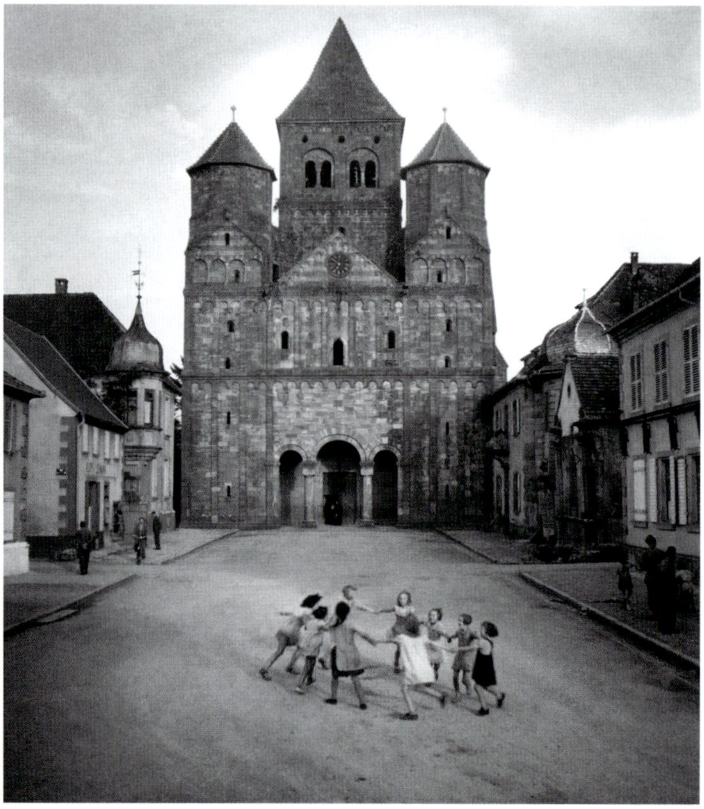

« Quand on a eu le bonheur de naître dans les Vosges, entre le Haut-Barr, le Nideck et le Gerolstein, on ne devrait jamais songer aux voyages. Où trouver de plus belles forêts, des hêtres, des sapins plus vieux, des vallées plus riantes, des rochers plus sauvages, un pays plus pittoresque et plus riche en souvenirs mémorables ? »

ERCKMANN-CHATRIAN

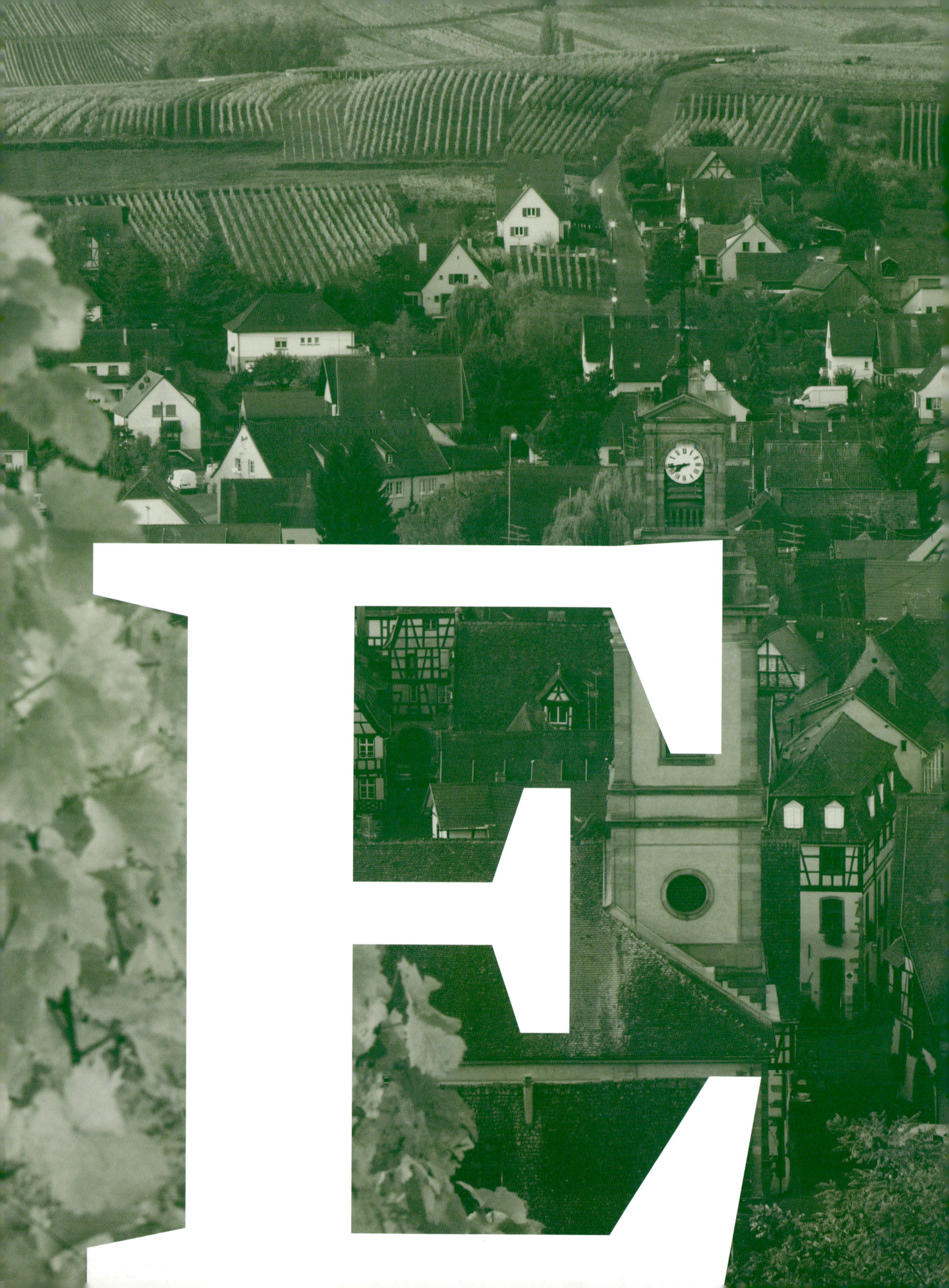

E

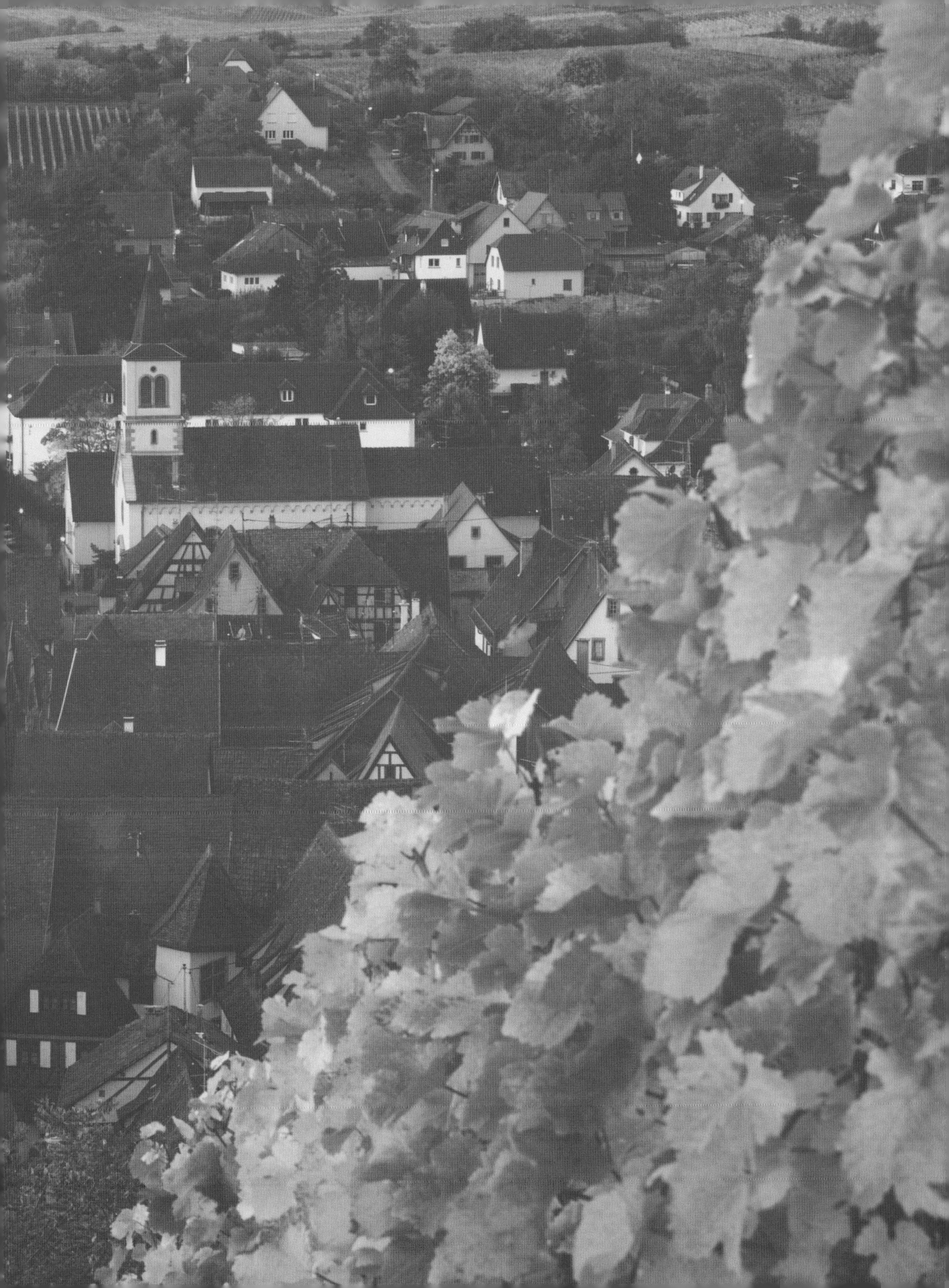

CI-DESSOUS Qui se souvient de l'eau Vogesia de Romanswiller, produite jadis en lisière de la Petite Suisse ? Mais Celtic, Watwiller, Lisbeth ou Carola figurent sur toutes les bonnes tables d'Alsace.

EAUX

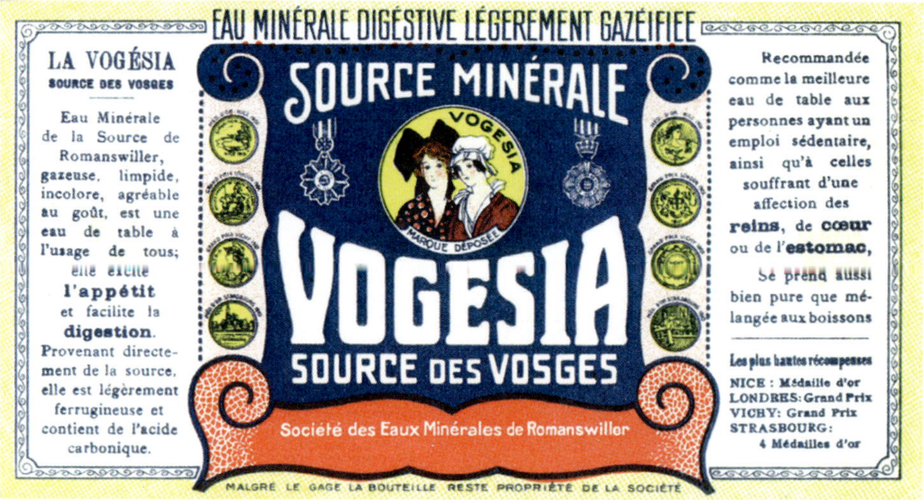

Un pays d'eau, de cours d'eau, de belles rivières, d'étangs, autant que d'eaux minérales, d'eaux fines et soyeuses, gouleyantes, à boire à condition d'en connaître les codes. Celtic à Niederbronn, dans le nord de la région, Watwiller, si légère, à l'extrême sud, affichant « zéro nitrate » en guise de pub pour une bouteille singeant, élégamment, celles des eaux-de-vie, Lisbeth, à Soultzmatt, au cœur de la route des vins, côté sud, et puis, bien sûr, Carola, la plus fameuse, au centre de la région, à Ribeauvillé, jaillissant entre les coteaux hérissés de grappes de riesling et de gewurz…

Il faut savoir demander, comprendre, choisir : la bleue est plate, la rouge à grosses bulles, la verte plus fine. « Sans eau, il n'est pas de bon vin », dit ici l'adage. C'est pourquoi les grands crus d'eaux minérales ont été souvent captés à côté de l'Osterberg, de l'Hatschbourg ou du Zinnkoepflé, ce valeureux massif vineux. Eaux fines, bulles légères, simplicité savante. On fait remonter l'eau de la Celtic, l'une des plus récentes, sur le plan commercial, au Moyen Âge, car l'eau est également source de légendes.

Eaux bénéfiques aussi, soignant les rhumatismes, les artères, voire la nostalgie. Morsbronn ou Niederbronn sont les stations discrètes – sinon modestes – du nord. Soultz-les-Bains, dans la portion la moins vantée du vignoble du Bas-Rhin, juste avant Molsheim, figure une belle inconnue. Que dire encore de Soulzmatt et de sa source évanouie qui fut jadis mythique de Gonzenbach, livrant une eau naturellement gazeuse ? L'Alsace a des Marienbad et des Karlsbad jouant les starlettes de second rang.

CI-DESSOUS Une vieille étiquette de l'eau Soultzmatt qui existe aujourd'hui en trois versions : plate, finement gazeuse et forte.

L'eau bleutée des lacs et des rivières ? Celle de l'Ill qui court en affluent du Rhin, avec une discrétion louable, baigne le Ried, cette plaine alluvionnaire, riche en marais et en gibier (d'eau), celle bien sûr du Rhin, « Vater Rhein », disent les Allemands, qui fait frontière, mais ne traverse ni Strasbourg, ni Colmar, ni Mulhouse. Il y a encore la Lauch et la Lauter, l'une donnant naissance à la vallée des fleurs, le Florival, cher à Jean Egen, l'autre formant lacis de canaux charmants dans la poétique Wissembourg. Mais aussi, sillonnant Colmar, la Fecht et la Weiss, cette dernière arrosant doctement Kaysersberg et la maison natale du Dr Schweitzer, la Thur et la Doller…

Lacs encore des Vosges, mystérieux, mais aisément pénétrables. Comme le lac Blanc, à 1 054 mètres, profond de 72 mètres, né des fractures du socle, occupant une gorge aux versants abrupts, tirant son nom des scintillements du quartz que les eaux de ruissellement arrachent aux parois qui le dominent. Ou encore Noir, fameux pour son beau sentier de Cornelius filant à travers bois. Et encore Vert, glaciaire et naturel, cousin de la vallée de Munster, proche de Soultzeren, dont la couleur lui fut donnée par une algue aujourd'hui disparue. Sans omettre Forlet, le plus élevé (à 1 060 mètres), dans un cirque alpestre, riche en truites, d'où son étymologie allemande, provenant de *Forelle*.

Ou pourrait encore évoquer celui de Donnenbach, chanté par René Char, du côté de La Petite Pierre. Et les étangs de Graufthal près des rochers troglodytes, si riches en grenouilles que nous pêchions jadis à la main, mon frère et moi. Mais c'est déjà le début d'une autre histoire.

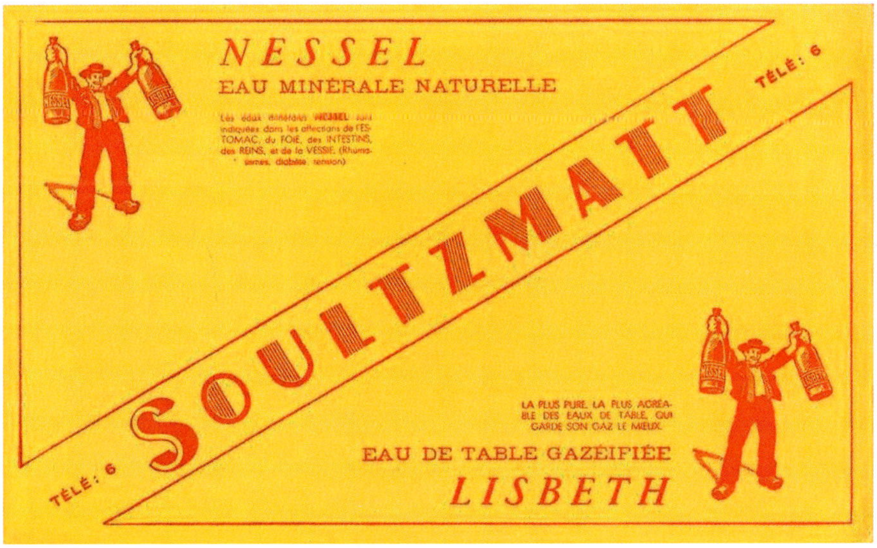

EGUISHEIM

Si Riquewihr est la « perle » du vignoble, Eguisheim en est le « berceau ». Il y a l'origine ancienne du lieu, ses traces archéologiques qui ramènent au paléolithique ou à l'époque gallo-romaine, le tracé des maisons en rond, les venelles qui tournicotent. Bref, voilà un village d'aujourd'hui qui a presque entièrement conservé le passé. On se rappelle qu'y naquit un pape, Léon IX, dont d'aucuns soulignent qu'il aurait pu naître à Dabo. Mais un autre pape du vin, celui-là, en est originaire. C'est Léon Beyer, grand homme de la cité, maire, vigneron, négociant, dont le fils Marc poursuit désormais la lignée.

Léon Beyer fut l'homme par qui l'Alsace parvint à la haute restauration dans les années 1960-1970, l'homme de bonne volonté qui fit mille efforts pour que ceux qui boudaient les vins d'Alsace en boivent. Eguisheim possède deux grands crus, lieux-dits historiques et célèbres, Eichberg et Pfersigberg. Mais c'est bien sous son nom que Léon, saint homme du vignoble, vendit ses majestueux flacons : gewurztraminer cuvée des Comtes, reprenant la lignée des comtes possédant un château dominant le bourg, ou riesling, cuvée des Écaillers, car un concours du meilleur ouvreur d'huîtres portait son nom.

Léon, roi d'Eguisheim, avait imposé que le caveau gourmand local, en dépit de ses lauriers étoilés et de sa renommée, serve toujours la choucroute traditionnelle. Il avait jumelé sa ville avec des communes sœurs de grand renom ; promu sa fête locale des vignerons de fin août au rang des expériences locales ; et se battait pour que tout le vignoble relève le défi de la qualité, des petits rendements, de la diminution du soufre dans la vinification. Bref, ce grand homme voulait ne pas être seul dans son combat. La principale cave coopérative d'Alsace était d'ailleurs celle de son village, qui avait pris le nom de Wolfberger et absorbé la voisine de Wuenheim et son château d'Ollwiller, et des marques différentes (Jacobert, Willm, Kuhri) ou d'autres, se vouant aux eaux-de-vie comme au vin.

Léon portait beau, jusque très tard dans la vie. Droit comme un I, toujours souriant, toujours bien mis, il était passé maître dans l'art de disserter sur l'alliance vins-mets. Il était devenu l'orateur officiel du CIVA, le Comité interprofessionnel des vins d'Alsace, qui, chaque année, menait les journalistes français dans une grande table européenne. J'eus la chance ainsi de suivre le pape Léon chez Girardet, en Suisse, à Crisser, près de Lausanne, à la Schwarzwaldstube de Traube Tonbach en Forêt-Noire, ou encore, en Angleterre, chez Michel Roux, sur les bords de la Tamise, en sa Waterside Inn de Bray-on-Thames, où ses bons conseils et son humour piquant faisaient merveille.

J'écris ces lignes en buvant un gewurztraminer grains nobles 2002 qui me démontre, s'il en était besoin, la souveraine richesse du terroir d'Eguisheim. Je trinque en pensant à son fils Marc qui continue le travail, non seulement celui

CI-DESSOUS Le vignoble d'or, en lisière d'Eguisheim, son « berceau » historique et légendaire.

de la vente du vin, mais surtout la belle tâche de faire connaître autour de lui les richesses alsaciennes et hexagonales, décernant, avec ses copains Pierre Bonte et Jacques-Louis Delpal, les sages diplômes des « Mariannes de France », récompensant les artisans méritants de tous les terroirs.

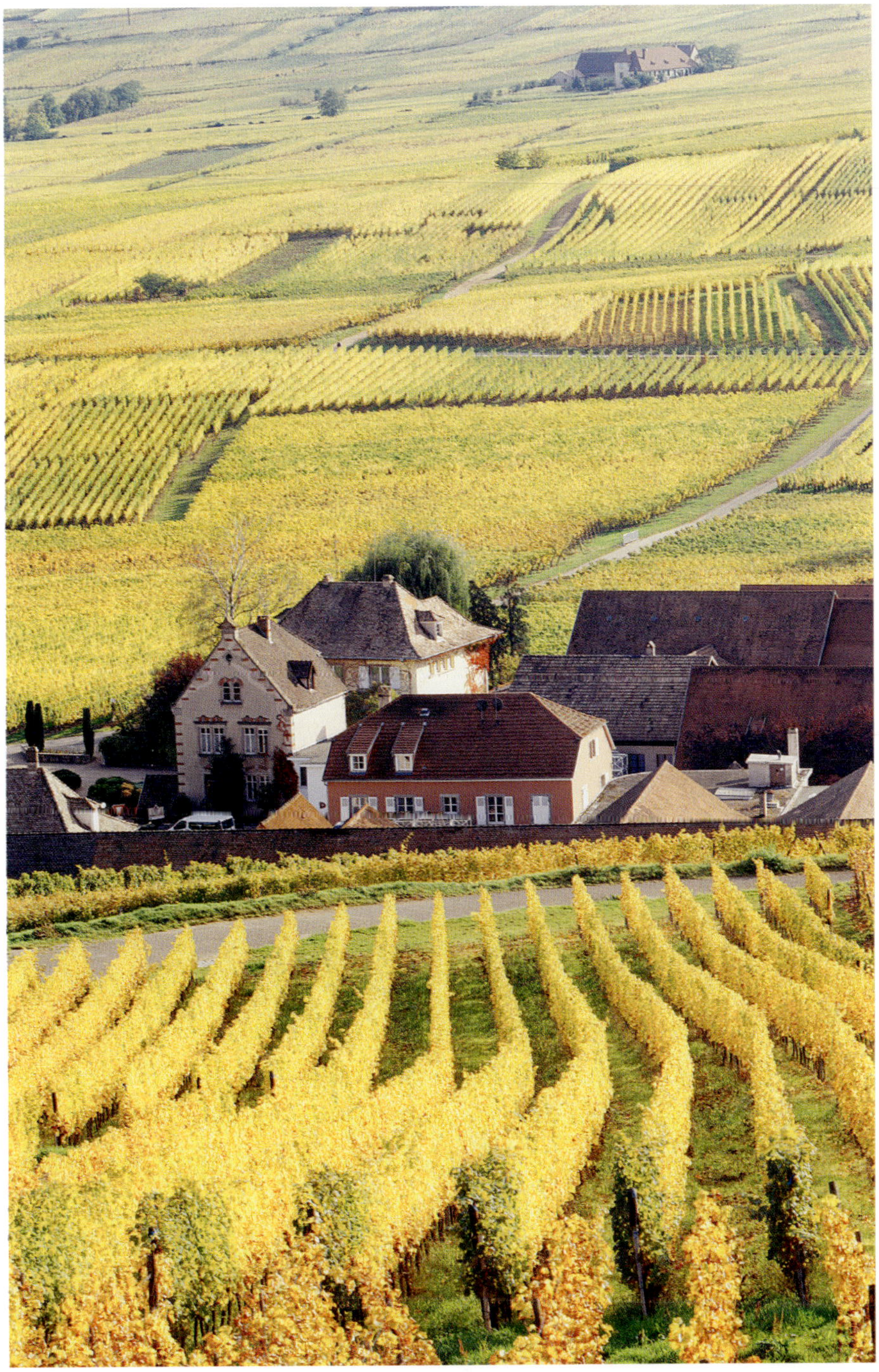

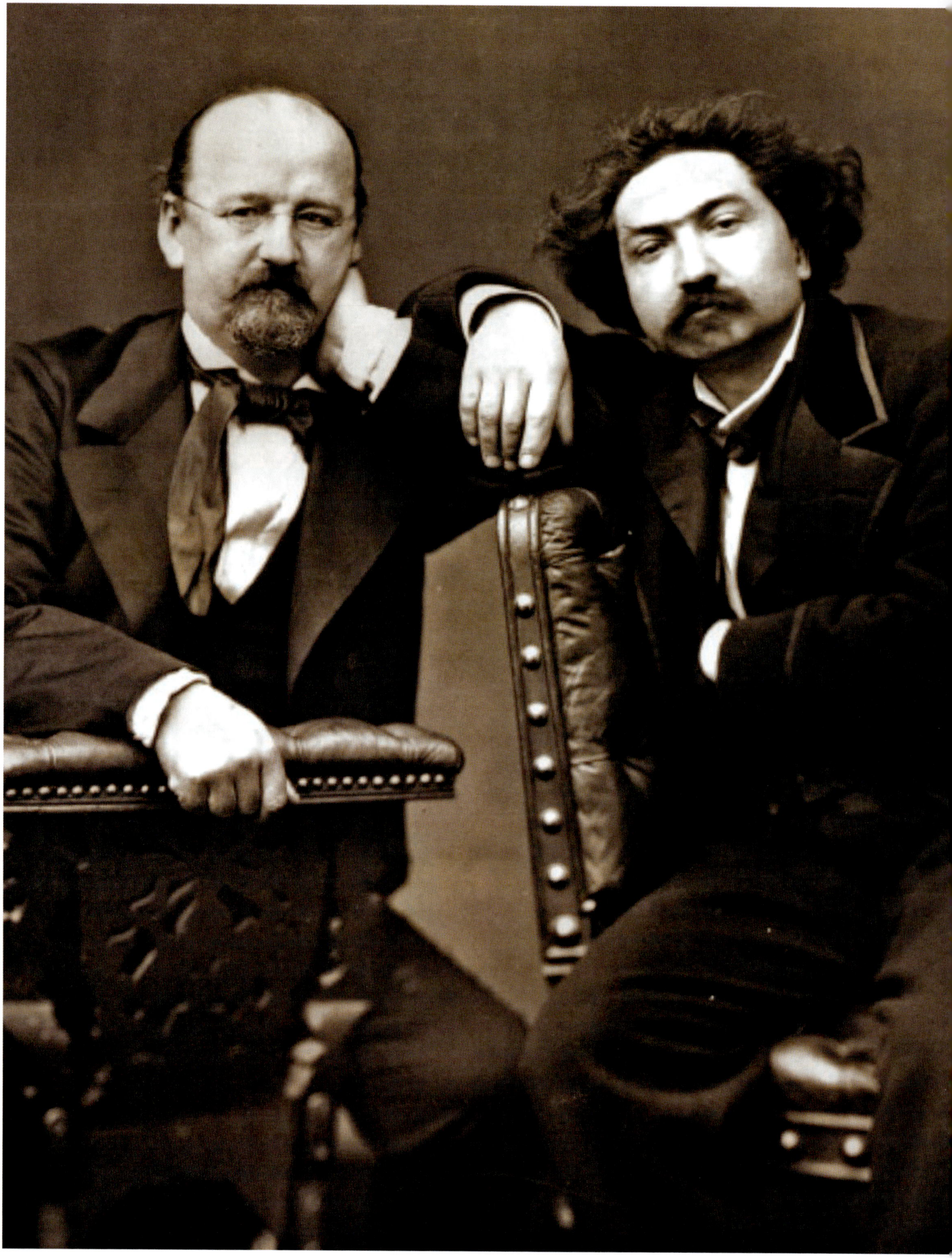

CI-CONTRE Émile Erckmann et Alexandre Chatrian : « deux cocos à l'âme bien plébéienne » (dixit Flaubert), éternellement associés dans nos mémoires. Grâce à *L'Ami Fritz*, *Le Blocus* et *Histoire d'un conscrit de 1813*.

ERCKMANN-CHATRIAN

Ils sont deux, lorrains de surcroît, mais si voisins de l'Alsace qu'on les assimile aisément à leur région fétiche. Émile Erckmann et Alexandre Chatrian, l'un né à Phalsbourg en 1822, l'autre au hameau de Grand Soldat près d'Abreschviller en 1826, mort le premier à Lunéville en 1899, le second à Villemomble en 1890, sont indissociables dans la mémoire collective. Ils appartiennent à un pays étrange et de langue alémanique, que l'on peut nommer le « Westrich »[2], recoupant, à l'ouest de la plaine rhénane, une partie de la Lorraine, de l'Alsace, de la Sarre et du Palatinat. Tournant et retournant autour de leur cher Phalsbourg.

« Quand on a eu le bonheur de naître dans les Vosges, entre le Haut-Barr, le Nideck et le Gerolstein, on ne devrait jamais songer aux voyages. Où trouver de plus belles forêts, des hêtres, des sapins plus vieux, des vallées plus riantes, des rochers plus sauvages, un pays plus pittoresque et plus riche en souvenirs mémorables ? » Et c'est bien ce que je me dis tous les jours, à Paris et ailleurs, quand je suis loin de mon village de Saint-Jean, si voisin des bois de Quatre Chênes et de leur pays légendaire...

Paradoxe des paradoxes : *L'Ami Fritz*, leur ouvrage le plus célèbre aujourd'hui, fêté en Alsace (chaque 15 août, on sacre les noces de l'Ami Fritz, à Marlenheim, première commune de la route du vin), évoque, tout au long de son récit, les Bavarois ou les Prussiens, vantant, avec force louanges, les douces vertus de la « Vieille Allemagne ». Et la contrée mystérieuse où l'histoire se déroule n'évoque que d'assez loin Wissembourg, qui servit de décor au film qui en fut tiré dans les années 1930. Mais les noms de lieux qui s'y rattachent, comme la cité de Hunebourg, sont proches de ceux de La Petite Pierre, Saverne ou encore Phalsbourg, leur terre d'élection.

Reste qu'ils appartiennent en propre au terroir alsacien, dont ils louent la sagesse, la douceur, la richesse paysanne et le goût de la félicité. On a, sans doute, peine à imaginer aujourd'hui, en ce début du XXIe siècle, le succès populaire, immense pour l'époque, de ces « *deux cocos* [à] l'âme bien plébéienne » (*dixit* Flaubert à George Sand, après qu'il eut achevé, le cœur partagé entre la raillerie et l'admiration, la lecture de *L'Illustre Docteur Mathéus*). Ils furent romanciers prolifiques, feuilletonistes avec profusion, donnèrent des nouvelles, de brefs récits, des contes fantastiques, des romans-fleuves, des pièces de théâtre, et leur œuvre, publiée de leur vivant par le pionnier Hetzel, illustrée notamment par leur ami Théophile Schuler, fut rassemblée en treize fort volumes, un siècle plus tard, par l'intrépide Jean-Jacques Pauvert.

2 « *À la recherche d'un pays fantôme, le Westrich* », société d'histoire et d'archéologie de Lorraine, section de Sarrebourg, d'Albert Eiselé, 1988, 279 p.

Erckmann et Chatrian, solides compères, liés grâce à leur professeur de rhétorique du collège de Phalsbourg, puis fâchés pour l'éternité, furent aussi des héros populaires de leur temps. En 1842, Émile Erckmann, qui a, pour son ami, « le cœur de Schiller et la tête de Goethe », part à Paris (« terrible et magnifique »), étudie le droit, tandis qu'Alexandre Chatrian, lui, entre en « classe industrielle » au collège de Phalsbourg. Erckmann participera aux événements de 1848 à Paris. Rappelé à Phalsbourg, il fonde alors, avec Chatrian, un club républicain. En 1850, Chatrian quitte le collège où il est pion. Il est conduit à Paris par Erckmann. Leur travail à quatre mains commence : le premier écrit, le second corrige et cherche les débouchés.

Le succès est long à venir. Il arrive en 1859 avec *Hugues et le Loup*, publié en feuilleton dans *Le Constitutionnel*, tandis que *L'Illustre Docteur Mathéus* paraît en volume la même année à la Librairie Nouvelle. Les romans populaires et histoires se succèdent en feuilletons puis volumes, comme *Les Contes fantastiques* (rassemblés par Hachette dès 1860). Installés à Paris dans le quartier de la gare de l'Est, Émile Erckmann et Alexandre Chatrian montent chaque année dans le train qui les conduit vers les Vosges. Ils s'y ressourcent, reprennent leur inspiration, renouvellent leur inspiration. Publié une première fois en 1862, *L'Invasion ou le Fou Yégof* connaîtra onze réimpressions. En 1863, *Madame Thérèse*, l'histoire de cette cantinière héroïque qui « retourne » les idées des habitants d'un village allemand au service de celle de la Grande Révolution, paraît en feuilleton dans *Le Journal des débats*.

1864 est, sans doute, l'année de leur triomphe : *Histoire d'un conscrit de 1813*, ou les aventures de Joseph Bertha, soldat malgré lui dans l'armée napoléonienne, de Leipzig à Hanau, paraît chez Hetzel, tiré à cent mille exemplaires en quelques mois, avant de connaître vingt-cinq éditions jusqu'en 1885. C'est aussi l'année de la publication chez Hachette de *L'Ami Fritz*, paru en feuilleton dans *Le Temps*. L'année, encore, où le ministre de l'Instruction publique fait acheter mille exemplaires de *L'Invasion* pour les bibliothèques. Les enfants des écoles apprennent désormais à lire et à écrire dans du « Erckmann-Chatrian ». Qui deviennent des maîtres ès dictées.

Eux-mêmes sont devenus des notables des lettres. Hetzel leur achète « la propriété entière et exclusive de toutes leurs œuvres parues à ce jour », après avoir rassemblé les « Romans nationaux » en sept tomes et deux volumes et les « Contes et romans populaires » en huit tomes. Émile Erckmann en profite pour acquérir la scierie qui le fit rêver enfant. Alexandre Chatrian, devenu davantage parisien et chargé de la revente de leurs œuvres, achète, lui, une propriété au Raincy.

Ils en profitent aussi pour faire de la politique (Erckmann échoue en 1871 à la députation dans le Bas-Rhin sur la liste de Gambetta) et accomplir des voyages (il visite l'Égypte, la Syrie et la Grèce). Après l'annexion de l'Alsace-Moselle, leurs chemins se séparent. Tandis que Chatrian se retire à Villemomble, Erckmann, qui a vécu à Saint-Dié dans les Vosges, puis à Toul, revient à Phalsbourg, avant de s'installer enfin à Lunéville. Leur brouille définitive, pour des raisons comptables, date de 1887. En 1895, Hetzel publie les derniers écrits d'Erckmann, signés de lui seul, dont le titre exprime parfaitement sa nostalgie du « bon vieux temps » : *Alsaciens et Vosgiens d'autrefois*.

CI-DESSOUS Le grand classique à relire sans cesse pour mieux connaître l'esprit de la région.

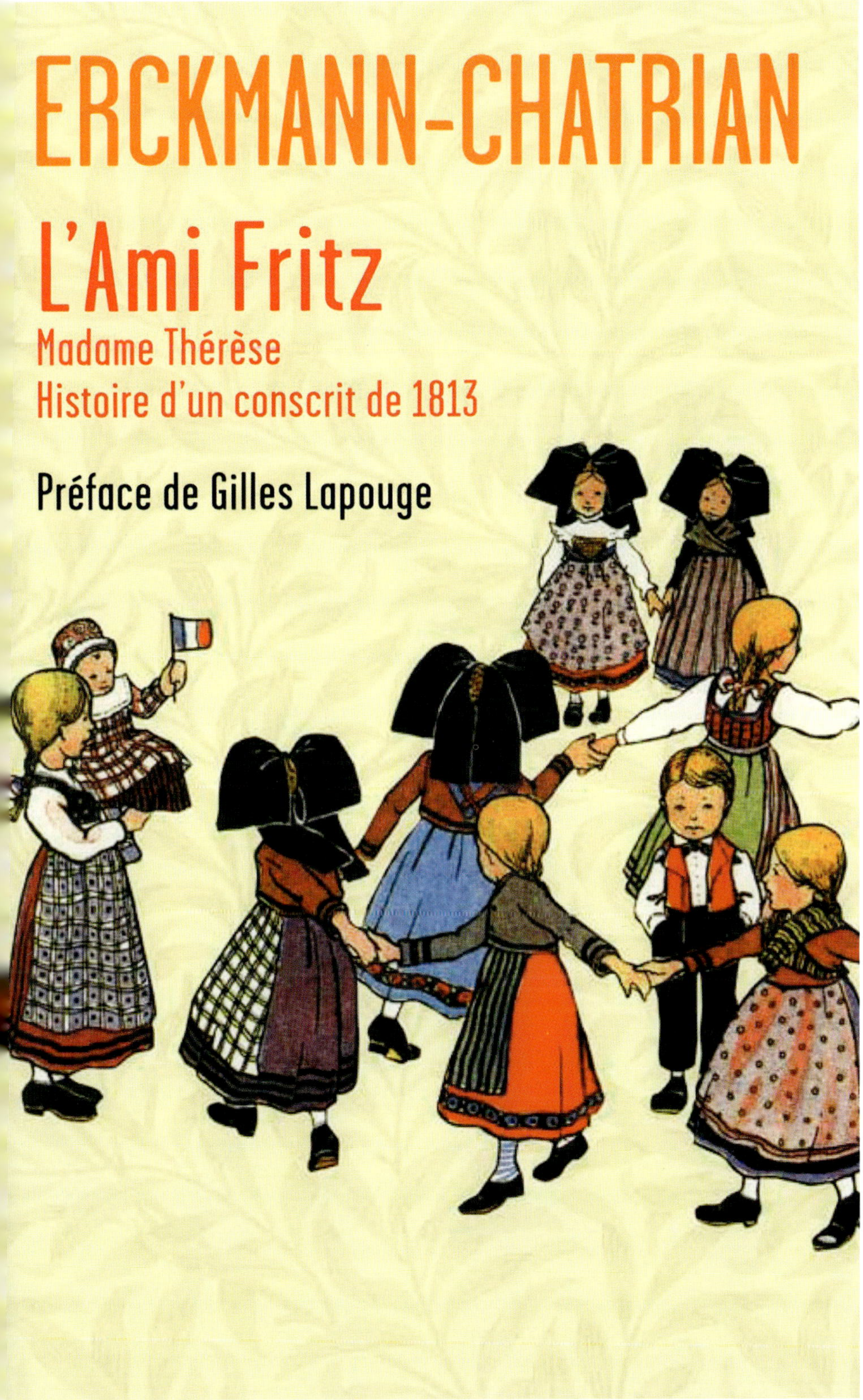

Leur succès continuera après leur mort. La petite ville de Phalsbourg (Moselle, mais comme enclavée dans le Bas-Rhin, au cœur du pays de Sarrebourg) leur rend hommage avec un musée situé au premier étage du bel hôtel de ville au toit immense. Un hôtel-restaurant, sis sur la vaste place d'Armes, porte leur nom, comme un collège situé non loin, à deux pas d'un café nommé L'Ami Fritz. Enfin, un monument datant de 1922, érigé à la suite d'une souscription nationale, met en scène quelques-uns de leurs héros sous la gouverne de Madame Thérèse, la vaillante cantinière.

Le Blocus, *L'Invasion ou le Fou Yégoff*, *l'Histoire d'un conscrit de 1813*, *Les Vieux de la Vieille*, *Hugues le loup*, *Maître Gaspard Fix* ou encore l'*Histoire d'un paysan*, parmi cent titres, évoquent une France nostalgique du temps d'avant. Les auteurs à tête double y narrent, à partir de l'histoire des petites gens, la gloire de la Grande Révolution et les idées des Droits de l'homme avec nostalgie, les épopées napoléoniennes non sans regret, dans et autour de Phalsbourg la fortifiée, non sans rêver non plus d'une certaine grandeur perdue face à la botte prussienne menaçante, avant les nouvelles invasions et annexions.

Leur verve, leur gouaille, leur force, leur chaleur, leur fausse naïveté, leur sincérité vraie, leur drôlerie et leur ironie mêlées, aussi, en font deux artistes populaires aux dons difficilement comparables. Louangés par les communistes, et notamment par André Wurmser qui les préface aux éditions du Livre Club Diderot, ils sont fameux à Moscou, mais aussi dans les universités américaines, où ils deviennent de passionnants sujets d'étude. Et, même si on l'a déjà suggéré, sources de mille dictées fort pédagogiques. Bref, voilà nos « deux cocos bien plébéiens » devenus universels.

« Dans ce paysage aux motifs innombrables, l'essentiel, c'est l'armée des arbres, qui s'élève de la plaine pour couvrir de ses masses égales les ballons et les courbes des Vosges, cependant qu'au loin, l'Alsace agricole s'étend avec ses verts et ses jaunes variés, ses rares bouquets d'arbres sombres, ses rouges petits villages, et, doucement, bleuit, pour finir là-bas, dans une sorte d'eau lumineuse. »

ERCKMANN-CHATRIAN

L'AMI FRITZ

CI-DESSOUS Cimetière, champ de paix, le lieu où la pensée d'hier et celle de demain se rejoignent. Ettendorf a tout d'un lieu de repos…

ETTENDORF

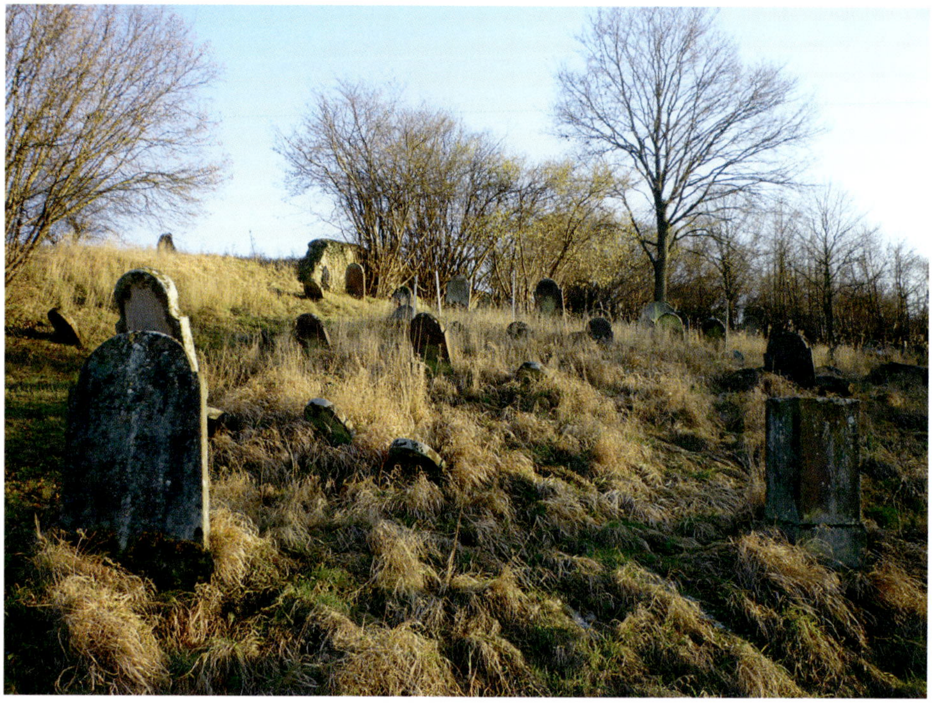

En lisière de la vallée de la Zorn, du pays de Hanau et du Kochersberg, c'est un village anodin, avec ses fermes d'autrefois, leur colombage ouvragé, leurs sculptures et peintures sur les poteaux corniers et les linteaux, ses champs dodelinant vers la forêt. Là, se trouve le plus vaste et le plus ancien cimetière juif d'Alsace. Le plus méconnu ? Sans doute, eu égard à son importance. Les stèles s'y dressent vers le ciel, les dates s'y égrènent depuis le XVIe siècle jusqu'à nos jours, les inscriptions anciennes en hébreu sont délavées par le temps.

Si vous pensez au cimetière juif de Prague, vous n'y êtes pas : il y a ici plus d'espace, de lumière, de panorama et de lointain. J'y suis venu un après-midi d'hiver, marchant entre les tombes, relevant les noms sur le monument aux morts dédié « à nos braves, nos martyrs, nos victimes ». Il y a ceux de Bouxwiller, en nombre, ceux de Bueswiller, de Dauendorf, de Dettwiller. Et aussi ceux de Hochfelden, de Pfaffenhoffen, de Ringendorf et de Wintzenheim, communautés rurales aujourd'hui quasi disparues, où subsiste parfois, ainsi à Pfaffenhoffen et Bouxwiller, la synagogue revue en musée ouvert.

Se trouvent inscrits là les noms les plus courants de ceux qui pourraient être mes ancêtres, mes cousins ou mes frères. Les Aron, les Alpern, les Bloch, les

Blum, les Gugenheim, les Hoffmann, les Joseph, les Kahn, les Malz, les Mandel, les Metzger, les Reinmann, les Rothkopf. Et ceux que j'oublie. Comme les Sichel, qui portent le patronyme du rabbin David, ami de Fritz Kobus dans *L'Ami Fritz*. Et puis les Schwartz, les Wolf, les Wolferman ou encore les Gradwhol, les Revel ou les Moos, moins usités, sans doute, parmi mes coreligionnaires d'Alsace.

Le lieu impressionne. On l'atteint par un chemin étrange, non balisé, parallèle à la voie ferrée du village, à quelque cinq cents mètres du centre. Dix-huit hectares en tout, pour une nécropole montueuse qui compte ses rangées par village, laissant présager les sépultures des « Cohanim », descendant des prêtres du temple de Jérusalem, par leurs mains liées, sculptées sur les stèles. Il y a encore ces tombes entourées d'un grillage, qui semblent être celles de rabbins – à la fin du Moyen Âge, le village passe pour avoir abrité une école rabbinique avec six maîtres et cent cinquante élèves.

Depuis l'immense cimetière juif de Lodz, la ville natale de mon père en Pologne, vaste comme une ville, je n'aurai pas éprouvé une plus grande émotion. Ces tombes-là sont comme des témoins du passé adressant leur message de paix au présent et à l'avenir, indiquant l'ancienneté du judaïsme alsacien, rappelant la protection offerte jadis par les comtes de Hanau-Lichtenberg et la permission d'ouvrir un cimetière par Philippe IV. Mais sommes-nous là encore en Alsace ? Ettendorf, qu'on ne trouve guère sur les itinéraires touristiques, figure une sorte d'île sur son éminence, une colline face à la plaine qui semble prolonger les grandes puzstas de l'Est lointain.

De là, j'imagine le grondement des chevaux des hordes barbares multiples qui envahirent le pays avant la guerre de Trente Ans, sans omettre les dernières guerres meurtrières, celle de 1870, certes, puis les deux guerres mondiales. À tout cela, Ettendorf et son cimetière ont survécu. Et je me suis pris à chanter ici la vieille chanson d'Armand Mestral : « *Plaine, ma plaine. Plaine, ô mon immense plaine/Où traîne encore le cri des loups/Sur la grande steppe de chez nous [...]/Plaine, ma plaine, entends-tu ces voix lointaines/Les cavaliers qui vers les champs reviennent/ Sous le ciel chevauchant en chantant* », songeant encore au film d'Abel Gance (*J'accuse*) où les ombres des morts se relèvent de leurs tombes pour rechercher la juste paix entre les hommes.

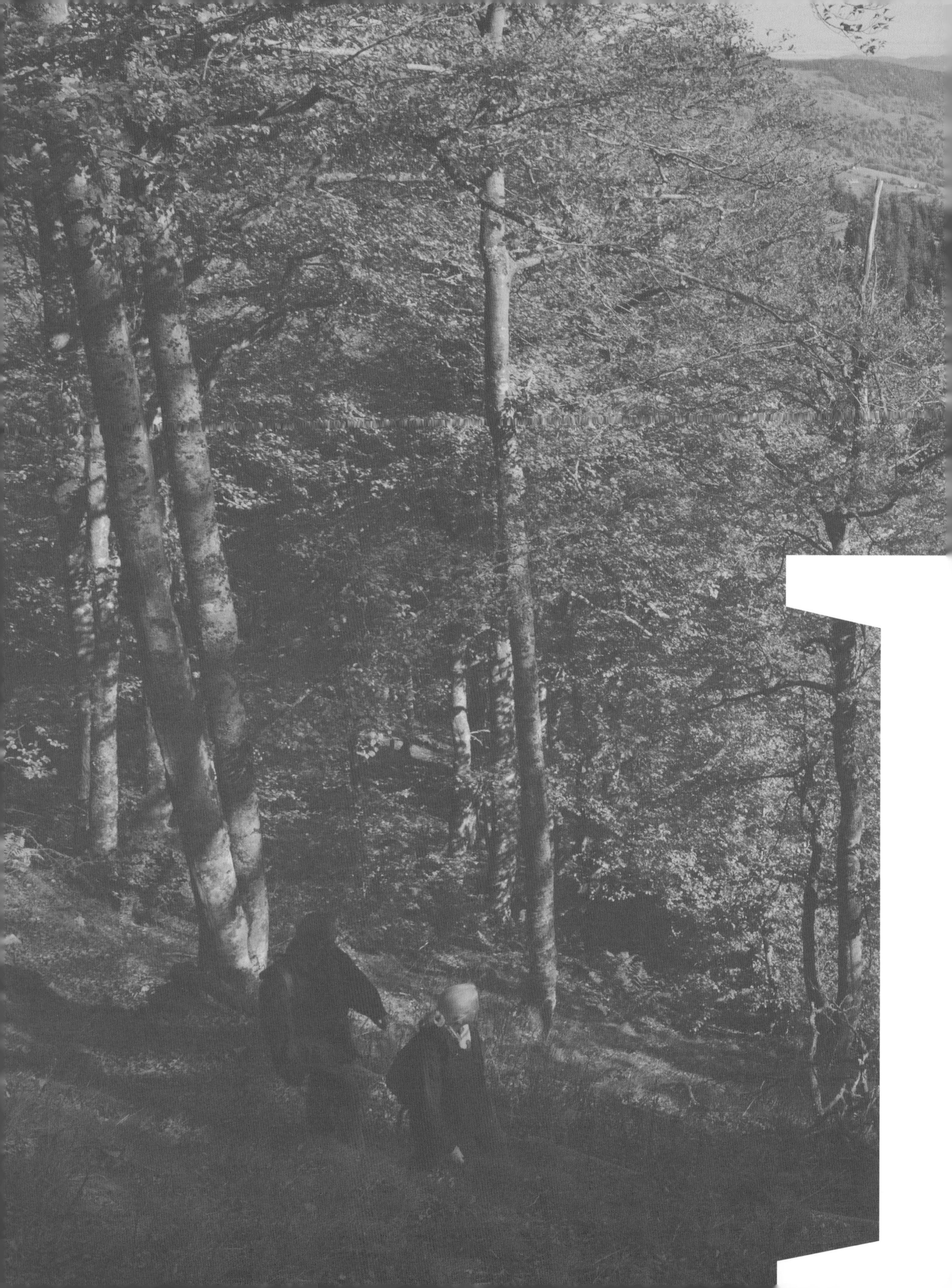

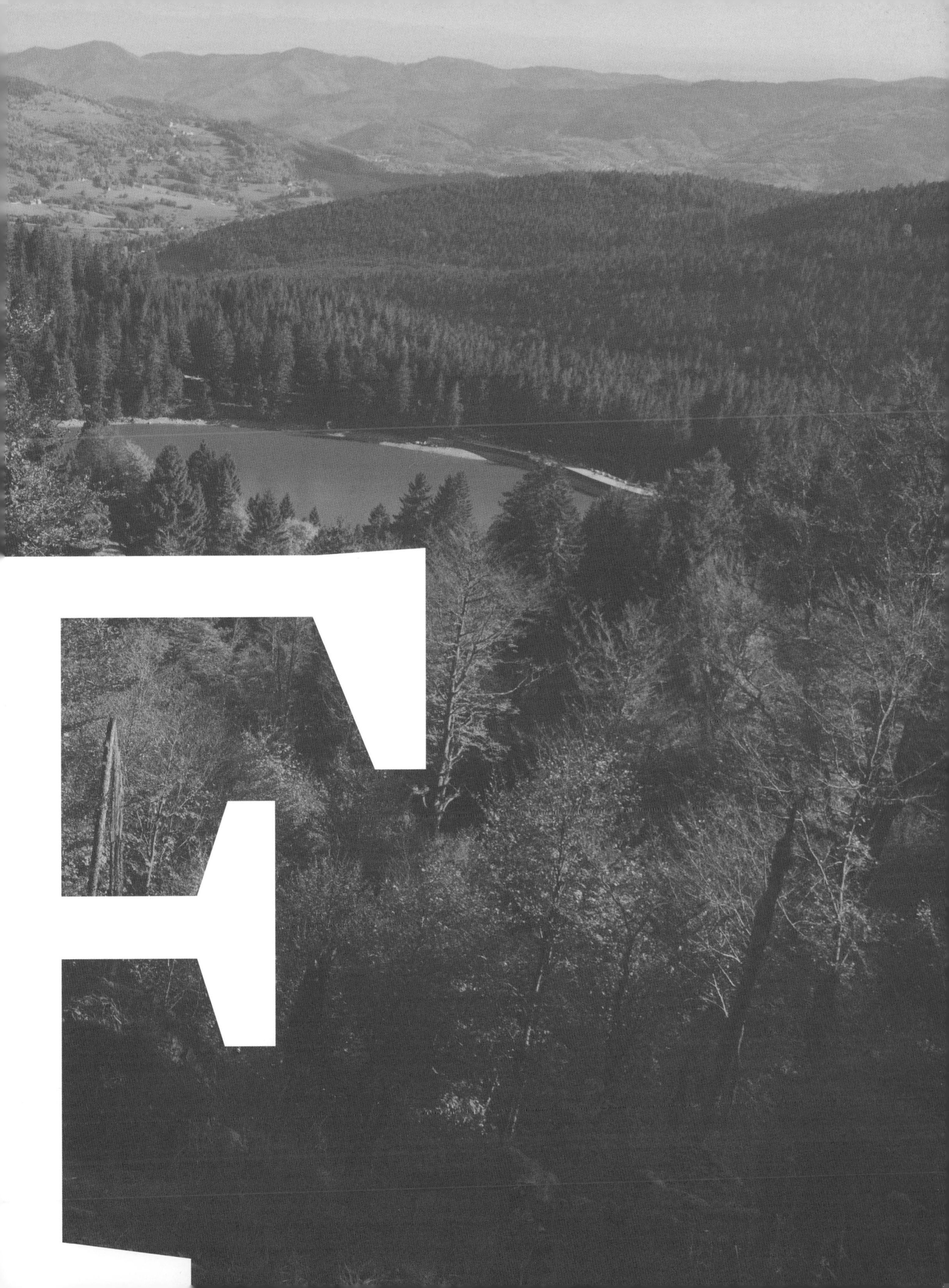

FOIE GRAS (DE STRASBOURG)

Le foie gras en Alsace ? Une méthode et une technique, mêlant déveinage à froid – donnant au foie (de canard ou d'oie) un aspect homogène – et usage raisonné de douze à dix-huit épices.

Rappelons que les oies figuraient déjà, avec leur foie rebondi, sur les fresques des tombeaux anciens d'Égypte. Le pâté de foie gras, avec croûte feuilletée et barde de lard, a été créé, lui, en 1778 par Jean-Pierre Clause, originaire de Dieuze en Lorraine, alors au service du maréchal de Contades, gouverneur militaire de Strasbourg. S'installant à son compte en 1784, Clause développa son invention sous le nom de « pâté de foie gras à la Contades ».

Un Parisien, Nicolas Doyen, au service du président du tribunal de Bordeaux peu avant la Grande Révolution, vint chez Clause, à Strasbourg, perfectionner son art, créant un foie gras serti de truffe et accompagné de gelée. D'où son « pâté de foie gras de Strasbourg aux truffes du Périgord », unissant les deux régions productrices. De là à penser qu'elles sont complémentaires, il y a un pas franchi avec aise.

Aujourd'hui, la plupart des foies gras travaillés par les grands et bons chefs d'Alsace viennent des Landes. Le canard est davantage en usage que l'oie : il est réputé tenir mieux la cuisson, être fort en goût, même si le dernier est censé être plus fin. Les Haeberlin, qui chaque année, rituellement, m'envoient leur « pot de foie gras de l'Auberge de l'Ill », restent, obstinément, fidèles à l'oie. Finesse, fraîcheur, belle texture, auxquelles, pour le parfum, on ajoute un doigt d'armagnac, de porto blanc, voire de sauternes ou de gewurztraminer, pour l'onctuosité : et voilà le miracle d'une gourmandise sur laquelle le temps ne semble guère avoir de prise.

On aime encore, en Alsace, le foie gras en brioche dit à la strasbourgeoise, avec une belle croûte de pâte feuilletée renfermant foie gras et gelée fine. Le genre que pratiquait le truculent Philippe Schadt, jadis à Blaesheim, et que confectionne encore, avec un amour constant de la tradition bien comprise, le classique Georges Gilg, en sa winstub chic de la route du vin, à Mittelbergheim, semble un genre savoureux et artistique en voie de disparition, sinon en péril, joli à voir autant que délicieux, sous ses atours boulangers ou pâtissiers.

Feyel-Artzner et Bruck restent, à Strasbourg même, les derniers bons faiseurs du foie gras d'Alsace, le proposant en bocal, terrine, mi-cuit, sous vide, façon brioche, kougelhopf, en paquets et emballages savoureux. Quelques bons faiseurs dans le Kochersberg, comme Nonnenmacher, voire le vignoble avec la Schleif à Epfig, ou encore Marcel Metzler, sous la marque Canoie, mêlant, dans son labo de Gueberschwihr, l'oie et le canard, en couches superposées, les deux péchés mignons de l'Alsace gourmande joliment mêlés.

Le foie gras, qui se mange chaud, aussi, se propose partout taillé en fines escalopes, flanquées de fruits variés, pêches, figues, melons, fraises, myrtilles. Que sais-je encore ? Comme la choucroute, dont le Pr Julien Freund disait qu'elle « était tolérante », le foie gras tolère les vins aussi secs que doux, même s'il épouse avec un bonheur tout particulier le pinot gris, pour son nez fumé, sa robe soyeuse, sa belle longueur, autant qu'un gewurztraminer, doux, épicé, au nez de cannelle, de miel et de rose.

Ah ! le foie gras, à toutes les sauces et sous toutes les formes, cuissons, présentations ! Un des grands bonheurs conservés, généreux et fiers, du beau pays d'Alsace.

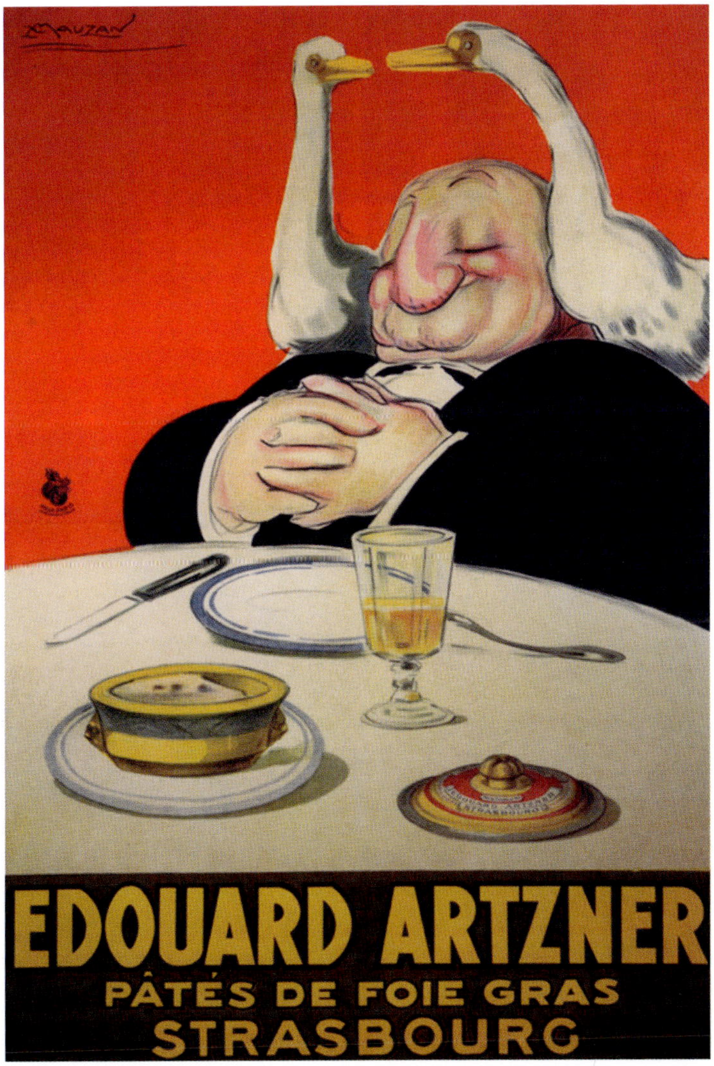

CI-DESSOUS Un gourmet alsacien est forcément un gourmand alsacien. Et, entre celui de l'oie et du canard, il n'est que l'embarras, que dis-je, le délice du choix.

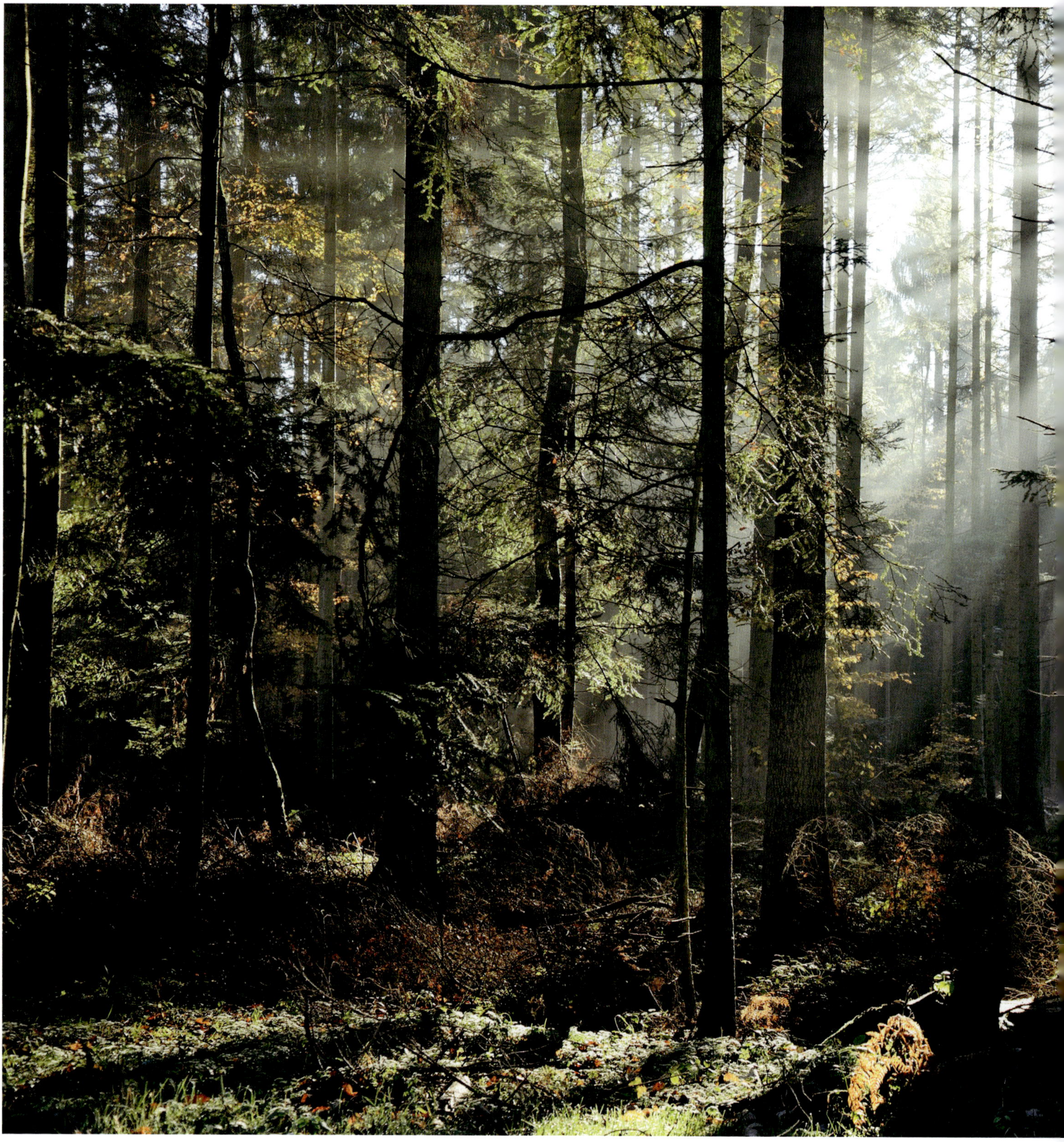

CI-DESSOUS « Pour qu'une forêt soit belle, il faut qu'elle ait l'âme et l'infini », écrivait René Char. Ajoutons qu'elle forme calme, paix, souvenir.

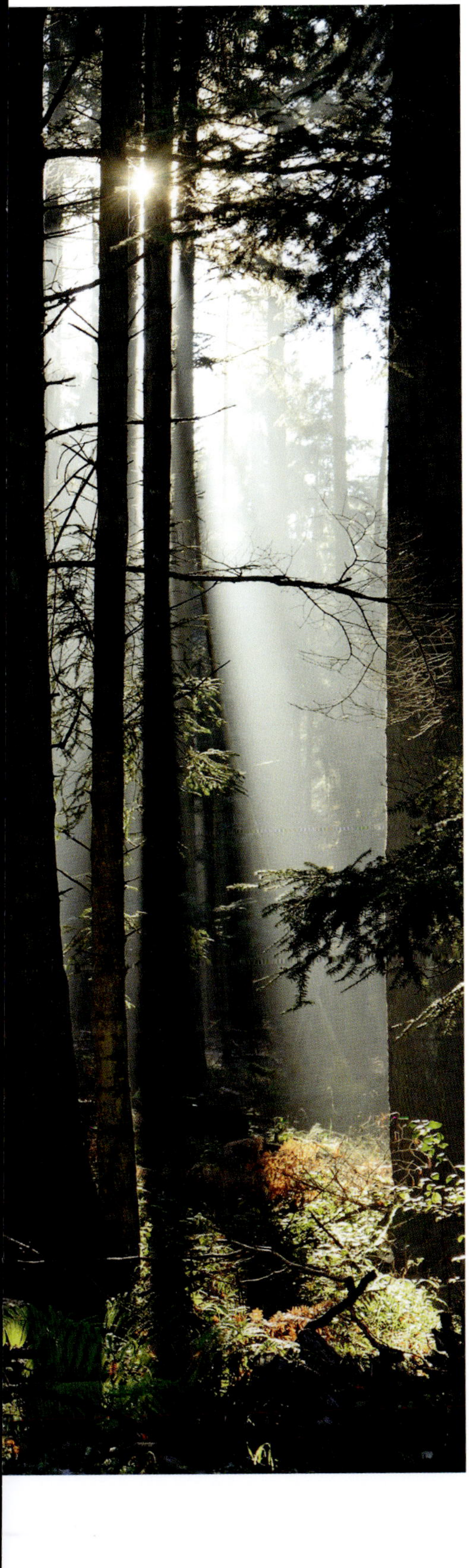

FORÊT(S)

Forêt des Vosges, forêt gréseuse avec son sol rouge sur lequel le tapis de feuilles vertes ou jaunies puis rougies à l'automne forme un contraste obsédant. Forêt vive, sur sols d'alluvions, face au Rhin, terres du Ried, pays de marais, bois épars, feuillus, branches torves, séchées ou coupées par le vent. Hêtres, chênes, sapins et sapinières dominant les hauts du paysage, mais aussi bouleaux et frênes. Forêts domaniales, bois privés, où courent les cerfs, les sangliers, les biches, les renards, le gibier qui sait se cacher comme nulle part.

Forêts historiques, halliers légendaires, sentiers sombres et zigzagants d'où émerge un donjon, lignes bleues, ailées, s'arrondissant vers le lointain, flirtant avec les ruines médiévales couvertes de lierre. Entre Vosges du Nord et Palatinat proche, entre l'Illwald et la Hardt, vaste forêt d'Haguenau, sombres futaies de La Petite Pierre et du parc animalier de Schwarzbach, entre route des crêtes et Grand Ballon, entre les rives de la Lucelle, proche de la Suisse, et les ruines du château de Ferrette, entre une scierie à Zinswiller et un domaine châtelain à Jaegerthal, berceau des Schlumberger, ce n'est pas une forêt mais mille bois nombreux qui se font jour. Et se distinguent, s'imposant comme terrains de promenades, mystérieux et magiques, offrant de naturels bols d'oxygène au voyageur.

FRANK (BERNARD)

Né en 1929 à Paris, issu d'une famille juive d'Haguenau ayant choisi Paris après l'annexion, oncle Bernard est décédé en novembre 2006. Déjà, devrais-je dire, tant ce bavard de génie, auquel me liait une affection naturelle, me manque. Il était, avec Robert Sabatier, mon compagnon fétiche du dimanche soir. De son œuvre abondante, qui compte davantage de recueils de chroniques que de fictions, on retiendra *Solde*, qui annonça son grand retour dans les années 1980, après une longue éclipse, *Les Rats*, son premier roman, si parisien, si germanopratin, si drôle aussi, enfin, cette *Géographie universelle* et *Israël*, qui tiennent d'une cosmogonie imaginaire. J'allais oublier *Un siècle débordé*, la plus brillante sans doute de ces digressions dont il tirait des étincelles et des pépites, et encore *Le Dernier des Mohicans*, libelle contre Jean Cau, et enfin *La Panoplie littéraire,* à propos de Drieu la Rochelle.

Qu'il raille Jean d'Ormesson, évoque François Mauriac ou Benjamin Constant, rappelle une enfance de tout jeune réfugié juif à Aurillac au temps du Maréchal ou encore le souvenir ému d'un grand cru bordelais, il se révèle exégète savant, complice cultivé, éminent goûteur de mots. Il s'amuse, digresse, s'aventure, s'échappe, sourit. Bref, il est lui-même.

Strasbourg, sa ville fétiche, qu'il fréquenta souvent en flâneur vagabond, lui a inspiré un bien joli livre de promenades furtives *(Strasbourg,* La Nuée Bleue, 1997), illustré de photos en noir et blanc signées de son ami et complice Gérard Rondeau, le frère de Daniel.

« À même ses rues quand le soir tombe, ce que l'on va chercher dans les winstubs proches de la cathédrale, c'est un peu de chaleur. Derrière les petits rideaux, les vitres en losanges, à l'abri, on se serre autour des tables méticuleusement astiquées. La tarte aux oignons qui fume encore et le pichet d'edelzwicker tout frais semblent réciter la même comptine : "Protégez-nous des démons de la nuit, des loups-garous de l'Europe centrale !" La spécialité de Strasbourg, c'est l'angoisse dans toute sa saveur à l'ombre d'une cathédrale. »

J'ajoute que j'ai souvent joué le guide amusé pour nos promenades heureuses dans un Strasbourg qui a su conserver son côté villageois avec superbe. Si je dis « mon oncle » en parlant de Bernard, c'est parce que ce tendre bavard, que l'on imagine en satiriste acerbe et en observateur caustique, était aussi et d'abord un compagnon espiègle, un parent de fantaisie dont j'étais perpétuellement le neveu attendri. Nous avions écumé ensemble les winstubs du centre-ville, vidé une chopine de pinot blanc chez Yvonne, disserté de l'éternité durable dans le jardin net et fleuri de l'Auberge de l'Ill d'Illhaeusern, partagé les écrevisses en gelée au Cerf de Marlenheim et le millefeuille aux truffes et foie gras à la Chenaudière de Colroy-la-Roche.

CI-DESSOUS Bernard Frank, qui était au bistrot comme chez lui, apostrophait le quidam de hasard avec un ton d'évidence qui forçait la sympathie, la complicité, la connivence.

« Comme vous êtes littéraire ! » lui glissa Sartre à l'époque des *Rats*, alors que le jeune Frank se glissait subrepticement dans l'équipe des *Temps modernes*. Personnage germanopratin, mais élevé dans le 16e arrondissement, ayant vécu dans une sorte de loge de concierge améliorée, dans un rez-de-chaussée sur cour, à Choisy-le-Roi, puis dans le 8e, rue du Faubourg-Saint-Honoré, derrière la pharmacie qui fait face à l'hôtel Bristol, Bernard retrouvait dans le Strasbourg qu'il fréquentait un peu du « vrai » Paris villageois qu'il aimait :

« La beauté de Strasbourg ! Il suffit d'une fois. Mais le bonheur de cette ville, le bonheur inguérissable, je l'ai ressenti, une après-midi d'automne quand, laissant la clef de ma chambre d'hôtel qui donnait sur la cathédrale, je cherchais dans les rues voisines des chocolats pour mes filles. J'ai eu l'impression de retrouver en sautant d'une rue à l'autre – ces rues de la cathédrale ont l'air de ruisseaux – le Saint-Germain-des-Prés que j'aurais aimé vivre. Malgré cette foule dans les rues, ces touristes, ces boutiques qui travaillent pour eux, nous sommes comme chez nous à Strasbourg ! Chacun sur place et dans les rues qui y montent et en descendent, joue son rôle. »

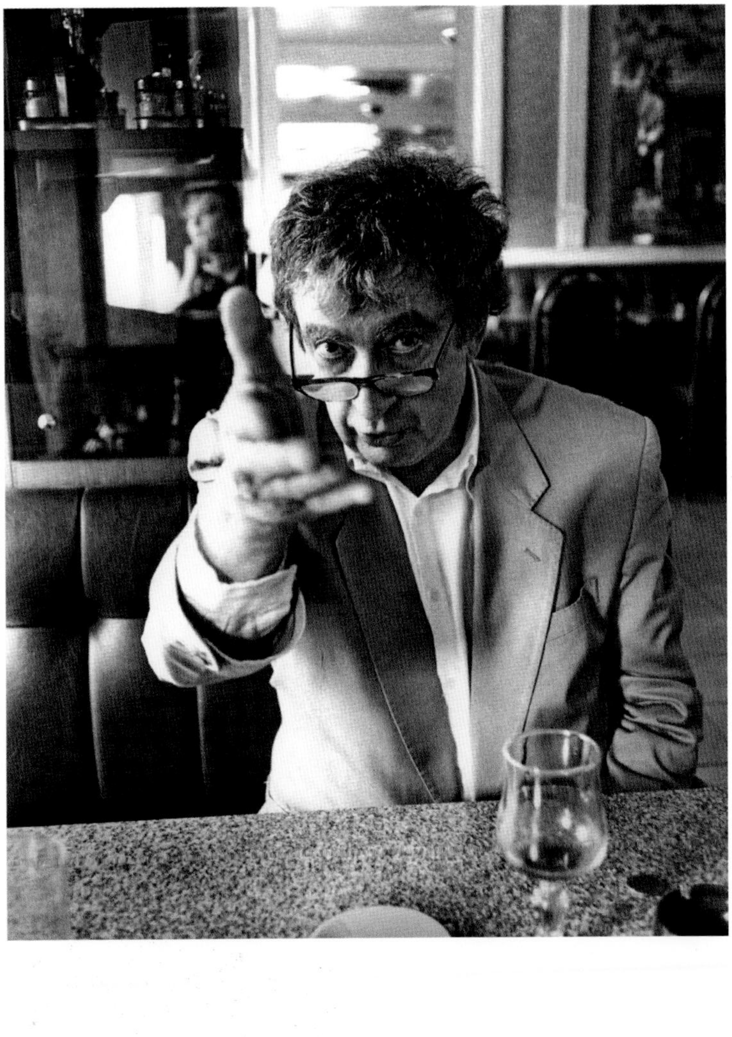

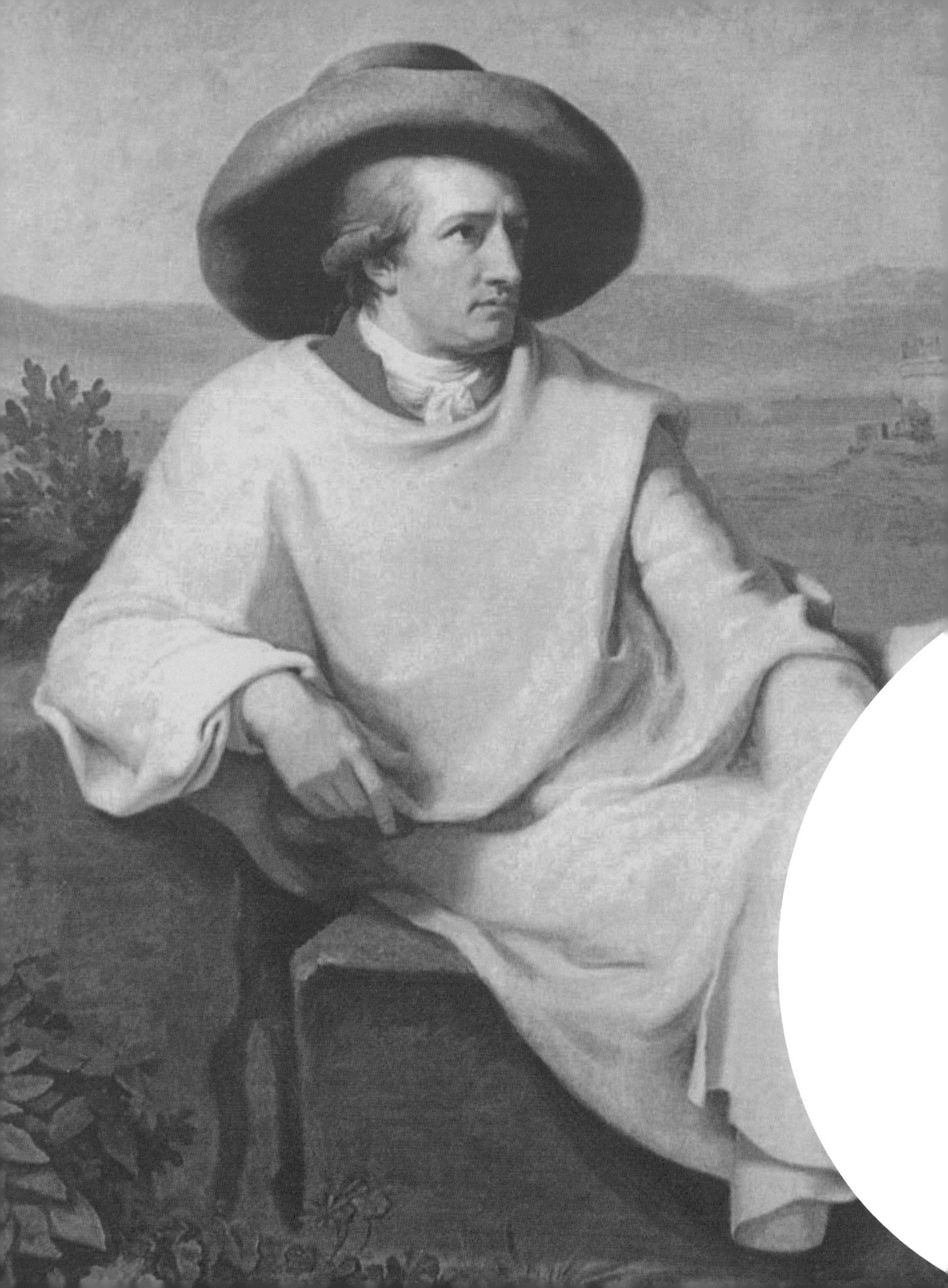

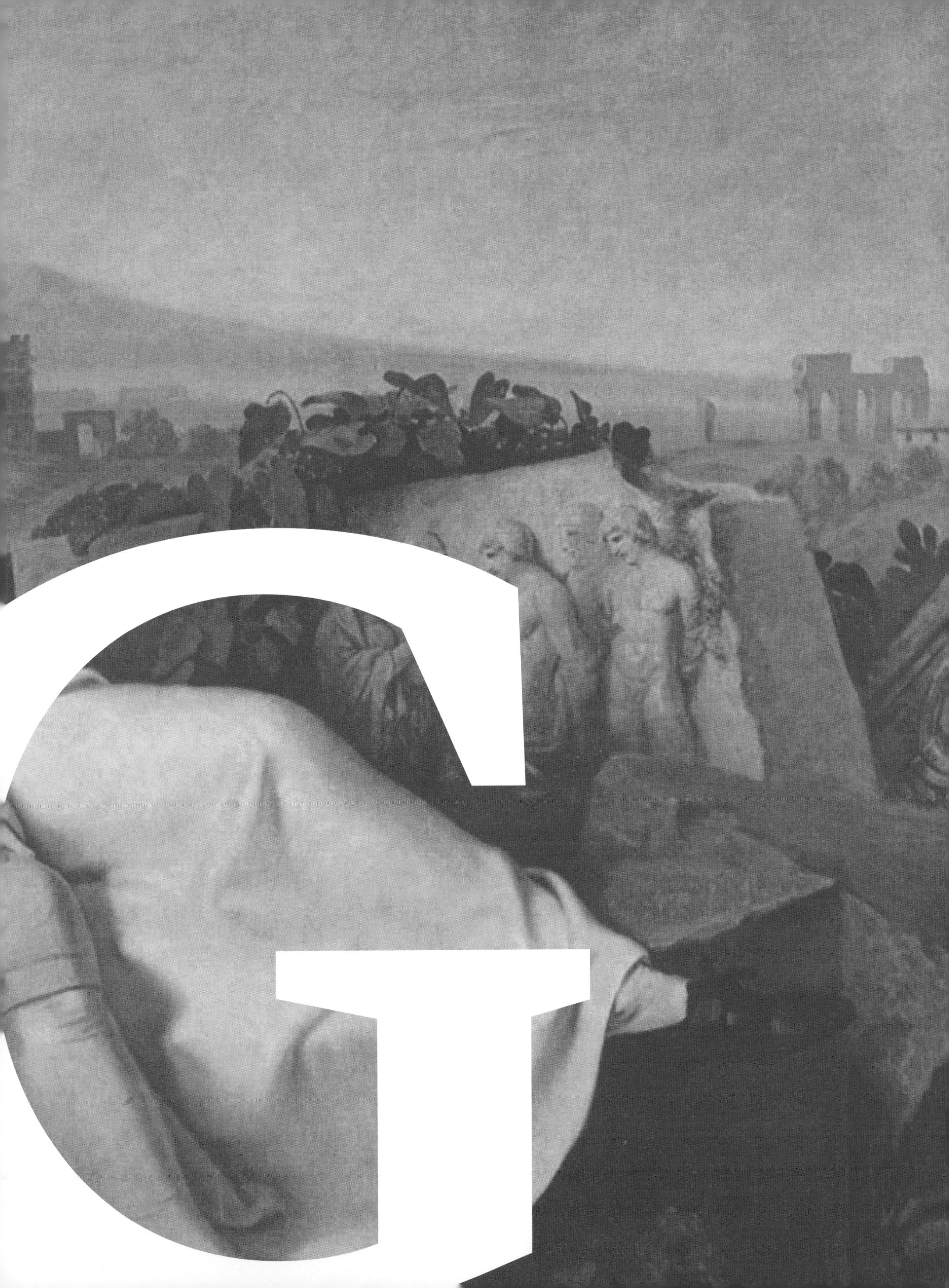
G

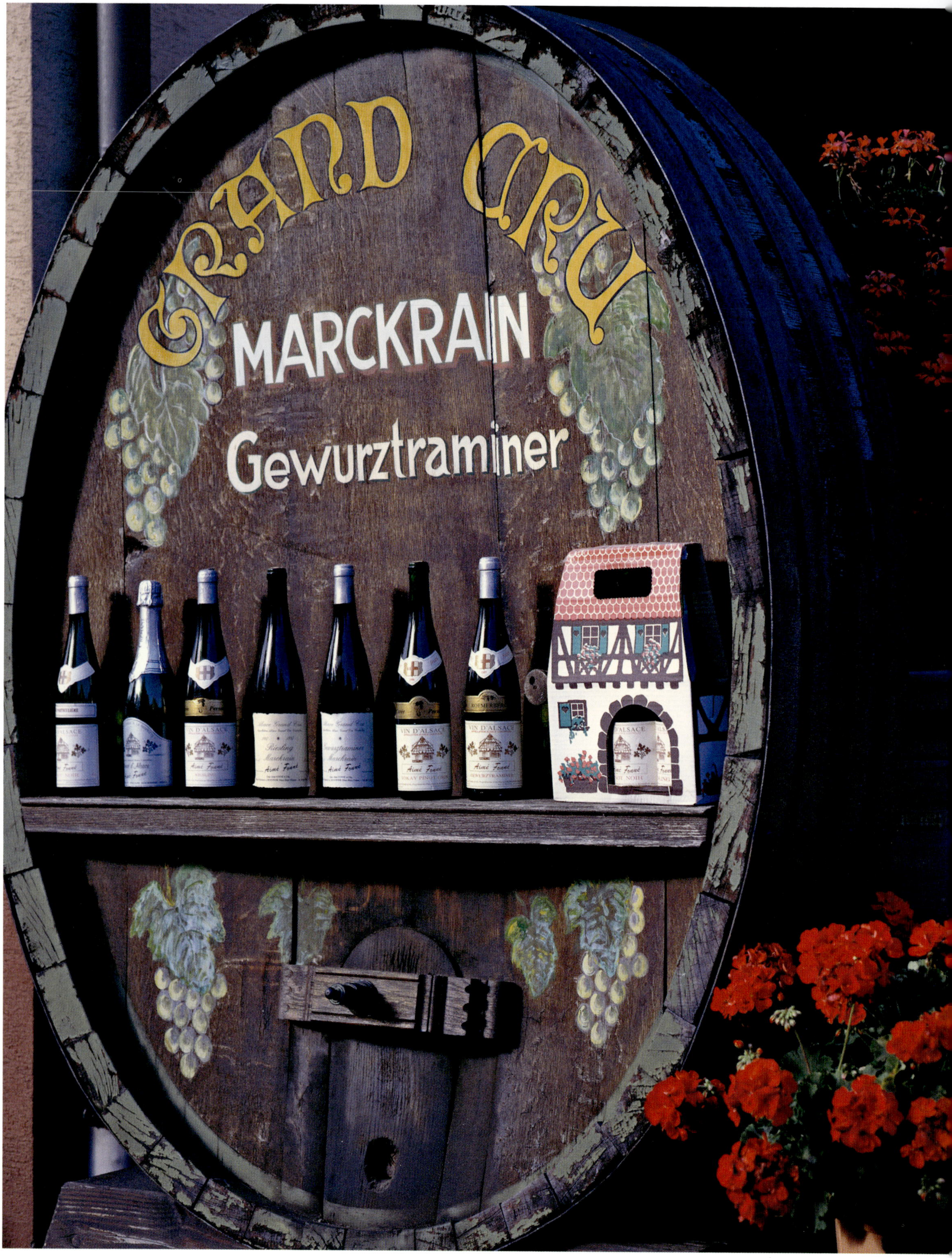
GRAND CRU
MARCKRAIN
Gewurztraminer

CI-CONTRE Un fier tonneau à la gloire du grand cru Marckrain à Bennwihr où le gewurztraminer est roi.

GEWURZTRAMINER

Le vin d'Alsace par excellence ! Littéralement : « traminer épicé ». C'est le fameux savagnin rose qui, avant d'être soumis à une greffe originale, donnait le klevener, tel celui d'Heiligenstein, cépage primitif, produit dans un seul village bas-rhinois. Le gewurztraminer, qu'on abrège souvent familièrement en « gewurz », occupe 18 % des surfaces viticoles alsaciennes. Il donne un raisin vert-bleu aux jolis reflets roses, un vin riche, intense, coloré, autant que fruité et épicé.

Il est facile à reconnaître : son nez évoquant la rose et les épices (cumin, cannelle, girofle), avec des notes d'agrumes et de litchis frais. On le marie volontiers au foie gras, aux desserts, aux plats exotiques, notamment chinois ou thaïlandais, car il épouse fort bien les mets à base de lait de coco et de citronnelle. Séducteur et volontiers flatteur, il est le cépage alsacien par excellence, le plus singulier de la région. Même si son lieu d'origine serait le village de Tramin dans le Haut-Adige, en Sud-Tyrol italien ex-autrichien.

Léonard Humbrecht, le grand vigneron de Turckheim, l'un des bons faiseurs du genre et l'un de ses meilleurs défenseurs, a coutume d'en vanter les qualités variées dont certaines secrètes. Pour une jeune et belle dame accompagnant un homme plus âgé, juste sorti d'un beau coupé sport, il s'appesantit volontiers sur les vertus aphrodisiaques supposées du « gewurz », au terme d'une vaste dégustation comparée. Si bien que la dame en commanda une seconde caisse. On ne sait guère si les conseils de Léonard portèrent leurs fruits.

On notera que le gewurztraminer est le vin de la fête tous azimuts. Il peut se boire en apéritif, en digestif, ou à tout moment de la journée, juste pour le plaisir d'en sentir les jolies fragrances de fruit ardent, raisin muscat, figue sèche, litchi frais. Le seul vin, aurait dit le pape Léon d'Eguisheim, qui laisse la femme belle après boire...

Mais non, je m'emporte, ça c'est la remarque de la marquise de Sévigné concernant le champagne. Pourtant je me demande, après tout, si le gewurztraminer n'est pas à l'Alsace du vin ce que le champagne est aux vins en général : un genre en soi, une espèce rare, une race à part, une sorte d'élixir de jeunesse, bref un nectar d'une essence supérieure. Un vin, certes, mais sans doute un peu plus. En tout cas, une boisson un peu folle et qui comporte sa part de magie.

CI-CONTRE Place de l'Université, la statue de Goethe cachée par un bosquet, inaugurée en 1904, signée de l'architecte Ernst Waegner, a été érigée en souvenirs des années estudiantines de l'auteur des *Souffrances du jeune Werther* de 1770 à 1771.

GOETHE (JOHANN WOLFGANG VON)

Un pays nouveau, des gens pleins de fantaisie, une architecture imposante, une vie neuve dans une contrée romantique : voilà ce que découvre le jeune Johann Wolfgang von Goethe (Francfort 1749-Weimar 1832) qui débarque à Strasbourg en 1770 et s'avance vers son destin fragile, escaladant les marches de la cathédrale, bravant son vertige.

Il a vingt et un ans, s'est inscrit, sur les conseils de son père, à l'université de Strasbourg aux cours de droit. Il y rencontre Johann Gottfried von Herder, poète allemand lui aussi, auteur d'écrits sur Ossian et Shakespeare, avec qui il se lie d'amitié et qui l'initie à la poésie populaire. Avec Herder, il fonde le « Sturm und Drang », mouvement poétique destiné à en finir avec l'idéal classique de la raison et à porter au pinacle la sensibilité et le génie.

Bientôt, il tombe amoureux de Frédérique Brion, la fille du pasteur de Sessenheim. La liaison, courte, mais passionnée – Goethe renonce à se marier, malgré l'amour qui le lie à la jeune fille –, lui inspire de puissants poèmes d'amour tels *Bienvenue et Adieu* (*Willkommen und Abschied*) ou *Rose des Bruyères* (*Heidenröslein*). Pour l'heure, il est en proie à l'émotion la plus vive. La « magnifique Alsace, toujours la même et toujours nouvelle » (qu'il découvrira aussi du haut du mont Sainte-Odile) se livre à lui. Voilà ce qu'il contera plus tard dans *Poésie et Vérité (1831) :*

« Je descendis à l'hôtel de l'Esprit. Je sortis aussitôt pour contenter mon désir le plus ardent, pour m'approcher de la cathédrale, qui m'avait été montrée de loin par mes compagnons de voyage, et sur laquelle mes yeux étaient demeurés fixés dans une assez longue étendue de chemin. Lorsque de la petite rue qui y conduisait, j'aperçus ce colosse, et que je me trouvais ensuite tout auprès, sur la place peu spacieuse où il s'élève, il produisit sur moi une impression que je fus incapable de débrouiller sur-le-champ et qui resta longtemps obscure, pendant que je montais en hâte au faîte de l'édifice pour ne pas manquer le moment précieux d'un soleil brillant à la faveur duquel j'allais découvrir, d'un seul coup d'œil, ce vaste et riche pays.

« Je vis donc, du haut de la plate-forme, cette belle contrée qui était devant moi, et dans laquelle je devais séjourner et vivre quelque temps, les prés d'alentour remplis, entremêlés d'arbres superbes et touffus, cette richesse surprenante de végétation, qui, suivant les bords du Rhin, en marque les rives, les îles et les bas-fonds. Le terrain qui descend du côté du sud, et qui est arrosé par l'Ill, est également décoré d'une verdure brillante ; même du côté de l'ouest, près de la montagne, se trouvent beaucoup de vallons, où des bois et des prairies présentent un aspect attrayant, tandis que la partie septentrionale, plus accidentée, est coupée de petits ruisseaux en nombre infini, qui hâtent partout la végétation. [...]

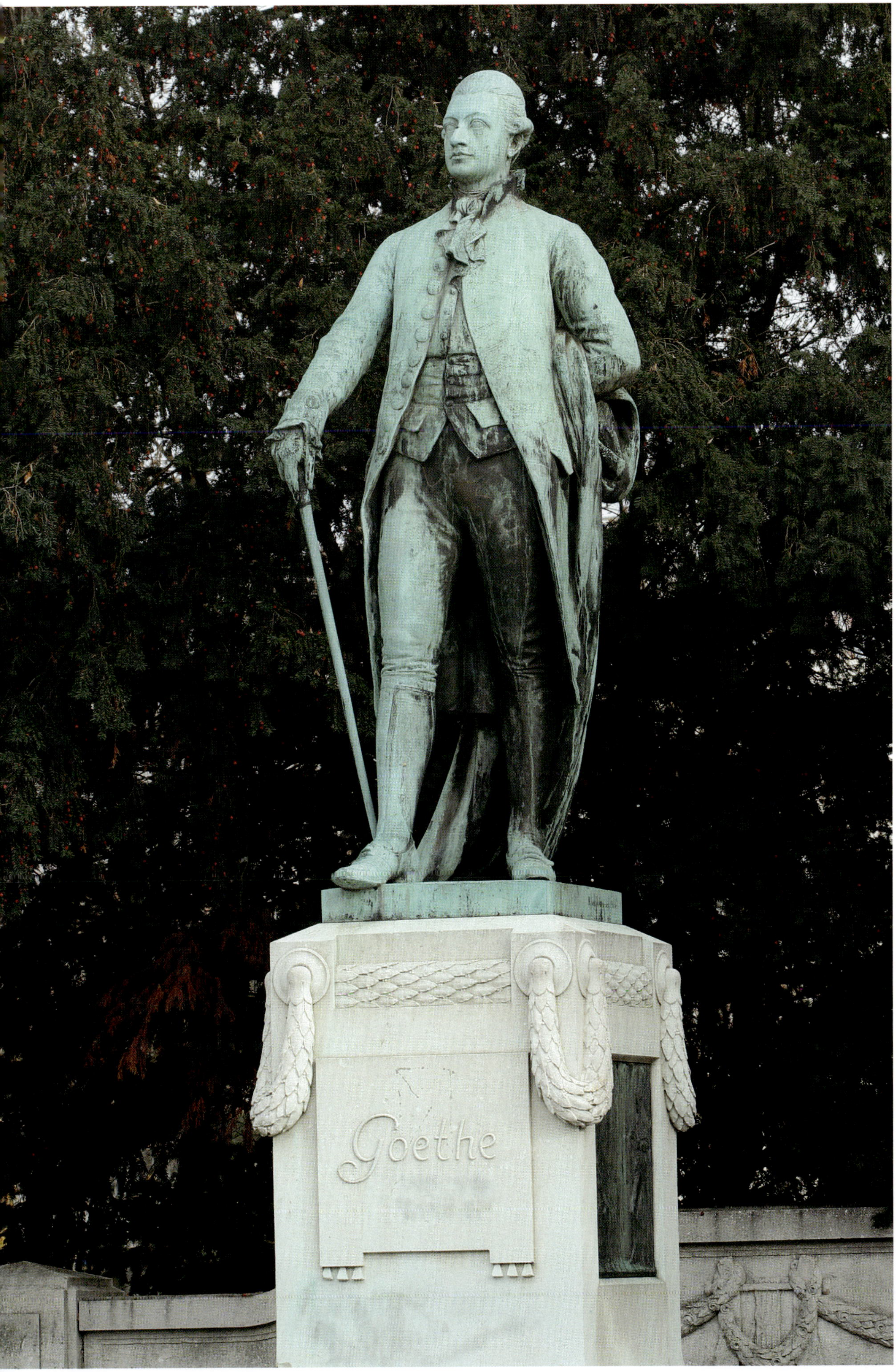
Goethe

CI-DESSOUS La présence de Goethe à Strasbourg, de 1770 à 1771, est célébrée au 36 rue du Marché-aux-Poissons par une plaque à son effigie, sur la façade rouge à colombages.

« Descendu de la hauteur, je demeurai encore assez longtemps en face du vénérable édifice ; mais, ni la première fois, ni dans les premiers temps, je ne pus parfaitement m'expliquer la sensation que cette œuvre merveilleuse produisit sur moi ; elle me fit l'effet d'une masse monstrueuse qui m'eût effrayé, si elle ne m'avait pas paru en même temps compréhensible par sa symétrie agréable même par le fini des détails. Cette contradiction, pourtant, ne me préoccupa nullement et je laissai ce monument prodigieux agir sur moi par son seul aspect. [...] »

La présence de Goethe, de 1770 à 1771, est désormais indiquée, rue du Marché-aux-Poissons, au n° 36 et à deux pas de la cathédrale, par une plaque à son effigie. Les vestiges de l'hôtel de l'Esprit se situent, eux, au 6, quai Saint-Thomas (il ferma ses portes en 1834 et fut partiellement détruit durant la construction de la rectiligne avenue de la Division-Leclerc). On ira encore se recueillir sur le souvenir de Goethe à l'écart de la ville, à Sessenheim, où l'ancien corps de garde a été transformé en mémorial Goethe, ainsi qu'au charmant restaurant du Bœuf qui abrite un petit et passionnant musée Goethe.

Sait-on que la seule statue d'écrivain veillant sur le siège de l'université de Strasbourg, face au cours de l'Ill, place Brandt, et encombrée de beaux arbres, est celle de ce grand romantique à l'esprit européen ? Signée Ernest Waegener, elle date de l'époque de l'annexion prussienne (1904). Mais elle est, désormais, intemporelle.

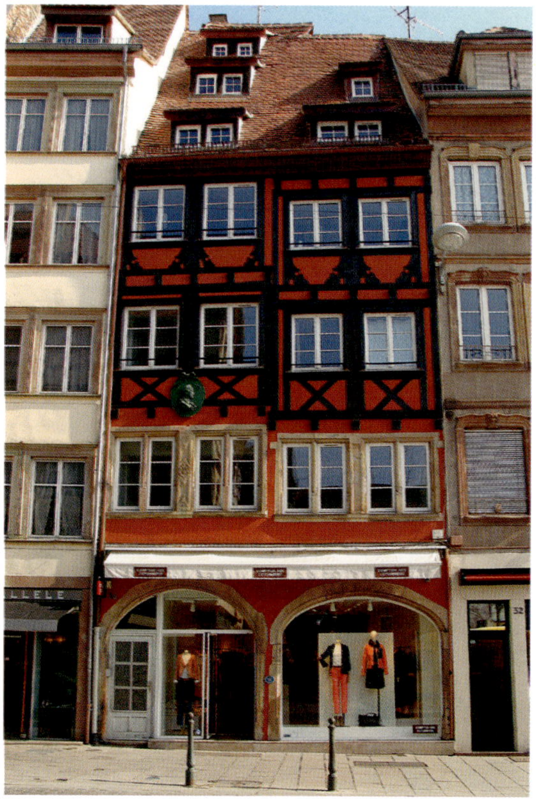

« Plus je considérais la façade de cette cathédrale, plus se fortifiait en moi et se débrouillait en moi cette première impression, que le sublime y est uni à l'agréable. Pour que le gigantesque, en se présentant comme masse à nos yeux, ne nous effraye pas, pour que nous ne nous y perdions pas en cherchant à pénétrer ses détails, il faut qu'il contracte une alliance contre nature et en apparence impossible ; il faut qu'il s'unisse à l'agréable. »

GOETHE

POÉSIE ET VÉRITÉ, 1831

GOURMANDISE

Esse und trinke halte Lieb und Seelz' Samme: manger et boire réunissent le corps et l'âme, dit ici le proverbe. Il n'est pas d'écrivain ou de peintre alsacien qui ne se vante de tenir sa fourchette aussi bien que son stylo ou sa palette, son verre de quetsche que son couteau à découper le kougelhopf. Parmi les peintres les plus contemporains, Tomi Ungerer, Raymond-Émile Waydelich, Guy Untereiner ou René Walch, nombreux sont les motifs d'illustrations gourmandes, les natures mortes primesautières, sans omettre pour le premier, à qui on doit *Hallali*, un volume ironique consacré à la chasse, une ode au bon gibier.

La winstub est un lieu propice à l'activité littéraire, la discussion diffuse, la convivialité franche et au partage. Chez Yvonne à Strasbourg, sous la houlette de Jean-Louis de Valmigère, par ailleurs fondateur du festival gourmand européen « Food Culture », la rencontre des écrivains et des artistes parisiens en goguette dans la ville tient lieu du rituel. Dans son recueil de chroniques (*Vous avez dit métèque ?*, La Table Ronde, 2008), le dandy voyageur Gabriel Matzneff évoque « le Bonheur à Strasbourg », qui est tout simplement celui d'une rencontre lors des débats littéraires de la librairie Kléber chez François Wolfermann, l'homme qui attire le plus d'écrivains et d'éditeurs en ville, juste avant le repas de tradition chez Yvonne.

On goûte là, dans un cadre patiné par le temps, les mets à l'ardoise au gré du marché du jour (chèvre et poivron en verrine, foie gras chaud au pain d'épice) autant que les classiques de toujours (choucroute, jarret, schiffala, saucisse paysanne, tête de veau). Mais si le regard du voyageur se fixe, à Strasbourg comme ailleurs, d'abord sur les lieux de gourmandise, c'est que les vitrines des charcutiers et des pâtissiers, ceux de la rue des Hallebardes ou des Orfèvres, dans le quartier de la cathédrale, ressemblent à des galeries d'art.

« En France, c'est bon, mais c'est pas beaucoup. En Allemagne, ce n'est pas bon, mais c'est beaucoup. En Alsace, c'est bon et c'est beaucoup. » L'aphorisme gourmand semble, évidemment, un peu injuste aujourd'hui. Reste qu'il entre une part de vérité dans cette volonté de tout proposer en Alsace avec science, conscience, excès et générosité. Il est vrai que l'Alsacien semble être un animal à part, possédant deux estomacs, un gosier long comme le Rhin et un appétit joyeux que rien n'entame. Il a été tellement ballotté d'une frontière à l'autre qu'il semble vouloir « s'en mettre jusque-là », avant la prochaine invasion...

Tradition, religion et cuisine, en Alsace, vont toujours bien ensemble. On va à la messe en enfournant son baeckeofe (la potée aux trois viandes marinées au vin blanc, séparées par une couche de pommes de terre). Au retour de l'église, celui-ci est fin prêt à être dégusté ensemble : fin, moelleux, odorant.

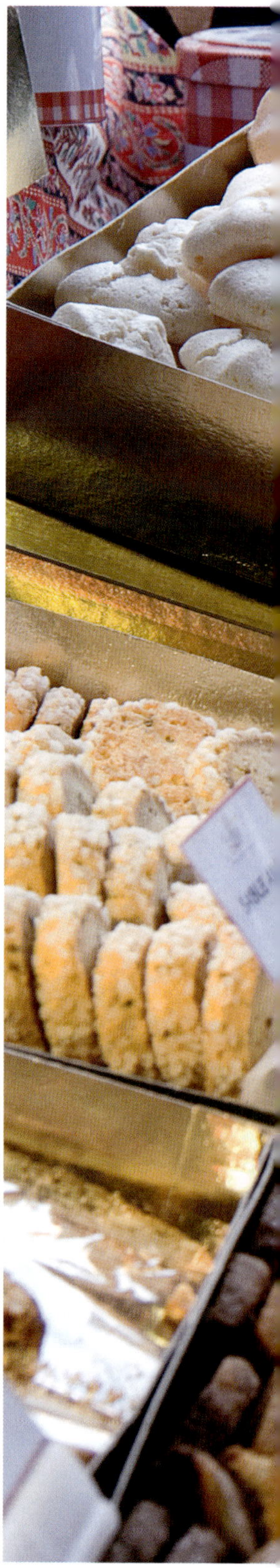

CI-DESSOUS La pâtisserie alsacienne est une dame rustique qui a des airs raffinés quand il le faut. Belles vitrines, salons gourmands, cuisines privées embaument le sucre glace et la cannelle : choquerais-je si j'affirme que toute l'Alsace est un palais de dame Tartine, où l'on cultive le style sucré comme un bel art ? « *Ohne Küeche isch's net Sundaj'* », dit le proverbe. Autrement dit : « Sans gâteau, il n'y a pas de dimanche. »

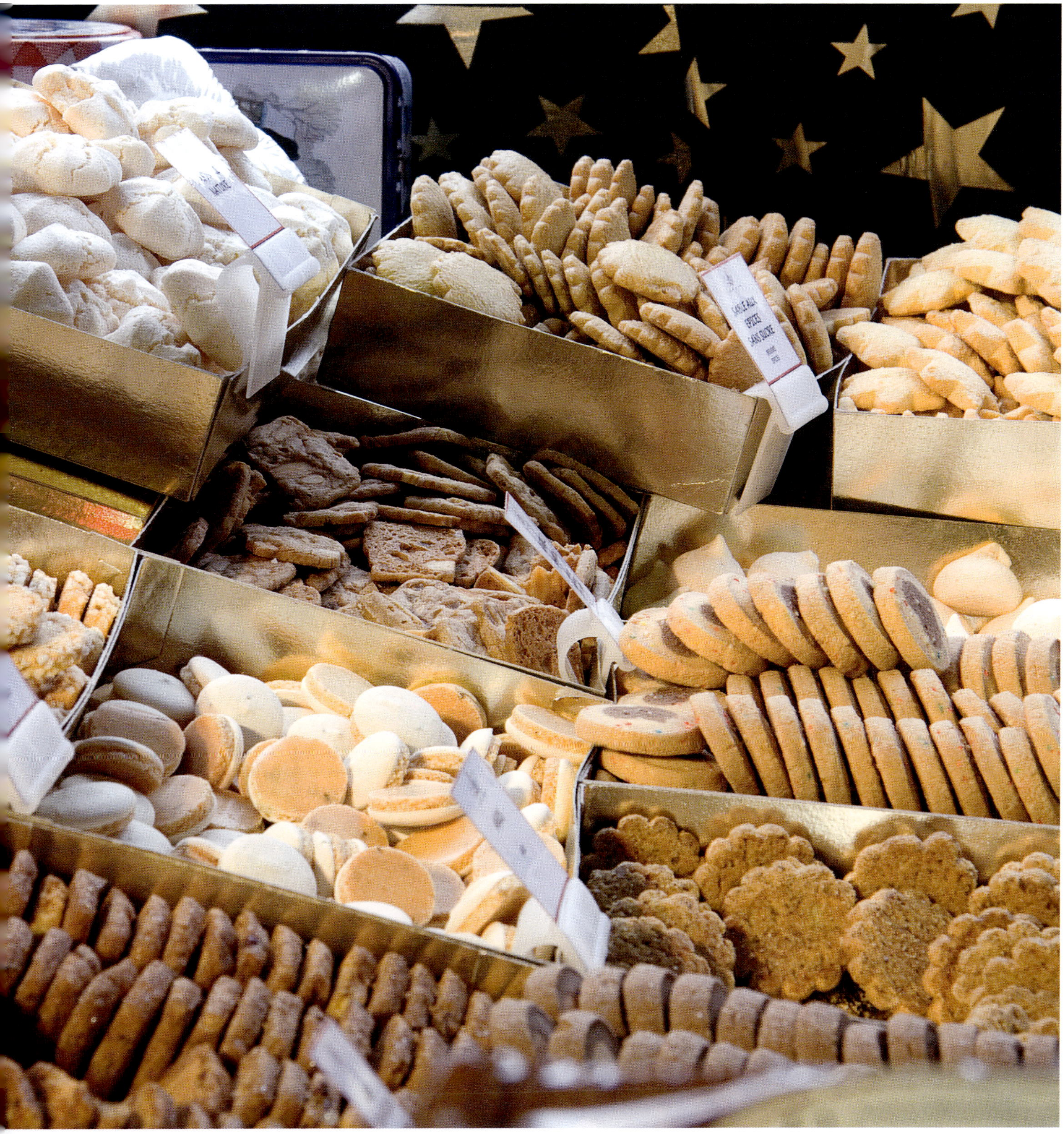

Lorsqu'il mariait les nouveaux conjoints au village, Jean-Pierre Haeberlin, alors maire d'Illhaeusern et toujours copropriétaire de l'Auberge de l'Ill, avait coutume de leur offrir un livre de recettes en prenant soin d'énoncer la formule célèbre: «*Liebe geht auch durch den Magen*»: «L'amour passe aussi par l'estomac.»

Tout ici commande aux hommes d'être sages en faisant honneur aux vertueux produits de la terre. Et Dieu sait que de tout temps l'Alsace fut riche en produits variés. Georges Spetz, auteur d'un long poème en vers rimés et assonancés («L'Alsace gourmande», *La Revue alsacienne*, 1 914), célébrait les gibiers à poil (cerfs, daims, chevreuils, lièvres) ou à plume (perdrix, cailles, faisans, poules d'eau, canards sauvages ou gélinottes) qui gambadaient en liberté dans la grande forêt des Vosges, comme dans les parages du Ried.

Le Sundgau sudiste, proche du Jura suisse et de la Franche-Comté, est toujours riche d'étangs où l'on élève des sandres et des carpes que l'on mange frits. Avant la pollution des rivières, nageaient en abondance brochet, perche, gardon, barbeau, lotte, ablette, brême, goujon, anguille, alose, sans omettre le fameux saumon du Rhin. C'était la source de belles matelotes, composées de poissons d'eau douce, des rives de la Lauter, de la Weiss ou de la Geiss, que l'on servait et que l'on sert toujours, même si lesdits poissons viennent souvent d'ailleurs, comme des étangs de Hollande, avec une fine sauce crémée au riesling et des nouilles larges.

Je me souviens, enfant, avec mon frère, d'avoir pêché à la main les grenouilles dans les étangs de Graufthal, au large de La Petite Pierre. Désormais, les grenouilles viennent d'Égypte ou de Vendée, les escargots de Chine, les écrevisses de Turquie, le foie gras du Gers, des Landes, d'Israël ou de Hongrie, voire le gibier d'Autriche. Reste que le savoir-faire demeure, comme les recettes scrupuleuses et le goût des choses bonnes, généreuses et éternelles. Les agapes plantureuses ne sont plus tout à fait ce qu'elles étaient. Comme ces repas de sept ou huit plats, plus amuse-gueule, avec pâté en croûte, quenelle de brochet, foie gras, homard, turbot, assiette de gibier avec moutarde de fruits rouges, plus lièvre à la royale, et fromage, et desserts aux glaces, fruits, pâtisseries, dont en avait le secret, jadis, Fernand Mischler, en son légendaire Cheval Blanc de Lembach.

L'Alsace généreuse, elle est celle qui se souvient de ses mets de légende. Comme du pâté de foie gras, «inventé» par le Lorrain de Dieuze Jean-Pierre Clause, cuisinier au service du gouverneur militaire de Strasbourg, le maréchal de Contades, et qui a essaimé dans toute la région. Aujourd'hui, deux fabricants strasbourgeois, Feyel-Artzner et Bruck, et quelques autres dans le vignoble (à Epfig, à Soultz-les-Bains), le Kochersberg (Nonnenmacher) continuent la tradition, même si le produit premier vient d'ailleurs.

Les truffes, que l'on trouvait jadis à Lipsheim ou Hindisheim, sont désormais importées du Tricastin, du Périgord, du Quercy et d'Italie. Mais le beau jardin qui fit rêver Louis XIV, descendant le col de Saverne, produit toujours de beaux fruits, demeurant une riche terre productive. Houblon du Kochersberg, asperges du Ried, volailles dites Gillerlé à pattes jaunes, porc, roi des fermes, que l'on traite avec faconde à coups de fumure, au résineux, comme en Forêt-Noire, et donne des palette, lard, jambon, collet, épaule, saucisses, presskopf, hure de qualité grande.

L'art de la saucisse en Alsace mériterait, à elle seule, un chant d'amour. Bierwurst (saucisse de bière), cervelas, leberwurst (saucisse de foie), brotwurst (saucisse à cuire). On ne peut passer sous silence de vertueuses préparations charcutières comme l'estomac de porc farci (gefilte soymawe ou saumagen), le presskopf (la tête pressée) ou le kassler (filet de porc fumé, parfois présenté en croûte) devenus des spécialités de winstubs particulièrement prisées. Bières et vins d'ici les accompagnent de manière soyeuse.

Ne pas oublier non plus que la choucroute, qui est à la fois un légume et un plat, peut s'accompagner de charcuteries diverses comme des poissons. S'opposent à son sujet deux religions : celle du chou brun, longuement cuit et recuit jusqu'à perdre son acidité première, celle du chou blanc, craquant, gardant un rien de vivacité, rappelant la fermentation qui transforme le « chou quintal » d'Alsace en *surkrut*. Ou « chou sur ». La dernière version, plus fraîche, voire plus savoureuse et plus digeste, serait-elle la plus moderne ?

Pays de l'amateur de douceurs, l'Alsace est d'abord un petit paradis des fruits et baies de toutes sortes. Le Val de Villé et les proches parages du vignoble (de Westhoffen à Ribeauvillé) demeurent ainsi un verger épatant riche en cerises, mûres, myrtilles, quetsches, groseilles, framboises, rhubarbe, airelles, prunes, mirabelles, prunelles, coings, aspérule odorante, sorbier des oiseaux ou bouillon blanc. J'en oublie.

On en distille beaucoup avec science. Massenez, Metté, Windholtz, Miclos, de Miscault, Legoll, Preiss, Hagmeyer, Hoeffler, Bertrand, Hubrecht, Adam sont quelques-uns de ces « schnaspbrenner » artistes à qui la région doit ses meilleures eaux-de-vie.

Tartes, tourtes, mendiants (« bettelmann »), beerawecka aux fruits secs, streusel (ou streussel) à pâte levée, avec ses boules de sucre et de farine, pains d'épice qui règnent à Gertwiller, chez Fortwenger et Lips, mais aussi à Strasbourg dans la Petite France chez Mireille Oster. Badois et Bâlois retrouvent ici leur Forêt-Noire, au chocolat et kirsch, leurs Linzertorte, avec confiture, amandes et noix, leurs leckerlis feuilletés à la cannelle, leurs gâteaux à la crème qui sont les proches cousins aussi de la pâtisserie viennoise.

Ah ! les desserts alsaciens : les vacherins grand-mère, les omelettes norvégiennes flambées, les soufflés en tout genre, les mousses glacées au kirsch et le kougelhopf pareillement glacé avec ses petits raisins de Corinthe séchés et ses arômes de marc de gewurztraminer si prégnants ! Et le pain perdu caramélisé à la bière d'Antoine Westermann au Buerehiesel, et les dampfnudels de Pierre Ludwig, son élève, à Wissembourg ? Oui, l'Alsace gourmande est comme une fête, un carrousel, un tourbillon. On tire un fil et c'est celui de la mémoire qui se déroule. L'Alsace gourmande est une table d'hôte où tous les maîtres queux ardents de la belle province nous convient.

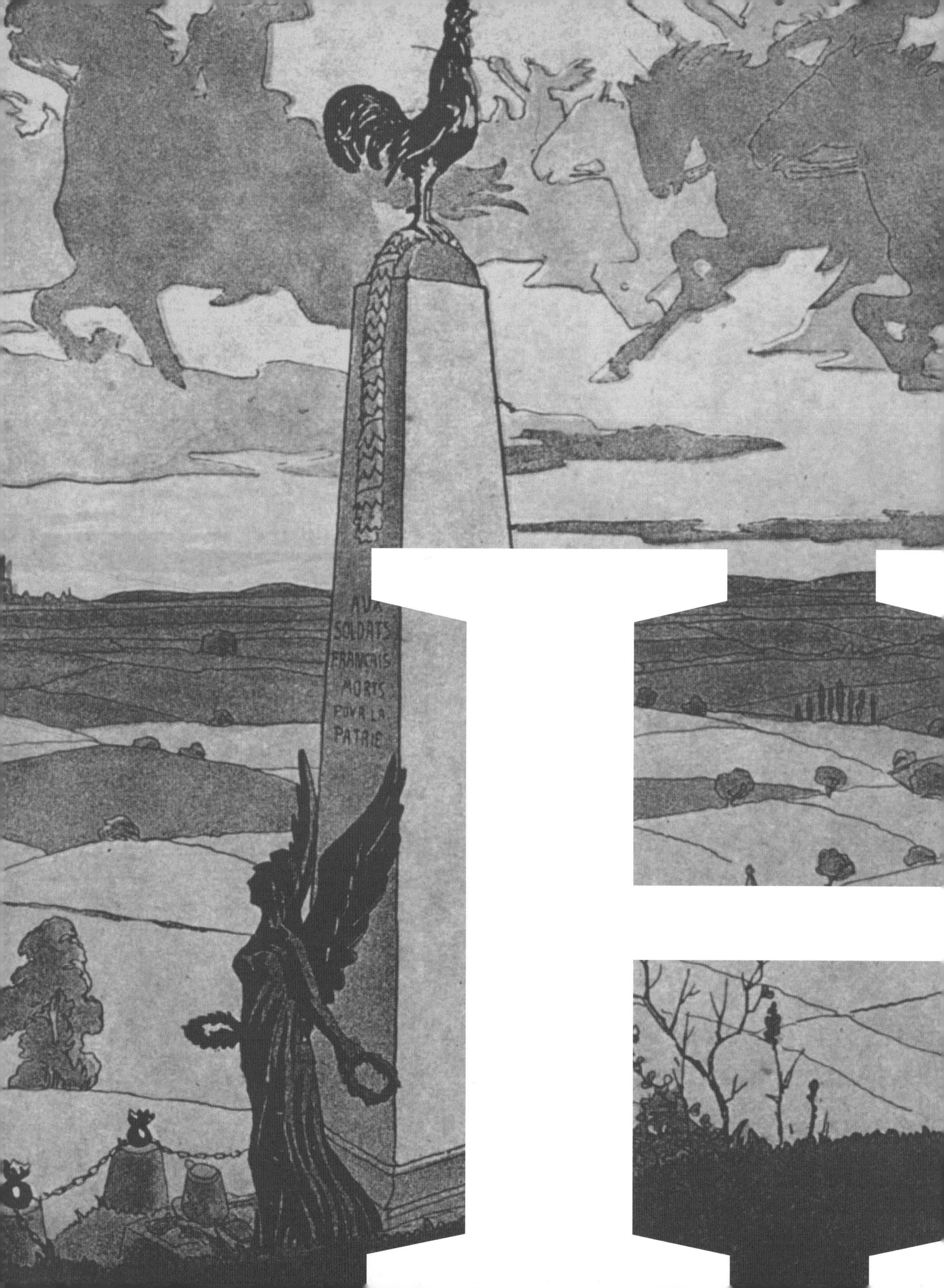
AU
SOLDATS
FRANÇAIS
MORTS
POUR LA
PATRIE
H

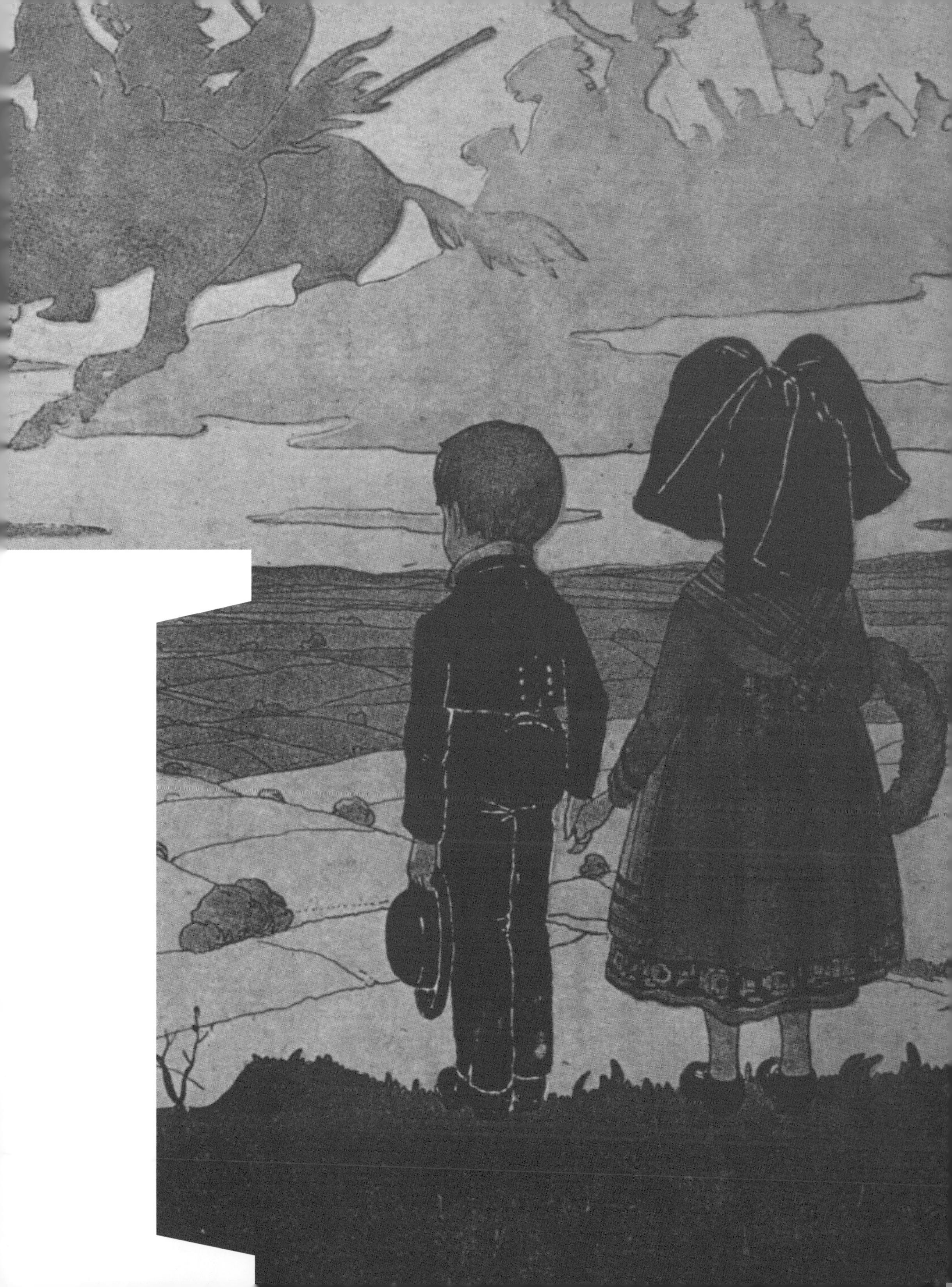

HANSI (JEAN-JACQUES WALTZ, DIT)

Il pourrait être la clef de voûte de ce livre. Il a été et reste le plus fêté des illustrateurs de l'Alsace de toujours, l'homme des belles images, du *Paradis tricolore*, de *Mon village* vu par *Ceux qui n'oublient pas*. Il est de bon ton aujourd'hui de se moquer de son patriotisme à tout crin, de ses diatribes contre les « boches » stupides, caricaturés à l'envi, voyageurs ridicules en loden et alpenstock, instituteur retors chargé d'enseigner aux petits Alsaciens dissipés l'histoire officielle vue du côté de la Prusse de Bismarck, soldats hautains ou encore fonctionnaires bornés de l'Empire, tel le professeur Knatschké découvrant l'Alsace, avec sa naïveté pangermanique.

Je me souviens de l'excellent Gilbert Brenner, Falstaff de la winstub colmarienne alors en son « Parriser Stewwele » (littéralement : « la ville de Paris ») qui prenait un malin plaisir à asseoir ses touristes venus d'outre-Rhin sous les gravures les plus antiallemandes de notre caricaturiste chéri. Notamment celles des voisins germains boutés hors de France par les soldats de 1918 avec cette légende: « Passage du Rhin-retour au pays natal ». Lesdits touristes en ont beaucoup ri. Et ont compris.

Il naît Jean-Jacques Waltz à Colmar en 1873. Son père, boucher, passionné d'histoire, devient autodidacte érudit. Il est nommé en 1881 bibliothécaire de sa ville, puis, en 1883, conservateur du musée d'Unterlinden. Jean-Jacques part suivre des cours de dessin à Lyon, puis devient dessinateur dans une usine textile de Cernay, et chez Herzog à Logelbach. Il est introduit dans les milieux artistiques strasbourgeois par deux peintres, Kreyder et Hornecker, participe aux activités de la *Revue alsacienne illustrée*, créée par Charles Spindler en 1899, expose aux salons d'art de cette revue.

Il dessine des cartes postales, des programmes, des annonces de bal, des menus, réalise des gravures à l'eau-forte, peint des paysages d'Alsace à l'aquarelle. C'est le début de sa riche carrière qui l'oriente vers la caricature. En 1906, l'association Hazweiss, dont il fait partie, sélectionne dix planches de ses dessins sous le titre de « Vogesenbilder » (« Image des Vosges ») qu'il signe du pseudonyme de Hansi (à l'image de Hansele, le petit Jean). Il y représente notamment un touriste allemand attablé dans une auberge d'Alsace autour d'un riesling local avec un air méprisant ou encore un couple, vêtu de vert, arborant le chapeau à plumes et s'étonnant qu'on devine si aisément leur nationalité.

La satire est forte, le trait vif, le succès immédiat, Hansi lancé. Il ne s'arrêtera plus. L'imprimeur des *Vogesenbilder*, Charles Bahy à Mulhouse, publie un recueil d'aquarelles intitulé *Tours et Portes d'Alsace*. Puis, dans la ligne de la première série satirique, l'*Inauguration du Haut-Koenigsbourg* qui raille ouvertement

CI-DESSOUS Jean-Jacques Waltz, alias l'oncle Hansi, avec son béret si français : l'une des clés de voûtes de ce livre.

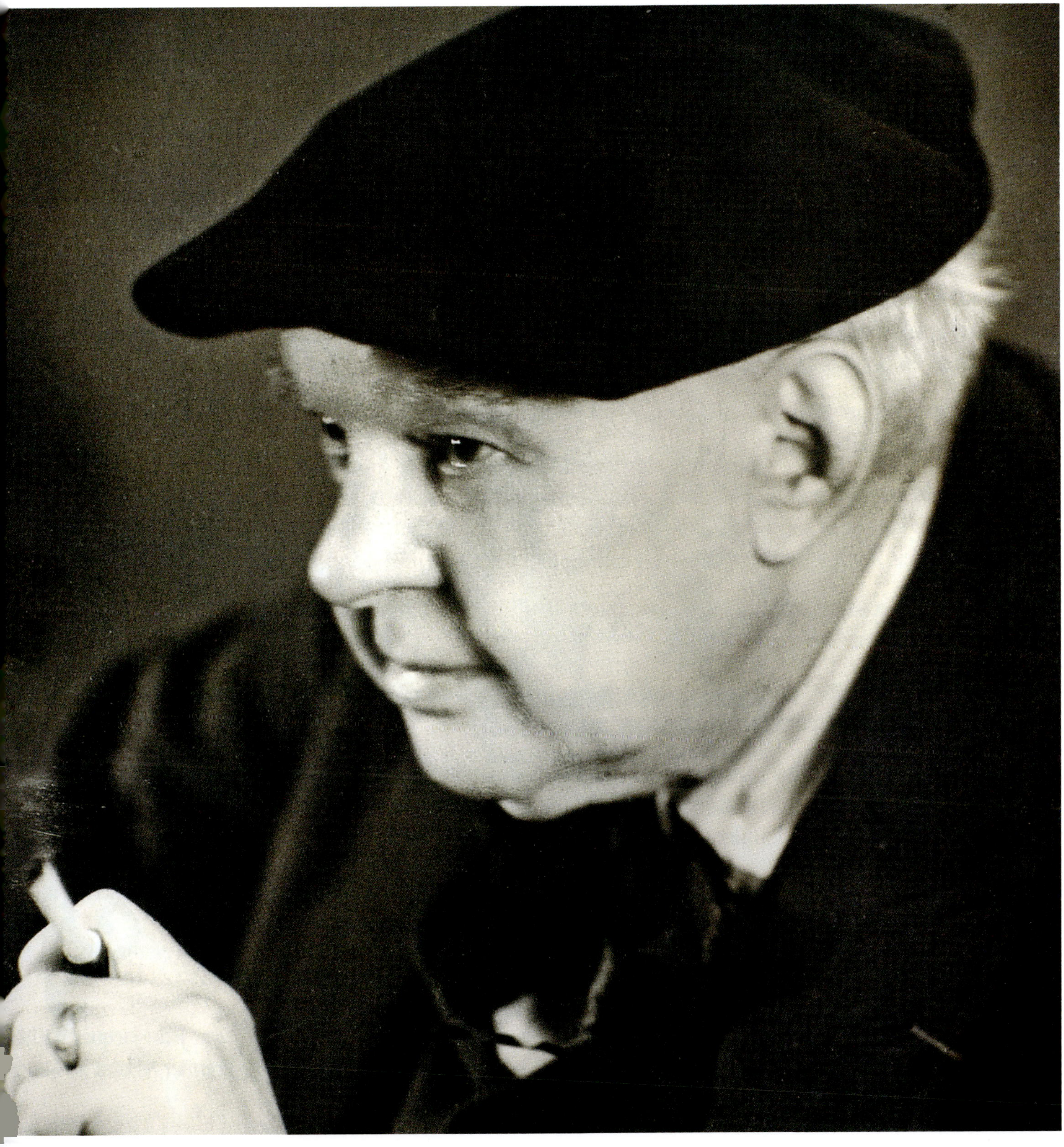

l'inauguration du château restauré par Guillaume II. C'est un autre éditeur de Mulhouse, Bader, qui publiera *Le Professeur Knatschké* en 1908.

Hansi aura maille à partir avec les autorités allemandes lorsqu'il soutient par une caricature dans la presse l'abbé Wetterlé, qui s'en prend au Pr Gneisse, adversaire de l'enseignement du français à l'école. Il sera condamné à une amende de cinq cents marks, quand l'abbé récolte, lui, deux mois de prison. Hansi commence alors à connaître le succès en France grâce à l'éditeur Floury qui publie ses cartes postales, eaux-fortes et la revue *Les Marches de l'Est*, à laquelle collaborent notamment Maurice Barrès, Henri Massis et l'abbé Wetterlé.

En 1911, il est invité à Paris avec son confrère Henri Zislin, par la société des dessinateurs humoristiques, et un banquet, auquel assistent Steinlen et Willette, est organisé en leur honneur. *L'Illustration* publie ses aquarelles, présentées par Maurice Barrès, dans sa livraison de Noël. En 1912, il publie chez Floury son *Histoire d'Alsace racontée aux petits enfants de France*, qui est tirée à cinquante-cinq mille exemplaires. Sa vision est, bien sûr, caricaturale (tous les envahisseurs, Huns, Germains, Suédois, sont présentés comme des brutes et des lâches), mais elle est celle de « l'Oncle Hansi » (sa nouvelle signature) s'adressant à ses neveux de l'intérieur. Il récidive l'année suivante avec son emblématique *Mon village, Ceux qui n'oublient pas*. Il y présente la vie quotidienne d'un village de l'outre-Forêt, sis à deux pas de Wissembourg.

Il est condamné, en mai 1913 pour son *Histoire d'Alsace* à neuf cents marks d'amende. Il est accusé d'avoir insulté la « collectivité des Allemands venus en Alsace après 1870 ». Il est condamné encore à trois mois de prison pour avoir brûlé un morceau de sucre « afin de purifier l'air » après le départ d'un officier allemand, le lieutenant von Bitterolf, dans une taverne de Colmar. Le jugement n'est pas exécuté immédiatement. Il voyage à Paris en avril, revient en mai à Colmar pour être jugé à nouveau.

Cette fois, c'est *Mon village* qui lui vaut des ennuis : il est alors accusé d'exciter les Alsaciens à se détacher de l'Empire par la violence et d'insulter les fonctionnaires allemands. Le président du tribunal se déclare incompétent, mais le fait incarcérer à la prison de Colmar. Il reste onze jours en détention, dans la cellule qu'avait occupée avant lui le bouillonnant abbé Wetterlé. Défendu par Clemenceau en première page de *L'Humanité*, il devient un symbole de l'Alsace opprimée par l'envahisseur. Mais, le 9 juillet 1914, il est traduit devant le tribunal d'Empire de Leipzig et se trouve condamné à trois mois de prison.

Autorisé à se rendre à Colmar pour récupérer sa caution, il en profite pour s'échapper *via* Bâle vers Gérardmer. Il rejoint le 152e régiment d'infanterie dans lequel il s'engage deux jours avant le déclenchement de la Grande Guerre. Il a quarante ans, sert de guide pour les reconnaissances dans les Vosges, au début des hostilités. Puis, transféré à l'état-major d'Épinal, il est affecté au service de la propagande aérienne à Paris. Il y rédige des tracts et de faux documents allemands destinés à saper le moral de l'ennemi.

Dans l'euphorie de la victoire, il publie avec succès *Le Paradis tricolore* (« avec un peu de texte et beaucoup d'images pour les enfants », précise le sous-titre). Puis, en 1919, c'est le fameux *L'Alsace heureuse* qui fait tant pour sa légende. Il y explique : « Je savais qu'un jour viendrait où la joie et le bonheur régneraient de nouveau dans une Alsace libre, je savais aussi qu'il nous faudrait souffrir encore, mais jamais je n'aurais cru que la joie et le bonheur puissent être aussi grands, ni les épreuves par lesquelles il nous faudrait passer, si douloureuses. »

En 1920, le président Millerand lui remet solennellement, au nom de la République française, sur la place Rapp, les insignes d'officier de la Légion d'honneur. « Ses vœux sont comblés, il a reconquis la nationalité française et, dans la grande patrie retrouvée, il va pouvoir se consacrer entièrement à la petite, sa province, dont il veut poursuivre l'illustration et approfondir l'histoire. Il reprend ses crayons et ses pinceaux, se met au travail avec un enthousiasme de néophyte et des audaces de jeune homme » (*Hansi ou l'Alsace révélée*, de Robert Perreau, Alsatia, 1975).

La vie d'Hansi connaît une nouvelle jeunesse. Il publie, successivement, *Colmar en France* (1923), *La Merveilleuse Histoire du bon saint Florentin d'Alsace* (1925), *L'Alsace* (1928), *Les Clochers dans les vignes* (1929), *Au pied de la montagne Sainte-Odile* (1934). En 1923, il succède à son père comme conservateur du musée d'Unterlinden, entreprend un ouvrage sur « l'Art héraldique en Alsace ». Il est le personnage que l'on consulte sur sa région. Devient, avec sa haute taille courbée et son chapeau, un des éléments pittoresques de la ville.

La déclaration de guerre de septembre 1939 bouleverse sa vie paisible. Dès le 4 dans l'après-midi, il prend le train pour Belfort, poursuit jusqu'à Dijon, va jusqu'à Agen où a été rapatrié le bureau de la préfecture du Haut-Rhin. En avril 1941, trois hommes de la Gestapo le frappent à coups de gourdin et le laissent pour mort. Il en réchappe, gagne Genève, puis Lausanne, passe le reste de la guerre en Suisse. Il revient en juin 1946 à Colmar. Il se remet au travail. Achève son *Art héraldique en Alsace*, réédite *Le Professeur Knatschké*. Il publie encore ses *Souvenirs d'un annexé récalcitrant* (1950). Lorsqu'il meurt, le 10 juin 1951, toute l'Alsace est en deuil. Les soldats du 152e régiment d'infanterie l'accompagnent, avec des jeunes gens de la ville en costume, jusqu'à sa dernière demeure.

Pourquoi s'attarder si longuement sur les détails de la vie d'Hansi ? C'est non seulement parce qu'elle ressemble à un roman épique, mais qu'elle a dépassé la légende en illustrant les contradictions historiques de l'Alsace elle-même. Après la Seconde Guerre mondiale, Hansi s'opposera, par des caricatures mal comprises, au statut conservé, comme aux lois distinctes, de l'Alsace-Moselle. Mais si ses flèches peuvent paraître outrancières, si son manichéisme ne peut se comprendre que replacé dans son époque, si son rejet de l'héritage germanique de l'Alsace apparaît aujourd'hui excessif – Pierre-Marie Tyl attribue ses échecs scolaires à « ses professeurs allemands, et, partant... l'Allemagne » –, son œuvre, elle, demeure.

HAUT-KOENIGSBOURG

Un château, une fantaisie, une folie : c'est tout cela à la fois, le Haut-Koenigsbourg. L'Alsace est annexée à l'Allemagne, lorsque, le 4 mai 1899, le conseil municipal de Sélestat fait cadeau à l'empereur Guillaume II de ses ruines majestueuses. Ce dernier se félicite de cette belle offrande, pense y créer un musée du Moyen Âge, confie la restauration « kolossale » à l'architecte berlinois Bodo Ebhardt, âgé de trente-quatre ans et passionné de châteaux forts.

Le travail de restauration dure dix ans. De 1900 à 1910, maçons, tailleurs de pierre, carriers, charpentiers, verriers, peintres se succèdent. S'agit-il d'une rénovation, d'une reconstitution ou d'une réinvention ? La part de l'imaginaire y est fondamentale. John Howe, l'illustrateur de Tolkien et du *Seigneur des anneaux*, s'en est longuement inspiré pour ses scènes de combats médiévaux. Jean Renoir en fera un magnifique décor de théâtre pour sa *Grande Illusion*, où Éric von Stroheim et Pierre Fresnay imaginent une Europe future, amicale et pacifiée. Le songe et la fantasmagorie, il est vrai, s'y marient avec brio.

En son temps, Hansi se moque de cette reconstitution à l'allemande, de son inauguration fastueuse, de la somme d'artisans venus d'outre-Rhin apporter ici la vision germanique d'un « Burg » à la mode Jugendstil et néogothique avec son donjon trop haut, et, bien sûr, des lansquenets, soldats en armes et saint Georges médiéval vus par Léo Schnug, auteur des fresques, son grand rival. Reste que, un siècle après, cette folie n'est pas sans grandeur. L'ensemble impressionne. Non seulement sa situation de balcon des Vosges vers le Rhin, mais cette profusion de tourelles, pont-levis, balcons de bois sur pierres de grès, salle d'armes, remparts et mâchicoulis.

La meilleure façon de le visiter ? À pied, sans nul doute, en empruntant les traces du GR 5 qui serpente vers le massif du Schaentzel, Thannenkirch, à travers clairière et forêt. Là, selon que l'on emprunte un sens ou l'autre, le monument massif apparaît, disparaît, silhouette magique dans une mer végétale. Comme si la marche s'apparentait à une remontée heureuse du temps passé.

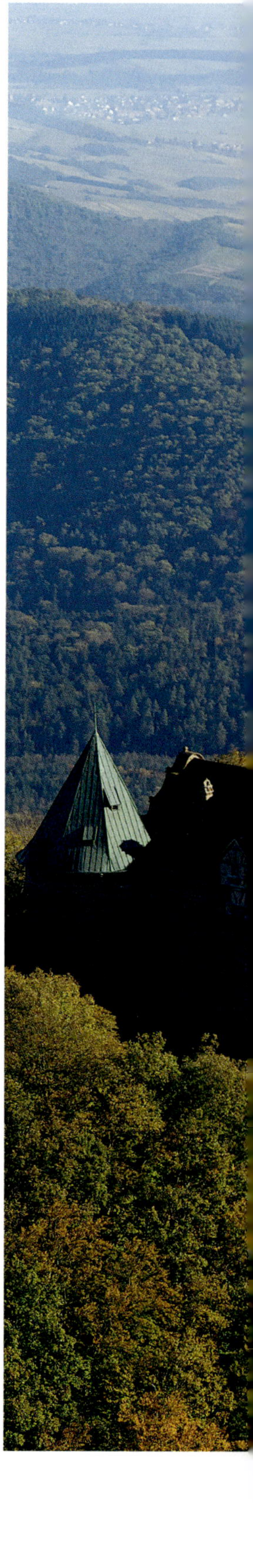

CI-DESSOUS Dominant les Vosges, à la hauteur de Sélestat, une reconstitution fastueuse signée Bodo Ebhardt en l'honneur de l'empereur Guillaume II. Jean Renoir y tourna *La Grande Illusion*.

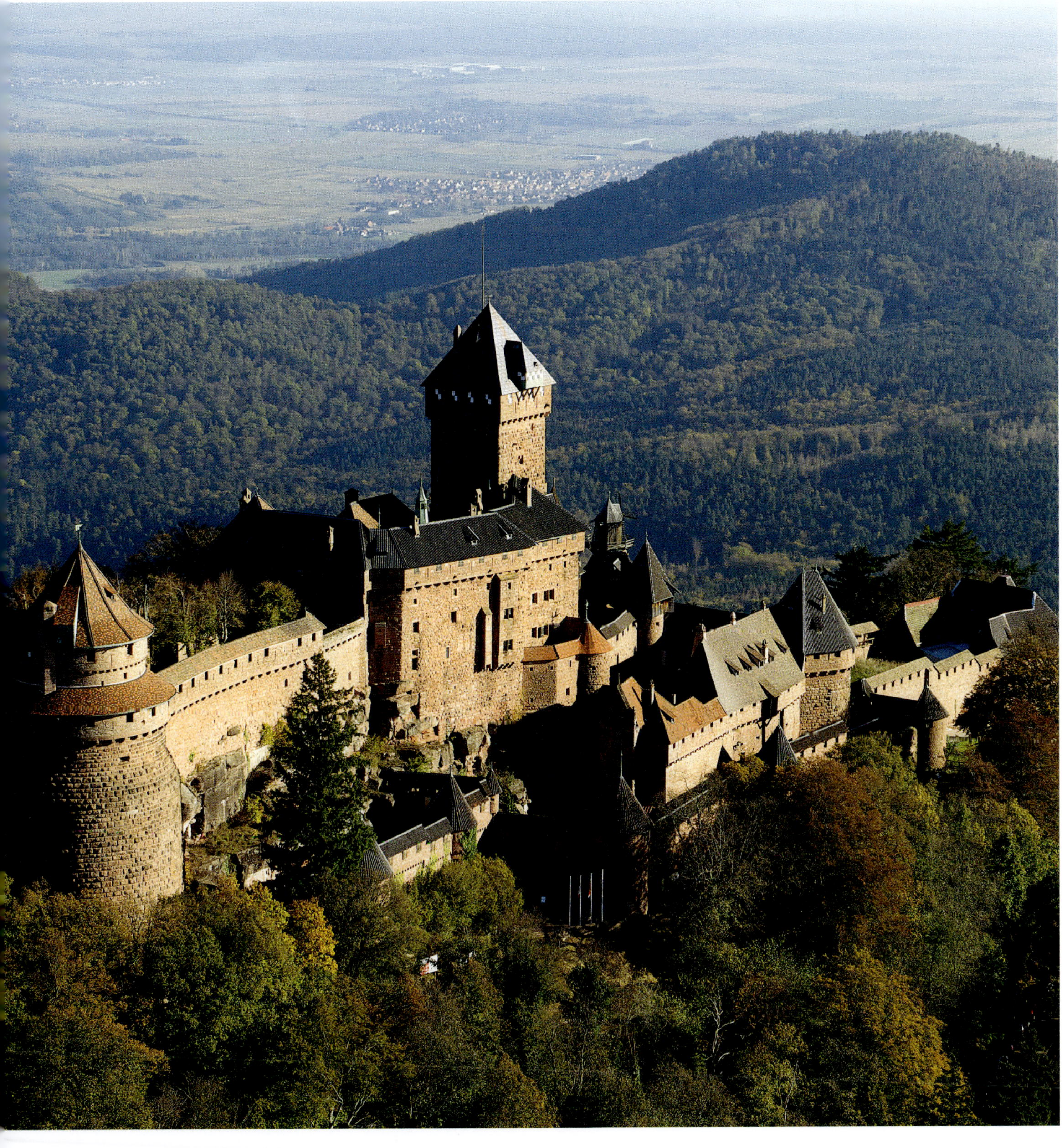

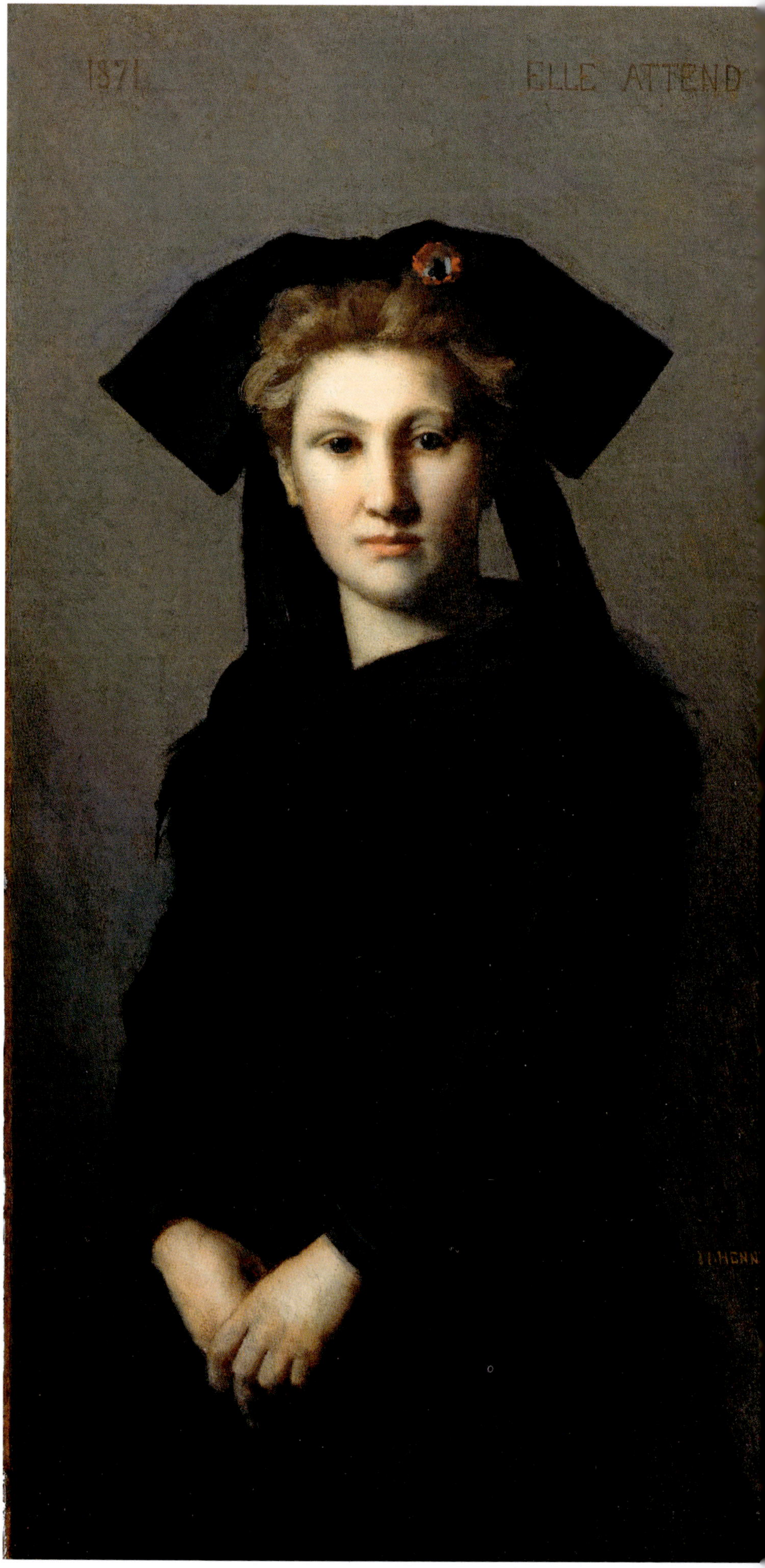
1871
ELLE ATTEND
J.J.HENN

CI-CONTRE *L'Alsace, elle attend*, 1871. Cette Joconde alsacienne, offerte à Gambetta, qui vota contre l'annexion, fixe le spectateur d'un regard tendre et dur à la fois, attendant déjà, sans haine quoique avec une impatience fervente, le retour au pays de ce morceau déchiré.

HENNER (JEAN-JACQUES)

Le hasard – le destin ? – a voulu que j'habite sept ans durant dans l'appartement parisien où il acheva ses jours en 1905, au 41, rue La Bruyère, non loin de son atelier de la place Pigalle. Et qu'une bonne partie de ma vie gravite autour de cette Nouvelle Athènes, au cœur de ce 9e arrondissement qui abrita les artistes, peintres, musiciens, architectes, comédiens du XIXe siècle, de Sarah Bernhardt à Gustave Moreau, de Viollet-le-Duc à George Sand, de Georges Bizet à Musset, sans omettre Ary Scheffer, dont l'hôtel particulier avec jardin, en retrait de la rue Chaptal, abrite aujourd'hui le musée de la Vie romantique. À quelques mètres de la rue Henner (anciennement rue Léonie et qui porte son nom depuis 1908, soit trois ans après sa mort)…

Henner, donc, Jean-Jacques, de son prénom, natif de Bernwiller, en 1829, grand prix de Rome en 1858, peintre officiel sous le Second Empire et lors de la IIIe République, occupe une place à part dans mon panthéon personnel. On l'a sans doute un peu oublié aujourd'hui, même si le Musée national Jean-Jacques Henner existe bel et bien au 43, avenue de Villiers. Mais s'il a paru, longtemps, passé de mode, ce n'est pas le cas en Alsace. Où toutes les bonnes familles possèdent un Henner, ou un Zwiller, ou encore un Benner, l'un de ses imitateurs, presque homonymes, ou encore une copie signée de son nom, tant il fut plagié, pastiché et savamment recopié, de son temps.

Les dames de Thann et de Mulhouse ont beaucoup fait pour sa gloire, lorsqu'elles lui commandèrent, à l'initiative de Mme Scheurer-Kestner, le fameux tableau *L'Alsace. Elle attend*, pour l'offrir à Gambetta, qui avait organisé la résistance aux Prussiens et qui, député à l'Assemblée, vota contre l'annexion, seul de son espèce parmi ceux de « l'intérieur ». Cette *Joconde* alsacienne en nœud noir fixe le spectateur d'un regard tendre et dur à la fois, attendant déjà, sans haine quoique avec une impatience fervente, le retour au pays de ce morceau déchiré.

Jean-Jacques Henner, l'artiste mondain de la Nouvelle Athènes, n'oublie pas qu'il est aussi l'homme du Sundgau, cadet d'une famille de six enfants, élevé chez les paysans de Bernwiller, passé d'abord à Altkirch, au collège, puis « monté » à Strasbourg, à l'atelier Gabriel Guérin, enfin à Paris, à l'École des beaux-arts, avant d'accomplir ses humanités à la Villa Médicis et de poursuivre le voyage initiatique en Italie, à Rome, Florence, Venise ou Naples, avant le retour dans la capitale.

À Paris, il croise Puvis de Chavannes, qui travaille dans l'immeuble de la place Pigalle. Il connaît alors une carrière officielle couronnée de succès, cumule commandes officielles de l'État et portraits de belles bourgeoises, est médaillé au Salon de 1865 avec sa fameuse *Chaste Suzanne*, envoyée de Rome, qui

CI-CONTRE *La Chaste Suzanne* ou *Suzanne au bain*, 1865 (détail, manque ici le satyre qui observe la belle naïade) : tableau à la fois naïf et roué sur fond bucolique dont il fit cent esquisses.

représente une belle, dans le plus simple appareil, quoique innocente, guettée par un satyre sans qu'elle s'en aperçoive. Tableau à la fois naïf et roué sur fond bucolique et un peu folâtre dont il fit cent esquisses (il en est trois au musée Henner, j'en possède une, et j'imagine que, sur ce thème « hennerien » par excellence, il est bien d'autres variantes). Il expose régulièrement jusqu'en 1903.

Ni symboliste, ni impressionniste, quoique saluant, l'un des premiers, avec son camarade Carolus-Duran, le génie de Manet, Henner poursuit seul sa carrière. Célibataire endurci, logé par son neveu Jules Henner rue La Bruyère, qui rachètera tout l'immeuble du 41, il se voue au travail en solitaire. Il se partage entre les paysages inspirés de ses voyages, en Italie mais aussi en Suisse, ses dessins de l'Alsace idéale, qu'il trace finement dans sa résidence de Bernwiller où il part régulièrement se ressourcer, mais aussi ses figures religieuses (comme cet *Adam et Ève trouvant le corps d'Abel* qui lui vaudra le grand prix de Rome) et, bien sûr, ces portraits de femmes qui ont fait sa gloire.

On a cherché les raisons de cette obsession féminine, silhouettes nues, rousses et longues chevelures, dans l'amour déçu pour une femme mariée, Mme Steinhell. Mais elles sont si diverses, nymphes, Aphrodite au rocher, naïade, comtesse, cousine ou nièce. Il y a encore ces jeunes écoliers androgynes, ce neveu Paul, endormi sur son cahier ou les yeux baissés sur sa médaille d'écolier, voire ces paysans de Bernwiller, solides et enracinés, avec lesquels il garde son mystère de portraitiste bienveillant, sinon amoureux de son ou ses sujets. Ce peintre officiel d'il y a plus d'un siècle, aujourd'hui sans cote réelle, garde son charme et son éclat.

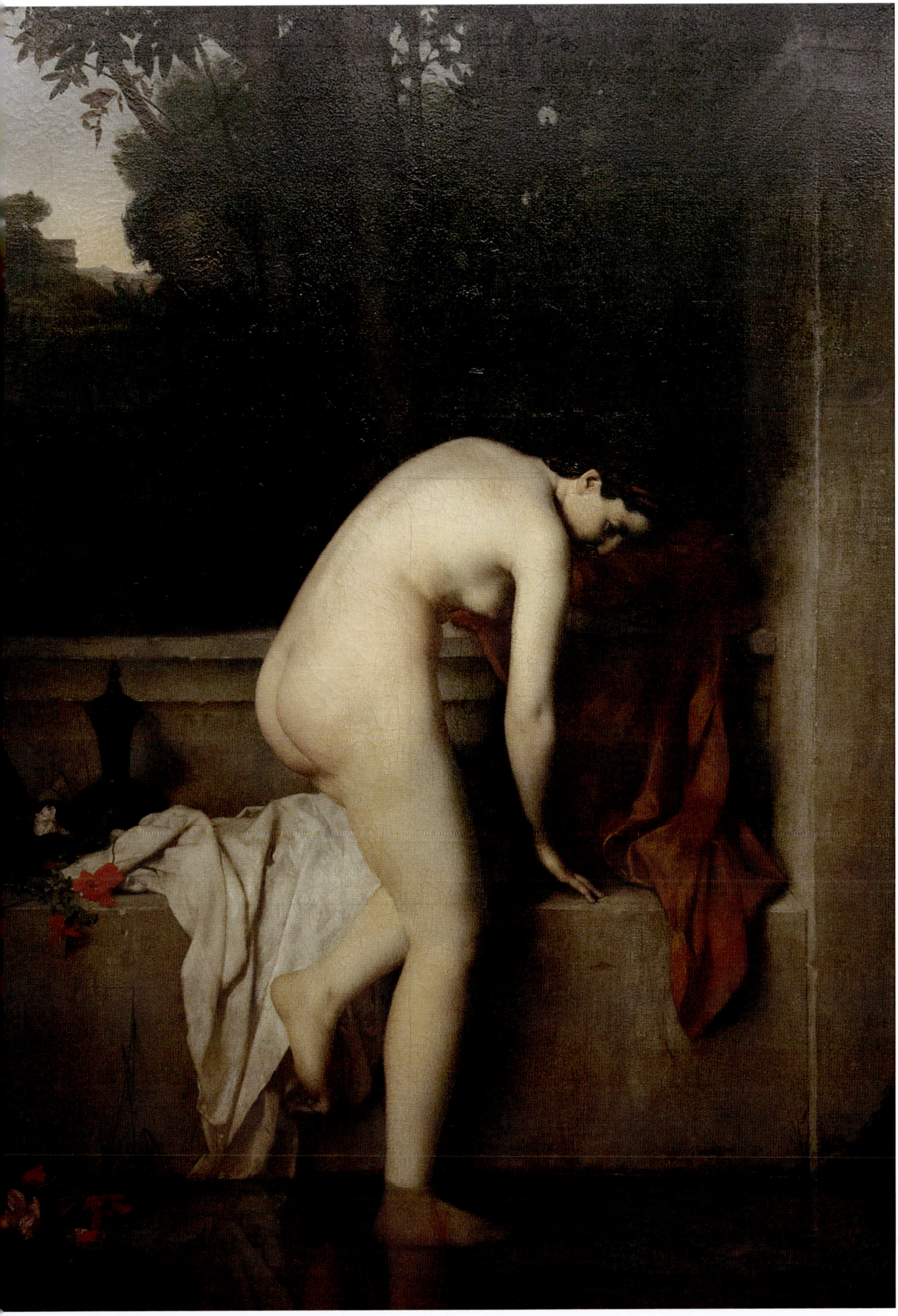

HOHWALD

Il me suffit de prononcer le nom de Hohwald, comme s'il s'agissait, dans une étymologie fantaisiste, d'une « forêt haute », pour que naisse en moi la nostalgie des grands alpages. Douces estives d'été, sentiers enneigés où l'on chausse les skis pour des randonnées faciles, cures d'air, balcons en forêt : ce pays-là séduit sans mal. Il est celui de la chasse et du gibier, des gîtes modestes, des hôtels de villégiature. Il y passe comme l'évocation d'une Alsace 1900.

Les demeures secrètes dans les bois, qui ont conservé quelques-unes de leurs fioritures Art nouveau, rappellent que ce fut là le lieu de doux refuges. Ainsi la Villa Mathis, qui appartint à Émile Mathis, célèbre constructeur automobile à la Meinau, et parrain d'Ettore Bugatti à Niederbronn. Ou encore le Clos Ermitage, qui abrita jadis Auguste Michel, fondateur de la Kunschthafe, traiteur et amis des arts, qui rassembla les artistes au temps de l'annexion dans sa maison de Schilitgheim.

Flotte encore un parfum de nostalgie du côté du Grand Hôtel où l'on se souvient d'avoir vu passer les ombres fugitives de Sarah Bernhardt, de la reine Wilhelmine de Hollande ou du maréchal Joffre. De la Villa Schopp, du nom du premier ambassadeur de France au Japon, bâtie en 1885 ; celle-ci appartint au mécène Charles Goguel, qui y accueillit le compositeur et chef d'orchestre Reynaldo Hahn et le peintre (on ne disait pas encore « la peintre » !) Rosa Bonheur, mais encore le général de Gaulle qui ne dédaignait pas de venir y prendre le grand air des Vosges.

Sentiment des grandes hauteurs, chemins champêtres sous le vent, haltes rustiques, comme la délicieuse pension Marchal qui m'évoque toujours, sans grand effort d'imagination, un chalet savoyard des années 1950, sentiers encore, comme celui qui mène par le rocher du Neuntelstein, le chemin des Bornes et l'auberge de la Rothlach à la cascade portant le nom du bourg. Nous sommes là à près de 1 000 mètres d'altitude, guère plus. D'où vient alors ce sentiment que le pays est délaissé, les chemins presque oubliés, la vieille métairie devant laquelle se hasarde le flâneur un brin abandonnée ?

À l'évidence, ce coin de l'Alsace rêvée mérite une visite neuve et appliquée. Les fermes y sont deux fois centenaires. Le hameau voisin du Sperberbaechel (dont le nom évoque un hypothétique « ruisseau de l'épervier »), le vallon et la clairière de Lilsbach, les ruines proches du Dreistein, du Hagelschloss ou d'Ottrott, comme la source de la Kirneck ou le sommet du Heidenkopf, évoquent un monde à part, rêvé et forestier.

Cerfs, chevreuils, sangliers, blaireaux sont ici chez eux. Pins de Douglas, digitales, sycomores, hêtres, érables planes, sapins noirs ou rouges y composent, aux abords, une forêt magique. Comme tant d'autres sites de ce *Dictionnaire amoureux*, j'aurais tendance à dire qu'ils mettent au jour une Alsace paisible et doucereuse, un pays singulier et riche aussi, d'où naissent légendes dorées et retenues dans le creux des bois.

CI-DESSOUS Douces estives d'été, sentiers enneigés où l'on chausse les skis pour des randonnées faciles, cures d'air, balcons en forêt : ce pays-là séduit sans mal. Il est celui de la chasse et du gibier, des gîtes modestes, des hôtels de villégiature.

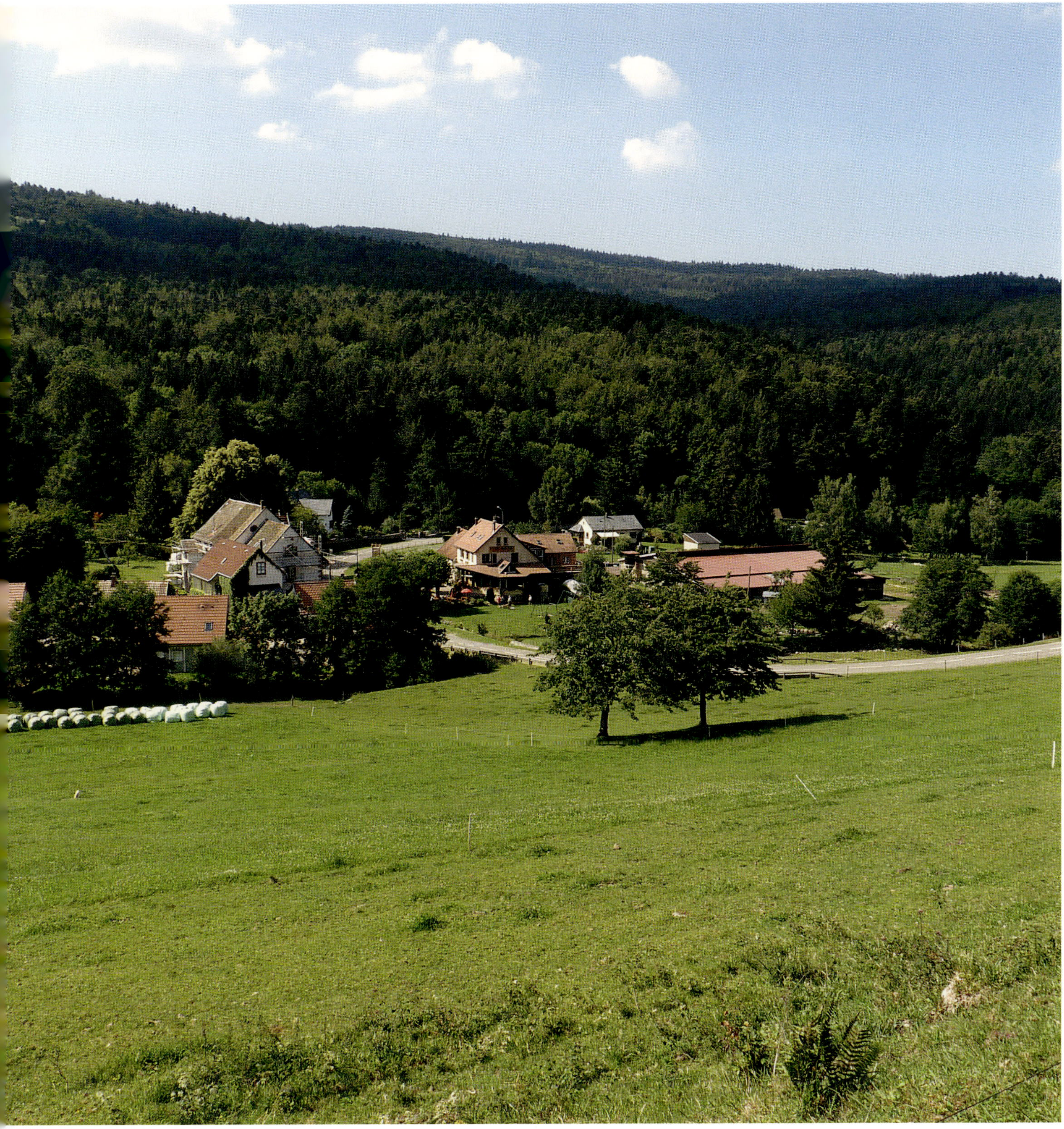

CI-DESSOUS Martin Hubrecht par lui-même (1921) : un autoportrait du plus secret des membres du Groupe de Mai.

HUBRECHT (MARTIN)

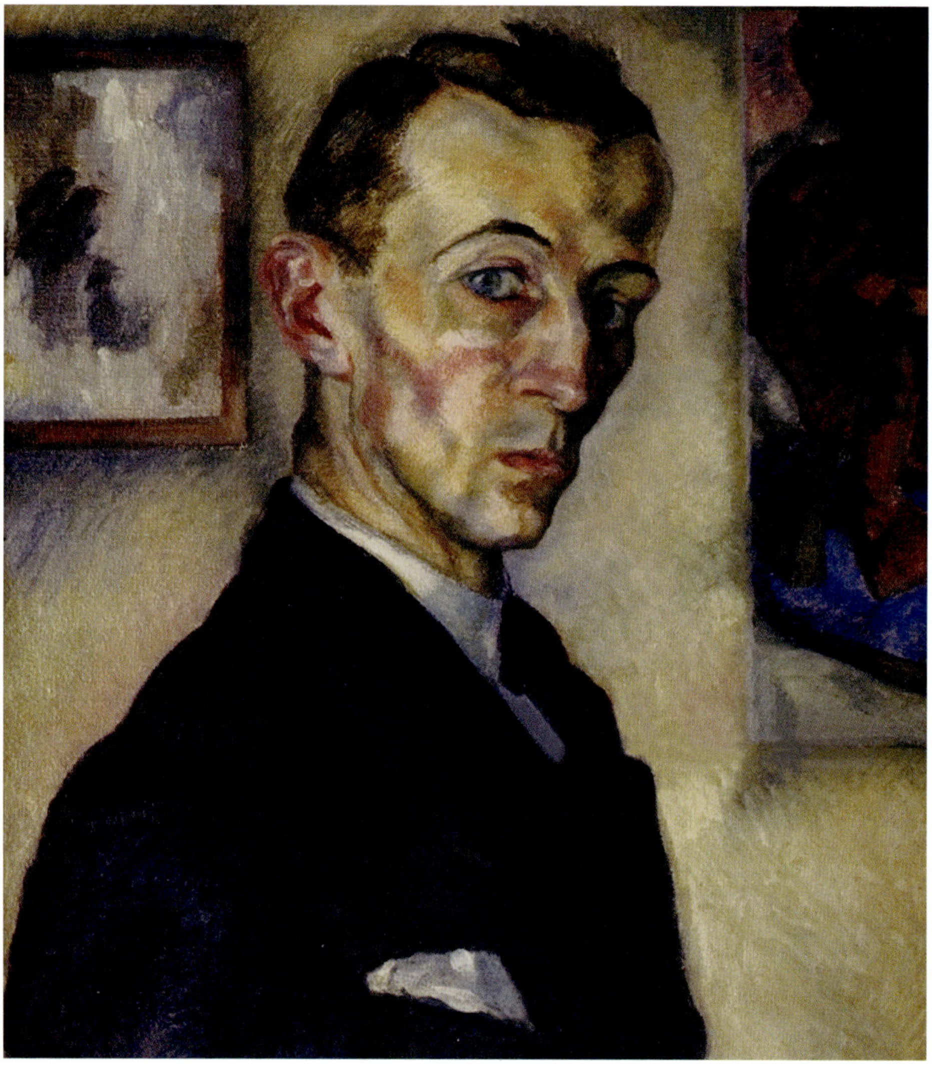

Un inconnu célèbre, un petit maître discret, l'auteur de quatre toiles qui font date au musée d'Art moderne et contemporain de la ville de Strasbourg – deux portraits, deux paysages : c'est Martin Hubrecht. Ce natif de Sélestat (en 1892) participe au mouvement de peintres réalistes des années 1920, dit Groupe de Mai. Il grandit dans l'Alsace annexée, accomplit ses études de lettres, droit, histoire de l'art, avant les Arts décoratifs, à Strasbourg.

Il se perfectionne à Munich aux Beaux-Arts (en 1916), avant d'être mobilisé dans l'armée allemande, en Prusse-Orientale, à Königsberg et à Tilsit, puis sur le front de Macédoine. Après guerre, il expose à Sélestat, avant de monter à Paris où il suit les cours de Paul Sérusier à la Grande Chaumière. Les années 1920 le voient en contemporain des mouvements d'artistes allemands, du Brücke ou du Blaue Reiter. Il participe aux expositions du Salon des indépendants. Et à la maison d'Art alsacienne à Strasbourg.

De ces balancements entre l'Alsace et la capitale, de ses mois d'été à Yport, près du Havre, en passant par ses séjours en Champagne – il dirigera longuement, de 1941 à 1961, l'École régionale des beaux-arts et des arts appliqués de Reims – naît une peinture réaliste qui prend son siècle pour sujet. « Il ne s'agit pas de choisir son époque, mais de se choisir en elle », disait Sartre, dont il semble épouser la formule. Il donne des croquis d'audience pour Les Dernières Nouvelles d'Alsace, Le Journal de l'Est ou L'Alsace française, suit, en 1928, le procès des autonomistes alsaciens en cour d'assises à Colmar.

Le réalisme de ses portraits (celui d'Émile Henry, le directeur des Dernières Nouvelles d'Alsace, d'allure sévère, avec, en contrepoint, l'ouvrier d'imprimerie, minuscule figurine figée sur sa machine ; mais aussi son monumental épicier de la Robertsau, sorte d'Henri VIII, débonnaire et coloré) ou ses paysages torturés, brumeux, jouant de la poésie industrielle et quotidienne (Septembre, Le Piquet de grève datant de 1935-1937, qui flirtent avec le Front populaire), témoignent d'une esthétique austère, sans chatoiement, mâtinée d'un brin d'ironie sourde et gouailleuse. Ils touchent par leur précision des couleurs vives ou diffuses, comme par la rigueur et la vivacité du trait.

Ce solitaire vécut dans le dénuement, avant de s'établir bourgeoisement, trop brièvement et sur le tard, au sein du riche quartier de la Robertsau, dans une demeure qu'il avait fait construire en 1924, mais dont il fut longtemps spolié (il décède à Strasbourg en 1965). Dans ses toiles d'été, entre Normandie, Bretagne et Champagne, passe un air de souffrance pudique. J'ai sous les yeux son autoportrait de 1921. Visage maigre, traits émaciés, courte chevelure blonde, veste noire, cravate de même couleur, pochette blanche et chemise à l'identique, le regard droit, l'œil bleu vif, des rougeurs sur les joues, l'arête du nez, les lobes des oreilles. Bref, l'allure élégante d'un ami lointain. Bien difficile d'imaginer Martin Hubrecht heureux.

CI-CONTRE Un autoportrait du Cézanne alsacien, dont les chromatismes appuyés flirtent ici avec l'expressionnisme.

HUEBER (LUC)

La Petite Pierre était sa Sainte-Victoire. Son bleu marquant, ses verts tendres, doux et soyeux, étalés sans brusquerie sur la toile, qu'il ponctue de quelques touches de rouge en contrepoint, étaient dignes de Cézanne, comme ses portraits incisifs, ses fortes natures mortes, ses douces scènes d'intérieur, ses nus à la Bonnard. Il est sans doute temps de mettre à sa place ce portraitiste au trait pur et au sens des couleurs toujours vif, qui a gardé intact et éternel le sens de l'émotion brève. Il est capable de prendre tous les sujets à bras-le-corps et de leur faire rendre un son autre. Paysages, rues saisies au vif, personnages, en costume régional ou au plus près de leur vérité, deviennent chez lui des thèmes personnels.

Ce besogneux, né le 27 septembre 1888 à Sainte-Croix-en-Plaine, qui se représente en travailleur musculeux, dans un fameux autoportrait du MAMCS, a beaucoup peint. Il avait ses supporters, ses fans, ses mécènes. Ironie du sort : l'ouvrage classique, *L'Alsace vue par les peintres* (Serge Domini éd., 2002), rédigé par Catherine Jordy, avec l'aide des Musées de Strasbourg, l'oublie totalement, alors qu'il fait place à ses amis du Groupe de Mai, Kamm ou Hubrecht, et à son commentateur privilégié, Robert Heitz.

Ses toiles sont partout, chez les collectionneurs passionnés d'Alsace, dans les musées (le MAMCS en possède une vingtaine dont un fameux *Bûcheron du Hohwald*, le très cézanien et immense *Pensionnaire de l'hôpital de Strasbourg*, l'extraordinaire *Collation avant les Noces*, daté de 1942, mesurant 128 sur 160 centimètres et qui se retrouve confiné dans les réserves après qu'il eut été donné ici par le musée alsacien qui a omis de l'exposer !). Et dans les auberges où il avait ses habitudes, notamment dans les parages de La Petite Pierre. On aime ses toiles sombres et grises, finement colorées, aux ciels rose et jaune, avec ses toits couverts de neige qui recréent un Strasbourg classique et intemporel. Ou encore ces villages éternels, avec leurs couleurs douces et fermes qui semblent reconstruire le paysage par touches brèves, où le brun et le roux s'unissent sans brusquerie avec le vert, saisissant la forêt des Vosges, à Grendelbruch, à Dambach ou à Erckartswiller, comme dans un éternel été indien. J'ai sous les yeux son évocation de Salins-les-Bains, en Franche-Comté : ciel bleuté, clocher bulbé, quelques touches de rouge pour les toits et ce vert cézannien…

Pont-aux-Chats ou de la Bourse, quai du Woerthel : ses toiles du Strasbourg années 1930 le font connaître d'un large public. Avec la guerre et l'occupation de l'Alsace par les troupes nazies, il quitte Strasbourg pour Marlenheim, puis La Petite Pierre où il trouve son havre. Il innove, aussi, avec des toiles dressant le portrait d'Alsaciens nostalgiques en costume. Son chef-d'œuvre du genre, millésimé 1942, figure non dans un musée, mais dans une auberge du Kochersberg, *L'Étoile de Mittelhausen*, appartenant aux Bruckmann, qui l'auraient reçu d'une tante, propriétaire de l'hôtel Bristol, face à la gare de Strasbourg. C'est l'Alsacien avec son tricorne, son gilet rouge, son visage grave et tendre, son regard

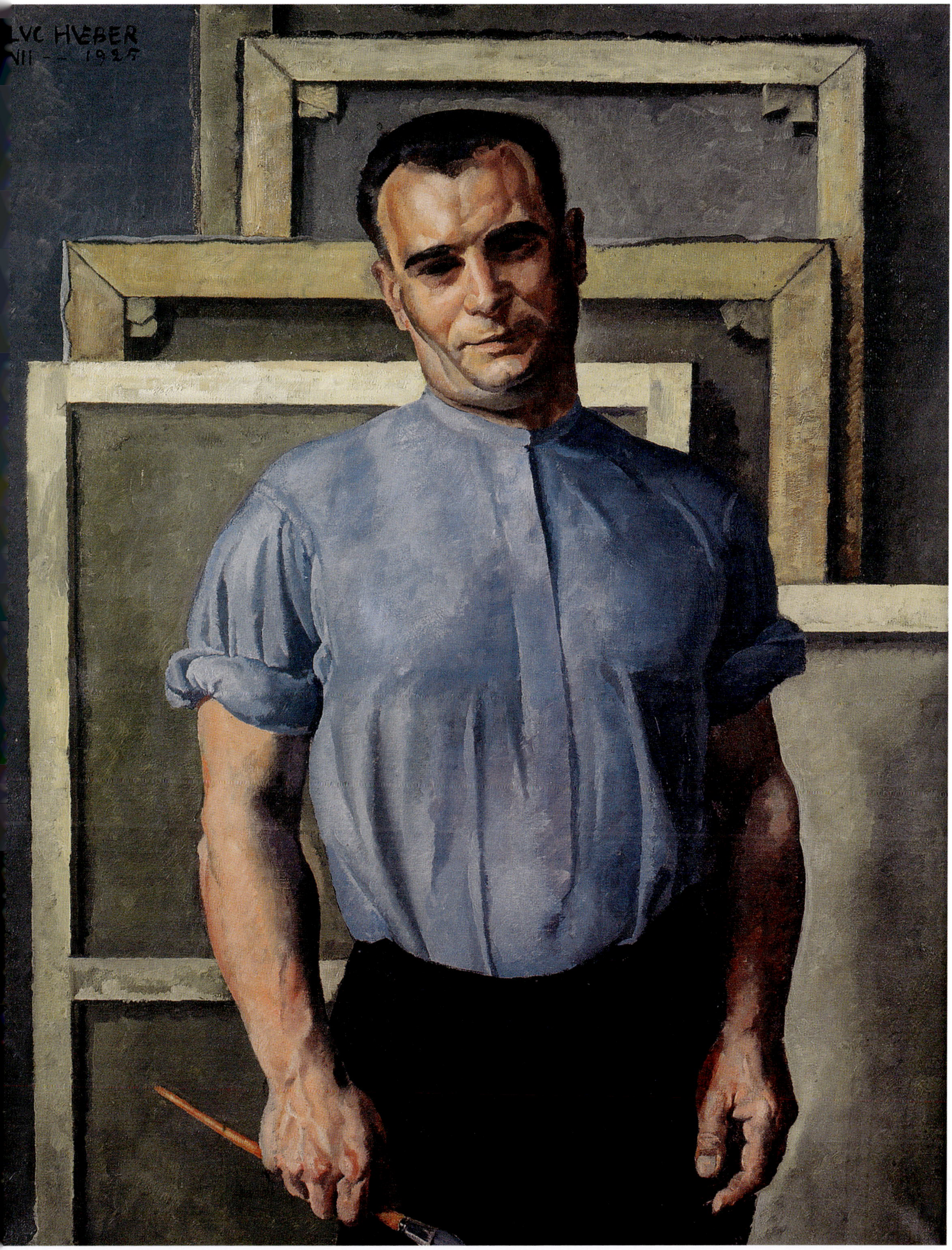
LVC HVEBER
VII -- 1925

nostalgique. Il se tient le menton, face à sa chope de bière à peine entamée, dévisageant le curieux de hasard. Son journal refermé est simplement posé devant lui. On sent bien qu'il y a là du spleen et du regret. On songe à *L'Alsace. Elle attend*, de Jean-Jacques Henner, avec cependant une fluidité plus grande. Le personnage vous regarde, mais c'est bien toute l'Alsace qui parle à travers lui.

L'après-guerre sera l'époque de l'apaisement et de la reconnaissance, avec une exposition en 1946 à la Maison d'art alsacienne. Puis, l'année suivante, paraît sa première biographie illustrée par Robert Heitz, natif de Saverne, journaliste, critique d'art, peintre, futur homme politique et adjoint chargé des Beaux-Arts de Strasbourg – dont un bel autoportrait, curieusement dans sa manière et où l'on devine son influence, figure au MAMCS. À partir de 1951, et jusqu'à la fin de sa vie, Luc Hueber expose régulièrement à la galerie Aktuaryus, et la Ville de Strasbourg organise pour ses quatre-vingts ans, en 1968, une rétrospective de son œuvre.

Il décède en 1974, à quatre-vingt-cinq ans. Il a refusé de faire carrière à Paris, après en avoir nourri quelques regrets. L'Alsace l'aurait-elle oublié ? Sa cote n'est guère élevée. Ses toiles circulent en salles de vente, sans toujours trouver preneur. On peut lire, cependant, au gré d'une publication officielle (magazine du conseil général du Bas-Rhin de mai-juin 2003), qu'il est « le peintre alsacien de la première moitié du XXe siècle ». Ce qui n'est sans doute pas faux, mais a rarement été dit ou approuvé.

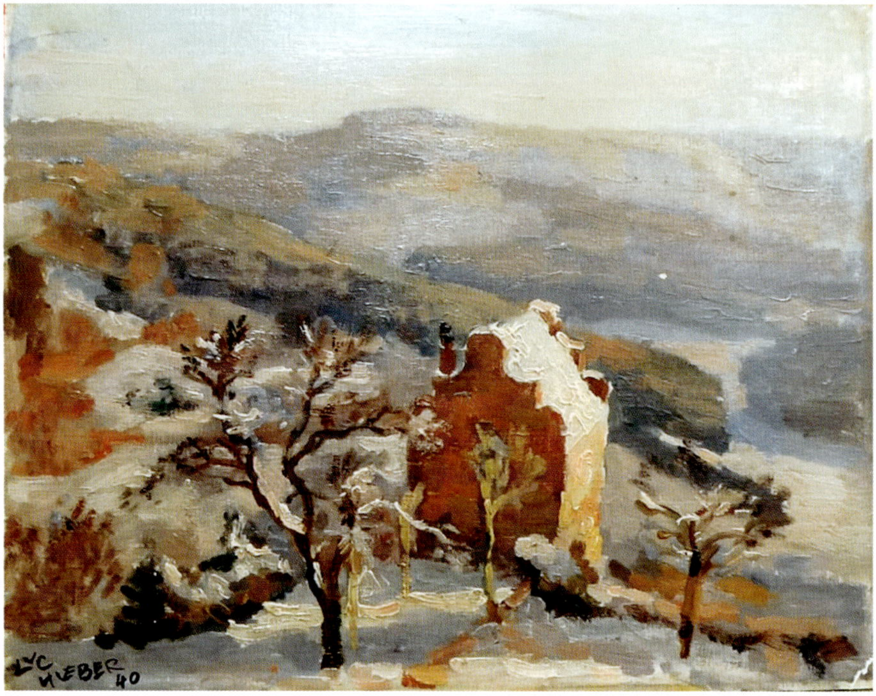

« Nous avancions sur l'étendue
embrasée des forêts,
comme l'étrave face aux lames,
onde remontée des nuits,
maintenant livrée à la solidarité
de l'éclatement et de la destruction.
Derrière cette cloison sauvage,
au-delà de ce plafond, retraite
d'un stentor réduit au silence
et à la ferveur, se trouvait-il un ciel ?
Nous le vîmes à l'instant
que le village nous apparut, bâtisse
d'aurore et de soir nonchalant,
nef à l'ancre dans l'attente
de notre montée. »

RENÉ CHAR

FIÈVRE DE LA PETITE PIERRE D'ALSACE,
DANS *LA PAROLE EN ARCHIPEL*, GALLIMARD, 1962

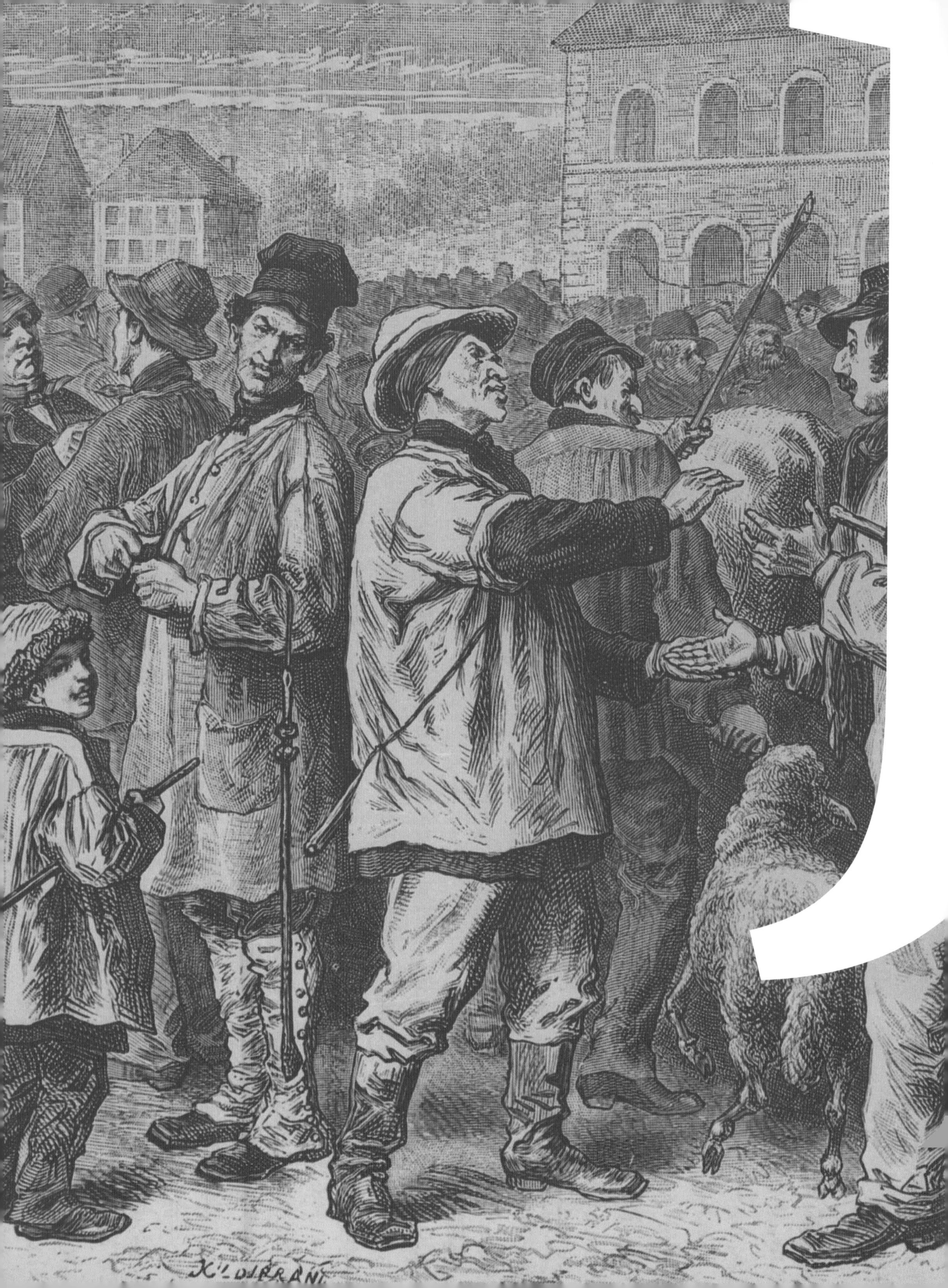

X'L DURRANI

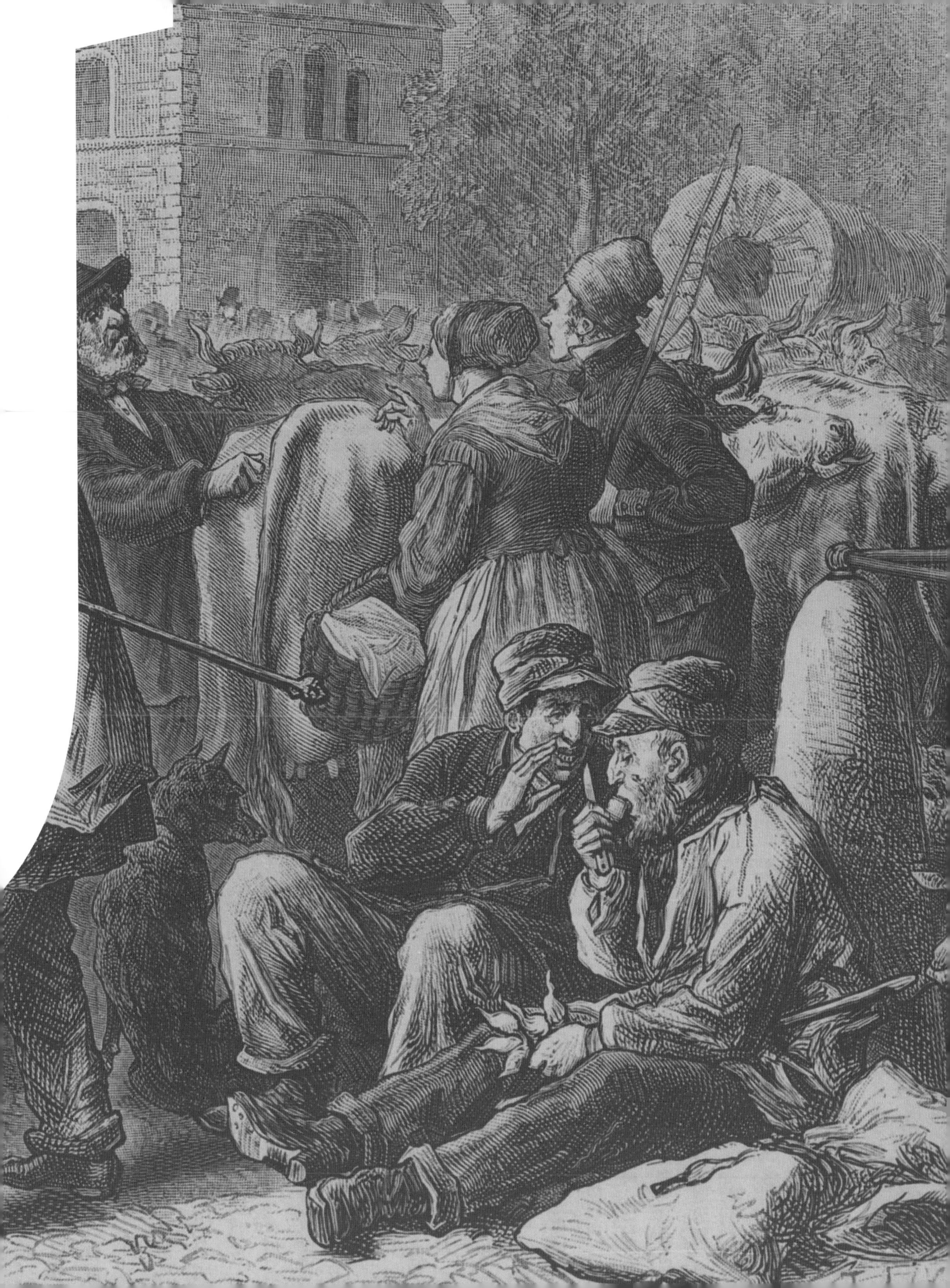

CI-DESSOUS Le musée juif de Marmoutier, qui contient notamment les dessins d'Alphonse Lévy, natif de la commune, illustrant les scènes de la vie juive.

JUDAÏSME ALSACIEN

Commençons gaiement : chaque année, Marlenheim fête le mariage de l'Ami Fritz, et le personnage du rabbin David Sichel – la seule figure religieuse évoquée dans le roman d'Erckmann-Chatrian – est l'un des plus sympathiques. Quant au XIXe siècle, il constitue un âge d'or pour la construction des synagogues en style mauresque, dans toute l'Alsace, avec une prime au pays de Hanau et ses proches alentours.

Citons celles d'Ingwiller et son clocher à bulbe, de Bouxwiller et de Pfaffenhoffen, devenues musées, mais aussi celles de Sélestat, de Saint-Louis avec son appareil à briques en damiers, de Wolfisheim, de Westhoffen qui s'impose par sa majesté près de l'hôtel de ville, de Balbronn, en plein champ, de Sarre-Union, au cœur de la grand-rue. Ou encore celle, minuscule, de Wasselonne, tout près de la fabrique de matzot (les pains azymes) des Neumann.

Et puis ces champs de repos qui sont la mémoire juive de la région : l'émouvant cimetière de Jungholtz, non loin de l'église de pèlerinage de Thierenbach, celui de Struth en lisière de forêt, celui de Saverne, dit Judenberg, aux approches du Haut-Barr, non loin du quai de la Zorn, celui de Quatzenheim, encore, au cœur du Kochersberg, de Rosenwiller, bien sûr, le plus célèbre, au large de Rosheim, où sont enterrés Cerf Berr, le « libérateur » des Juifs lors de la Grande Révolution, et Yossel de Rosheim, qui fut « l'avocat des Juifs » au temps de Charles Quint[3]. Et celui, cher à mon cœur, quoique lilliputien, de Neuwiller-lès-Saverne, sur la route d'Ingwiller, dont la clef du portail de ma maison ouvre l'entrée en bois.

Voilà un judaïsme de mémoire. Le signataire de ses lignes, qui ne cesse d'aborder l'Alsace de ses origines depuis quelque quarante ans, fréquenta jadis la

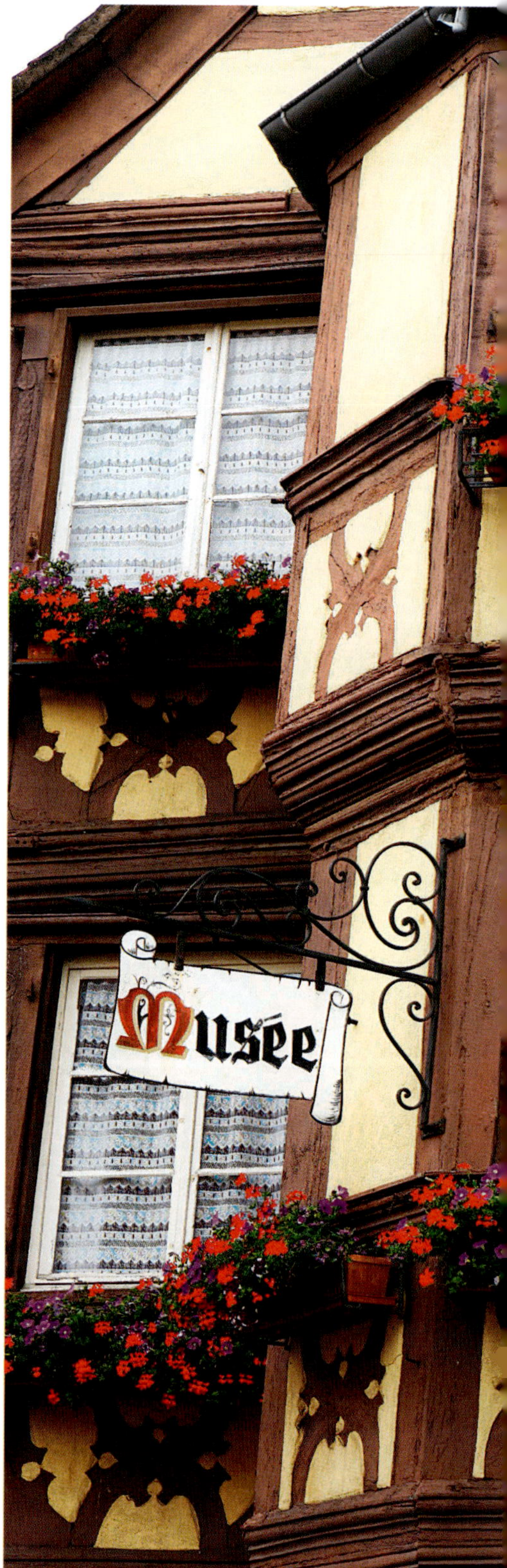

3 *L'Avocat des Juifs*, de Selma Stern, traduit de l'allemand et préfacé par Freddy Raphaël et Monique Ebstein (La Nuée Bleue/ Arte, 317 p.).

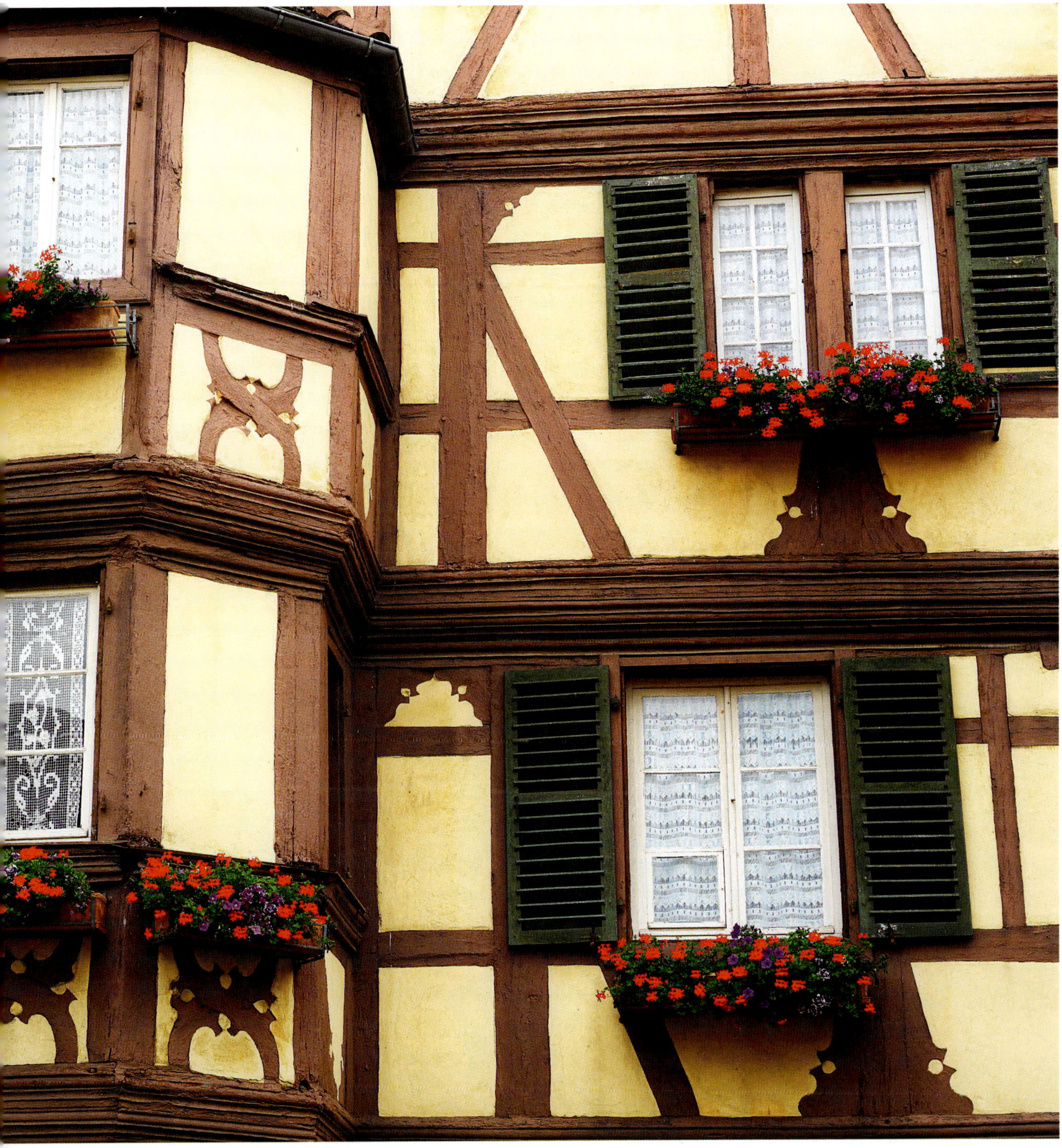

pension des Violettes rue Sellenick, l'école Akiba animée alors par Benno Gross, le rabbin Warchawski et André Neher, paye ici son tribut aux origines. Il est allé prier dans la grande synagogue de la Paix, bâtie dans les années 1950, et la plus vaste d'Europe. Y a appris les rudiments essentiels du judaïsme, à communier le shabbat et lors des autres fêtes importantes, à chanter le kiddouch d'avant le repas et le chir' amaloth (le chant des degrés) avant la prière de fin de repas (le birkat amazone ou « benchen ») du vendredi soir.

Il y revient en touriste, s'étonner de la hauteur de la façade, comme de la Ménorah immense qui est le signe de la renaissance d'une foi vibrante.

Rappelons les faits moins joyeux : rendus responsables de la grande peste, accusés d'avoir empoisonné les puits, les Juifs de Strasbourg sont massacrés le 14 février 1359, et ceux qui en réchappent sont voués au bûcher. Ils connaissent le même sort à Colmar, Benfeld, Sélestat, Mulhouse, Lauterbourg ou Bergheim. Obtiennent un brin de clémence à Haguenau, Molsheim, Obernai, Soultz, où ils sont juste expulsés, après qu'on eut confisqué tous leurs biens.

Ceux qui restent tentent un retour. Ainsi, Strasbourg rouvre ses portes aux Juifs en 1362, avant de les expulser à nouveau en 1388. Ils obtiennent le droit de venir en ville, faire leurs affaires, mais doivent repartir en fin de journée. Chaque soir, le « Grüselhorn », ou trompe d'effroi, sonné depuis le haut de la cathédrale, leur enjoint de quitter la grande cité. À Riquewihr, le 6 juillet 1416, les Juifs de la ville sont massacrés par les habitants qui trouvent cette solution pratique pour ne pas rembourser leurs dettes... Ceux qui restent en seront expulsés en 1420.

L'histoire est longue et douloureuse. Elle dure depuis l'aube du Moyen Âge, au moins. On suppose que les premiers Juifs sont arrivés en Alsace avec les Romains. On note qu'une première synagogue est construite à Rouffach en 1290, qu'un cimetière leur est accordé près des remparts de Neuwiller-lès-Saverne – où l'on a récemment retrouvé des caractères hébraïques – en 1260. À Haguenau, dès 1233, ils payent d'une forte amende (« seulement ») une accusation de crime rituel. C'est qu'ils participent à la première expansion de la ville...

Protégés par les seigneurs de Hanau-Lichtenberg, ils affirment leur présence entre Bouxwiller et Ingwiller (où la synagogue trône toujours en centre-ville avec son dôme bleu). Les Juifs, qui ne peuvent posséder des terres, y occupent des rôles de service. Ils sont commerçants de meubles, marchands de bestiaux, ils seront bouchers, charcutiers, colporteurs. Pratiquent l'usure, rendent service aux paysans. Mais sont ainsi sujets à leur haine, jouant, pour les enfants, le rôle de croque-mitaine.

« Si tu n'es pas sage, le Juif viendra t'emmener », disent souvent les parents pour tenir tranquille leur progéniture. Ou encore : « Si tu n'es pas sage, les Juifs t'enfermeront dans leur schule et tu ne reverras plus jamais ton papa et ta maman. » Rapportant ces anecdotes et ces légendes, Gilbert Weil, qui garde en père protecteur la synagogue de Bouxwiller transformée en vivant musée du

CI-DESSOUS Devant la synagogue de la Paix à Strasbourg, le plus vaste temple juif d'Europe, inauguré en 1954.

judaïsme d'Alsace, n'oublie pas de dire que ses parents étaient bien aimés dans leur bourg et que chaque village tenait à « ses Juifs ».

La révolution de 1789 leur apporte la citoyenneté. Au grand dam, le plus souvent, de la population locale. Et surtout de tous leurs députés, qui, à l'Assemblée constituante, ont voté contre. Napoléon leur accordera le plein droit d'exercer leur culte et de développer leur communauté. Pourra alors commencer leur âge d'or.

Région où la séparation de l'Église et de l'État n'existe pas, l'Alsace rémunère ses prêtres, qui possèdent le statut de fonctionnaires et enseignent la religion à l'école. Je me rappelle, jadis, avoir oublié plusieurs fois d'enlever ma kippa sur le chemin me menant au-delà de l'avenue des Vosges depuis les Violettes, rue Sellenick, ou encore depuis la rue du Général-Rapp, où je résidais alors chez le bedeau de la synagogue, jusqu'au lycée Fustel-de-Coulanges.

Dans ce dernier, contigu à la cathédrale et tout voisin de la sculpture fameuse de la synagogue aux yeux bandés – car elle ne voit point « la bonne foi » –, je gardais, malgré moi, la trace des origines. Près d'un demi-siècle après, les choses ont-elles changé ? J'erre, en Alsace, d'un cimetière juif, d'une synagogue à l'autre. Je n'y entre pas toujours. Mais, à travers moi, la mémoire se ranime. Je suis celui qui n'oublie pas.

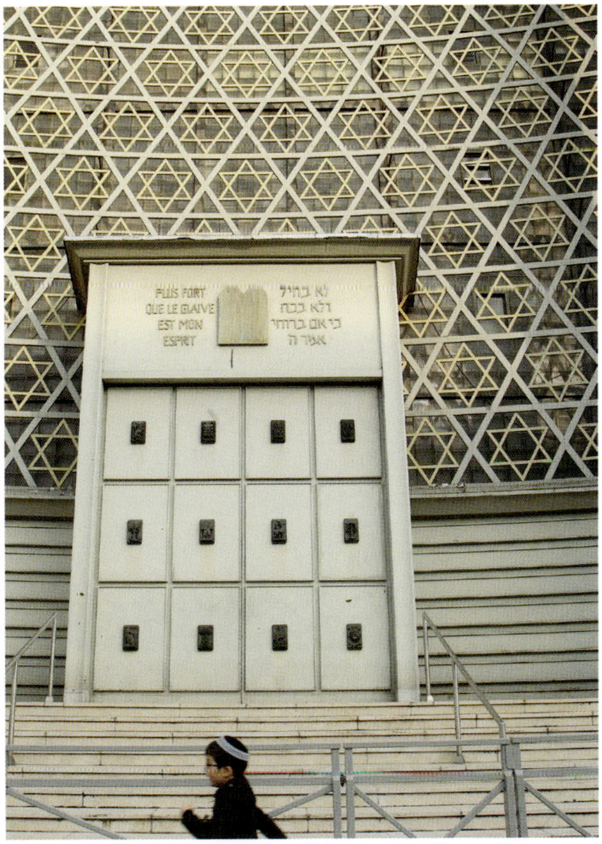

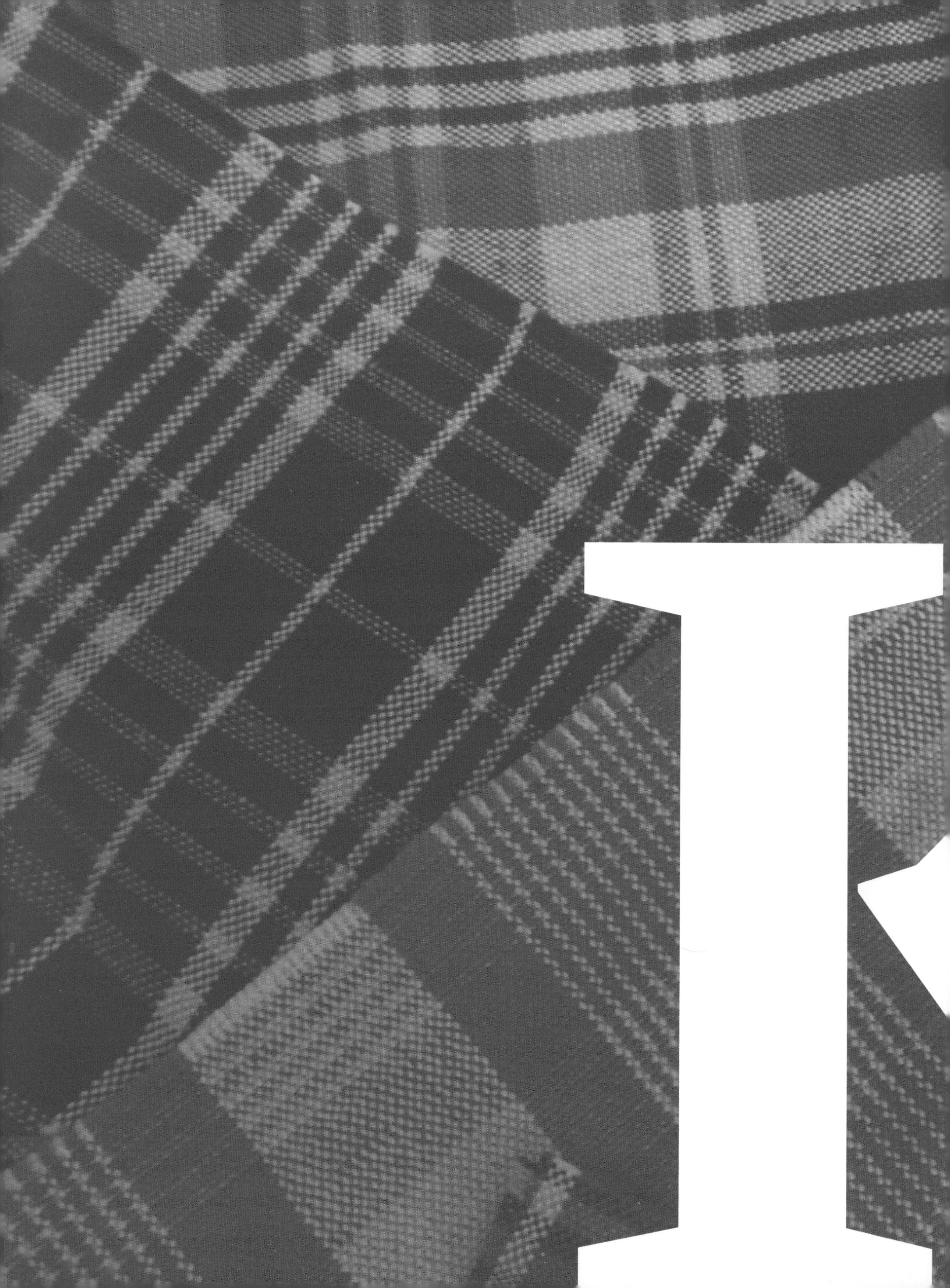

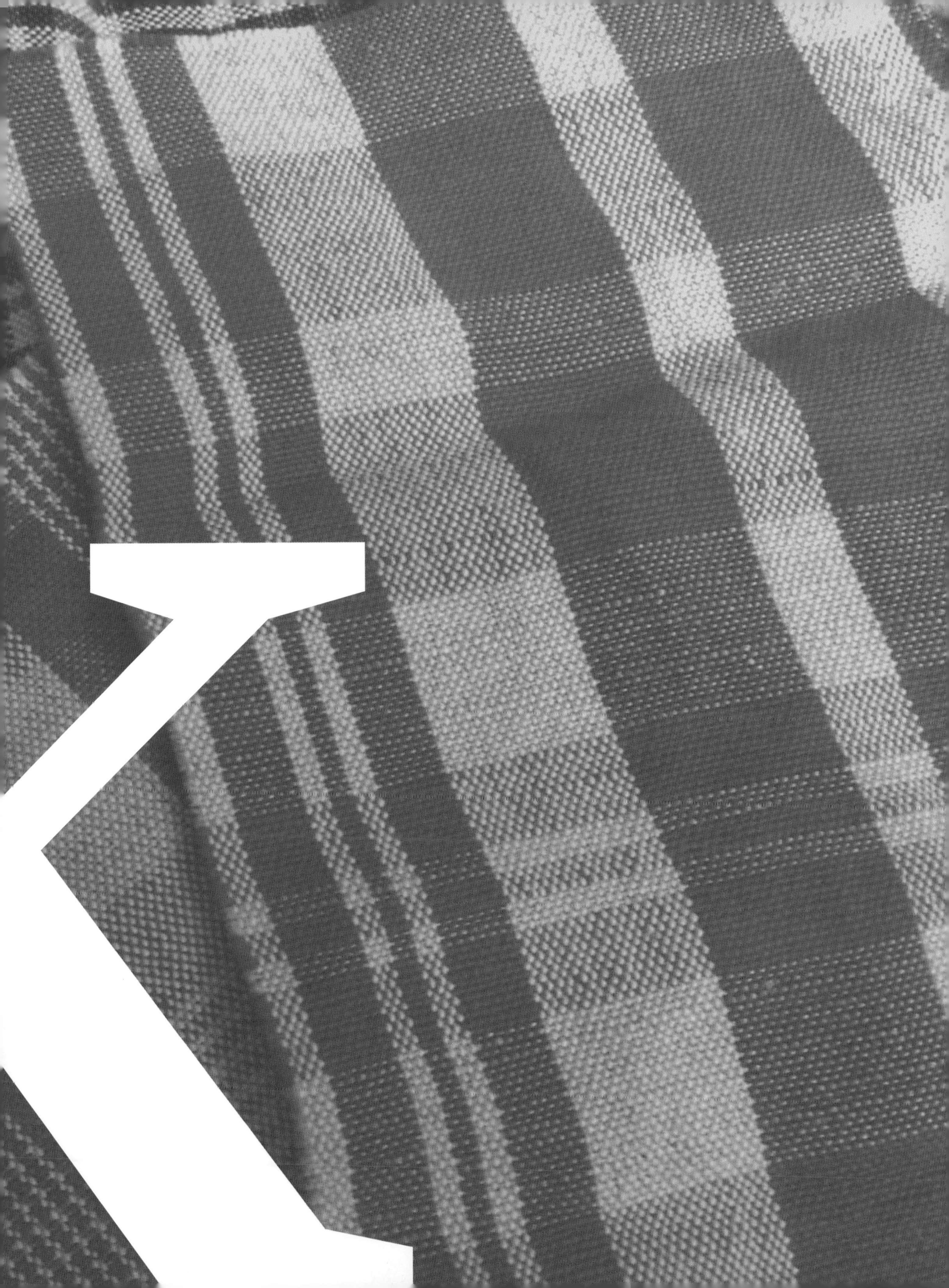

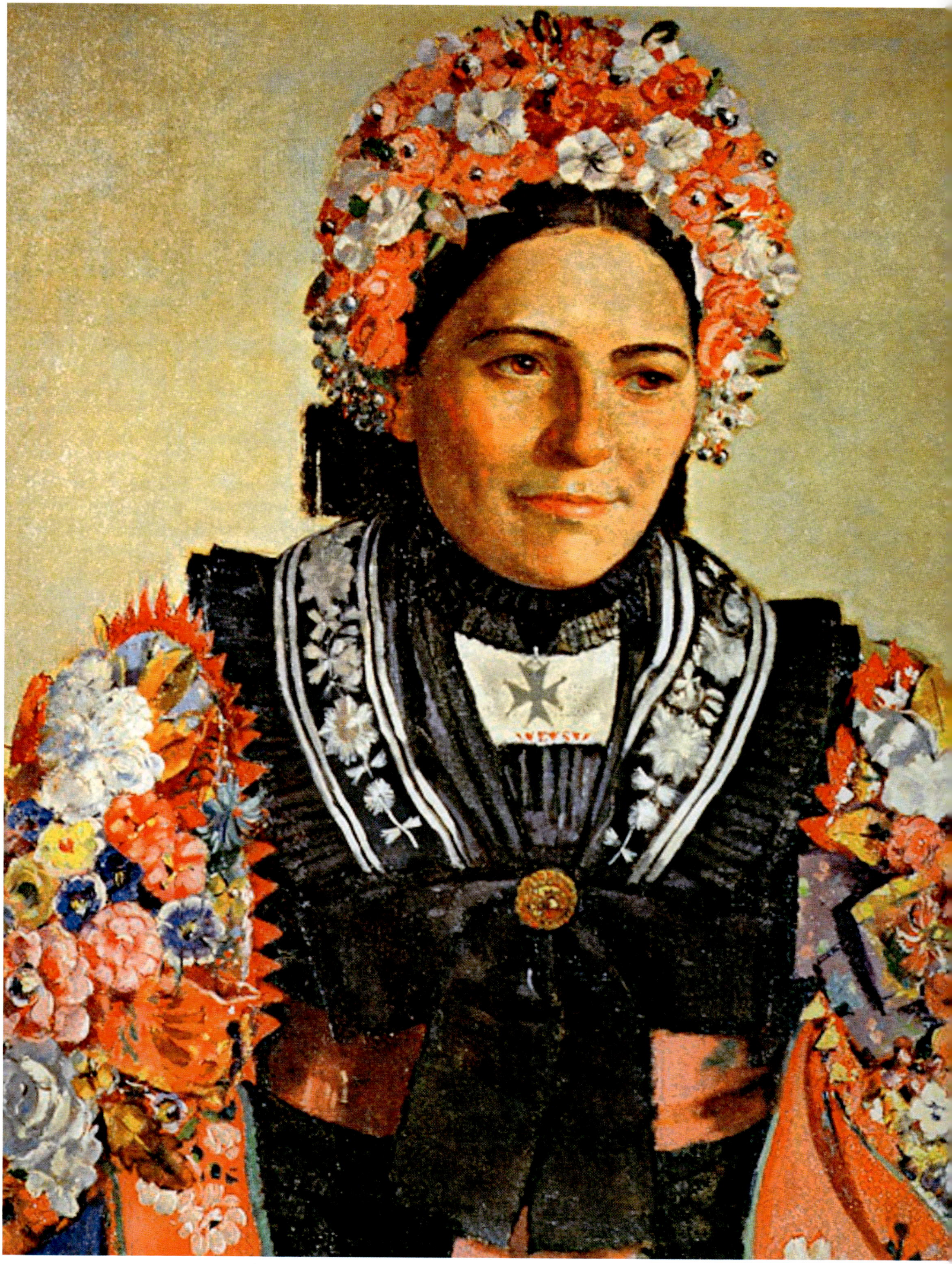

CI-CONTRE *La Mariée de la région de Seebach* (1937) – la cité de l'Outre-Forêt est fameuse pour son « mariage au bouquet ». Dans la jeune fille en costume, avec ce trait d'ironie qui perce dans son sourire, se lit une part du destin de la région. Passé et présent s'y trouvent unis à l'heure où l'Alsace bascule vers la modernité sans renier ses racines.

KAMM (LOUIS-PHILIPPE)

Trop populaire ou pas assez, aimé des folkloristes, méprisé des raffinés, sa destinée est étrange autant que diffuse. Né en 1882 à Strasbourg, dont il sera élève de l'École des arts décoratifs, Louis-Philippe Kamm se perfectionne, comme beaucoup de ses collègues nés au temps de l'Alsace annexée, à Munich, complétant sa formation par de nombreux voyages, notamment à Paris, revient à Strasbourg, devient professeur, puis directeur de son école de formation.

Auteur de vitraux, gravures, affiches, cartes postales, il illustre des scènes de genre, des banquets de famille ou encore les fameuses *Noces paysannes* – le titre d'une œuvre qui figure à la mairie de Rosheim – mais aussi des légendes et histoires fameuses, comme *L'Ami Fritz*. Installé à Drachenbronn, dans le nord de l'Alsace, au sein de la demeure familiale, il est poussé, par la construction de la ligne Maginot, à émigrer à Oberseebach. Il y peint alors les Alsaciennes de tradition dans leurs magiques costumes fleuris.

D'où cette emblématique *Mariée de la région de Seebach* de 1937 – la cité de l'outre-Forêt est fameuse pour son « mariage au bouquet », le Streisselhochzeit, une des grandes fêtes folkloriques de la région – qui figure, avec sa jeune fille souriante, couverte de fleurs en couronne sur la tête, mais aussi en brassières, comme le portrait vedette du Musée alsacien de Strasbourg face au quai de l'Ill. C'est sa *Belle Strasbourgeoise – a mezza voce*. Dans la jeune fille en costume, avec ce trait d'ironie qui filtre dans son sourire, se lit une part du destin de la région. Passé et présent s'y trouvent unis à l'heure où l'Alsace bascule vers la modernité sans renier ses racines.

Le musée d'Art moderne et contemporain possède, lui, un délicieux portrait en pied de *Fillette au bouquet*, sous-titré *Petite paysanne des environs de Wissembourg* et daté de 1920, beaucoup plus moderne, avec sa robe grise, son bandeau rouge sur le front, son chapeau tenu au bras par un cordon, son regard vers le lointain, tout cela sur fond campagnard. Il y a encore cette *Paysanne endormie*, bras croisés, torse nu, dégageant une sensualité forte, et datée de 1921 ; cette autre *Paysanne endormie*, datée de la même année, mais présentée cette fois vêtue de façon traditionnelle, un fichu sur la tête, appuyée sur son bras ; ou encore ce *Paysan d'Engwiller* de 1931, saisi sur son lit, dans son costume de fête, à l'heure de la sieste.

Ironie du sort, Kamm n'est plus guère exposé – même s'il existe une vingtaine d'œuvres au MAMCS, mais souvent confinées dans les réserves, y compris avec des lithographies et un vitrail. Ses seules œuvres livrées quasiment en permanence au public : d'abord, la magnifique composition dite des *Moissonneurs*, monumentale huile sur toile de 1,20 mètre sur 1,30, de 1921, avec ses trois paysans

CI-CONTRE Les paysans alsaciens de Kamm, avec leurs lignes géométriques dans le goût Art déco cousinent avec les marins bretons, qui semblent leurs proches cousins. Ainsi cette huile sur toile de Louis-Philippe Kamm, *Paysan au verre de vin*.

au repos, deux hommes, une femme, en costume de travail aux champs, le visage las, exprimant tout à la fois leur force et leur fatigue, lors de leur « pause repas », face aux blés, avec leurs visages lourds et exténués. Force, calme, puissance se dégagent de cette belle évocation en jaune d'or, avec des notes de rouge, de noir et de blanc. Et puis cette *Jeune femme en costume alsacien* de 1947, avec son fier port de tête, son nœud noir rejeté vers l'arrière, sa blouse blanche, son costume noble et sévère, ses mains fermes, son regard précis et volontaire, avec un rien de défiance et de fierté adressé sinon au peintre qui la fixe ainsi pour l'éternité, du moins au passant d'aujourd'hui qui, d'aventure, la contemple.

Moderne – il appartenait au Groupe de Mai, comme Luc Hueber –, Kamm a livré des compositions classiques et changeantes. Ainsi, avec une scène de brasserie pleine de gaieté vibrante qui figure dans le couloir d'entrée de l'Auberge de l'Ill d'Illhaeusern. Mais il n'a pas craint de passer pour un peintre folkloriste, quoique sans jamais forcer sur le pittoresque. On songe à ses exquises *Jeunes filles à l'église* de 1932, où trois petites Alsaciennes en costume, l'une le livre de catéchisme refermé devant elle, les deux autres lisant sagement, évoquent, en proche cousinage, des Bretonnes fières de leurs coutumes dans la Cornouaille des années 1930. C'est dire que l'Alsace qu'évoque Kamm témoigne d'un régionalisme sans œillères, proprement universel, et qu'elle est bien le reflet d'une époque.

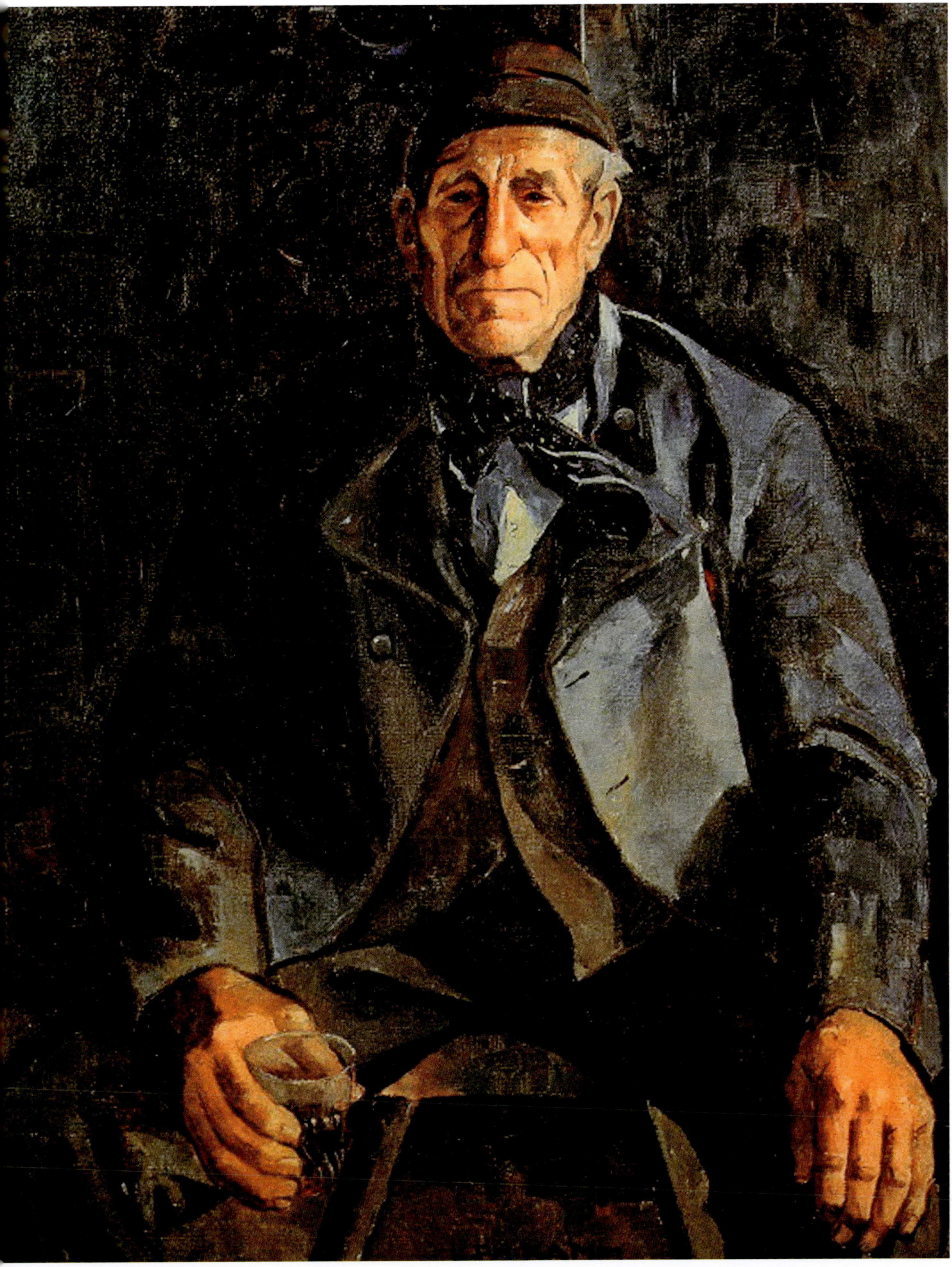

CI-CONTRE Lorsque, en septembre 1792, Kellermann arrête à Valmy les troupes de Brunswick, quatre fois plus nombreuses, il entonne ce chant bref qui sera repris par toute son armée. « Vive la Nation ! », lance ce natif de Strasbourg qui n'oublie pas que sa province n'est française que depuis le traité de Westphalie, et que la fidélité est sa fierté et l'allégeance sa marque de fabrique.

KELLERMANN (FRANÇOIS-CHRISTOPHE)

Les héros napoléoniens ne manquent guère qui feraient aimer l'Alsace pour leur bravoure. Mais mon héros napoléonien, s'il faut en choisir un, se nomme Kellermann, dont la statue se dresse fièrement, à deux pas du mess des officiers et de sa noble façade XVIIIe ornée de canons et de plaques dédiées aux cent trente-cinq généraux nés à Strasbourg, à l'angle de la rue de la Fonderie et de la place Broglie. Il y a peu de héros militaires dans ce dictionnaire amoureux d'une province meurtrie, maltraitée par les guerres. En voici un pourtant, natif de la ville en 1735, devenu maréchal de France et duc de Valmy, dont l'aïeul Jean-Christophe fut nommé prévôt des marchands de la ville par Louis XIV, dont le fils François-Étienne, né à Metz en 1770, sera général d'Empire.

La statue de François-Christophe Kellermann le représente, la tête en arrière, levant franchement son tricorne, s'écriant « Vive la Nation ! », comme il le fit jadis près du moulin de Valmy, face à la plaine champenoise. Toute la stèle, qui rappelle, en allemand, la formule de Goethe, qui a assisté à la bataille aux côtés du duc de Saxe-Weimar: « D'aujourd'hui et de ce lieu date une ère nouvelle de l'histoire du monde », est une ode à ses paroles patriotiques. Mais un patriotisme plein de chaleur et sans œillères, rappelant que toute sa vie, de soldat, d'homme tout entier dévolu à sa tâche, d'Alsacien fidèle à sa région, fut dédiée, « après [ses] devoirs envers Dieu [...] », à « l'amour de [son] pays ». Comprendra-t-on que je m'attache à ce personnage au demeurant moins vanté que ses pairs, dont l'effigie en pierre, sur l'arrière de la place, ne manque pas de discrétion, et dont l'obstination se teinte de rigueur, de ferveur et de force ?

Lorsqu'en septembre 1792 il arrête dans les plaines de Champagne, au-delà des grands bois sombres d'Argonne et de sa collante terre de gaize – un grès gélif –, les troupes prussiennes de Brunswick, quatre fois plus nombreuses, il entonne ce chant bref qui sera repris par toute son armée et servira de leitmotiv à Danton, Mirabeau et tant d'autres. « Vive la Nation ! » lance ce natif de Strasbourg qui n'oublie pas que sa province n'est française que depuis le traité de Westphalie, mais que la fidélité est sa fierté et l'allégeance volontaire sa marque de fabrique. Et ce cri seul, relancé par vingt mille bouches, suffit seul à faire reculer quatre-vingt mille Prussiens.

François-Christophe Kellermann, qui commanda l'armée du Rhin et de Moselle, comme celle d'Italie, qui, en 1795, soutiendra avec 45 000 hommes l'attaque de 150 000 Autrichiens, livrant 40 combats, sauvant la Provence, dont les cendres reposent au Père-Lachaise mais dont le cœur, selon ses vœux, est enterré à Valmy, aux côtés de ses soldats, a bien mérité la reconnaissance de la Nation. Y compris celle d'un auteur foncièrement pacifiste.

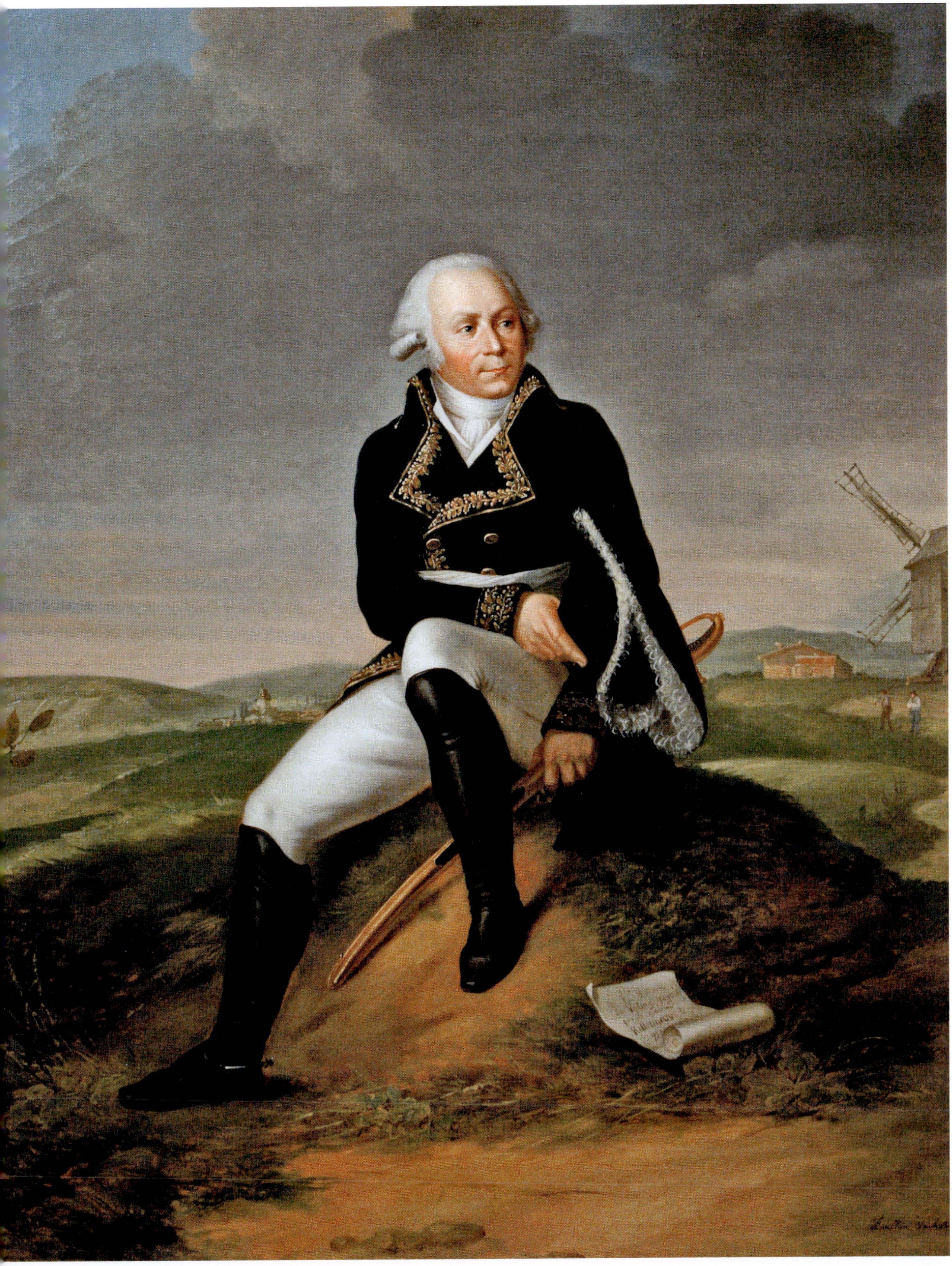

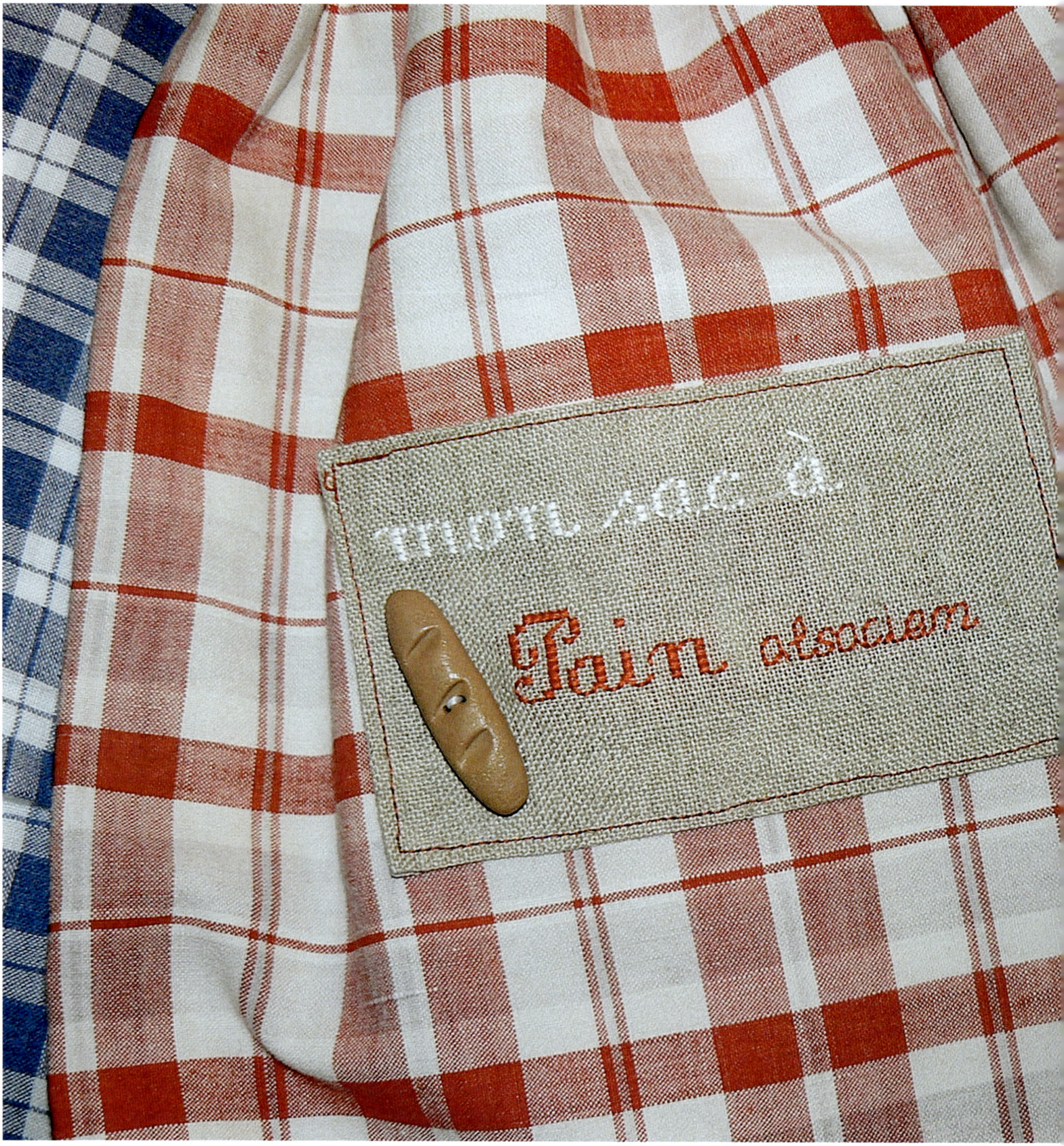
mon sac à
Pain alsacien

CI-DESSOUS Rideaux, torchons, coussins, nappes, cœurs, en vert entêtant, rouge obsédant, bleu dur ou tendre, raies multiples, beiges plus doux, blanc cassé, mou ou neutre, forment comme une symphonie livrée par un tisserand artiste.

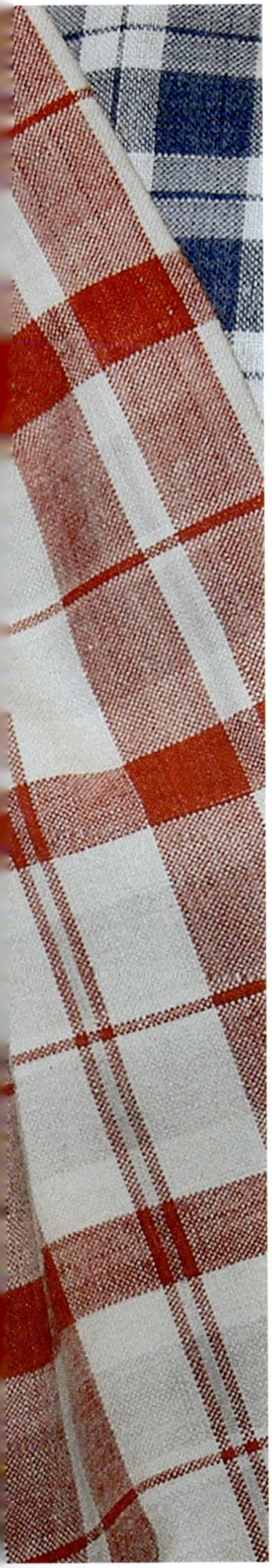

KELSCH

Kelsch ? Un tissu rare aujourd'hui ou, comme on dit, « tendance », alors qu'il fut familier autrefois, présent, ou presque, dans toutes les familles d'Alsace. Son nom lui vient sans doute de l'allemand *kölnisch*, bleu de Cologne, ce chanvre que Charlemagne ordonna de planter, comme le lin, dans la cité rhénane. Et qui essaima alentour. Mais il pourrait provenir encore du mot « celte », car ce peuple ancien sut, très tôt, cultiver le lin et en tisser des étoffes à carreaux. Pour retrouver sa magie, il faut filer à travers rivières (Ill, Giessen) et marais, dériver vers Sélestat, non loin d'Ebermunster et de son abbaye « autrichienne », pour découvrir un village du Ried : Muttersholtz, ses maisons peintes, sa boutique presque cachée, avec son plafond de bois à l'ancienne, et ses tissus colorés un peu partout.

Rideaux, torchons, coussins, nappes, cœurs, sets, en vert entêtant, rouge obsédant, bleu dur ou tendre, raies multiples, beige plus doux, blanc cassé, mou ou neutre. C'est comme une symphonie livrée par un tisserand artiste. Nous ne sommes pas chez un tailleur anglais, mais chez Michel Gander, qui est artisan depuis sept générations dans son village. Après ses études d'architecture et d'Art déco, il a repris le collier familial, lui donnant un tour artiste. Papa Gander travaillait à façon pour de grosses usines. Michel, lui, a décidé de jouer un rôle plus individualiste, plus élitiste. Il redonne vie à cette matière que l'on travaillait en famille autrefois.

C'était un hobby ou une seconde activité rémunératrice pour beaucoup. C'est devenu, pour lui, un métier à plein temps. Plus même : une passion sans fin. Dans son atelier du bout de la rue de l'Étang créé dans un bâtiment imaginé par lui il y a trente ans, il a installé de vieilles machines à tisser comme autrefois. Il ne se contente pas d'y reprendre les motifs de tradition, qui figurent par exemple au musée de l'Impression sur étoffes de Mulhouse – modèles à carreaux, rouges et blancs, bleu écossais, verts et blancs ou encore rouges et bleus. Il crée, innove, réemprunte de nouveaux chemins, sans dériver totalement de la tradition, jouant volontiers la sobriété.

À la base du kelsch, rappelons-le, il y a le chanvre et le lin, matières un peu rêches mais naturelles, fibres rustiques mais complices, que l'on peut mélanger au coton avec ces modèles dits « métis », constitués de deux fibres différentes, par exemple un coton peigné pour la chaîne et du lin pour la trame. Jadis, le Ried regorgeait de champs de lin et de chanvre, et aussi d'étangs pour les nettoyer, les purifier. D'où les nombreux tisserands du pays, alors, dont Michel Gander est aujourd'hui l'unique héritier.

KOCHERSBERG

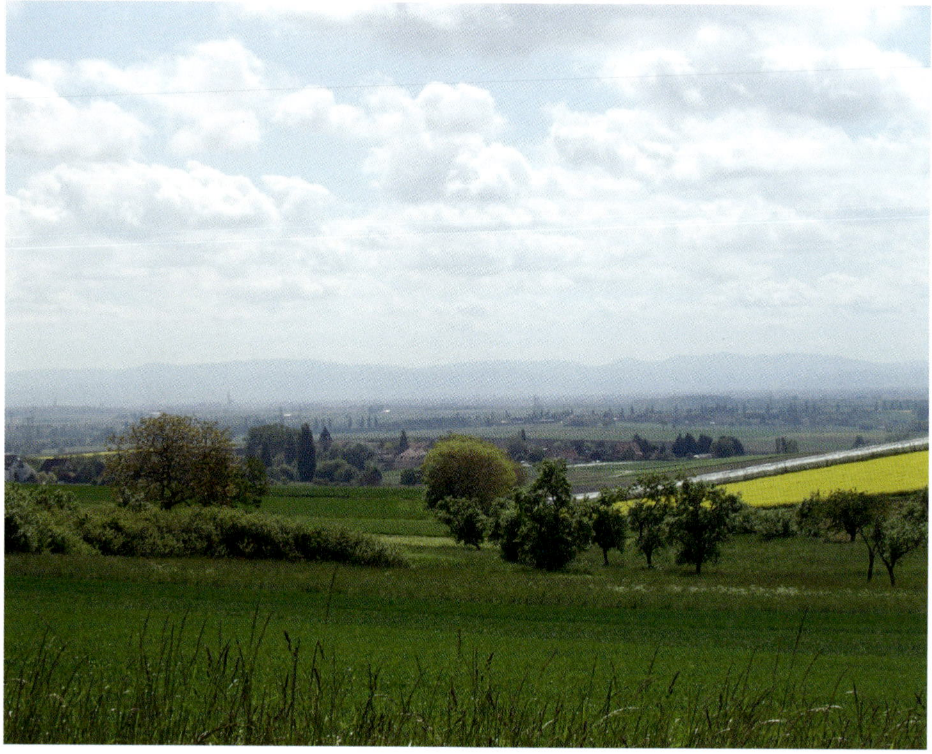

C'est la Beauce de l'Alsace. Mais une Beauce vallonnée, variée, sinueuse, avec ses villages théâtraux, ses grandes cours, ses vastes et belles charpentes, ses fermes hautes et secrètes, ses églises variées, son opulence à peine cachée. Sur sa terre de lœss fertile, on cultive mille choses douces : tabac, blé, maïs, houblon, betterave sucrière, colza, tournesol, soja. Les demeures sont nobles, le colombage altier, les paysans opiniâtres, les inscriptions, nombreuses sur les pans de bois, révèlent, mais à peine, les secrets d'autrefois.

On y aurait inventé la tarte flambée (ou « flammekueche ») avec le surplus de la récolte du blé, auquel on aurait ajouté, pour nourrir les ouvriers agricoles, du fromage blanc, de la crème, de l'huile de colza, des lardons, des oignons. Et c'est là que les Strasbourgeois viennent manger la leur, en famille ou entre amis, joyeusement, le soir, en fin de semaine.

L'habitat y a, partout, le chic champêtre : hauts murs, pans de bois soignés, parfois sculptés et stylisés, poteaux corniers ornés de pietà ou de statuettes de saints pour les fermes catholiques, ou plaques de pierre recelant des inscriptions bibliques, côté protestant. Les châteaux y sont rares (il y a bien celui d'Osthoffen, à la sortie sud-ouest, vers Ergersheim, avec son logis Renaissance à deux corps en équerre, ses pignons à volutes, ses tours d'angle circulaires, mais c'est à peu près tout). Ses églises, des deux confessions, avec leurs clochers de style roman massif, comme à Crastatt, Durningen, Pfettisheim, Truchtersheim, Reitwiller, Stutzheim ou Kuttolsheim, ont le charme de monuments altiers.

Le protestantisme y est parfois, et paradoxalement, flamboyant, ainsi avec la belle église de Mittelhausen aux arcades Renaissance, ou encore le clocher du XIIe siècle, la nef gothique, le chœur voûté d'ogives qui font le prix de celle de Vendenheim. Le judaïsme y est également représenté avec le cimetière orné de ses deux mains dorées sur le portail et la synagogue de Quatzenheim, mais aussi le bain rituel de Kuttolsheim.

Strasbourg est à quelques pas, Saverne non loin. Le Kochersberg forme, entre les deux, une route louvoyante, que sillonne l'Ill, que délimitent la Bruche au sud et la Zorn vers le nord, comme un *no man's land* typiquement alsacien hors du temps ou sorti d'un conte. Cette vraie contrée paysanne forme une grande banlieue champêtre de la capitale d'Alsace, avec son chef-lieu, Truchtersheim, qui possède sa maison transformée en musée du pays, de belles fermes, une église moderne et un centre équestre. Jadis – de 1887 à 1954 –, une ligne de tramway reliait ce dernier bourg au cœur de Strasbourg.

Sa partie la plus riche, là où la couche de lœss est la plus épaisse, se nomme l'Ackerland. Les houblonnières de Wiwersheim rivalisent avec les champs de colza d'entre Neungartheim et Willgotheim. Durningen, à 245 mètres d'altitude, domine le pays, offrant un large coup d'œil sur la cathédrale de Strasbourg et, au loin, la Forêt-Noire. C'est l'Alsace des Alsaciens, celle de l'architecture préservée, des habitudes conservées.

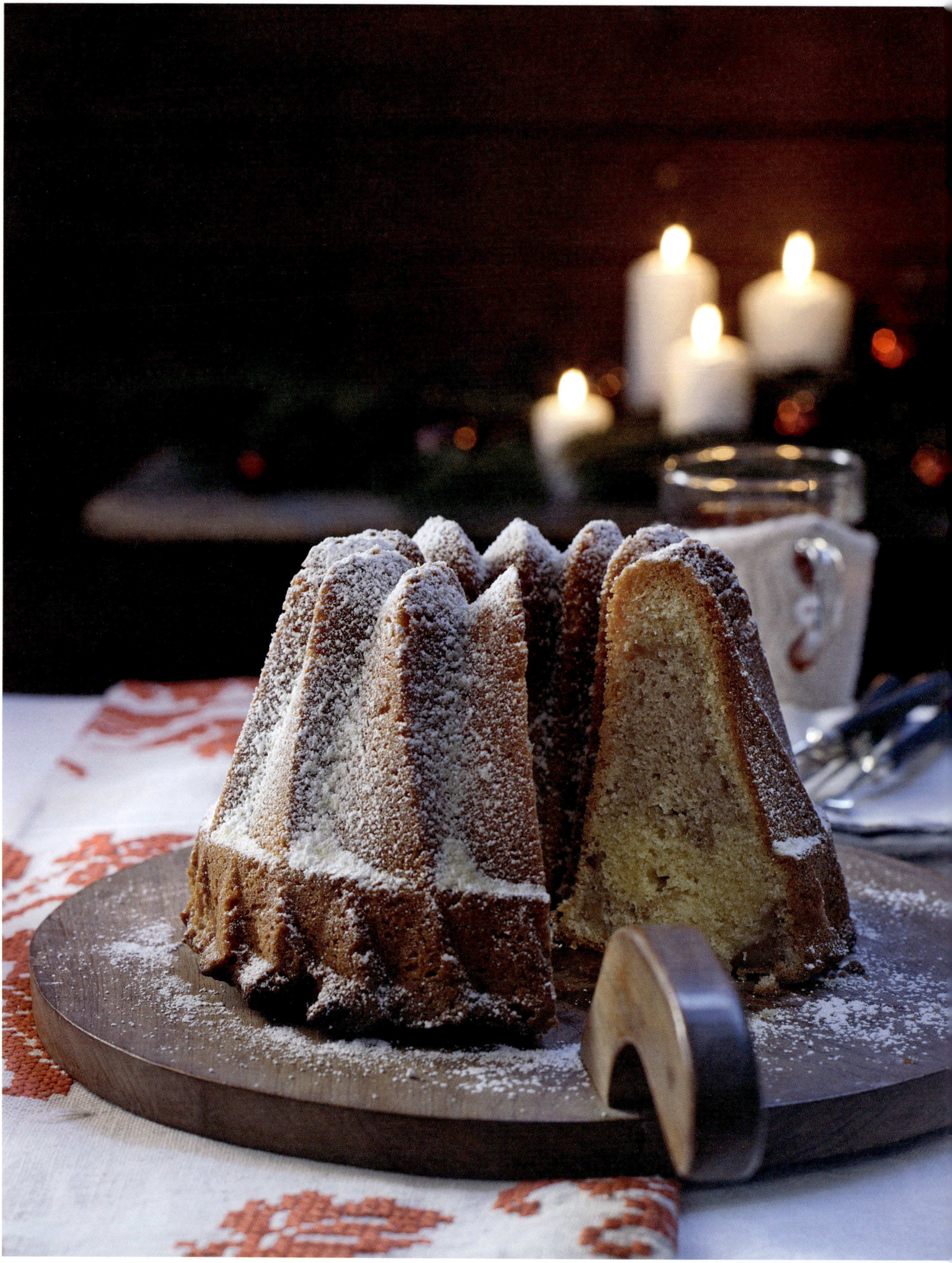

CI-CONTRE Plus qu'un gâteau, cette « capuche levée » est un symbole, celui de la permanence sucrée de la tradition alsacienne.

KOUGELHOPF

Un gâteau, un symbole. Le kougelhopf est l'emblème sucré de l'Alsace. Cette brioche à pâte levée, moulée en couronne, que l'on consomme avec délice, saupoudrée de sucre, au petit déjeuner est d'origine incertaine. Son nom viendrait de l'allemand *Gugelhupf*, *Gugel* désignant, au Moyen Âge, une capuche avec collerette et pointe. Le mot « hopf » serait dérivé de *haber :* levure. D'où cette capuche levée qui peut se goûter aussi bien sucrée avec ses raisins secs, que salée avec lard ou escargots.

Typique de la gourmandise de l'Est, ce gâteau est commun à l'Alsace, à l'Allemagne et à l'Autriche. Son importation en France serait due à Marie-Antoinette qui en aurait confié la recette au pâtissier du château de Versailles. Il serait parvenu ensuite en Alsace jusqu'au bourg de Ribeauvillé où un boulanger nommé Kugel lui aurait donné son nom. Légendes et historiettes gourmandes font mieux pour l'esprit et les plaisirs du palais que vérité nue.

Sa qualité lui vient de la finesse de sa texture, mais aussi de son bon goût beurré. J'ai toujours du mal à expliquer à mes amis de l'intérieur, parfois déçus par la texture sèche des kougelhopfs confectionnés par les bons faiseurs alsaciens (j'en connais cent : de Falcinella à Naegel, de Christian à Woerlé, de Thierry Mulhaupt à Christine Ferber), que la fraîcheur était aussi d'importance. Acheter son kougelhopf à Strasbourg, Colmar ou Mulhouse, et attendre le retour à Paris, quelques jours plus tard, tient de l'hérésie.

À Haguenau, Gilles Schoenhal a inventé un procédé dit « étoile des neiges » permettant au kougelhopf de conserver son moelleux plusieurs semaines. J'en ai goûté un divin dans le parc thermal, à Baden-Baden, un rien granuleux, très « brioché », chez un pâtissier, fameux en Forêt-Noire, dont j'ai oublié le nom. Mais je n'irai pas vous faire acheter votre kougelhopf en Allemagne.

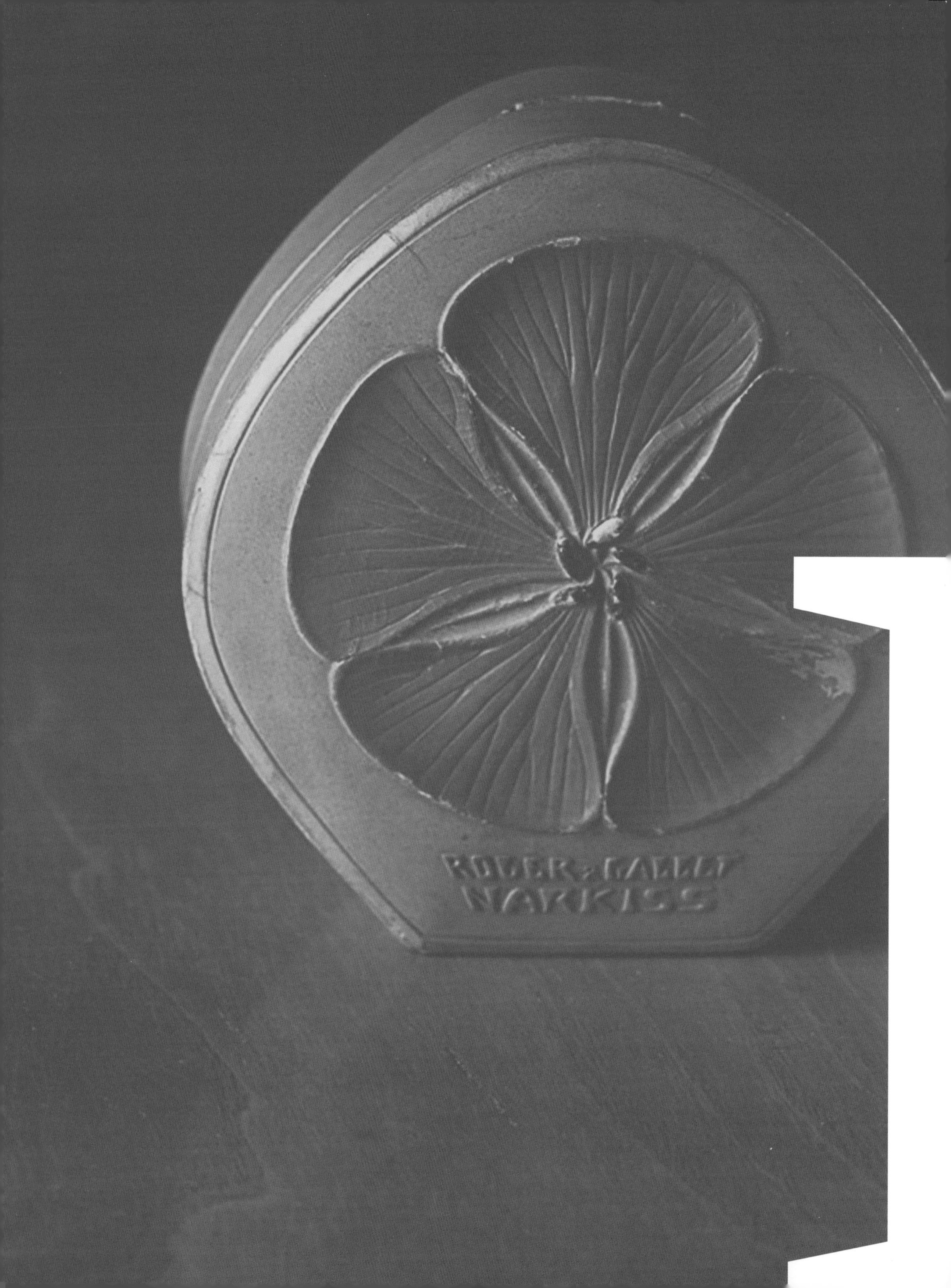
ROGER & GALLET
NARKISS

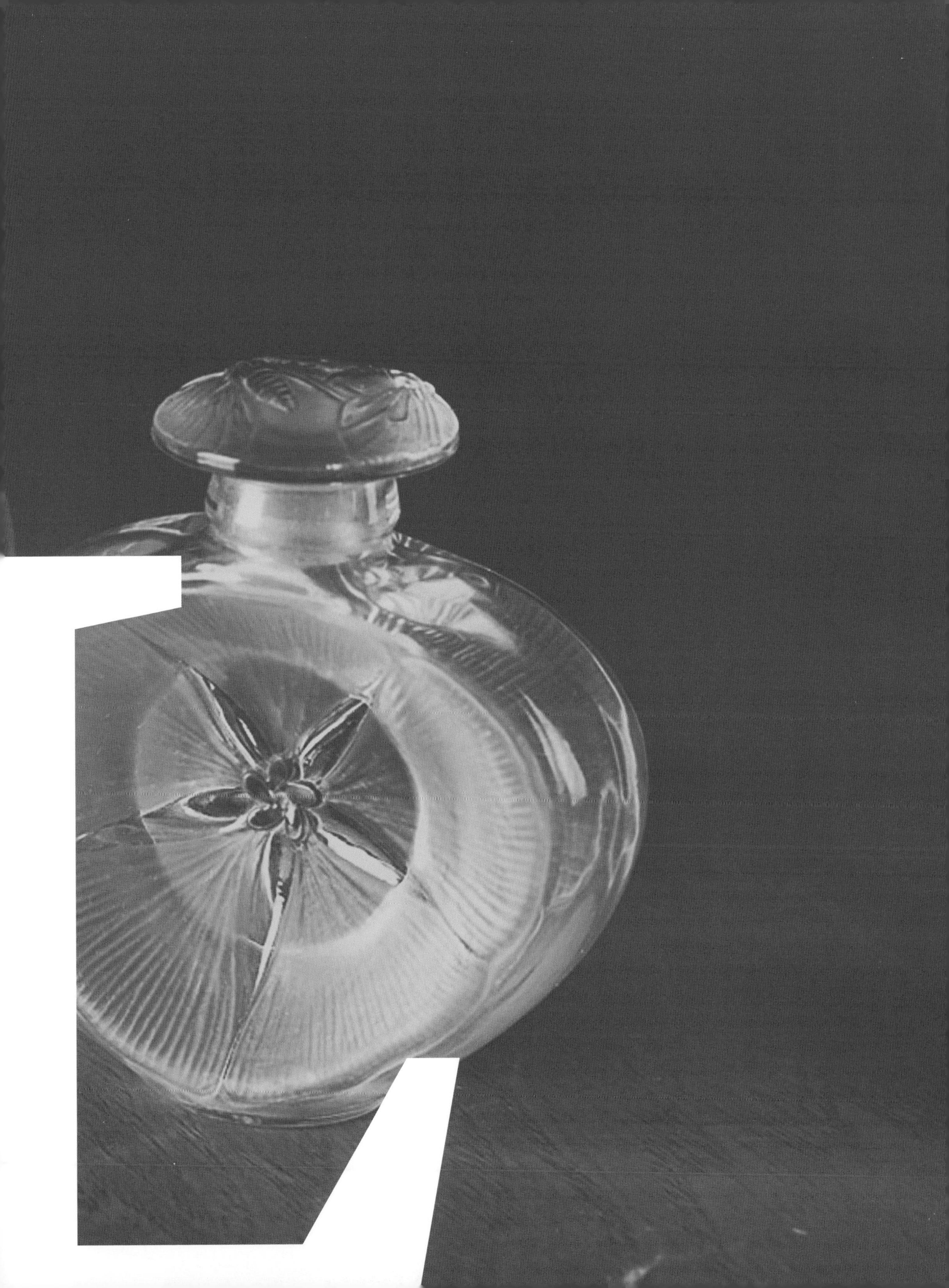

CI-CONTRE À la fois clair et opaque, présent et éthéré, ce joli vase Mossi est l'un des précieux témoins Art déco de l'élégance Lalique.

LALIQUE (CRISTAL)

Un nom fameux du cristal, une dynastie, un synonyme du luxe : sait-on qu'il appartient à la grande famille des Vosges du Nord ? Nous sommes à Wingen-sur-Moder, ancienne station romaine bâtie au cœur de la forêt. Un clocher à bulbe domine des maisons modernes – le village a été partiellement détruit en 1944. René Lalique (1860-1945) s'y installe dans les années 1920, créant une mini-cité à l'écart du bourg. Formé à Paris chez Cartier et Boucheron, il s'illustre d'abord dans le bijou Art nouveau, imagine des colliers, broches, bracelets, sur des thèmes symbolistes : végétal, animal, allégorique. Il crée les bijoux de scène de Sarah Bernhardt. Calouste Gulbenkian, homme d'affaires arménien, constitue une collection qui servira de base à son futur musée de Lisbonne.

René Lalique crée encore des flacons de parfum illustrés par des fleurs, pour François Coty, Worth, Roger & Gallet, Houbigant. Devenu verrier à part entière, il achète, d'abord, un atelier à Combs-la-Ville, en banlieue parisienne, puis cherche un lieu où il puisse exprimer sa passion du cristal opalescent. Il découvre Wingen en 1921, s'y installe, se fait connaître, réalisant notamment le service de table de la présidence de la République. L'Art déco sera sa période magique.

Il participe à la décoration du paquebot *Île-de-France* en 1922, réalise les portes du Oviatt Building de Los Angeles en 1927, décore les panneaux de plusieurs wagons de l'Orient-Express en 1928, crée les lustres et les panneaux de verre du Peace Hotel de Shanghai en 1929. Si les années 1920 sont celles du « cristal Lalique », la magie se prolonge. Il imagine encore les lustres de la salle à manger première classe du paquebot *Normandie* en 1938.

Il est relayé par son fils Marc (1900-1977) qui met au point de nouvelles technologies permettant la réalisation de décors en relief, plus riches en détails stylisés. Deux cents vases sont alors dessinés et réalisés dans les ateliers de Wingen. Parmi eux, les fameux « Ronces », « Épines », « Chardons », « Bacchantes » ou encore « Mossi » avec ses picots. On note encore la noblesse du plat « Côte d'Or », celle de la table « Cactus » ou du presse-papier « Chrysis ». Chaque pièce de cristal métamorphose la matière brute, fusion à 1 400 °C de silice et plomb, en œuvre d'art. Les sculptures de verre, figures symboliques, païennes ou mythologiques, confèrent, à chaque réalisation, leur puissance artistique.

Ce sera, enfin, au tour de Marie-Claude, fille de Marc, qui rejoint l'entreprise en 1956, de développer la marque. Les belles assiettes ornées, les objets de décoration en cristal, les bijoux, les verres la feront connaître dans le monde entier. Lalique, avec des magasins aussi bien à Chicago qu'à Hong Kong et, bien sûr, rue Royale à Paris, continue d'asseoir sa notoriété sur le travail

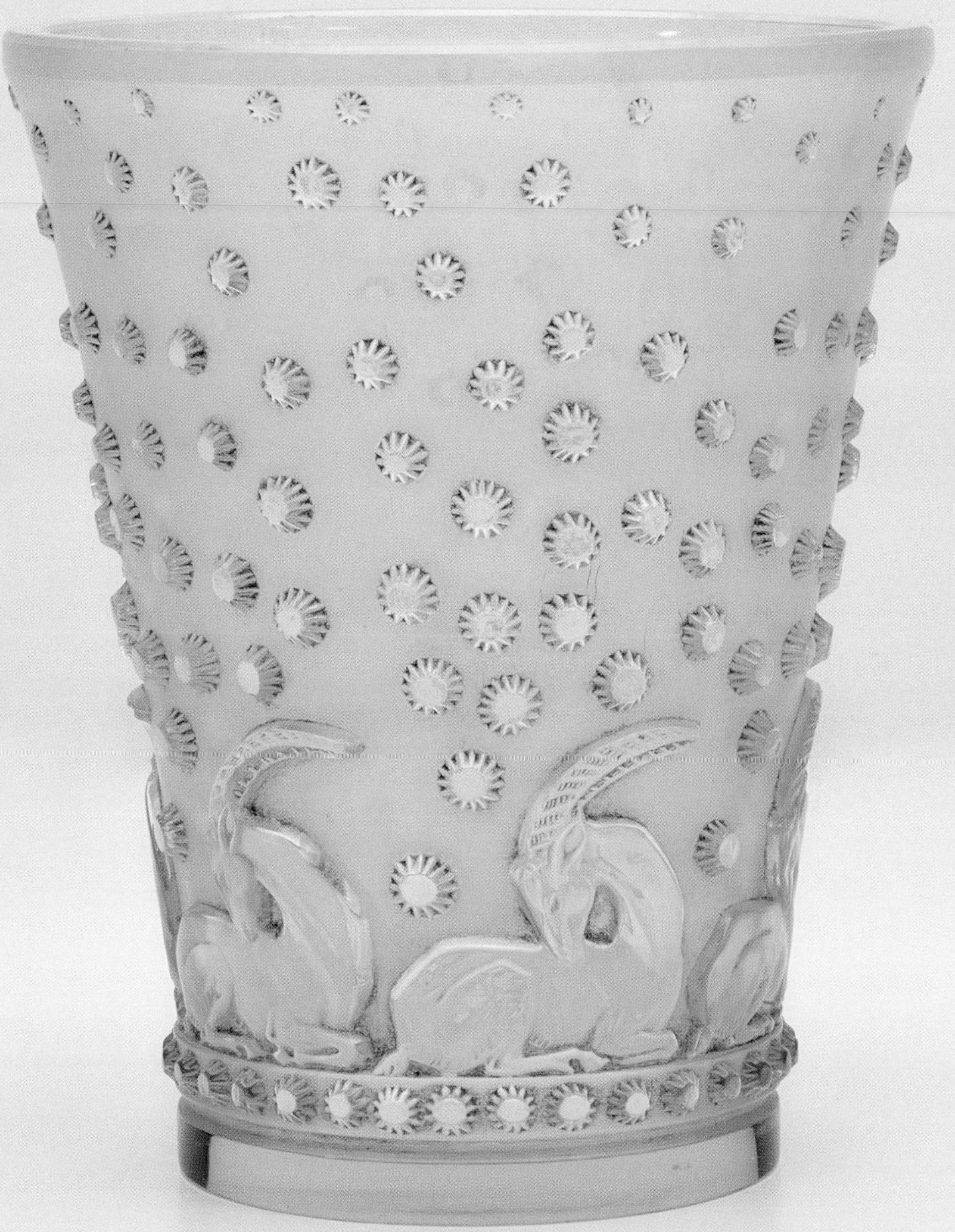

CI-DESSOUS Chez Lalique, chaque pièce de cristal métamorphose la matière brute, fusion à 1 400 °C de silice et de plomb, en œuvre d'art. Les sculptures de verre, figures symboliques, païennes ou mythologiques, confèrent à chaque réalisation leur puissance expressive.

patient des artisans verriers qui soufflent, cisèlent, taillent, bref assurent le dessin de modèles à partir de moules anciens, précieusement conservés dans l'usine de Wingen.

Aujourd'hui, les Lalique ne sont plus chez Lalique. Mais la marque et ses modèles continuent leur chemin depuis les ateliers de Wingen. Un homme d'affaires bâlois, Silvio Denz, président du groupe Art & Fragrance, a racheté la maison, marquant la volonté de garder son image de luxe et de rareté. Les vases précieux, les bijoux et statuettes comme les flacons de parfum continuent d'être produits avec le même esprit artisan qu'autrefois. Un musée d'allure contemporaine, bâti par Jean-Michel Wilmotte, inauguré en 2011, lui est aujourd'hui dédié, en lisière de forêt, à Wingen-sur-Moder.

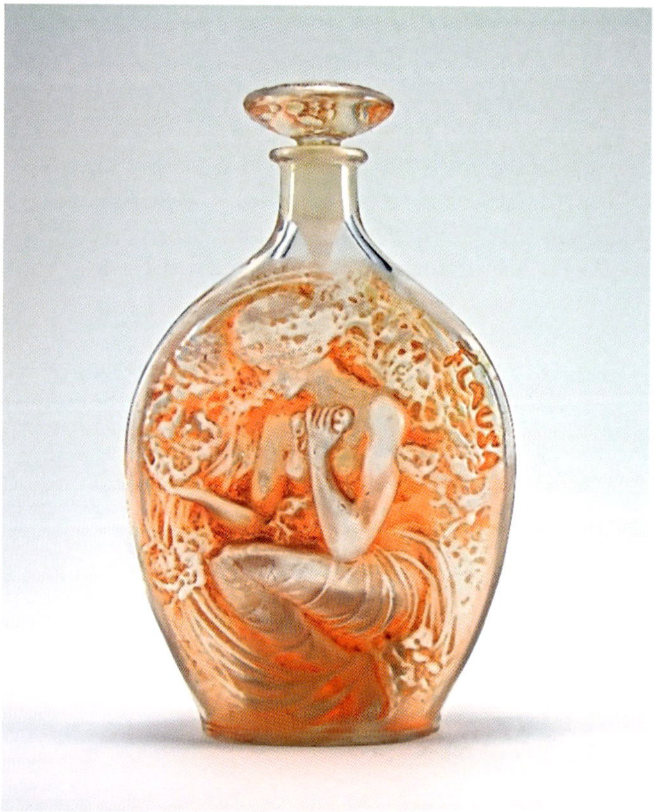

LOUX (HENRI)

Un inconnu célèbre ? En tout cas un artiste largement dépassé par le résonnement de son œuvre. Si le nom d'Henri Loux ne vous dit rien, sachez qu'il est l'illustrateur du fameux service Obernai créé par la Manufacture de Sarreguemines, relayée aujourd'hui par la Faïencerie de Lunéville/Saint-Clément. Sa touche est douce, ses personnages s'imposent sans forcer, la demi-teinte est son trait majeur.

« Il est un homme qui peint l'Alsace. Il nous touche parce que l'Alsace et les choses de l'Alsace nous touchent. Il ne peint pas l'Alsace pour les gens qui aiment la peinture. Il est peintre pour les gens qui aiment l'Alsace », notent assez joliment ses deux biographes Paul-André Béfort et Fernand Gastebois dans un joli livre qui lui rend hommage et replace son œuvre brève dans son époque (*Henri Loux. Images de l'Alsace heureuse*, La Nuée Bleue, 1994). On ajoutera qu'il illustre, avec délicatesse, gens et villages de son temps, ceux d'autrefois, demeurant pour nous, éternellement, ceux des belles images, avec ses couleurs éteintes, ses teintes passées, ses pastels neigeux, ses blancs soyeux, ses bleus tendres, ses brumes d'automne. Bref, il saisit avec naturel, sans nulle outrance, la poésie quotidienne de son époque. Celle aussi d'une région qui entend demeurer fidèle à elle-même et à ses traditions.

Mort jeune (il n'a pas trente-quatre ans), passionné par les coutumes et la vie des campagnes d'Alsace, Loux demeure largement un inconnu. Ses toiles, du moins les rares exposées ici ou là, ne sont pas toujours signées. Je pense à cette grande fresque de bataille de boules de neige qui orne les murs de l'Hostellerie du Cerf à Marlenheim. Originaire d'une famille protestante du pays welche dans les Vosges, il naît, en 1873, à Auenheim, entre Sessenheim et Roeschwoog, non loin du Rhin, alors que l'Alsace est annexée au Reich. Son père, instituteur, s'installe à Sessenheim en 1875, dans le village où Goethe connut sa brève idylle avec Frédérique Brion.

Chez les Loux, où l'on révère l'enseignement de père en fils, le jeune Henri est l'original de la famille. Il intègre, avec son frère aîné, le Gymnase Jean-Sturm à Strasbourg, mais ne marque de passion que pour le dessin. Il brave les foucades familiales, encouragé par son professeur de dessin, Édouard Weisandt. Il suit d'abord des cours du soir de dessin, puis s'inscrit à l'École des métiers d'art, ancêtre de l'École des arts décoratifs de Strasbourg. Lors de l'inauguration du nouveau bâtiment en 1892, il reçoit des éloges pour ses travaux alors qu'il est inscrit dans la classe « décoration ».

En 1897, après ses études à l'Académie des arts illustrés de Munich, où il acquiert le sens aigu de la peinture décorative, Henri Loux revient en Alsace avec en poche le diplôme de « Kunstmaler » (artiste-peintre). Il parcourt alors la région dans tous les sens, retient ce qui l'émerveille et l'émeut : gens de la

CI-DESSOUS Qui en Alsace, et même en Lorraine, n'a pas chez soi un service « Obernai » signé Henri Loux ?

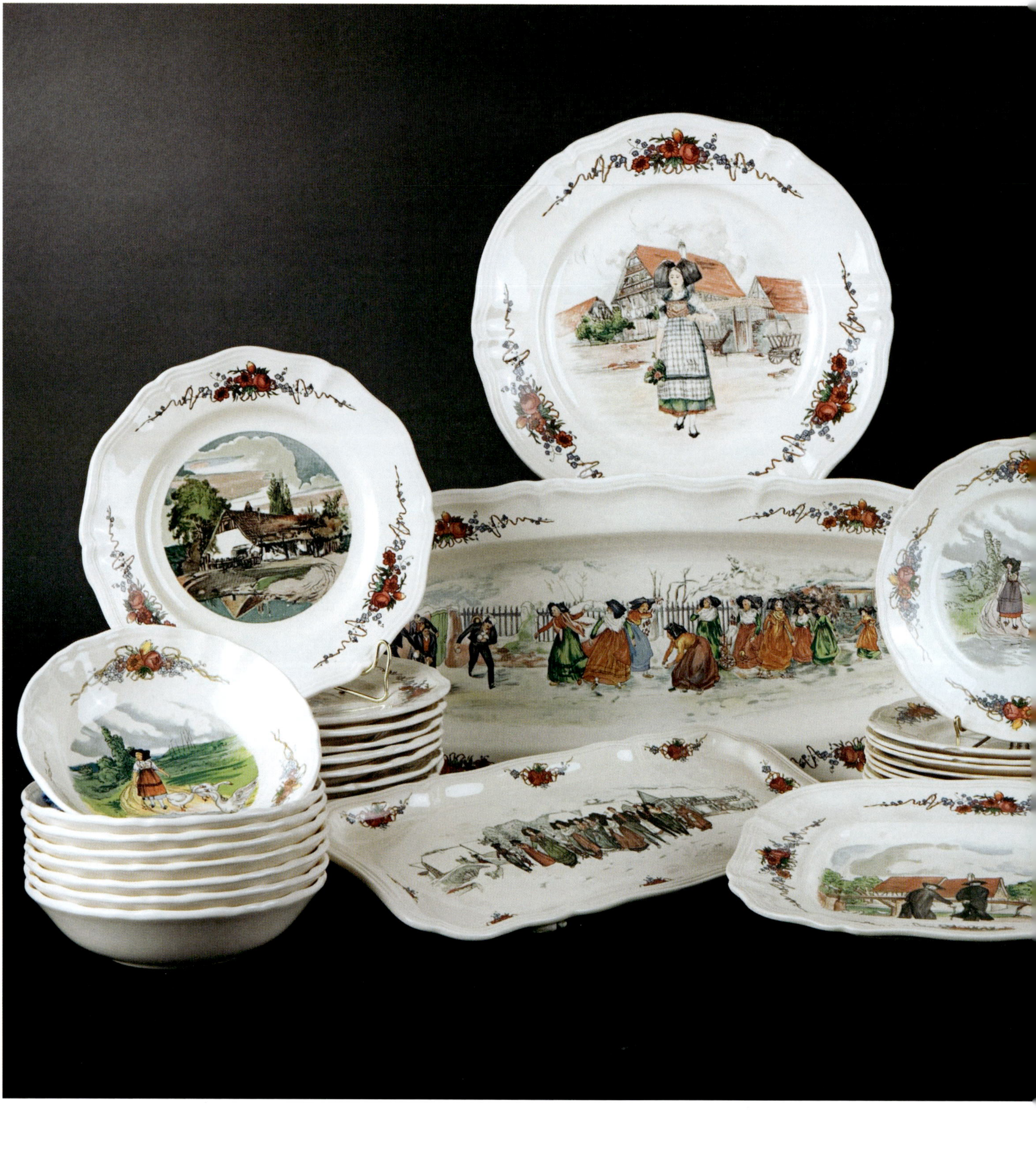

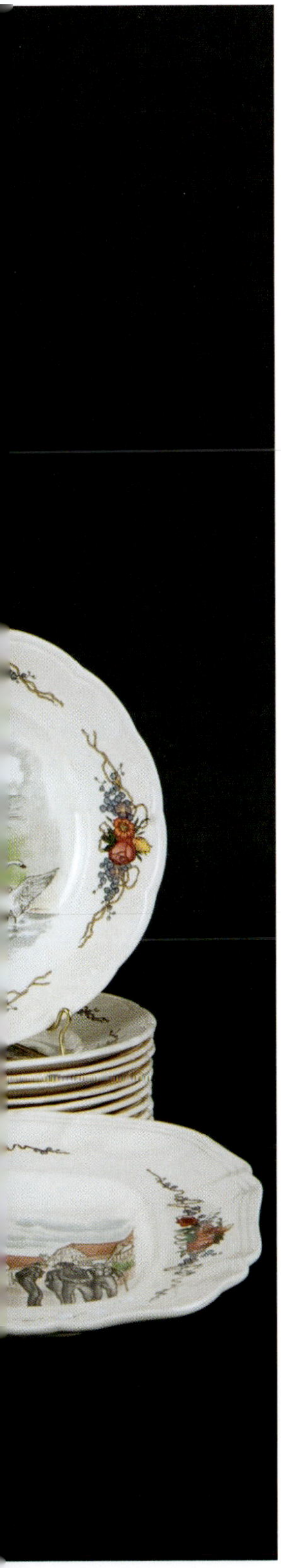

campagne, costumes pittoresques, scènes villageoises, maisons à colombage. « Il demeure attaché aux villages et à l'entourage de son enfance : toute son œuvre est un hymne au terroir de sa jeunesse », notent encore ses biographes Béfort et Gastebois. Il se voit alors confier de nombreux travaux artistiques comme l'illustration d'un petit guide humoristique à travers Strasbourg, en 1898, la création d'une affiche pour la présentation d'un vaudeville de Goethe, *Die Fischerin*, puis l'illustration de la couverture d'un recueil de poésies de François Xavier Neukirch, *s'Pfiffel vum e Meiselocker*. Il crée la page de couverture (utilisée jusqu'en 1918) de l'*Almanach agricole et viticole*, et des vignettes qui seront reproduites jusqu'en 1939.

En octobre 1903, Loux s'associe à Wilhelm Scheuermann pour éditer les *Neue Elsässer Bilderbogen* (*Nouvelles Pages alsaciennes illustrées*). Sur les traces de Charles Spindler et Joseph Sattler, qui avaient créé de 1876 à 1878 les *Elsässer Bilderbogen*, la revue se charge de faire « revivre l'art entre les Vosges et le Rhin ». Faute de moyens, elle cesse de paraître en 1904. Mais son grand œuvre, le plus populaire, sera le décor de vaisselle Obernai, pour lequel il réalise cinquante-six sujets, reproduits sur les différents objets, fabriqués par les Faïenceries de Sarreguemines et aujourd'hui par les Manufactures de Lunéville-Saint-Clément.

À l'origine, la Faïencerie de Sarreguemines, Utzschneider et Cie, recherchait un artiste pouvant créer de nouveaux décors pour la vaisselle. En 1902, elle sollicite Charles Spindler qui, trop occupé, transmit la demande à Gustave Stoskopf, qui lui-même la propose à Henri Loux. Les esquisses de ce dernier furent bien vite acceptées, et Loux séjourne quelques mois à Sarreguemines pour réaliser ses premiers objets : des cruches, des assiettes décoratives, des plats apparurent en 1903 sous le nom de « Loux ». Lorsqu'un aubergiste d'Obernai souhaita acquérir un service de table complet avec les sujets d'Henri Loux, ce dernier fut rappelé à l'usine pour compléter la série du décor qui prit le nom de « Obernai ».

Revenu à Strasbourg-Neudorf, Henri Loux s'acharne à travailler. Mais il est atteint d'une insuffisance cardiaque et est hospitalisé en 1906. Il décède le 19 janvier 1907. Tout au long de sa vie, Loux vécut chichement ; le loyer de son appartement sera payé par la pension de veuve d'instituteur de sa mère. Ironie du sort : pour son œuvre la plus fameuse, le service Obernai, il n'était rémunéré qu'à la pièce, comme décorateur, pour le temps passé à la faïencerie, et n'obtint nul intéressement à son succès.

Au début des années 1920, sa mère, en proie à des difficultés financières, demandera aux amis artistes de son fils, notamment Charles Spindler, d'intervenir auprès de la direction de la Faïencerie pour qu'elle reçoive une participation aux bénéfices des ventes réalisées grâce aux œuvres dessinées par Henri. Elle n'aurait reçu en retour qu'un service à café...

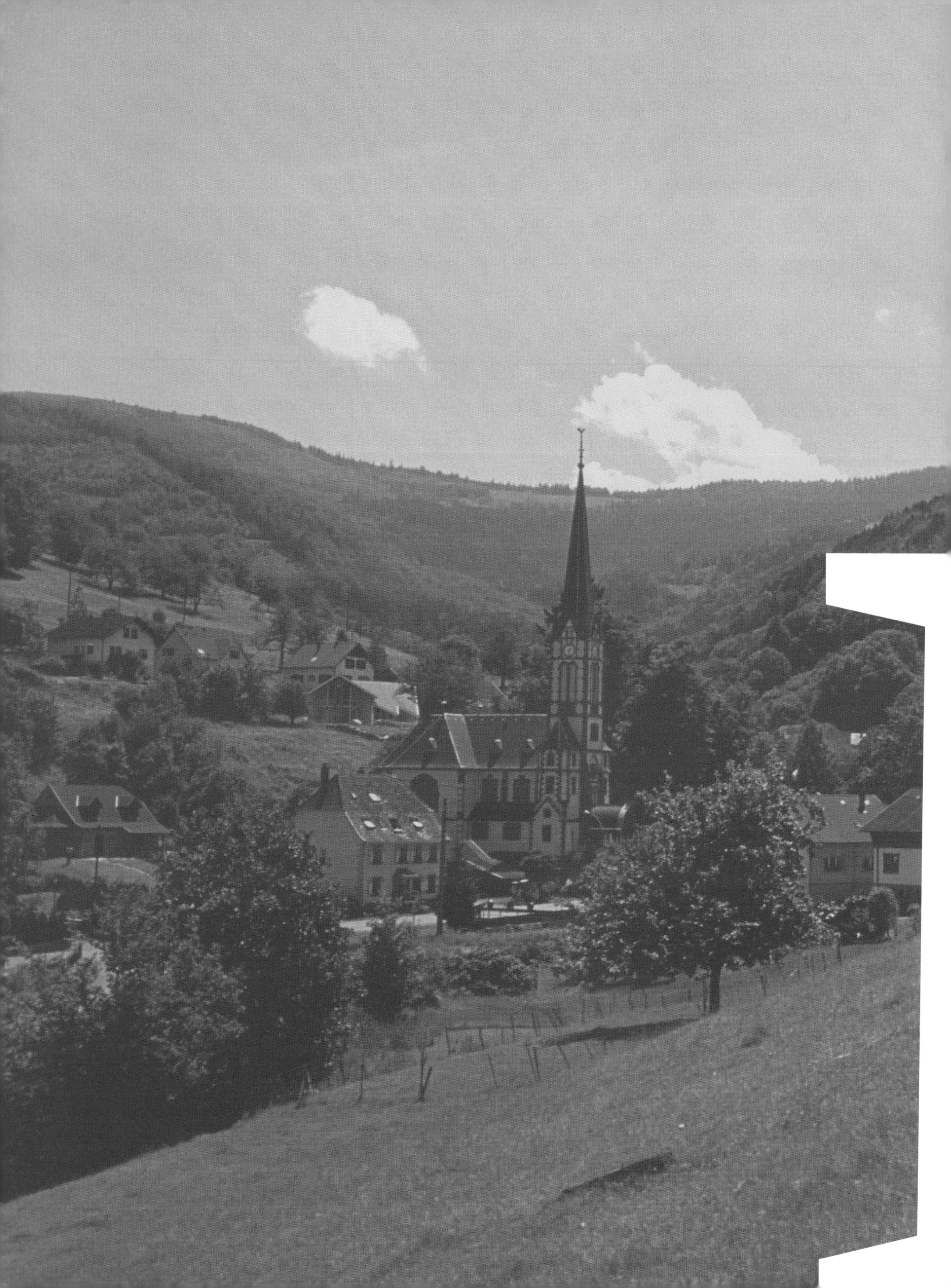

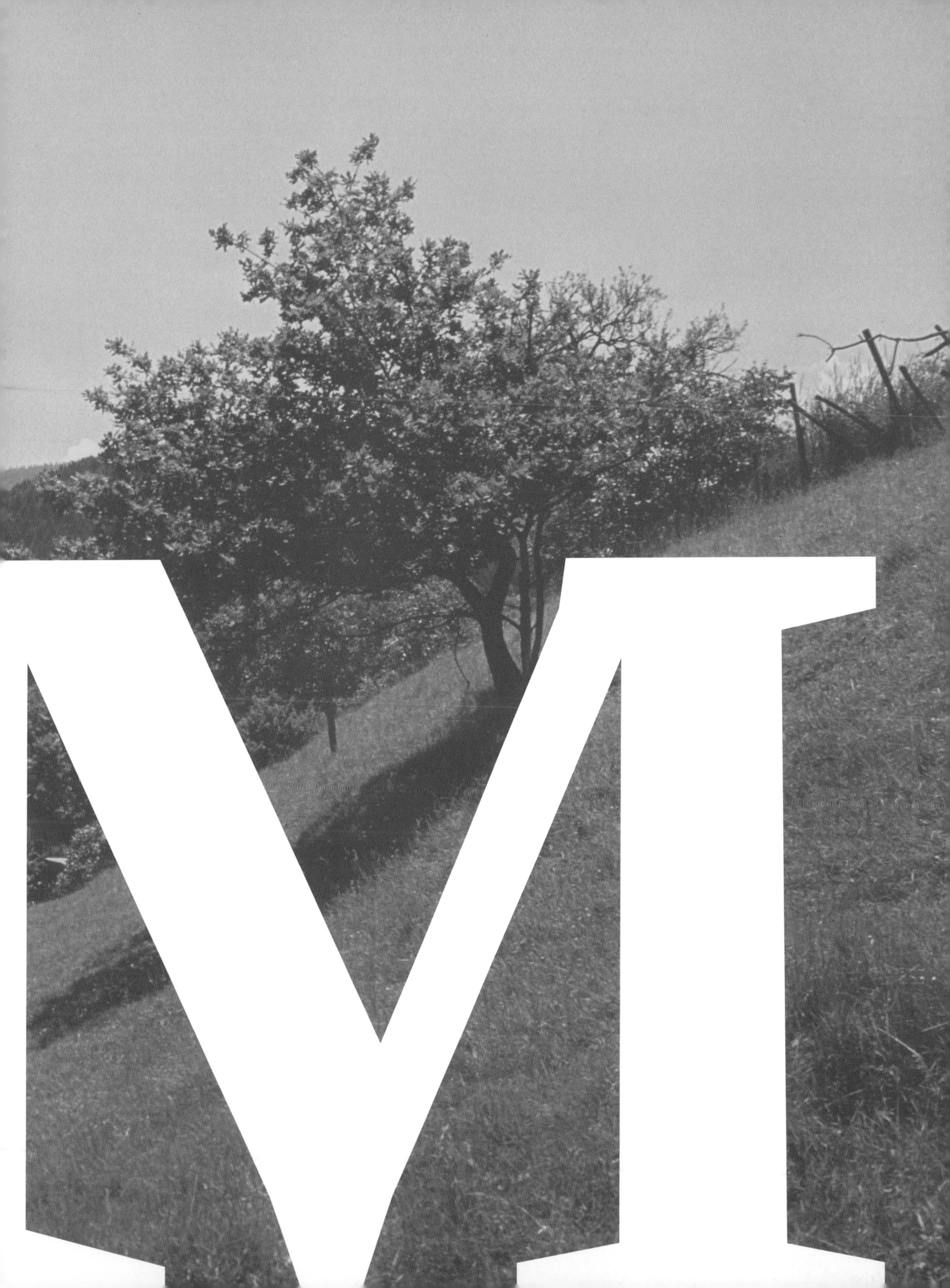
VI

Chantée par Mme Marie SASSE, et Mr FAURE

sur le Théâtre Impérial du Grand Opéra.

La Marseillaise

Edition Populaire à 15 c.

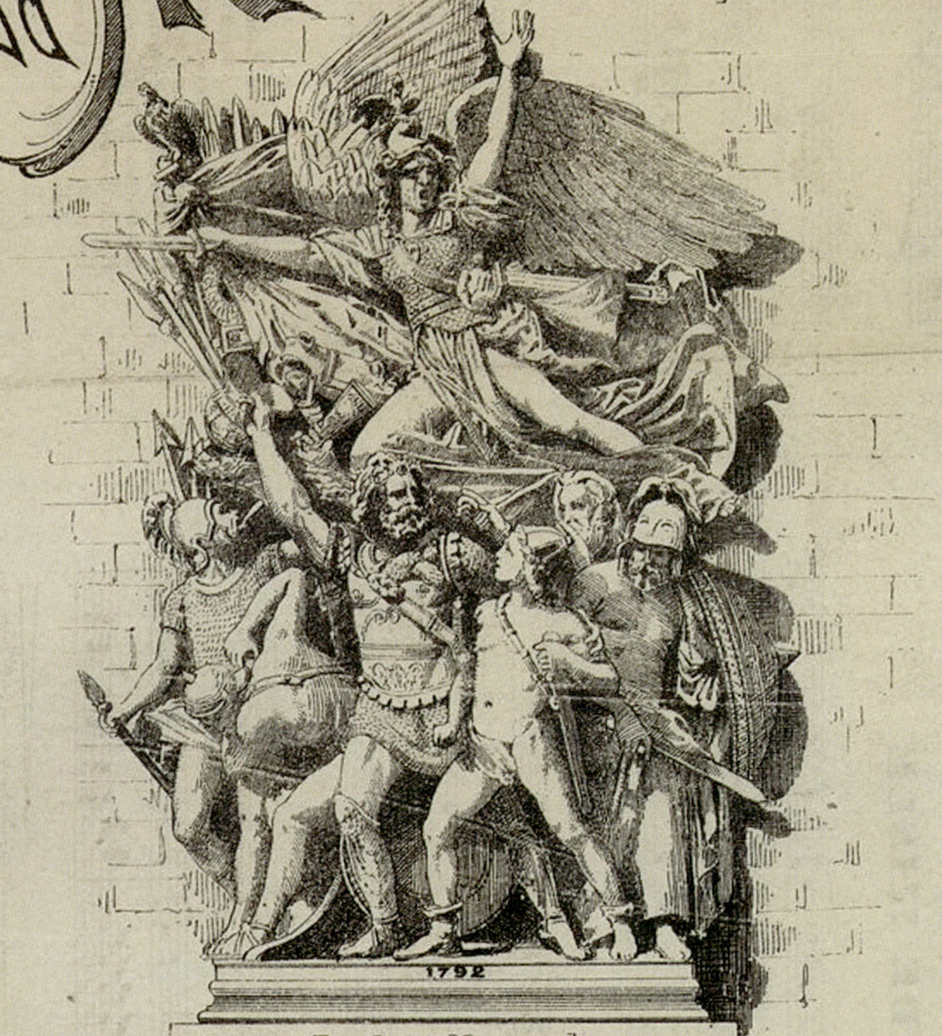

Paroles et Musique de

ROUGET de L'ISLE

Paris, Mme Ve MARQUERIE, Editr. Passage de l'Opéra, Galerie du Baromètre, 14.

Impr. Trinocq R. Albouy 23.

BIBL. NAT. EST.

CI-CONTRE Ce chant de l'Armée du Rhin, qui deviendra l'hymne national grâce au capitaine Rouget de Lisle (1760-1836), est entonné pour la première fois à Strasbourg le 29 avril 1792 dans le salon des de Dietrich.

MARSEILLAISE (LA)

Allons enfants de la patrie
Le jour de gloire est arrivé!
Contre nous de la tyrannie
L'étendard sanglant est levé...
[...]
Tremblez, tyrans et vous perfides
L'opprobre de tous les partis
Tremblez! vos projets parricides
Vont enfin recevoir leurs prix!
Tout est soldat pour vous combattre
S'ils tombent, nos jeunes héros
La France en produit de nouveaux,
Contre vous tout prêts à se battre
[...]
Amour sacré de la patrie
Conduis, soutiens nos bras vengeurs
Liberté, Liberté chérie
Combats avec tes défenseurs!
Sous nos drapeaux, que la victoire
Accoure à tes mâles accents
Que tes ennemis expirants
Voient ton triomphe et notre gloire!

Ce fut le *Chant de l'armée du Rhin* avant de devenir *La Marseillaise*. J'ai sous les yeux la reproduction du tableau d'Isidore Pils présenté à Paris au Salon de 1849, où l'on trouve encore l'écho et la ferveur née de la Révolution de 1848. C'est: *Rouget de l'Isle chantant pour la première fois* La Marseillaise *chez Dietrich maire à Strasbourg*, une huile sur toile de 74 centimètres sur 91, exposée au musée des Beaux-Arts de Strasbourg, profitant d'un dépôt du musée du Louvre. Voilà le type même de peinture populaire et pédagogique dans la veine hagiographique, très franco-patriotique, bien vue, bien faite et sans bavure, reproduite dans tous les manuels scolaires. Rien ne manque, avec la lumière qui semble venir du ciel et éclairer le chanteur, la main droite sur le cœur, l'autre brandie comme un étendard. À son côté, sur son fauteuil, jambe repliée, le visage tendu, attentif comme jamais, Frédéric de Dietrich, maire de la ville, élu avec 80 % des suffrages en 1790.

Nous sommes le 29 avril 1792, dans un salon plutôt austère qui se trouve non à l'hôtel de ville, mais juste en face, dans la maison du maire – ce que relate une plaque, place de Broglie, apposée sur les murs de l'actuelle Banque de France. Il y a une dame (Mme de Dietrich?) brodant quelques notes sur un instrument à cordes (piano, clavecin?) et le regard fervent des bourgeois présents, dont les yeux se portent tous, de façon à la fois impatiente et curieuse, vers le capitaine Rouget de Lisle. Celui-ci (1760-1836) a travaillé toute la nuit précédente à son chant ardent qui doit galvaniser les troupes conquérantes de la Révolution. Homme de culture des Lumières, descendant d'une dynastie industrielle de Niederbronn, Dietrich a, lui, rallié l'opinion publique strasbourgeoise à l'idée d'une révolution tranquille et consensuelle. Il a notamment organisé la fête de la Fédération, en juin 1790, qui a rassemblé quarante mille gardes nationaux venus des dix départements de l'Est. C'est lui qui a poussé Rouget, son protégé, à composer un hymne à la gloire de l'armée révolutionnaire.

La réalité dépasse sans nul doute le symbolisme du tableau. Si l'on en croit une lettre que Mme de Dietrich adresse à son frère Pierre Ochs, membre de la municipalité de Bâle, c'est Frédéric, son mari lui-même, qui aurait chanté l'hymne composé par Rouget de Lisle alors qu'elle l'aurait accompagné au clavecin, comme sur la composition de Pils. Quant à la musique, elle serait non pas de Rouget, mais du musicien Ignace Pleyel, ou encore inspirée d'un air populaire en vogue sur la partie supérieure du Rhin. Et le chant lui-même aurait été transporté de Strasbourg à Montpellier par le Dr Mineur, futur général en Égypte et chargé de recruter des volontaires vers le front, puis chanté par ce dernier à Marseille, le 22 juin 1792, adopté ainsi par les volontaires marseillais. Reste que la légende est plus forte que l'anecdote, et la grande histoire emporte tout sur son passage, y compris la destinée de ses protagonistes, mal servis dans leur rôle de héros républicains.

Trop modéré, en recherche sans cesse de consensus, contesté par les Jacobins à la Société des amis de la Révolution, puis soupçonné de trahison après qu'il eut envoyé, en août 1792, une adresse de fidélité au roi, Frédéric de Dietrich est arrêté par l'Assemblée législative. Jugé à Besançon, d'abord acquitté, il est maintenu en prison, transféré à Paris, cité à comparaître devant le Tribunal révolutionnaire, enfin condamné à mort le 28 décembre 1792 pour complot avec les ennemis de la Révolution. Dès le lendemain, il est guillotiné, absurdement, a-t-on envie de préciser, comme si toutes les têtes tombées durant la Terreur ne relevaient pas elles aussi de l'absurde. Mais il est vrai que ce bourgeois éclairé aurait sans doute gagné en gloire après le Consulat et l'Empire, s'il avait pu être épargné et clamer, comme Sieyès, « j'ai vécu ». Mais avec des si…

« C'était pendant la révolution en 1792. Le maire de Strasbourg, un dénommé Dietrich, invita [...] Rouget afin d'étonner ses invités [...]. C'est avec une émotion palpitée que l'audience entendit une chanson de circonstance dont le souffle patriotique balaya les cœurs qui avaient échappé à la guillotine. Comme notre Rouget avait, par atavisme sans doute, un accent marseillais très prononcé, on appela son œuvrette : " La Marseillaise". »

TOMI UNGERER

L'ALSACE EN TORT ET DE TRAVERS,
L'ÉCOLE DES LOISIRS, 1988

CI-DESSOUS Le bel hôtel de ville du XVIe siècle, en lequel Montaigne voyait un « palais magnifique et tout doré ».

MULHOUSE

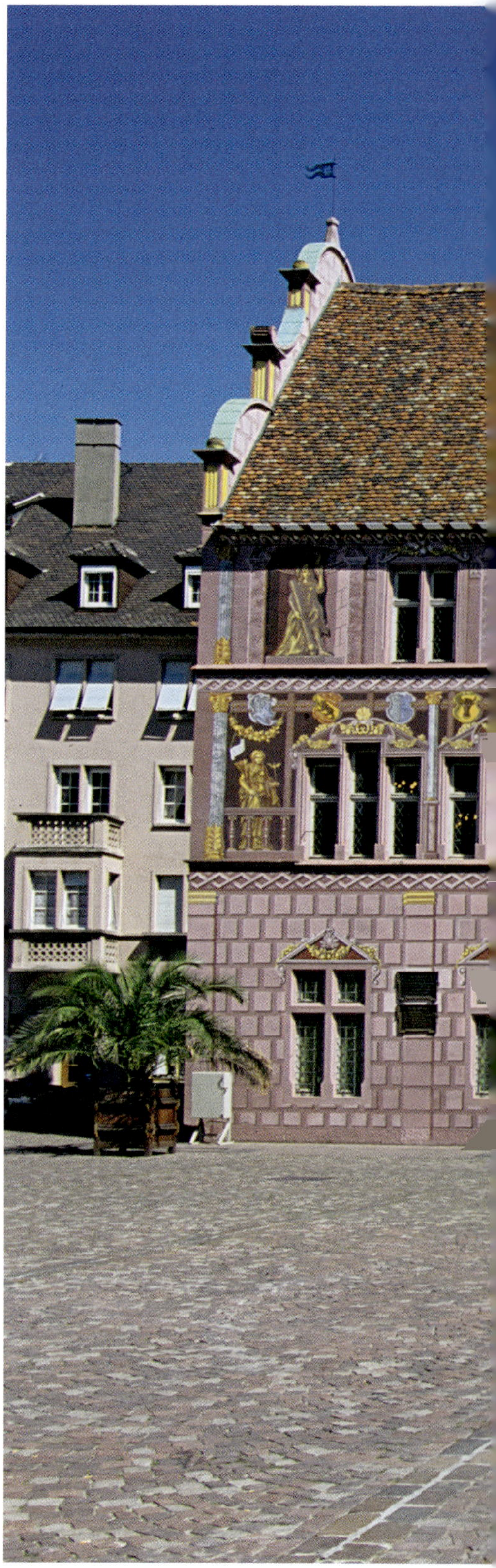

Elle est la mal-aimée des grandes villes d'Alsace. Détruite partiellement, reconstruite au gré de l'industrialisation locale, elle fut « la » capitale du textile, le Manchester alsacien. Elle se glorifie à juste titre de ses musées nombreux, celui des Beaux-Arts, des tissus et de l'impression sur étoffes, du chemin de fer ou de l'automobile. Mais son vieux centre charmeur est un peu esseulé entre la rue des Franciscains et la place de la Réunion.

Je ne résiste pas à l'envie de raconter l'anecdote de ce directeur d'hôtel muté ici même qui voulait quitter son poste au Frantel, face à la gare, et à qui il revenait de trouver un successeur. Il avait ainsi fait venir un de ses collègues pour une journée, était allé le chercher au train, avait travaillé toute la journée avec lui, et, quelques minutes avant son départ, l'avait emmené place de la Réunion, en lui disant : « Tu vois, toute la ville est comme ça. »

Le subterfuge n'avait pas marché. Mais l'hôtelier en question, Yann Caillère, devenu l'un des patrons du groupe Accor, après un tour du monde, d'Assouan à Washington, en passant par Eurodisney, en rit encore. Évidemment, la ville vaut mieux que ça. Il y a ladite place de la Réunion – nommée ainsi pour célébrer la réunion de Mulhouse à la France, en 1798, soit cent cinquante ans après le traité de Westphalie –, son bel hôtel de ville du XVIe siècle, en lequel Montaigne voyait un « palais magnifique et tout doré ». Mais aussi le temple Saint-Étienne de style néogothique, qui a conservé de beaux vitraux du XIVe siècle, enfin de nombreuses demeures anciennes, dont la maison Mieg, ornée de peintures murales helvètes, la pharmacie du Lys de 1649 et l'ancien siège de la corporation des tailleurs.

Cette grand-place ne manque pas de majesté. Elle conduit à maints ruelles, passages, venelles, qui inclinent à la déambulation piétonnière. La winstub Henriette dans la rue du même nom (dû au premier bébé, la petite Henriette Raber, né après la réunion de Mulhouse à la France) est l'un des jolis rendez-vous en ville. Passage de l'Hôtel-de-Ville, rue des

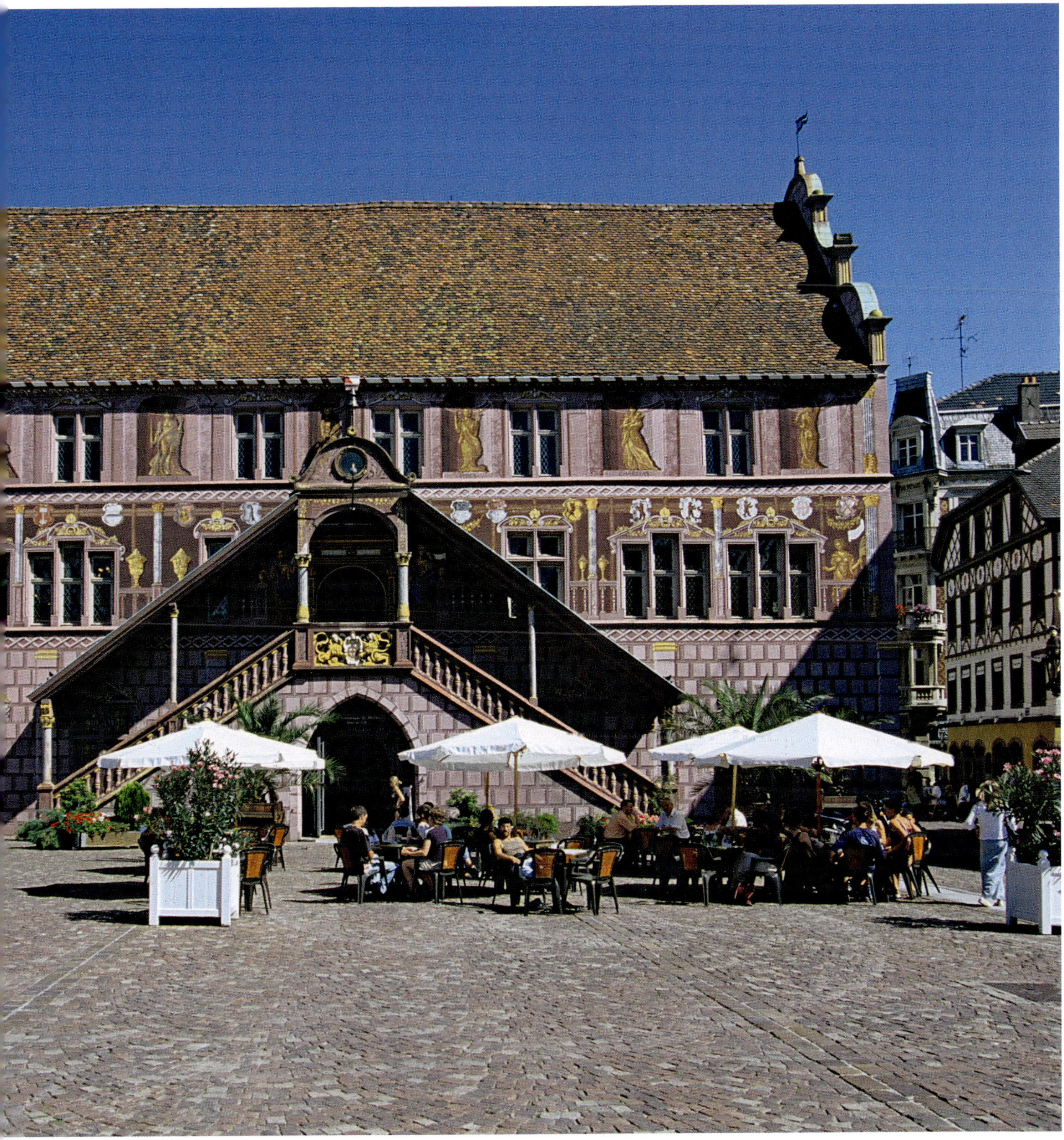

Boulangers, rue des Tanneurs, du Bourg, des Trois-Rois ou du Raisin. Ou encore square du Steinbach, face au bel hôtel du Parc, résidence Art déco qui appartint aux frères Schlumpf, fameux pour leurs collections de voitures : tout ici incite à la flânerie songeuse.

Comme la tour ancienne du Bollwerk, édifice d'angle médiéval, reste de remparts, mieux que la tour de l'Europe avec ses trente étages qui incite au coup d'œil jusqu'à la Forêt-Noire et détournerait plutôt d'une vraie promenade en ville. Née à l'époque gallo-romaine, carrefour au confluent de la Doller et de l'Ill, elle se développe grâce au textile. Les bienfaiteurs de la cité ? Quatre jeunes gens, Samuel Koechlin, Jean-Jacques Schmaltzer, Jean-Jacques Feer et Jean-Henri Dolffus, qui imaginèrent, en 1746, de créer une manufacture d'indiennes, toiles peintes comme en Orient, alors qu'en France cette activité réservée était le monopole de la Compagnie des Indes. Elle n'est rattachée à la France qu'à sa demande, ainsi que le réclameront d'autres villes libres de l'époque révolutionnaire, telles Avignon et Montbéliard. Bref, industrieuse et riche d'histoire, Mulhouse vaut mieux qu'une visite rapide à laquelle son austérité apparente la condamne.

Il faut se glisser vers l'ancienne promenade des Remparts, déboucher sur la rue des Franciscains, découvrir l'ancienne résidence citadine des nobles de Tagolsheim et se laisser charmer. Puis s'ébahir de la beauté aristocratique de la cour des Chaînes, de son corps de logis, de ses deux ailes. Et lorgner la cour de Lorraine, ses sculptures de grès rose, où travailla Oberkampf, le futur créateur de la toile de Jouy, enfin détailler la belle maison Lowenfels de 1764, mais aussi l'église Sainte-Marie, seul reste de l'ancien couvent des Franciscains qui donne son nom au quartier. Mulhouse l'austère est une caverne aux trésors qui se découvre peu à peu.

Un table italienne fameuse (Il Cortile), un bar à bière avec sa belle enseigne (Gambrinus), une taverne au pittoresque achevé (les Franciscains) achèvent de convaincre de faire halte au cœur de la vieille ville. Comme les belles échoppes et antiquaires de la proche rue des Tanneurs. On ne manquera non plus de remarquer, dans ce qu'on nomme encore le Nouveau Quartier, même s'il date du XIXe siècle, le square de la Bourse, abritant le noble bâtiment de 1827 du siège de la société industrielle qui logeait une bourse au coton. L'ensemble ne manque pas d'allure avec ses colonnades rouges, qui se veulent une réplique des arcades de la rue de Rivoli à Paris. Même si elles lui donnent l'allure d'un faux Bologne du Grand Est.

On parlait encore des musées, sa grande richesse. Celui dédié à l'impression sur étoffes, rue Jean-Jacques-Henner, dans un immeuble de 1882, conte la gloire de la ville, reine du tissu, comme du papier peint (son annexe, consacrée à ce dernier, contenant 130 000 documents présentés à l'occasion d'expositions temporaires, se trouve à Rixheim, en proche banlieue, dans une ancienne commanderie de l'ordre Teutonique).

Un mot sur la Mulhouse champêtre et noble à la fois, celle du Rebberg, une sorte de colline chic qui abrita jadis le vignoble de la ville, et, depuis le

CI-DESSOUS Une noble demeure néo-gothique, mais alsacienne, sur la chic colline du Rebberg.

XIXe siècle, les belles maisons de sa discrète bourgeoisie, noyées dans la verdure. Villa mauresque, demeure à colonnes et portiques, cottage à l'anglaise ou faux manoir élisabéthain s'y égrènent à plaisir. Il ne faut pas hésiter à se perdre dans le Rebberg, à se hausser derrière les grilles et pousser les portes vers les jardins. La Mulhouse chic et belle, secrète et magique, qui fit rêver Marcel Schneider, lointainement originaire du lieu, est là, tranquille, bien au chaud dans son mythe et ses souvenirs.

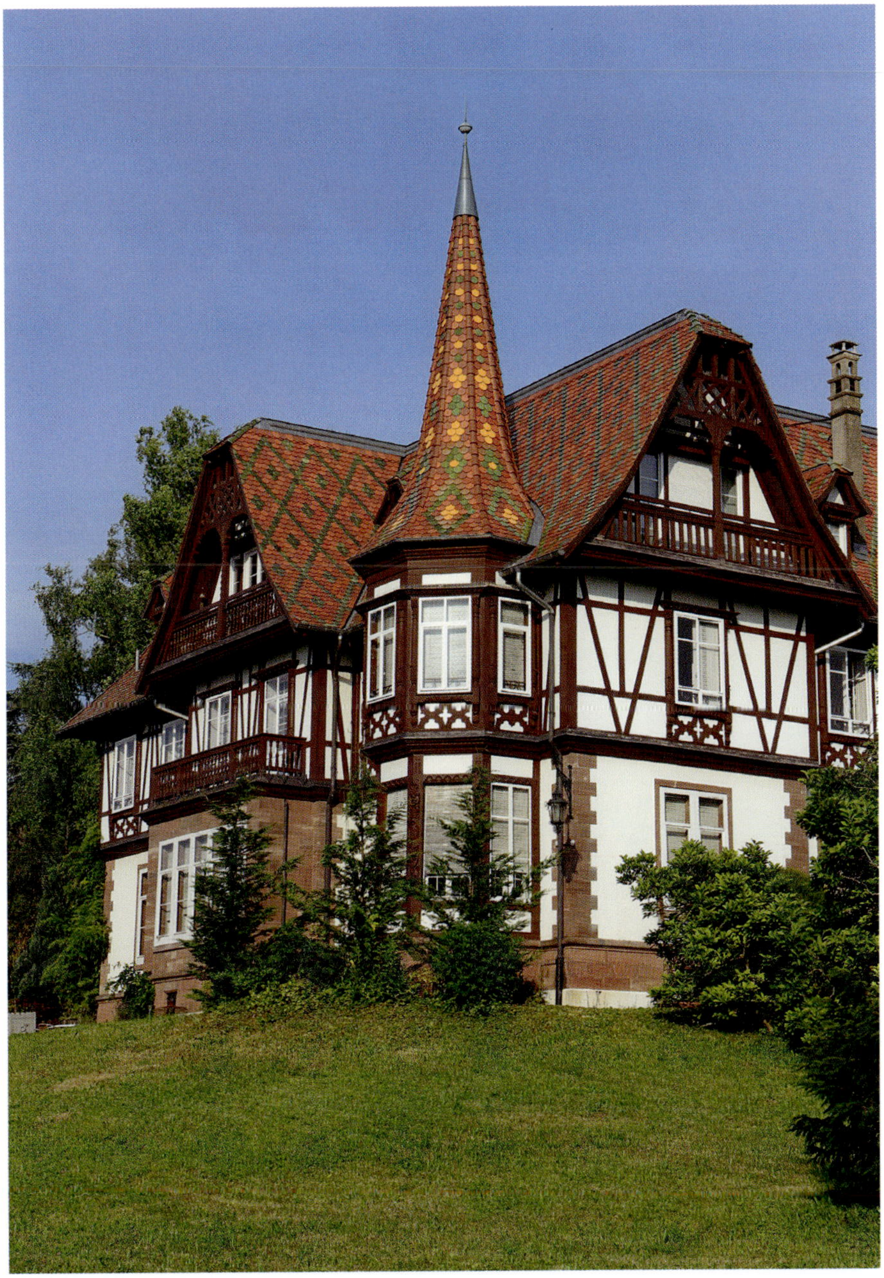

« L'Alsace, c'est comme les toilettes, c'est toujours occupé. »

TOMI UNGERER

« Il parle en allemand, mais il sabre en français. »

NAPOLÉON
À PROPOS DU GÉNÉRAL KLÉBER

MULLER (GERMAIN)

Je l'ai connu tard, trop tard sans nul doute, pour pouvoir me targuer d'avoir vu le « vrai Germain ». Personnage haut en couleur, le visage rond et rubicond, le regard volontiers exorbité, atteint par l'abus de whisky et de cigarettes, il possédait, à la fin de sa vie, des airs de Falstaff mêlé de sphinx bonhomme et alsacien. Il vous regardait en coin, vous jaugeait de son œil malicieux, mi-ouvert, mystérieux, en clin d'œil familier.

Oracle, homme de scène et de réflexion, il était celui dont on prenait l'avis lorsqu'on tentait de comprendre la région. Il avait préfacé la réédition de la Psychanalyse de l'Alsace, chez Alsatia, de Frédéric Hoffet (voir cette entrée) en un texte qui demeure un classique et que je ne cesse de relire pour mieux comprendre et lui et l'Alsace. Cet ouvrage, qui était son vade-mecum, il le prêtait à tous ceux qui venaient lui rendre visite avant de visiter l'Alsace et ne s'étonnait guère d'avoir dû le racheter au moins dix fois. « Mon Hoffet, qui m'a encore fauché mon Hoffet ? » s'amusait-il, soulignant qu'ici « le contraire est toujours vrai ».

Homme de gauche, ex-militant puis compagnon de route du PCF, il devint le « ministre de la Culture » de Pierre Pflimlin, maire de Strasbourg, auquel il vouait une fidélité indéfectible. Il avait créé l'Opéra du Rhin, réalisé, en 1963, l'achat de La Belle Strasbourgeoise par la ville de Strasbourg, lors d'une vente chez Sotheby's, donnait des gages de bonne volonté, sinon toujours des subventions, aux artistes d'ici, avait contribué à lancer Roger Siffer et la future troupe de la Choucrouterie dans le grand bain de la chanson/parodie. Homme d'honneur et humaniste, ouvert à chacun, il rappelait que l'Alsace, une et indivisible, est d'abord différente, avant d'être compréhensible.

Né en 1923, disparu trop tôt, selon la formule en usage, en 1994, Germain Muller, que tout un chacun à Strasbourg nommait simplement « Germain », fut poète avant tout, mais aussi dramaturge, chanteur, fan de Charles Trénet (on se souvient de son Steckelburjer Swing), portant le chapeau sur l'arrière du crâne, comme son idole, chansonnier, animateur du populaire cabaret strasbourgeois « De Barabli » (« parapluie », prononcé en alsacien), présentant sketches et revues en langue alsacienne. En quatre-vingts représentations annuelles, ses spectacles mêlaient danses, chansons, saynètes et satire politique, attirant quelque quatre-vingt mille spectateurs.

Le nom de son cabaret venait de la ruse d'un officier français qui, aidé par le légendaire abbé Wetterlé, Alsacien militant et francophile ardent, avait trouvé le moyen infaillible de distinguer les Allemands des Alsaciens dans la masse des prisonniers faits au sein des rangs prussiens lors des premières attaques de 1914. Aux uns et aux autres, il désignait un parapluie, leur demandant : « De quoi s'agit-il ? » Les Alsaciens répondaient « S'isch a Barabli », ce qui leur permettait d'être sinon réengagés au service de la mère patrie, du moins de bénéficier

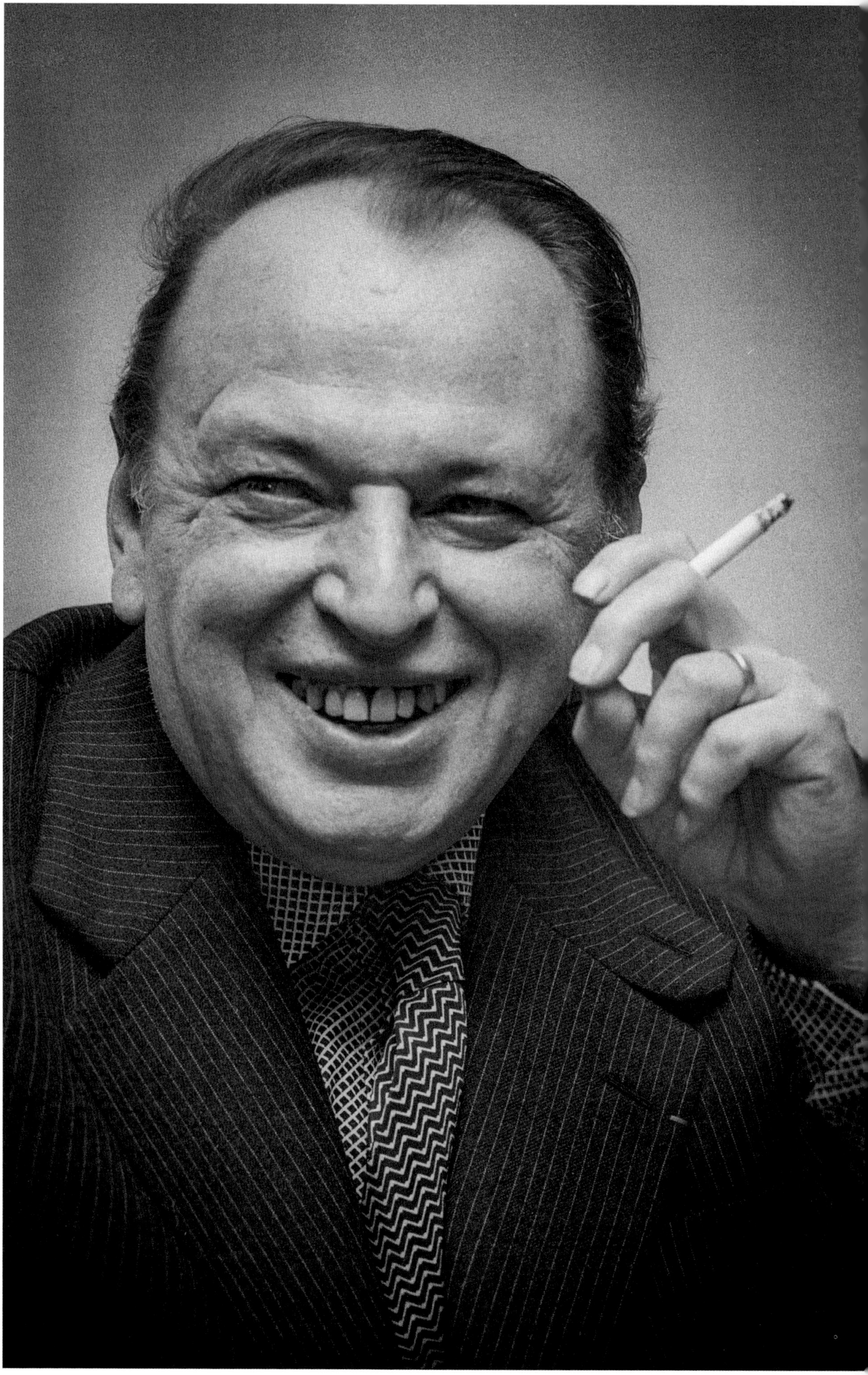

CI-CONTRE Homme d'honneur et humaniste, ouvert à chacun, Germain Muller rappelait que l'Alsace, une et indivisible, est d'abord différente, avant d'être compréhensible.

d'un régime favorable, alors que les Allemands disaient « Regenschirm » ou les Badois simplement « Ein Schirm ».

Élevé dans le sud de l'Alsace, dans sa famille originaire de Ranspach, étudiant à Strasbourg, saisi tôt par le démon du spectacle, au grand dam de son père, Germain, comme beaucoup d'Alsaciens de son âge, fut incorporé de force dans la Wehrmacht. En octobre 1943, il déserte, gagne la Suisse, connaît plusieurs fois la prison. Il rentre à Strasbourg en 1944, dans les bagages de la 1re armée, sous les ordres du général de Lattre de Tassigny, au même moment que ses amis, le futur ministre André Bord et le chanoine de la cathédrale Pierre Bockel.

Après le conflit, il est engagé par Radio-Strasbourg comme speaker bilingue. Il produit des émissions de variétés et fréquente les cabarets politico-satiriques comme celui, alémanique, d'Alfred Rasser, à Bâle. Après avoir rencontré sa future épouse, la speakerine Dinah Faust, il créa, en 1946, son cabaret « De Barabli », associant satire, chanson et danse, avec la complicité musicale de celui qui sera son vieux compagnon, Mario Hirlé.

En 1949, sa pièce maîtresse, Enfin... redde m'r nimm devun ! – « Enfin... n'en parlons plus ! » –, retrace les événements vécus par les Alsaciens durant la dernière guerre sur le mode humoristique. Bien des gens s'y reconnaîtront et cette revue deviendra son œuvre fétiche. De la même façon, le refrain de sa chanson emblématique exprimant le regret d'une Alsace en voie de disparition : « Nous sommes les derniers, les tout derniers qui parlons encore tel que bec nous a poussé » (« Mir sin d'Letschte, d'Allerletschte von denne Laetze wo noch so babbele wie 'ne der Schnawwel gewachsen ësch »), deviendra une manière d'hymne alsacien dialectal.

Germain se reconnaîtrait-il dans l'Alsace d'aujourd'hui ? À la fois moins dialectale, plus franchouillarde, plus métissée... Roger Siffer et les siens, dont beaucoup ont démarré au Barabli (comme Cathy Bernecker, Dédé Flick), ou d'autres, plus modernes d'allure (comme Cookie Dingler, le truculent auteur de *Femme libérée*), continuent de reprendre ses thèmes, de se moquer de l'Alsace qui nie sa nature, de ses travers politiques, de sa peur d'être elle-même. Jouant à sa façon vive et truculente, volontiers hénaurme, Roger est, sans doute, le Germain Muller du XXIe siècle.

MUNSTER (VALLÉE DE)

Quand on dit Munster, on croit d'abord parler fromage. Il y a bien sûr ce fort fromage de vache à pâte molle et croûte lavée qui « sent fort ». Sa création est attribuée à des moines irlandais qui en auraient légué la recette dès le IXe siècle au couvent bénédictin dédié à saint Grégoire, lequel aurait donné naissance à la ville de Munster (Haut-Rhin). Cette création se serait perpétuée dans les fermes de la haute vallée de Munster qu'on nommait alors Val Saint-Grégoire, puis aurait proliféré sur le versant lorrain des Vosges, d'où son deuxième nom de Géromé, emprunté à la fraîche cité de Gérardmer face au lac, fameuse pour sa fête des Jonquilles. Mais Munster, c'est bien plus que cela : un pays entier, déroulant son tapis de verdure montueux et ondulé depuis la ville, austère, qui porte son nom. Souvenirs d'Albert Schweitzer et de son ermitage, de ses promenades et de sa cure à Gunsbach, de Voltaire en son chêne, mais encore ruines de la maison du marquis de Coubertin à Luttenbach. Et puis, fermes-auberges accueillantes du Gaschney ou de Hohrodberg, schlitteurs de Sondernach, de Soultzeren ou de Muhlbach (où un musée est consacré au convoyage du bois en traîneau), fermes-marcaires de Stosswihr, de Kruth, de Breitenbach, ou encore bûcherons, jadis venus du Tyrol, de Mittlach.

La réforme y pénétra, tôt, au XVIe siècle. La Première Guerre mondiale y laissa des traces terribles, détruisant maisons et villages, anéantissant la ville de Munster à 85 %. Mais le sel de la vallée, sa belle nature ne se quantifient pas. Cet air de bonheur en lisière des villages, au long des sentiers forestiers, lorsque le marcheur entend tinter les cloches des vaches à l'approche des troupeaux. Odeur, encore, de cheminée qui fume, contrastant avec l'air vif des Hautes Chaumes, à plus de mille mètres. Dans les fermes qui reçoivent le flâneur des Hautes Vosges, le repas marcaire (de *Malker*, faiseur ou trayeur de lait) tourne autour de quelques standards de base : soupe de légumes, charcuterie d'ici, tourte de porc marinée au vin blanc, filet de porc fumé ou collet, munster blanc et frais, flanqué de crème et de sucre, arrosé de kirsch, nommé « siaskas », tarte aux myrtilles. Ils comblent les bonnes faims. Et l'on s'en délecte sans y chercher du raffinement.

La simplicité rayonnante d'une demeure bon enfant, où tout se fait en famille, où tout se livre avec le sourire, les produits estampillés maison, les vins choisis, l'ambiance ludique, la terrasse aussi qui a vue depuis les montagnes jusqu'à la plaine du Rhin : voilà ce qu'on trouve par exemple à la Ferme-Auberge Buchwald où officie en chœur la famille Wehrey. Celle-ci est ouverte tous les week-ends, « hors saison », jusqu'à la mi-novembre. C'est là une sorte de bout du monde, mais qui a gardé sa belle nature, à 1 050 mètres d'altitude. Ce que vous mangerez là ? Une fine tourte à la viande hachée, fine comme sa croûte, avec sa salade bien assaisonnée, les pommes de terre longuement cuites dans la cocotte

CI-DESSOUS C'est le pays des balades douces près des cols amicaux, des chaumes sauvages, des fermes muées en auberges et des ballons complices.

en fonte, avec des oignons et des lardons, les fameux roïgebrageldi, qu'on croque telle une friandise, si moelleux, mais encore les pommes de terre coiffées de munster, servies dans leur cocotte brûlante, les bibelaskäse aux airs de lait caillé aux herbes, le collet de porc fumé.

Un bonheur simple, tel que le reflète la douce vallée de Munster.

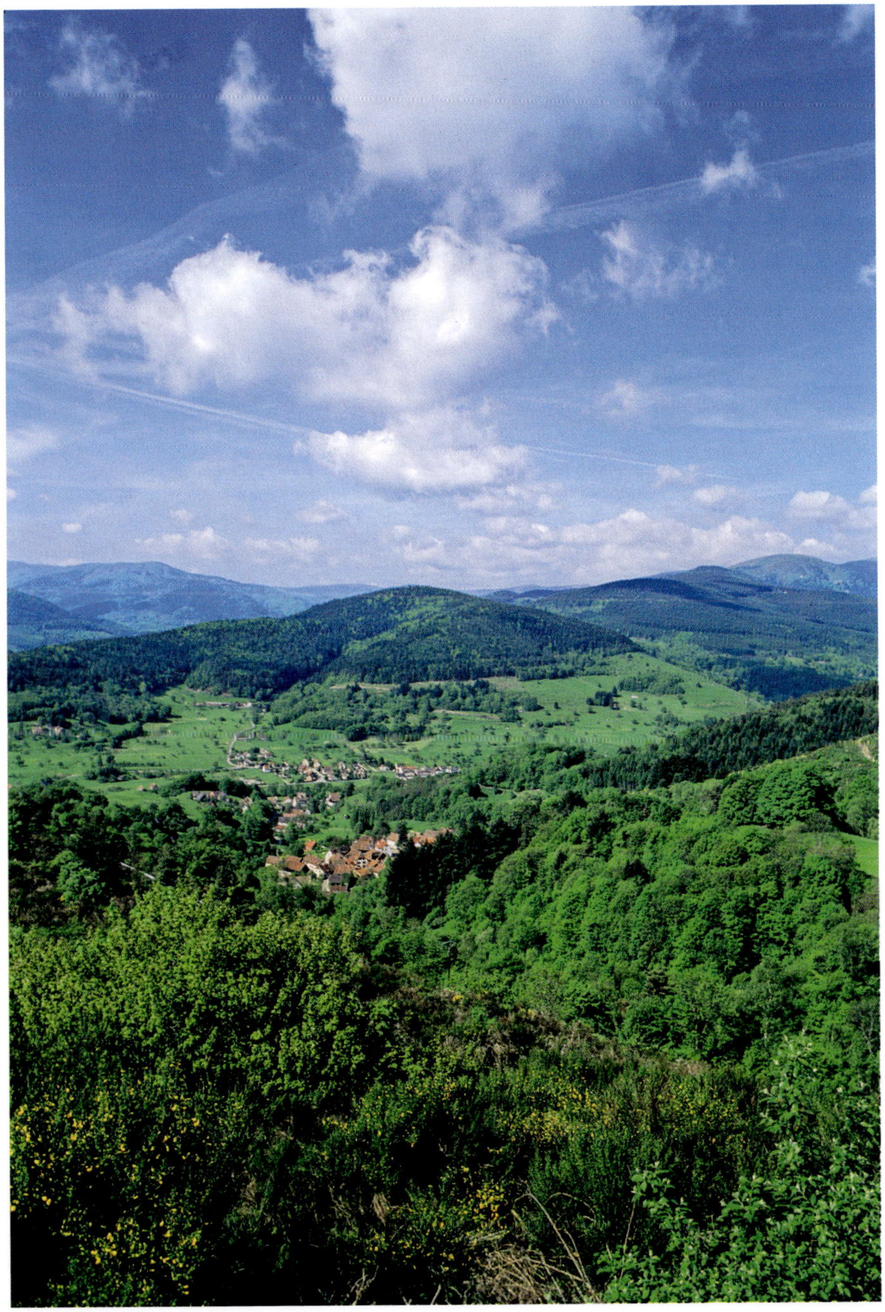

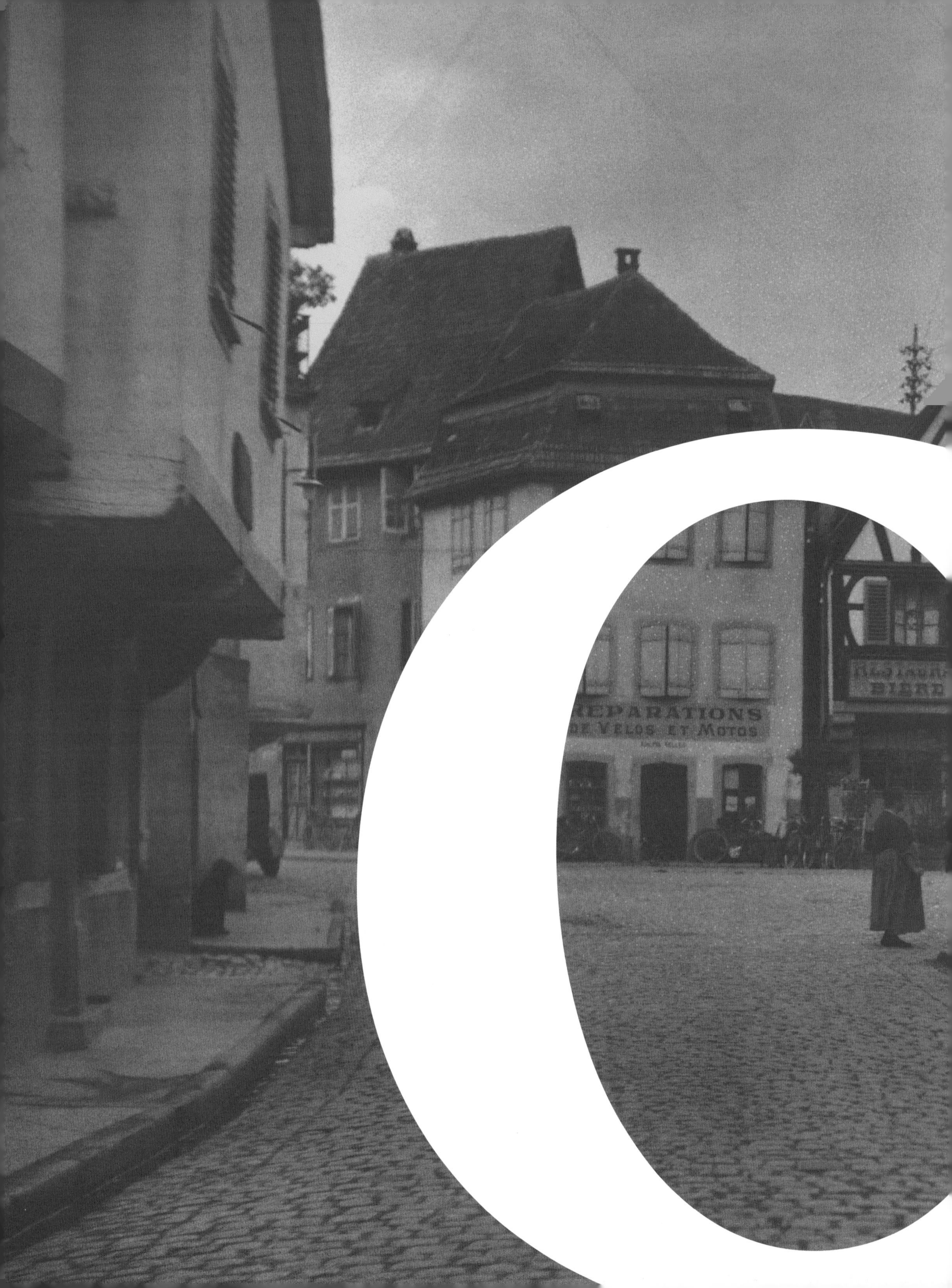
REPARATIONS
DE VELOS ET MOTOS

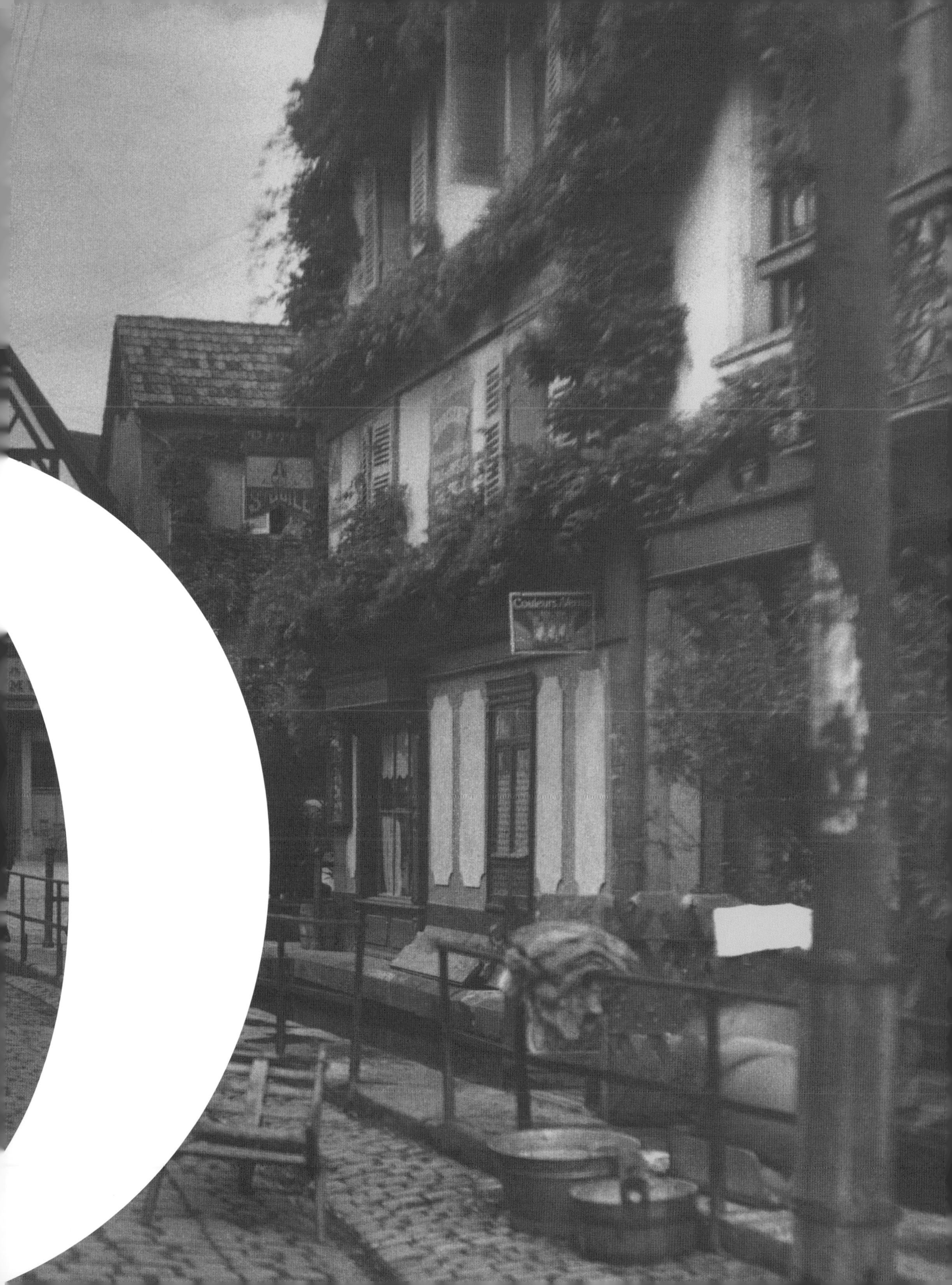
Couleurs

OBERNAI (ET LE MONT SAINTE-ODILE)

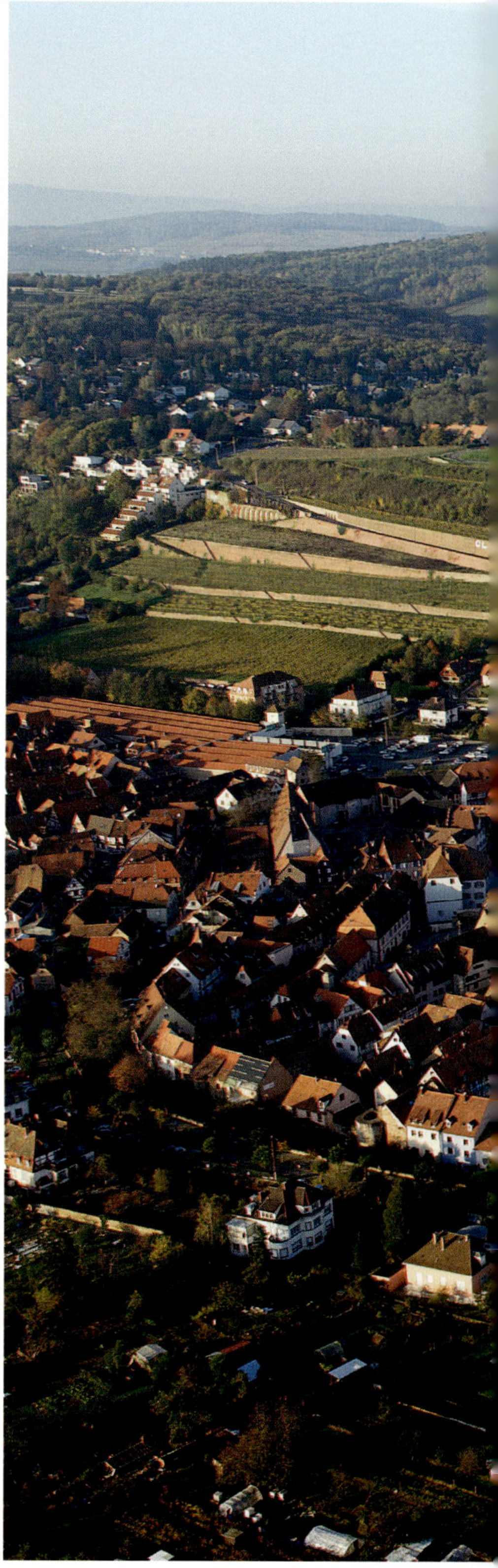

Cette petite ville, avec ses quelque onze mille habitants, riche, profuse, convoitée, sans cesse guettée par le grand tourisme, pourrait à bon droit revendiquer le titre de cœur de l'Alsace. Il y a sa situation, non loin du Rhin et de Strasbourg, au pied des Vosges, au milieu exact de la région. Et puis sa grand-place modèle, ses venelles, ses demeures anciennes, ses édifices religieux, églises ou synagogue, ses bâtiments témoins, son proche mont Sainte-Odile, la vigne, la bière, les eaux-de-vie, les hauts lieux où se déversent les hordes de visiteurs par milliers, mais aussi les lieux de vie d'une Alsace au quotidien.

Disons-le d'un trait: Obernai pourrait résumer l'Alsace. Il y a là une architecture éclectique, précieuse et soignée, Renaissance et médiévale, parfaitement conservée, ses promenades ombragées, ses rues et ruelles encombrées de souvenirs, ses granges dimières, ses hôtels, auberges, winstubs, tavernes, échoppes avenantes et gourmandes, ses trésors cachés. Sa fierté aussi.

En 1562, l'empereur Ferdinand est reçu par le bourgmestre de la ville qui lui fait goûter un vin local pour lequel il le complimente. Ce dernier de lui révéler que les Obernois possèdent un vin meilleur encore, mais qu'ils le gardent pour leur consommation personnelle. L'empereur, gardant son quant-à-soi, offre au bourgmestre un pistolet en lui conseillant d'en faire cadeau au quidam qui, d'aventure, se révélerait plus effronté que lui. D'où ce « vin du pistolet », dont quelques vignerons de la ville, dont le domaine Seilly, poursuivent la tradition sur le coteau argilo-calcaire du Schenkenberg et qui rassemble quelques-uns des cépages nobles d'ici.

Pour prendre la mesure des choses, il faut longer les remparts Foch, symbole de son système

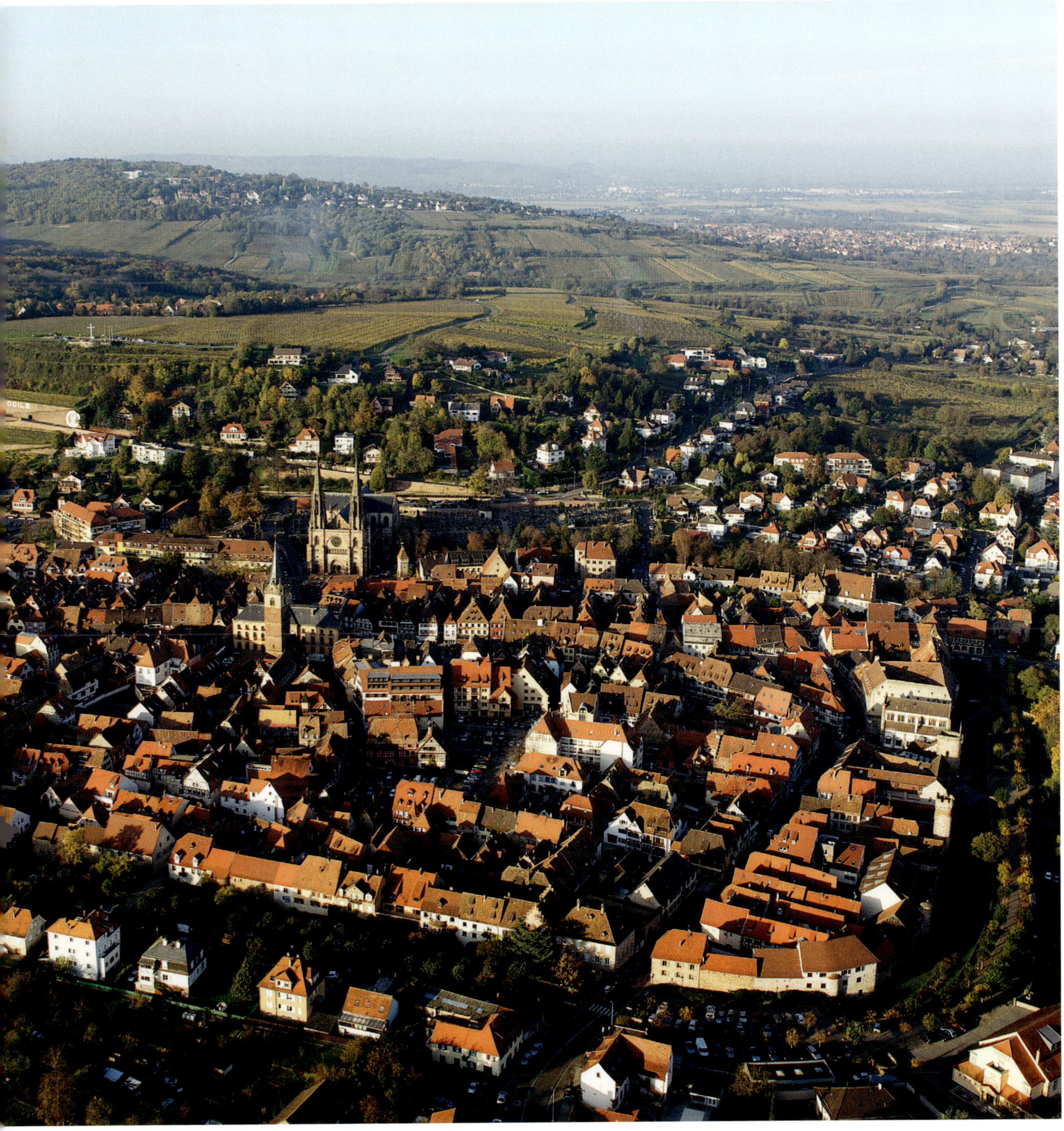
ODILE

défensif de jadis : cette tour ronde à bouche de canon, à créneaux et merlons, date de 1545. Ou encore le rempart Freppel dédié à l'évêque d'Angers (1827-1891), né ici même, mort en France durant l'annexion et dont le cœur, selon son vœu propre, fut enfermé dans une niche de la proche église Saint-Pierre-et-Saint-Paul, juste après la Première Guerre mondiale et le retour de l'Alsace à la France.

Le « clou » d'Obernai, c'est bien sûr sa place du Marché, parfait décor de théâtre, avec sa fontaine de 1903 portant une statue de sainte Odile, son hôtel de ville de 1520-1530, agrandi d'une aile néogothique au milieu du XIXe, face à son puits à six seaux datant de la Renaissance, signé Henri Ottmann et Conrad Miller, sans oublier, bien sûr, l'ancienne Halle aux Blés de 1554, qui fut tour à tour boucherie, grenier à grains, arsenal municipal, et a été transformée en brasserie populaire. On n'aurait garde d'oublier le beffroi, dit Kappelturm, ancienne tour d'une chapelle, qui la domine depuis sa flèche de 72 mètres.

Pour prendre de la hauteur depuis le vieux centre, ses ruelles torves, le cours de l'Ehn, ses placettes pittoresques (de l'Étoile, des Fines-Herbes), sa synagogue de 1876 toujours en fonction, rien de plus facile : il suffit de gagner le vignoble tout près et d'aborder au proche mont Sainte-Odile. Les parages d'Obernai méritent de jolies déambulations buissonnières. Léonardsau et le château d'Oberkirch, qui abrita la fameuse baronne, mémorialiste du XVIIIe siècle, Ottrott, bourg vigneron divisé en haut et bas, qui culmine vers un château ruiné, le Rathsamhausen, ressemble lui aussi à un décor théâtral, à la fois baroque et soigné, avec ses rues bordées de lampadaires stylisés, enfin le mont Sainte-Odile.

On l'atteint par Klingenthal (« la vallée des lames », car on y fabriquait des armes blanches en sa manufacture royale au XVIIIe siècle), puis le mur païen de mystérieuse origine, avec son enceinte large de 1,60 à 1,80 mètre, haute de 3 à 5 mètres, érigée en blocs de grès, dont on suppose, mais sans certitude, qu'elle abrita un oppidum gaulois. On n'oublie pas le Birkenfels et son château du XIIIe siècle au donjon pentagonal, enfin le Landsberg, vaste ensemble architectural du XIe que domine un donjon roman carré, flanqué de deux tours rondes semi-écroulées.

Environné de vieux « burgs », de ruines secrètes, de pierres roses s'unissant au vert d'une immense forêt de sapins, le mont Sainte-Odile apparaît comme une éminence dominant, depuis ses 763 mètres, toute la plaine d'Alsace, le Rhin frontière, les villages alentour. Lieu de pèlerinage, il offre l'un des plus beaux belvédères qui soient sur la région. Fille du barbare Adalric, à qui la pieuse duchesse Bereswinde donne une fille, contre sa volonté, Odile naît aveugle vers 660. Exilée au couvent de Palma, à Baume-les-Dames, elle recouvre la vue à son baptême. Son père, repenti, lui offre le château de Hohenbourg pour faire un monastère féminin qu'elle dirigera d'une main ferme, multipliant les miracles, guérissant un lépreux, faisant jaillir une source claire d'un rocher sec.

La plus fameuse des descendantes d'Odile, Herrade, abbesse de Hohenbourg à partir de 1167, résuma les connaissances religieuses de son temps dans un livre précieux qui allait devenir le premier livre secret le plus prisé

CI-DESSOUS L'enseigne gouailleuse (signée Charly Barat, 1957-2010) de la Halle aux Blés.

d'Alsace : le *Hortus deliciarum*, ou « Jardin des délices ». « Ce livre, je le compose sous l'inspiration divine, en cueillant des fleurs de divers écrits, sacrés et profanes, comme une abeille qui butine et construit son rayon plein de miel. »

Sauvé des flammes lors de l'incendie qui ravagea le couvent en 1546, confié à la bibliothèque du château épiscopal de Saverne, le manuscrit se retrouva à la bibliothèque du Temple-Neuf à Strasbourg où il brûla durant le siège de 1870. Reste qu'il s'en trouve plusieurs exemplaires enluminés, notamment à la bibliothèque humaniste de Sélestat. Le mont Sainte-Odile naît, lui, officiellement en 1661 quand les moines de Saint-Gorgon, fidèles gardiens du tombeau de la sainte jusqu'à la Révolution, construisent un domaine à sa gloire.

Racheté en 1853 par l'évêché de Strasbourg, ce dernier ne sera plus un monastère, mais un lieu de pèlerinage avec son hostellerie dirigée par des prêtres, sa grande cour, son réfectoire, ses multiples chapelles, son cloître, son église, son chemin de croix, dessiné par Charles Spindler, et le chemin vers sa source dans les bois.

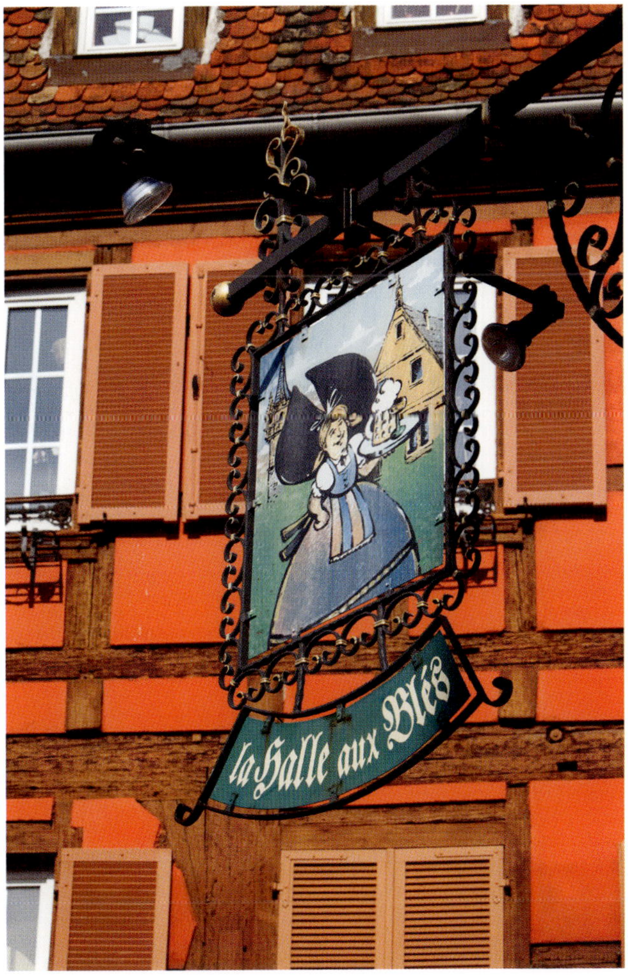

CI-DESSOUS Des maisons rurales à Kutzenhausen, typiques de l'Outre-Forêt.

OUTRE-FORÊT

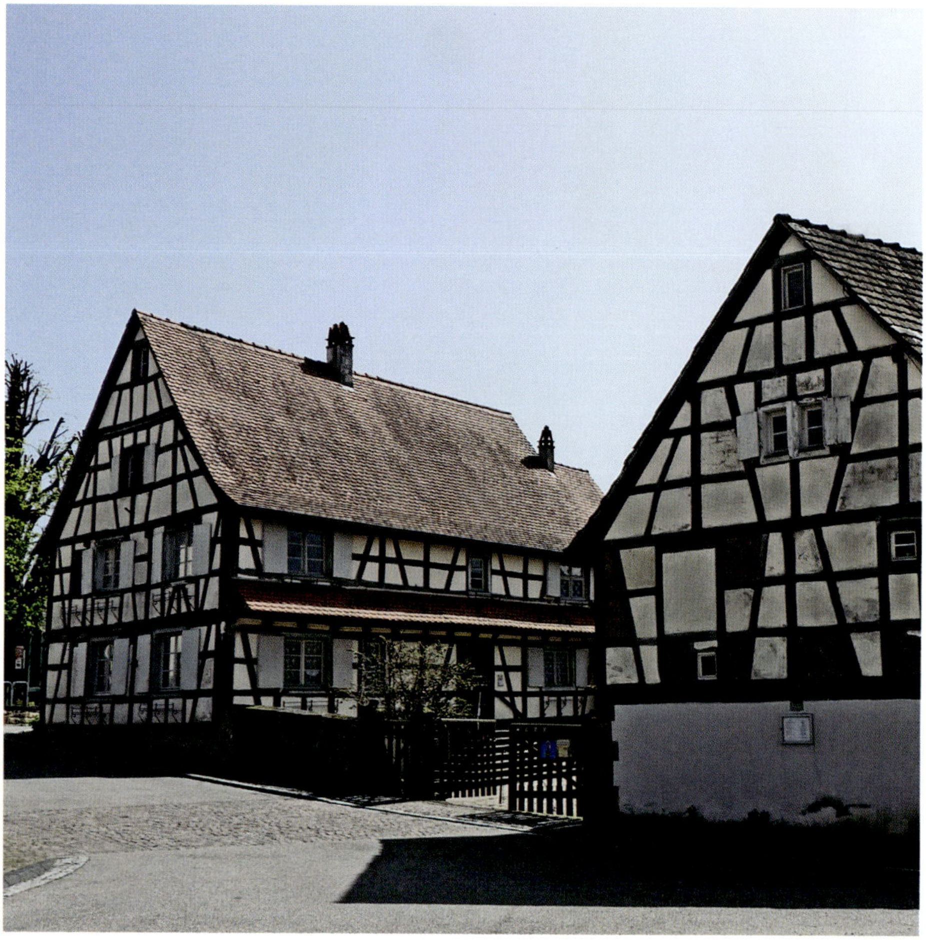

C'est l'au-delà de la ligne verte au nord d'Haguenau, cette grande forêt de 21 000 hectares aux racines anciennes – on fait remonter là les premières traces humaines à quelque huit mille ans –, riche en chapelles, ermitages et sites religieux de toutes sortes : une espèce d'Alsace idéale, ou encore une « Alsace dans l'Alsace », avec sa « route des villages fleuris », ses demeures pittoresques, ses bourgs enchantés. Hansi est allé là imaginer le décor de *Mon village, ceux qui n'oublient pas*. Et rien ne semble avoir changé depuis un siècle.

On imagine Erckmann et Chatrian sillonner les champs à pied, Jean-Jacques Waltz avec son chevalet ou encore vous et moi, entre deux villages, parcourir d'un champ de maïs à un champ de blé, ce qui paraît constituer comme un berceau du conservatisme à la mode alsacienne. Le fameux

« Streisselhochzeit » (le mariage au bouquet) a lieu chaque année, au début de l'été, à Seebach, glorifiant les costumes et coutumes d'autrefois, les métiers manuels, le labeur agraire et les vieilles demeures. Les voisins d'outre-Rhin, qui viennent de guère loin – Landau ou Bad Bergzabern sont la porte à côté –, sont ici comme chez eux.

Tout le monde ou presque pratique ici le dialecte. L'église protestante à pans de bois de Kuhlendorf, le tilleul de la liberté d'Hoffen de 1848, les eaux salées de Soultz-sous-Forêts et son presbytère bâti dans l'ancien château Geiger de noble allure, les fleurs si abondantes de Hohwiller, bâti sur une colline, avec sa belle église gothique aux riches peintures murales dans le chœur voûté d'ogives, sans omettre les villages de potiers de Soufflenheim et de Betschdorf : voilà quelques-uns de ses trésors. On les parcourt au pas du flâneur.

Je m'y suis hasardé plusieurs fois en randonneur heureux. J'y ai usé mes semelles en compagnie de Jean-Paul Kauffmann qui, entre deux voyages, entre la Bretagne et la Courlande, y retrouvait ses racines alsaciennes. Nous avions atteint, bien après Lichtenberg et son château fort, Morsbronn, fameux pour ses belles demeures anciennes au cœur du village, comme pour ses eaux thermales ; piqué vers Gundershoffen pour dormir au Cygne, dans un ancien moulin luxueusement remis à neuf, repris la route vers Niederbronn. C'est le point où l'outre-Forêt rejoint les Vosges du Nord, flirte avec le Palatinat.

Nous nous sommes trompés de chemin entre Lembach et Niedersteinbach, avons dérivé vers Hirschtahl, un village cousin, peut-être un peu plus neuf, un peu plus propret que les nôtres, côté Allemagne, sans crier gare. « *Felix culpa*, erreur heureuse », nota, en latiniste moralisateur, mon Jean-Paul Kauffmann, amusé de constater que les frontières, au gré des passages naturels, s'effacent. Est-ce là une Alsace rêvée ? Il y a sans doute de ça. J'aurais pu le mener vers le vignoble du Nord, entre Oberhoffen, Steinseltz, Riedseltz, Rott et Cleebourg, mais le temps manquait. Même si je suis sûr que ce petit vignoble indépendant et fier, 200 hectares, tout au plus, avec ses coteaux comme le Huttgass, Keimberg ou Karchweg, qui produisent des pinots noirs, gris ou blancs de qualité, n'aurait pas déplu à l'auteur du *Bordeaux oublié*.

Outre-Forêt vallonnée et variée, cachée ou préservée : elle est peut-être la « vraie » Alsace, celle que cherche le flâneur aguerri, qui a tout vu ailleurs, ou presque, en quête de trouvailles sans paillettes et d'authenticité.

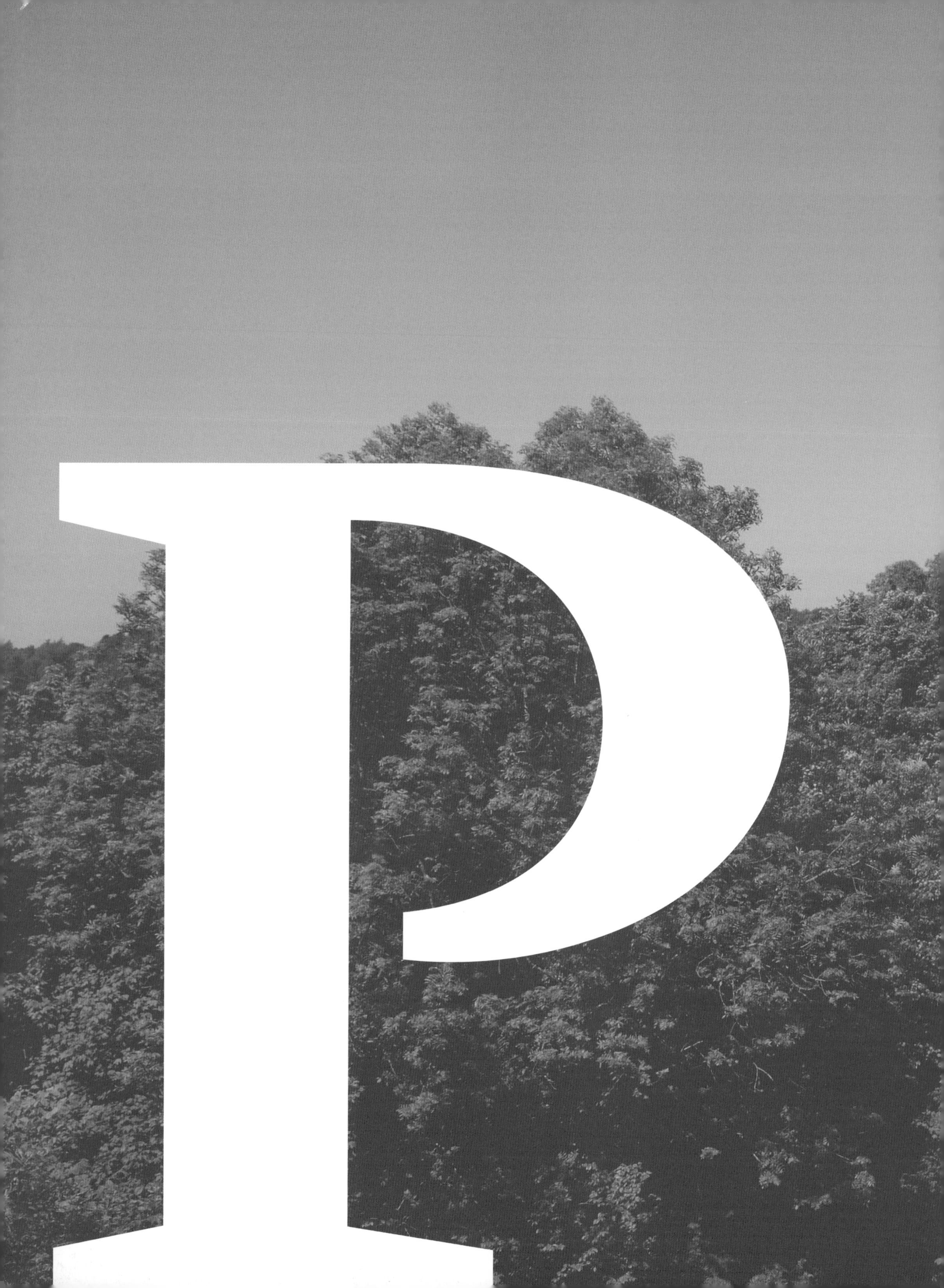
P

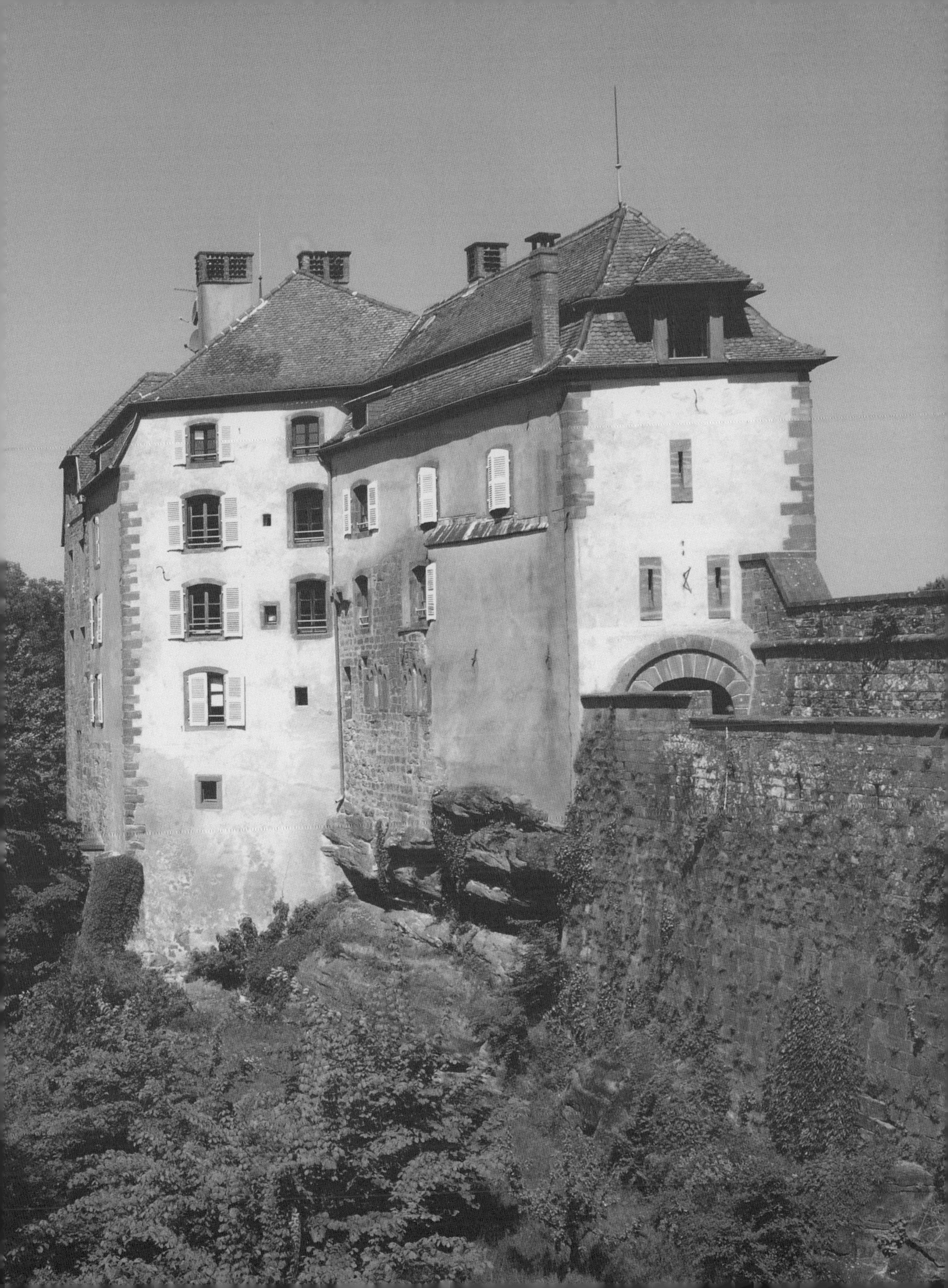

PAIN D'ÉPICE

Odeurs douces d'orange, de girofle, de gingembre, d'anis et de cannelle : elles évoquent le marché de Noël ou la Saint-Nicolas, cette période d'avant l'hiver qui culmine avec la fête autour du sapin. L'Alsace est colorée par les ors et les roux de l'automne, le paysage déjà enneigé, la vigne débarrassée de ses grappes. Les confectionneurs de pains d'épice font encore des miracles pour ranimer les images d'autrefois.

La métropole du genre est en Allemagne, avec le « lebkuchen » ou pain de vie de Nuremberg (Bavière). Mais les leckerlis de Bâle, comme ceux de Prague, de Drebecen en Hongrie ou de Torun en Pologne, sans oublier ceux de Dijon et de Reims, procèdent de la même tradition. Autant dire que le pain d'épice est une gourmandise du Grand Est. En Alsace, il apparaît dans les textes en 1412, alors que l'hôpital de Strasbourg recommande expressément de l'offrir à Noël aux lépreux. Jusqu'au XIVe siècle, il est fabriqué dans les couvents, avant de devenir, à partir de 1476, l'apanage des « Meister Lebzelter », ou maîtres pain d'épicier.

Si les boulangers-pâtissiers le vendent, certaines fabriques s'en font, à partir du XVIIIe siècle, une spécialité à part entière. Laumont, en 1801, dans *La Statistique du Bas-Rhin*, recense ainsi cinq fabriques de pains d'épice à Strasbourg, cinq à Barr, trois à Gertwiller, une à Sélestat. Peu à peu, ces fabriques disparaissent ou se déplacent. On en trouve encore à Traenheim, Molsheim, Châtenois. Mais c'est progressivement Gertwiller, au cœur du vignoble, à une trentaine de kilomètres au sud de Strasbourg, qui en devient la capitale. En 1900, on y recense neuf fabriques.

Elles sont deux aujourd'hui, qui se livrent une guéguerre non dite, évoquant celle opposant, en Bretagne, côté Finistère-Sud, les deux entreprises reines de galettes, Traou Mad et les Délices de Pont-Aven, dans la cité chère à Gauguin et à Émile Bernard. Il y a, à Gertwiller, Fortwenger, fondée en 1768 par Charles Fortwenger, qui expédiait déjà ses pains d'épice à Paris, maison reprise avec dynamisme par Gérard Risch dans les années 1980. Et puis Lips, fondée en 1945 (mais ce fut auparavant la maison Silbereisen, dont le stand de vente est illustré par Hansi dans *Mon village*) et que relance Michel Habsiger à partir de 1977.

La recette ? De la farine, du sucre, du miel, qui permettent d'élaborer une pâte mère que l'on fait reposer trois à six mois à température ambiante. Après malaxage et rajout de cannelle, anis étoilé, clous de girofle, pointe de muscade, zestes de citron et d'orange, la pâte passe dans une rotative qui lui donne sa forme. « Les pains d'épice sont cuits dans un four tunnel de plusieurs mètres dont la température varie entre 500° à l'entrée et 220° à la sortie. Ils peuvent être glacés au sucre ou enrobés de chocolat, puis séchés dans un tunnel conçu à cet effet » (*Histoire de pains d'épice*, de Sylvie Bucher et Michel Habsiger, éditions Hirlé, 2009).

CI-DESSOUS Et pourquoi ne pas accompagner le pain d'épice de la Saint-Nicolas d'un petit verre de gewurz ?

Les pains d'épice peuvent prendre toutes les formes possibles : en cœur, en nonette, en figurines, façon saint Nicolas ou plus simplement en petits biscuits ou allongés, façon cakes, décorés ou non de jolis noms ou d'inscriptions folkloriques. Ce qui était une gourmandise saisonnière, jadis, est devenu une fantaisie sucrée à déguster toute l'année. Ou à rapporter en souvenir. L'une des nouvelles stars du genre est d'ailleurs Mireille Oster qui a créé sa petite fabrique strasbourgeoise rue des Dentelles, à l'entrée de la très pittoresque Petite France. De chez Lips, Fortwenger ou Oster, le pain d'épice à la mode alsacienne devient non seulement une douceur de choix, mais le symbole d'une région savoureuse et sucrée attachée à ses odorantes traditions.

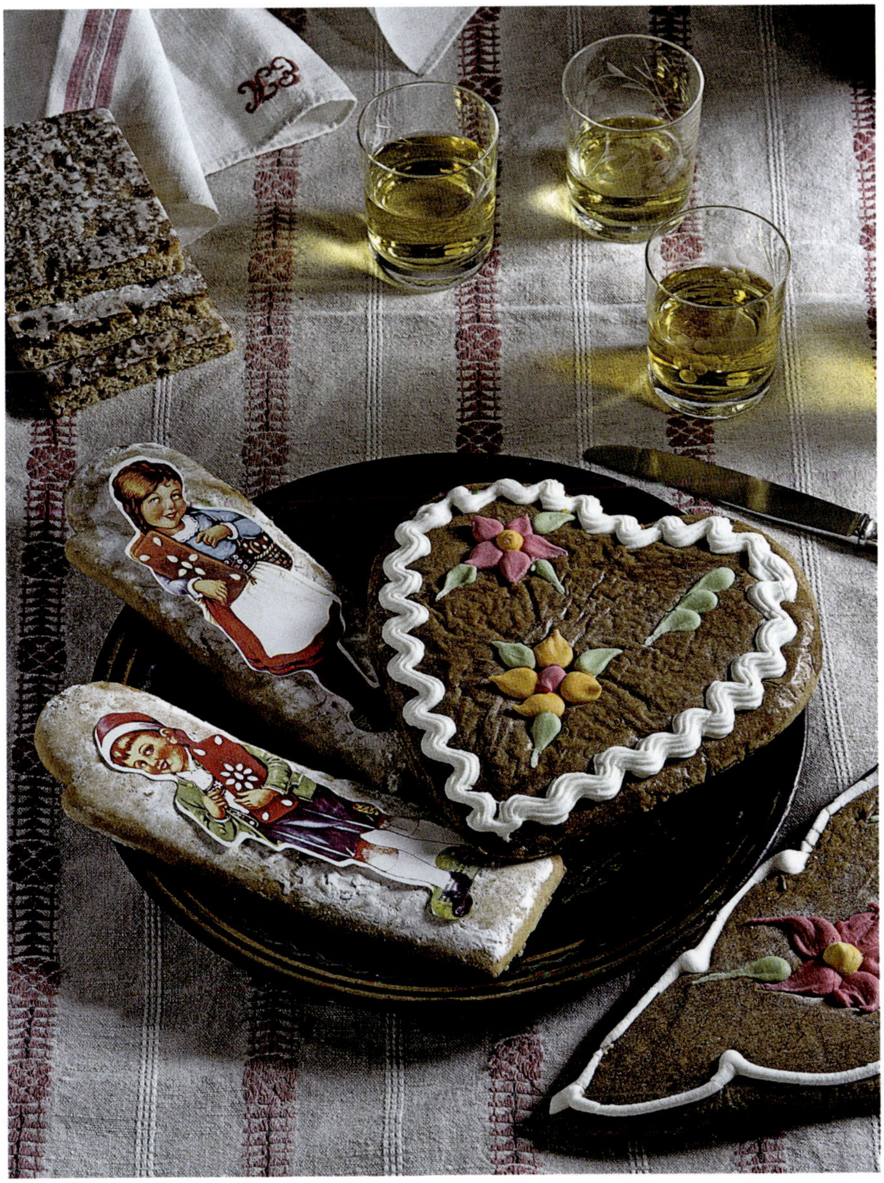

PETITE PIERRE (LA)

Un village rare, perché, caché par la forêt, ou, plutôt, qui la domine sur son éminence. Il y a la poésie du grès rose, les chemins qui tournicotent, et puis les deux villages : l'ancien (« le Stadel »), le nouveau, avec ses auberges nombreuses situées au long d'une grande rue passante. Lion d'Or des Welten, Vosges des Wehrung, Trois Roses des Geyer et, vers le proche parc animalier de Schwarzbach, la Clairière des Strohmenger, qui porte bien son nom, même si sa carapace est moderne. J'allais oublier Imsthal, tenue par Hans Michaely, le maire du bourg, avec sa grande terrasse, face à l'étang homonyme.

Tout, ici, est dédié au repos, au grand air, à la lumière du ciel, aux longues marches dans l'immense forêt qui nourrit le pays. J'imagine un dieu celte veillant sur celui-ci. Et ce pourrait être une contrée vénérée par les druides, avec ses tribus de Gaulois vertueux qui ont conservé leurs habitudes sinon de bûcherons, du moins d'hommes des bois. De cette terre de poète, une haute figure émerge. Qu'on ne se lasse guère de citer encore.

« Je t'ai montré La Petite Pierre, la dot de sa forêt, le ciel qui naît aux branches, le pollen deux fois vivant sous la flambée des fleurs, une tour qu'on hisse au loin comme la voile du corsaire, le lac redevenu le berceau du moulin, le sommeil d'un enfant. » Rien n'a changé ou presque depuis que René Char vint y chanter « l'étendue embrasée des forêts ». C'était durant l'hiver 1939-1940, une manière poétique d'évoquer la drôle de guerre, le chemin de Petersbach et la douce quiétude d'un moulin à fleur d'eau. Depuis, le village se souvient.

Il a rendu hommage au grand fascinant de la Sorgue, venu louer « la fièvre de La Petite Pierre d'Alsace » ou le « chaume des Vosges » dans de belles cartes postales vendues par le syndicat d'initiative. On a créé un jardin des poètes où les enfants s'expriment, sur des panneaux de bois fichés en terre. Et l'on a tracé un chemin hommage autour de l'étang du Donnenbach, dont le tracé est piqueté de panneaux-poèmes. Complétant ainsi les promenades nombreuses qui permettent de visiter citerne souterraine, remparts, villages proches et amicaux (Erckartswiller, Zinswiller, Hinsbourg, Frohmuhl), étangs discrets, rochers mystérieux.

Tout près du château – masse de grès qui s'avance, telle la proue du village dans « une haute mer végétale » et forestière –, on découvre les pittoresques musées des sceaux et des springerlés (positif des formes pour moules à gâteaux) que l'on peut acheter en souvenir. L'église locale aux fresques du XVe siècle pratique l'œcuménisme et le culte simultané. L'antique Maison des Païens millésimée 1534, que loua jadis le cher Luc Hueber comme atelier de peinture, se découvre derrière la mairie, masquant un atelier du cuir. C'est là, bien sûr, terre de poète et d'artisanat fécond.

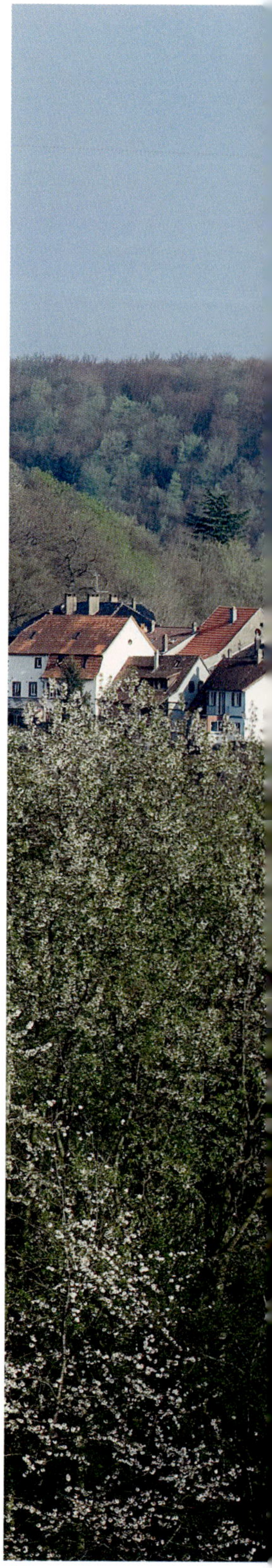

CI-DESSOUS Le château et le vieux village de la Petite Pierre émergeant tel un vaisseau minéral dans « une mer végétale et forestière ».

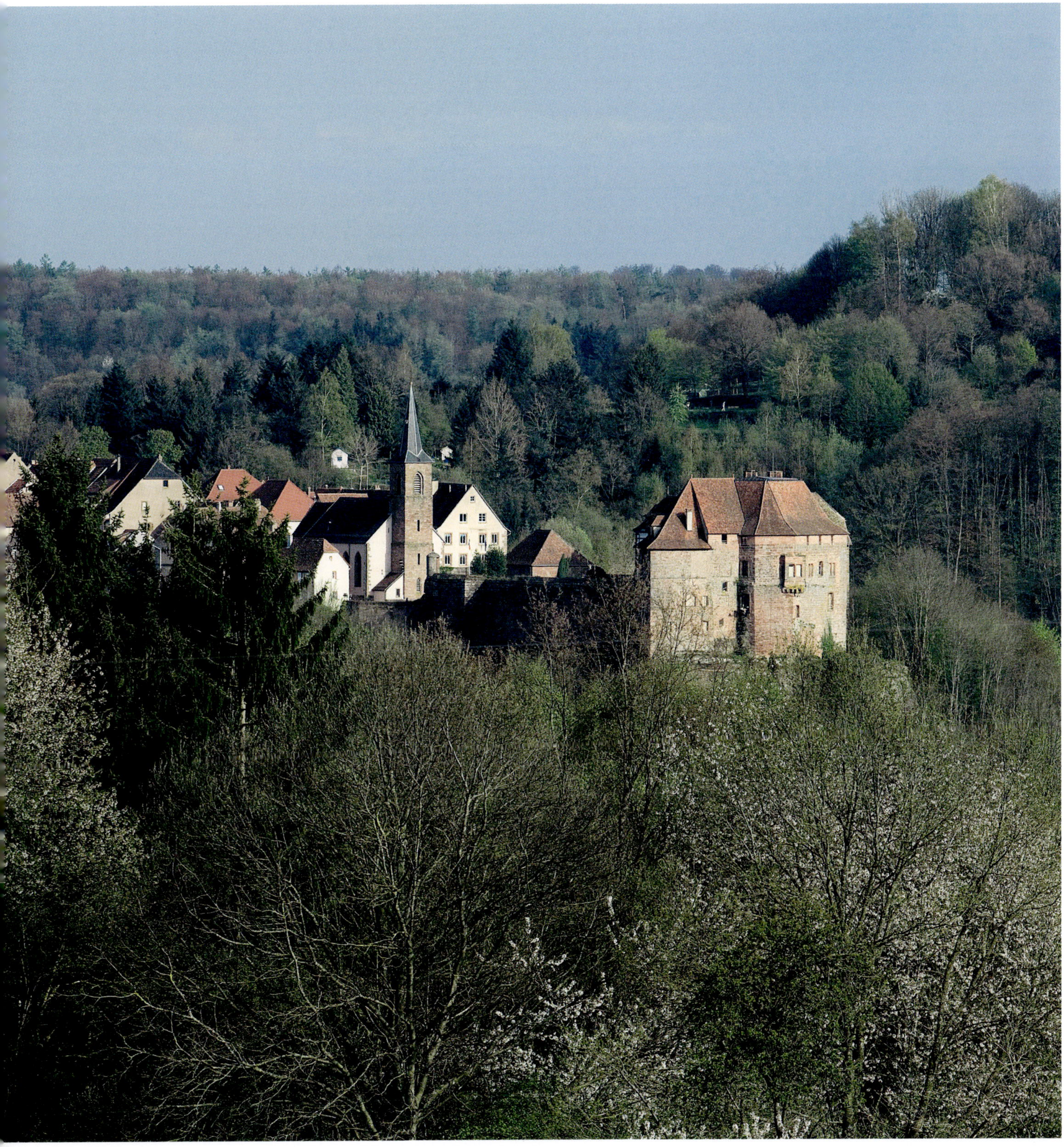

Créatrice de mode à Strasbourg et à Paris, la mystérieuse et charmeuse Cléone a racheté une ancienne maison de notaire pour en faire un « showroom » aux champs. Sa demeure à colonnades d'allure 1880 avec son jardin sur l'arrière et ses pièces boisées et moulurées accueille des expositions sur le thème du vêtement et de la passementerie. Les vêtements, avec leurs riches brocarts, fascinent, comme l'atmosphère sensuelle et sombre, en noir et blanc.

Dans ce pays, qui fut, comme à Saint-Jean-Saverne, au site panoramique du Mont-Saint-Michel, avec son trou de la Sorcière et sa grotte des Fées, le territoire de la sorcellerie au Moyen Âge – les faiseuses de potions répondaient à leurs consœurs, nichées au mont voisin du Bastberg –, la magie paraît naturelle. « Il y a ici, dit Cléone, des forces telluriques qui nous dépassent. J'aime venir ici me ressourcer, puiser une énergie neuve. Tout créateur, quel que soit son art de prédilection, est sensible aux paysages intacts qui s'offrent au regard dans les parages des Vosges du Nord. »

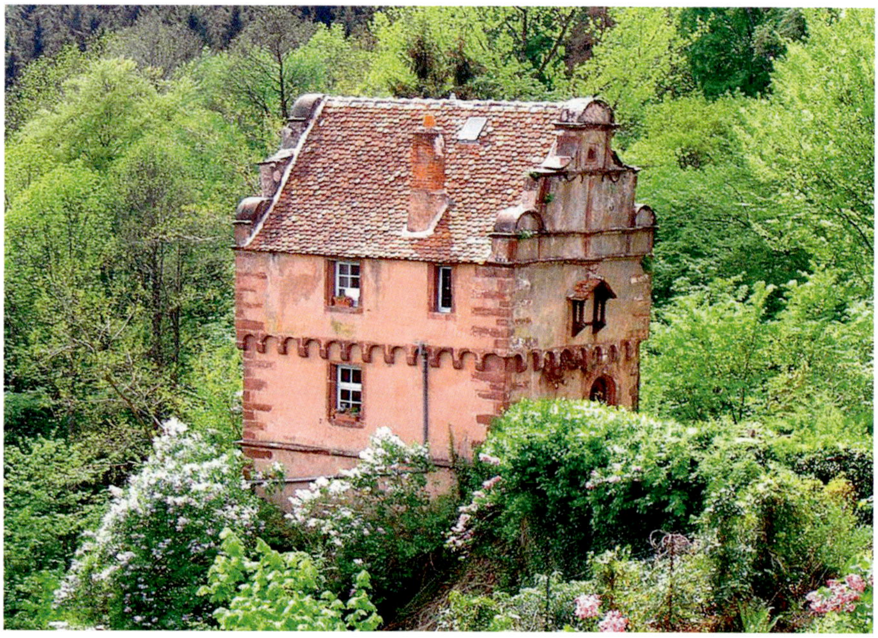

PETITE SUISSE (LA)

Riante vallée de la Mossig, épineux rocher du Schneeberg (littéralement : la montagne de neige), forêts ombreuses, champs verdoyants, doux vergers, vallonnements paisibles entre Singrist et Wangenbourg : cette région un peu esseulée, si belle, qui cousine avec la voisine lorraine au rocher du Dabo, porte le nom usuel de « Petite Suisse ». Nous sommes là bien loin de l'imagerie alsacienne des villages à colombage.

Le grès règne en maître, les villages bûcherons ont la simplicité agreste, le grand air y est naturel. Wasselonne y joue le rôle de capitale bonhomme, cité repère, bourg frontière paisible – en lisière de la N4 devenue la D1004 – perché sur son rocher, avec ses maisons anciennes, ses portes à linteaux qui rappellent les anciens métiers du village, signalés par les insignes de leur profession finement sculptés juste au-dessus de leur entrée. Ils étaient, ainsi, tailleur de pierre (5, rue du Puits), maréchal-ferrant (1, impasse de l'Écluse), brasseur (1, rue du Sommerard), vannier (2, rue de la Poste) ou tonnelier (au cimetière protestant). Il y a encore le menuiser, que désignent deux palmes sur un motif de volutes (10, rue du Lieutenant-de-Sazilly), tandis que le boucher est signalé par une tête de bœuf à cornes (6, place du Marché), le boulanger par un bretzel (au 13 de la rue du Lieutenant-de-Sazilly, au 3 de la place du Marché) ou par deux ours se disputant un gâteau (au 7 de cette dernière vaste place).

J'oublie au passage le tanneur évoqué en plein travail avec son chevalet et ses outils (au 78, de la rue du Général-de-Gaulle) et le bottier avec ses blasons et sa botte (au 5, rue de la Gare et 304 de la rue du 23-Novembre). À Wasselonne, l'histoire se lit sur les murs des maisons, juste au-dessus de leurs portes. C'est là que l'on trouvera une des dernières fabriques de « matzot », les pains azymes rituels et quotidiens, dans un vaste atelier où le produit est sculpté sur le fronton. Juste à côté se trouve une minuscule synagogue moderne.

Il y a là encore un château ruiné avec son drapeau, sa vieille tour, sa cour, son poste de garde, plus l'ancienne maison du bailli qui accueille désormais la bibliothèque municipale. Et puis les venelles torves, bordées de maisons des XVIe et XVIIIe siècles, aux abords de la grande place du Marché qui abrite l'hôtel de ville, le temple protestant de 1757, contenant un bel orgue Silbermann, et quelques auberges de bon ton (qui se nomment Saumon ou Dolce Vita). Mais ce n'est là qu'un avant-goût du voyage.

On peut emprunter les chemins de la Petite Suisse par Romanswiller, riche de ses étangs, puis prendre le chemin qui monte en forêt vers Freudeneck et Wangenbourg, dériver vers Obersteigen. Tous ces bourgs méritent la halte. Romanswiller, avec ses trois cimetières joliment perchés, dédiés aux trois religions, Wangenbourg et son annexe d'Engenthal, ses airs d'ancienne ville de

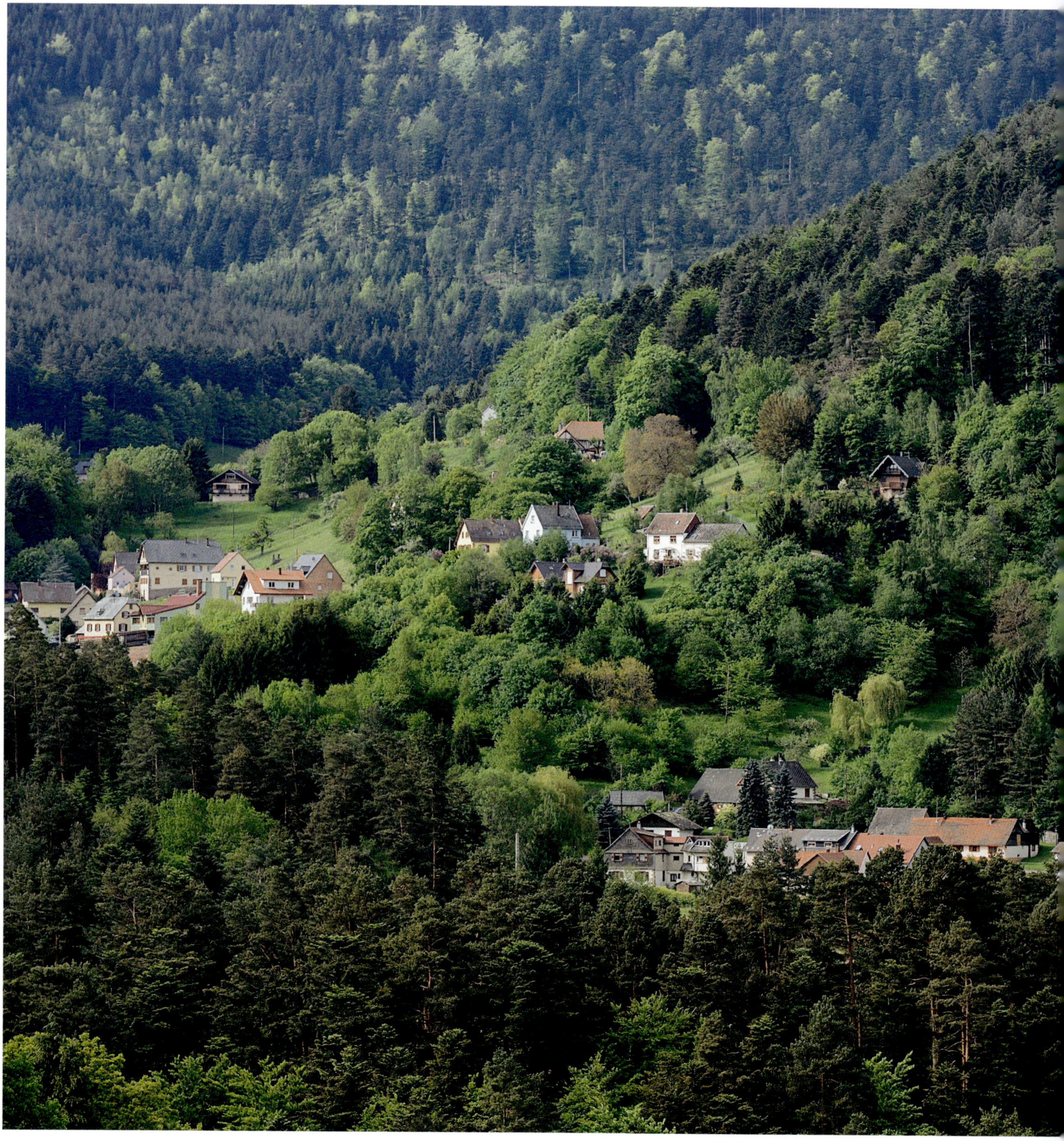

CI-DESSOUS Paysage typique de la Petite Suisse aux abords de Wangenbourg.

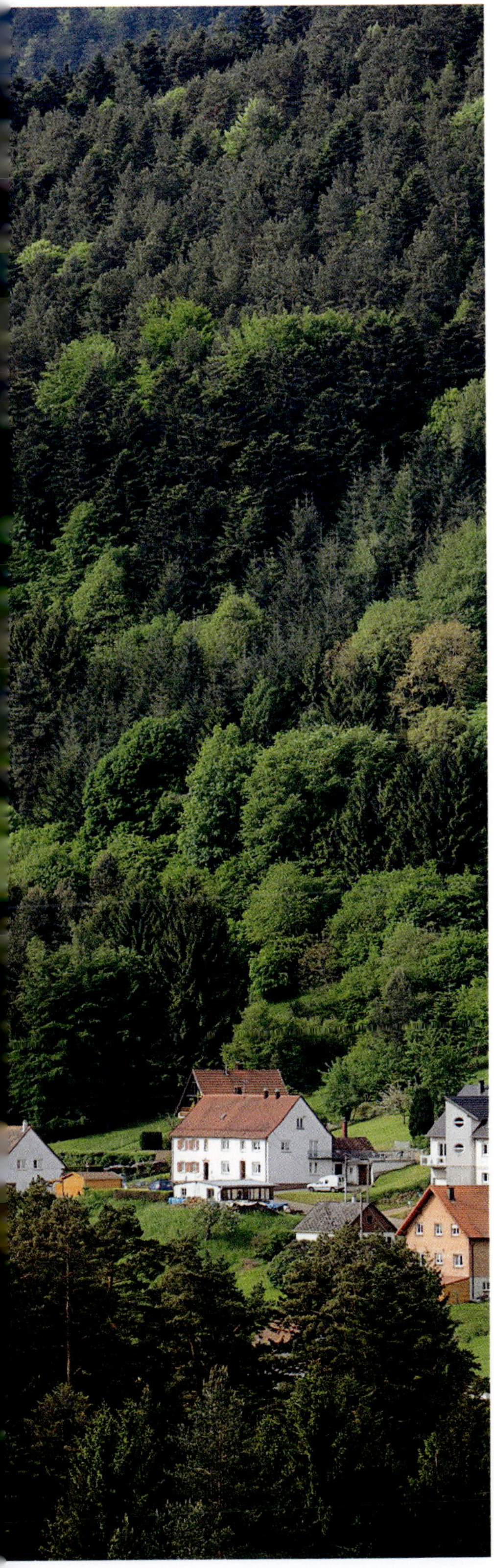

cure, son Parc Hôtel à la belle vue sur la vallée, qui fut glorieux dans les années 1950, sa forteresse partiellement restaurée.

Il y a cette atmosphère de villégiature un peu délétère entre Dabo, Wangenbourg et Egenthal. Il y a toujours ces villas douces blotties dans leurs jardins bien tondus, ces faux chalets suisses des années 1920 à 1950, ces hôtels et auberges d'autrefois qui ont changé d'enseignes ou de raison sociale, ces boutiques de souvenirs où l'on achète des cannes de promenade à l'effigie de la station. Plus le château médiéval, patiemment rénové par une équipe de volontaires, avec sa grande cour, sa passerelle qui a remplacé le pont-levis de jadis, sa massive porte à ogive, ses murs d'enceinte, son vaste donjon pentagonal, ses fenêtres gothiques, ses vues au loin sur la montagne et ses beaux parages forestiers.

Freudeneck, aux abords, n'est qu'un rond-point en forêt, avec sa scierie, son auberge, ses cent promenades balisées. Obersteigen mérite la halte pour sa chapelle gothique de l'Assomption, son site agreste, ses chalets des années d'après guerre qui jouent les résidence secondaires débonnaires. On vient respirer le grand air des montagnes, déjeuner au Bellevue chez les Urbaniak, goûter les variations autour du gibier ou céder à l'omble chevalier des parages vosgiens juste cuit rosé sur sa julienne de légumes en pâte.

Voilà qui forme de jolis prétextes pour séjourner au calme et au grand air. Mon vieux copain Jacques-Pierre Amette, auteur de *La Maîtresse de Brecht*, de *L'Adieu à la Raison* et des *Environs de Heilbronn*, avait choisi d'y faire retraite pour un bref temps de repos dans la promenade. Peut-être avait-il senti, lui, l'amoureux d'Hölderlin, le proche cousinage du romantisme allemand et la présence lointaine dans le temps, mais proche par le voisinage, de Chamisso près des ruines du Nideck ?

Q

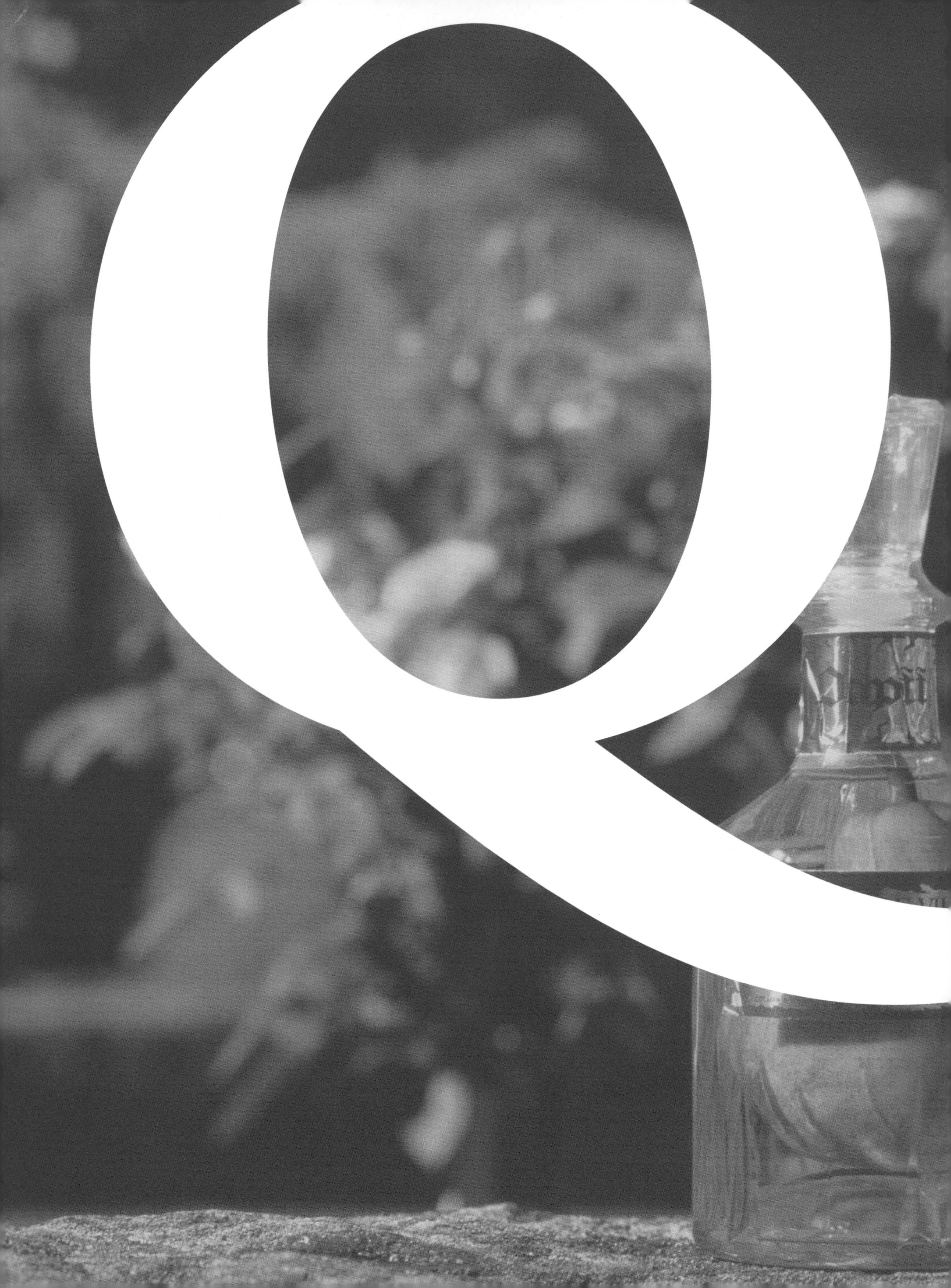

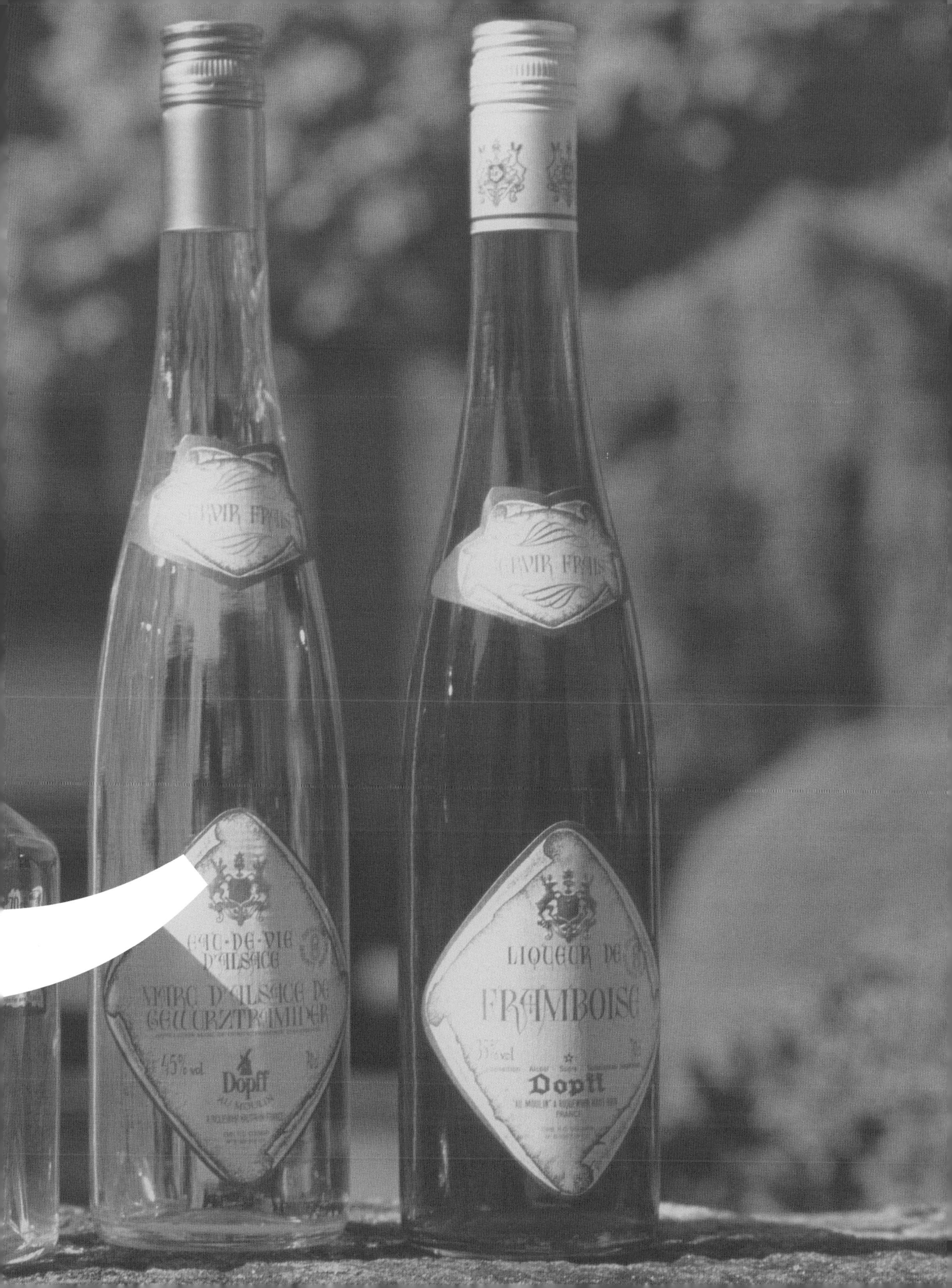

D'ALSACE
45% vol
Dopff
LIQUEUR DE
FRAMBOISE
Dopff

CI-CONTRE Une affiche ancienne à la gloire
de l'eau de vie reine d'Alsace.

QUETSCHE (ET AUTRES SCHNAPS)

Voici venir le soir et l'envie d'une quetsche pour chasser ou simplement oublier les difficultés de la journée. Rien n'est plus apaisant que ce bel alcool au nez si prenant, issu de la distillation de fruits bleutés presque noirs. On dit, indifféremment, « quetsch » ou « quetsche », avec ou sans « e ». La quetsche, dont le nom provient de l'idiome allemand « Zwetsche », désigne la grosse prune noire, cousinant avec celle d'Ente ou d'Agen, qu'on mange là-bas, toute ridée, après l'avoir fait longuement sécher au soleil.

Eau-de-vie se dit en alsacien « schnaps », mot qui, en francique rhénan, désigne l'alcool distillé à partir de tous les fruits : cerise, kirsch ou griotte, qui est le fruit roi de la voisine Forêt-Noire, framboise, poire, mirabelle, reine-claude, abricot, mais aussi sureau, sorbier, alisier, églantier, marc de raisin, de muscat comme de gewurztraminer – qui s'apparente à une « grappa » alsacienne – font des alcools de choix.

Certes, j'aime le kirsch si digeste, la framboise au parfum si flatteur, la poire charmeuse, dont une eau-de-vie réussie reproduit avec aise le grain du fruit, ou encore, en Lorrain bien né, la mirabelle au goût si persistant qu'il se prolonge longtemps encore une fois le verre vide. Mais on me pardonnera si, en Alsace, je place la quetsche à un étage supérieur. J'aime son côté fin et rustique à la fois, vif et frais, savant et fruité, sapide et fringant. Sa simplicité apparente m'émeut, sa facilité à être bu, comme ça, pour rien, juste le plaisir de trinquer entre amis, me ravit.

Me voici le soir dans ma maison de Saint-Jean. J'aligne mes bouteilles de quetsche comme on met en rang de bataille des soldats de plomb. Il y a celles de Massenez, Miclo, Metté, Gisselbrecht, Preiss, de Miscault, Nussbaumer, Hagmeyer, Windholtz, Hoeffler, Bertrand. Et puis, pour les départager, celle de mon copain vigneron André Lorentz, autrement dit Klipfel à Barr, joli flacon bien transparent, capsule noire, étiquette vieillie sur laquelle on relève simplement : « eau-de-vie de quetsch d'Alsace ». Ce qui dit tout. Comme l'alcool dans le verre, net, frais, jamais pesant, sans nulle agressivité, avec ce nez harmonieux et enveloppant, sa bouche prenante, un brin sucrée, ce fruit qui remonte et qui revient. Santé !

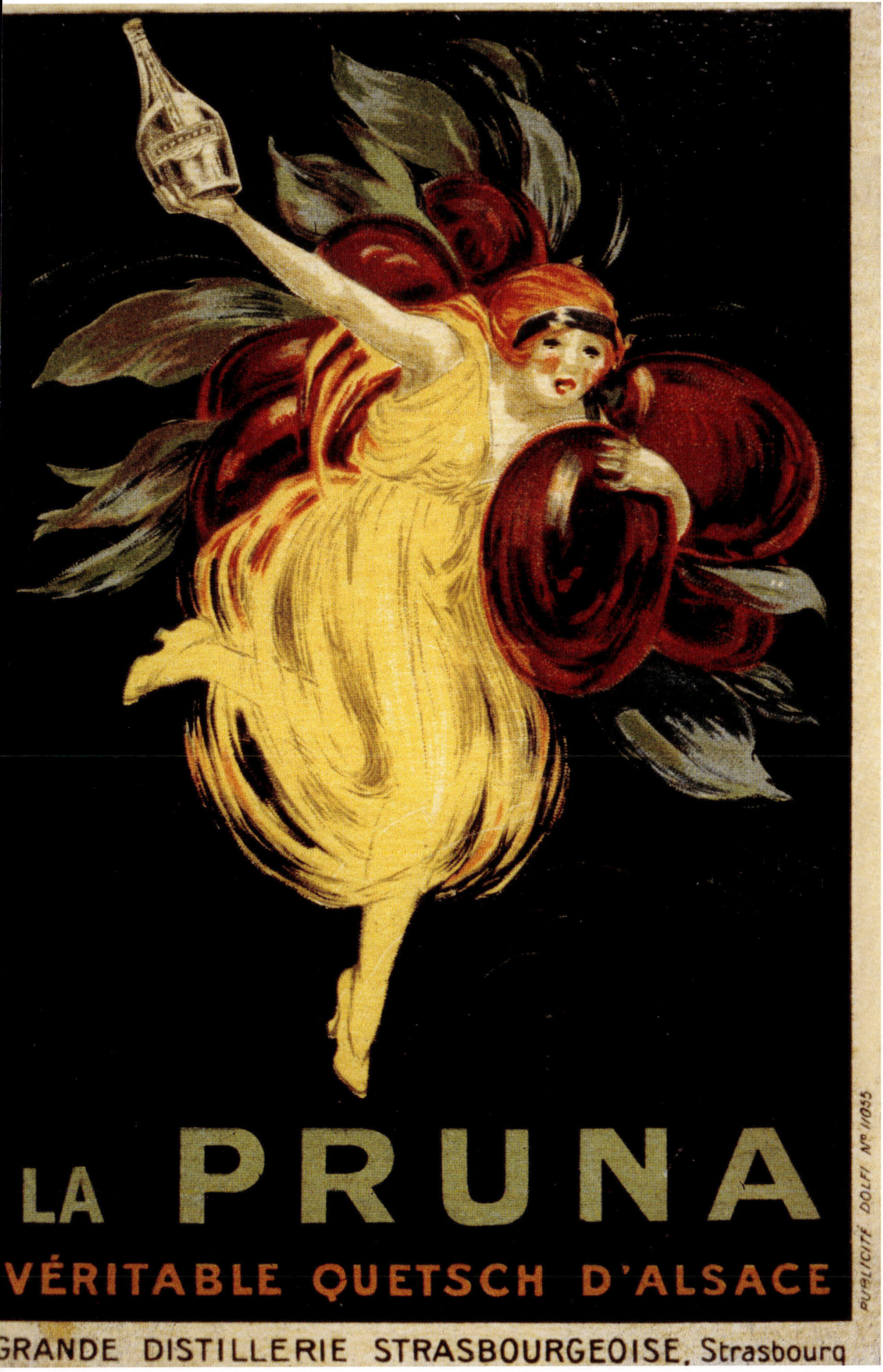
LA PRUNA
VÉRITABLE QUETSCH D'ALSACE
GRANDE DISTILLERIE STRASBOURGEOISE, Strasbourg
PUBLICITÉ DOLFI N° 11055

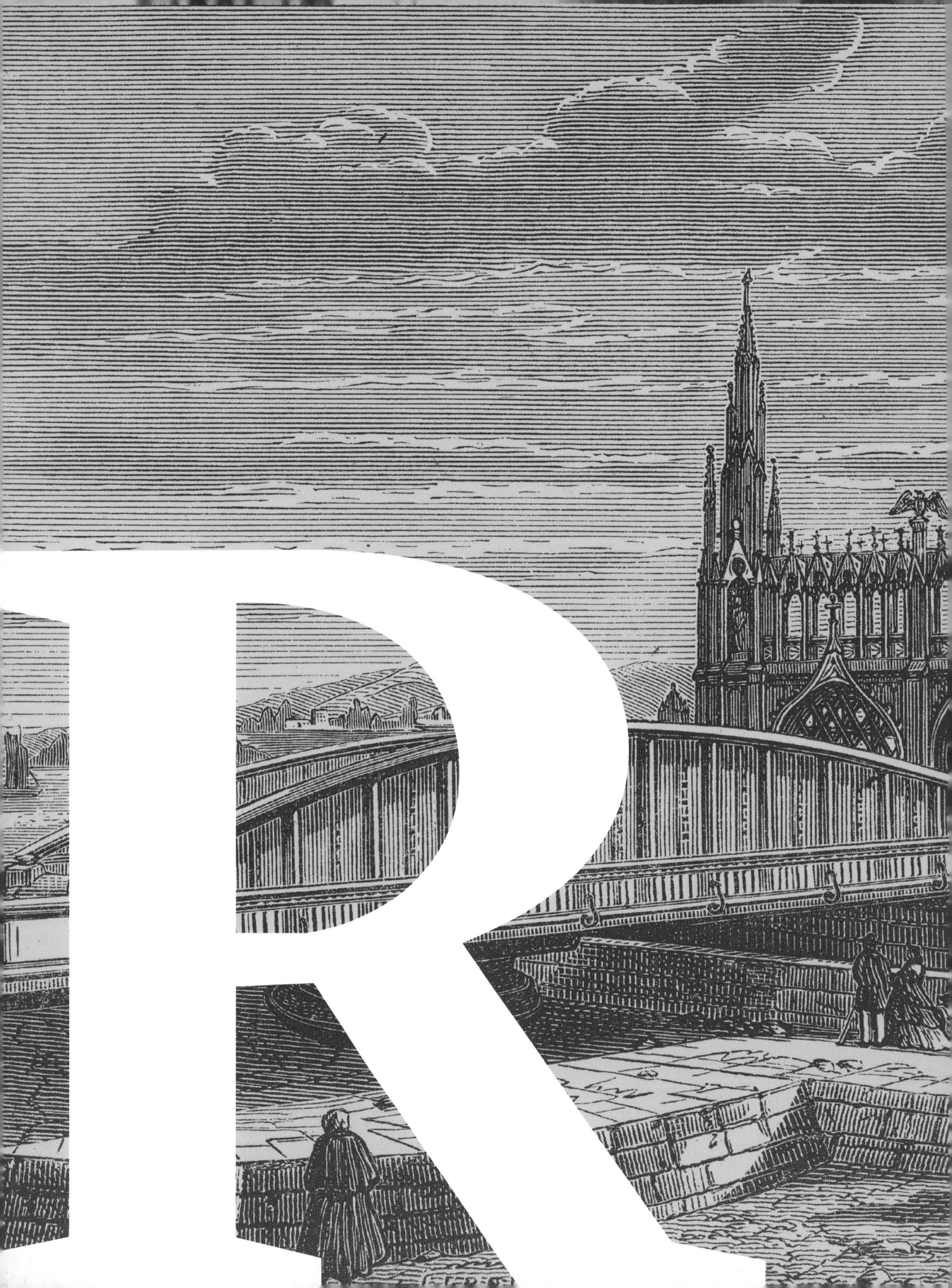

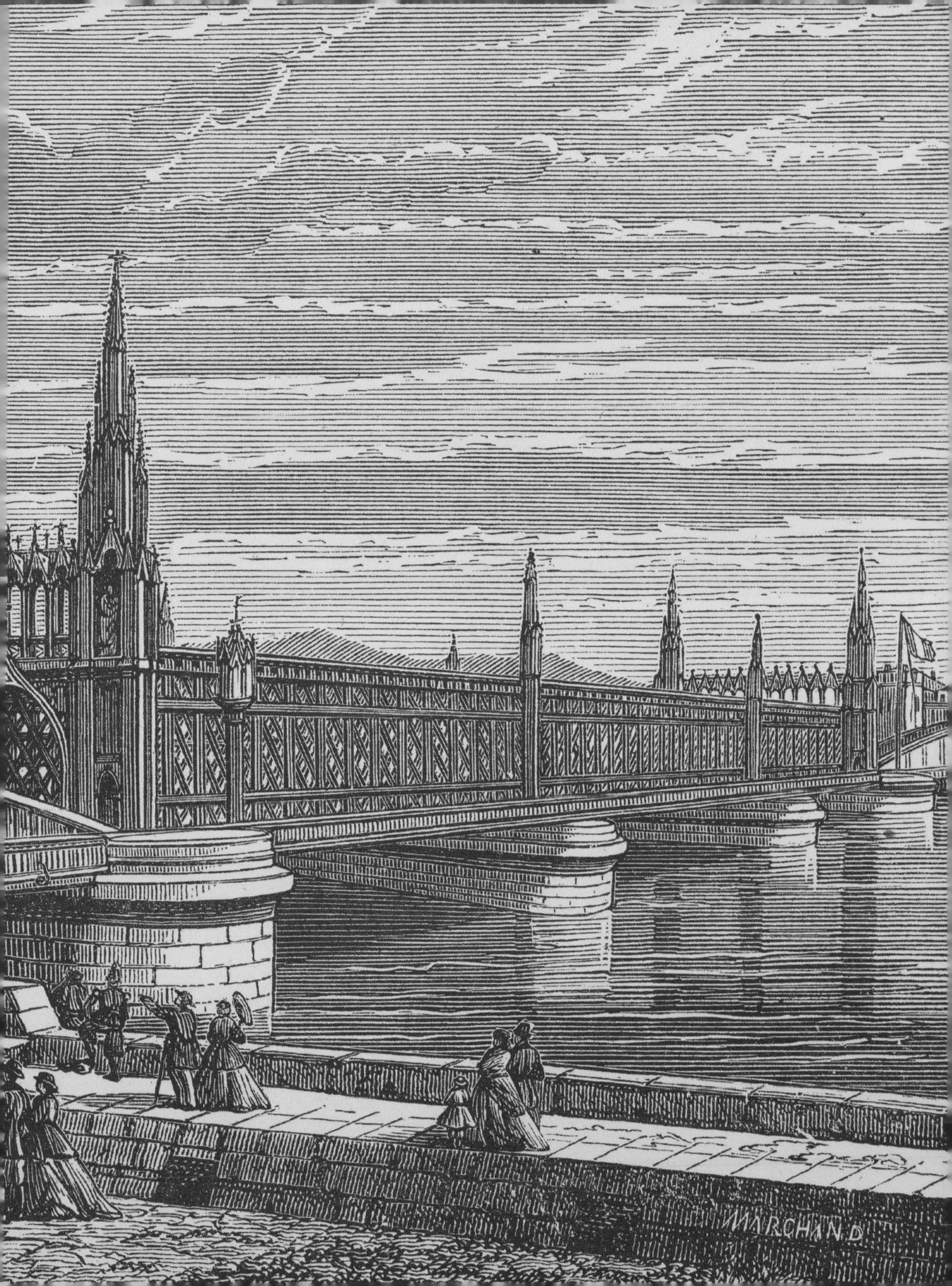
MARCHAND

CI-DESSOUS Des racines de raifort, avant leur traitement en condiment fort, qui relève les mets de tradition.

RAIFORT

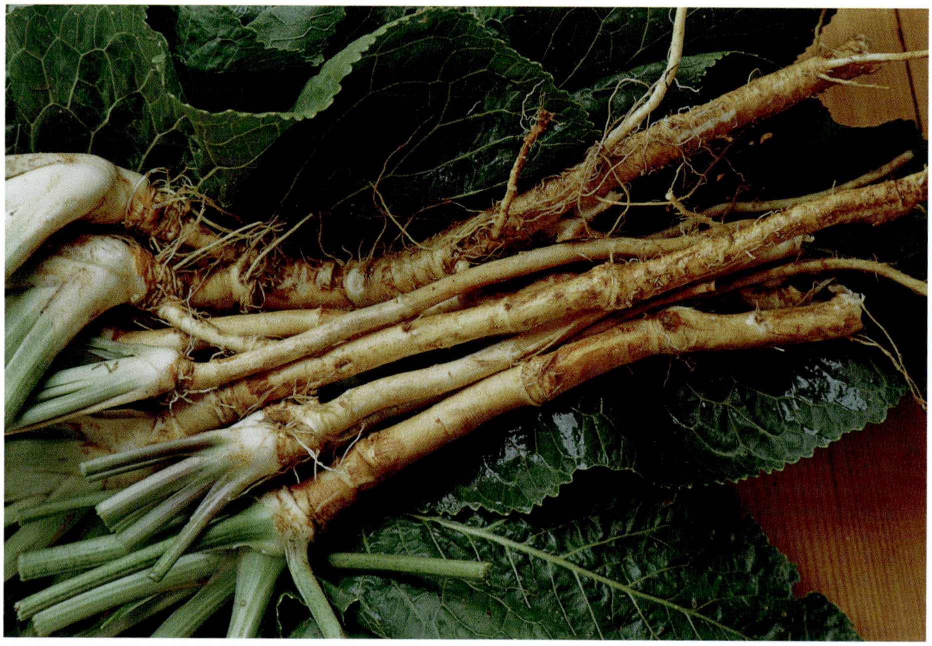

C'est un portrait de l'Alsace 1900 avec ses belles dames en costumes et ses scènes de village. Cela s'appelle « Paysans de Mietesheim ». Gravures jaunies, photos sépia : le trait est net, le visage vif, les scènes racontent l'histoire de l'Alsace de toujours. Pourquoi Charles Spindler, le peintre, ébéniste, marqueteur, est-il parti de Saint-Léonard, près d'Obernai et du mont Sainte-Odile, sis au cœur même de l'Alsace et des choses, pour ce petit village perdu du Nord, entre Engwiller et Pfaffenhoffen, en lisière de la forêt d'Haguenau ? Car c'est bien là que se trouve le creuset de l'Alsace authentique. Avec ses costumes, ses traditions pieusement conservées, son attachement indéfectible au terroir.

Un siècle plus tard : le cliché n'est pas faux. Mietesheim, demeuré célèbre dans l'imagerie de tradition pour avoir envoyé quelques-uns de ses habitants nombreux en habits de fête à l'Exposition internationale de l'est de la France, à Nancy, en 1909, est toujours ce village de l'Alsace du Nord, avec ses fermes à colombage, ses demeures enclavées dans la plaine et les vergers du pays de Hanau, si riche en framboises et en cerises. Sa gloire locale ? Le raifort, que cultive et travaille Raifalsa, l'unique maison, encore artisanale, à produire ce fort condiment si prisé en Europe de l'Est.

L'origine ? Une plante condimentaire et médicinale, qui se cultive depuis l'aube des temps entre Russie du Sud, Ukraine et Asie occidentale. Elle aurait été introduite en Europe par les envahisseurs slaves, cultivée en France, en Allemagne et en Angleterre. Les propriétés médicinales, la richesse en vitamine C de cette plante herbacée, vivace, diurétique, dont seule la racine est transformée, font une grande part de son succès.

Au Moyen Âge, elle est utilisée pour traiter le scorbut, les rhumatismes et la goutte, mais aussi les maladies des reins, les empoisonnements, la jaunisse, l'eczéma, et même pour combattre les poux. On la compare à un gros radis. Sa saveur est âcre, piquante, brûlante. Lorsqu'on s'approche, à mi-cuisson, de la cuve où elle repose, elle provoque le larmoiement. Son nom exprime bien sa force. Plantée aux premiers jours de printemps, elle se récolte fin septembre, début octobre.

Ses conservateurs en Alsace? Ce furent d'abord Georges et Lisel Urban, frère et sœur, tous deux originaires du village, qui transformèrent la ferme familiale, après la guerre, en mini-usine. Georges, au tout début des années 1950, se demandait pourquoi le raifort était fabriqué en Allemagne, puis expédié chez nous en grandes quantités, alors qu'il pouvait y être planté et transformé. Il agrandit la demeure de sa famille, aménage un labo moderne, se dote de cuves en inox, plante le raifort dans le riche pays de Hanau et crée Raifalsa.

Ses ateliers à fond de cour, son salon aux allures de taverne, pour la dégustation, la commercialisation – surtout dans l'Est – de son raifort vont faire connaître le nom de Mietesheim. La fabrication elle-même requiert beaucoup de soin. Les racines de raifort sont stockées en chambre froide, ébarbées, épluchées à la machine, puis à la main, avant d'être râpées au cutter de charcutier, puis écrasées à la meule.

Le raifort de consommation ainsi obtenu est proposé nature, simplement râpé, en seau de deux kilos, mais aussi mélangé à la mayonnaise, en sauce rémoulade, avec huile végétale, moutarde et jaune d'œuf, il accompagne, en les relevant, viande de pot-au-feu, côte de bœuf, truite, saumon ou tout autre poisson fumé, purée de pommes de terre ou sauce blanche : il est le condiment parfait des plats conviviaux de la belle Alsace.

À une table de « winstub » – les débits de vin d'ici –, en « chantilly au raifort », en compagnon d'un saumon mariné sur une grande table, il est l'allié idéal de la table alsacienne. Comme il est de tradition dans la cuisine juive d'Europe de l'Est. Le raifort est ainsi le condiment ami du « pickelfleisch », cette poitrine de bœuf saumurée que l'on trouve aussi bien en Pologne que sur les tables des familles juives d'Alsace.

En 1995, les Urban, atteints par la limite d'âge, ont pris leur retraite, vendant leur maison à Rémy Lienhardt, ancien courtier en publicité des *Dernières Nouvelles d'Alsace*, qui la cède ensuite aux Trautmann; ces derniers la développent, rachetant une entreprise de moutarde douce (Alelor). Leur petite usine compte une quinzaine personnes. Mais elle a le cœur vaillant, celui de la vieille Alsace qui entend faire connaître ses grandes qualités dans tout l'Hexagone.

« D'où j'étais la vue est admirable. On a Strasbourg sous ses pieds, vieille ville à pignons dentelés et à grands toits chargés de lucarnes, coupée de tours et d'églises, aussi pittoresque qu'aucune ville de Flandre. L'Ill et le Rhin, deux jolies rivières égaient ce sombre amas d'édifices de leurs flaques d'eau claires et vertes. Tout autour des murailles s'étend à perte de vue une immense campagne pleine d'arbres et semée de villages. Le Rhin, qui s'approche à une lieue de la ville, court dans cette campagne en se tordant sur lui-même. En faisant le tour du clocher, trois chaînes de montagnes, les croupes de la Forêt Noire au nord, les Vosges à l'ouest, au midi les Alpes. On est si haut que le paysage n'est plus un paysage ; c'est, comme ce que je voyais sur la montagne de Heidelberg, une carte de géographie, mais une carte de géographie vivante, avec des brumes, des fumées, des ombres et des lueurs, des frémissements d'eaux et de feuilles, des nuées, des pluies et des rayons de soleil »

VICTOR HUGO

LE RHIN

RHIN

Choquerai-je si je dis d'emblée que, pour moi, l'Alsace n'est pas une région rhénane ? Ou, à tout le moins, si je précise que le Rhin, fleuve roi et nourricier, « Vater Rhein » des Allemands, épine dorsale de l'Europe, n'est qu'une frontière, une limite, une marque, d'importance, certes, mais que ce large cours d'eau ne baigne pas la région ? Et, de ce fait, qu'il a sans doute moins d'importance pour elle que l'Ill, la Zorn, la Fecht, voire la Sarre, le Giessen, la Sauer, la Bruche, la Thur, la Doller ou la Lauch.

Les voyageurs du XIXe siècle qui, tels Nerval et Hugo, viennent à Strasbourg pour découvrir le Rhin s'aperçoivent bien vite de leur bévue. Le fleuve royal (« féodal, républicain, impérial, digne d'être à la fois français et allemand », relève Victor H.) se trouve ailleurs. À la frontière, en bordure, vers Kehl. Les barrages, les retenues d'eau, les engins modernes, les usines marémotrices ou hydroélectriques, les travaux de régularisation, comme les canaux, n'ont pas encore domestiqué totalement cette barrière du romantisme.

Reste qu'il convient de préciser que le cours franco-allemand du Rhin ne représente que 180 kilomètres des 1 320 de la longueur totale du fleuve. Et que ce dernier n'appartient donc pas seulement à l'Allemagne et à la France, qu'il baigne des lisières de Saint-Louis (au sud) à Lauterbourg (au nord). Que ses chutes les plus spectaculaires se trouvent à Schauffhausen (ou Schaffhouse), en Suisse, au nord de Zurich, et en bordure du Pays de Bade. Que, surtout, il ne traverse aucune de ses grandes villes, alors qu'il baigne largement Bâle – on l'aperçoit magiquement depuis les balcons de l'hôtel des Trois Rois, la plus vieille auberge d'Europe (ce fut l'hôtel de la Fleur dès l'an 1026), où jadis Theodor Herzl rédigea *L'État juif*, où dormit Napoléon –, ou encore, côté Rhénanie-Palatinat, Coblence, Mayence, Cologne, et pas seulement Francfort.

« Le Rhin réunit tout. [Il] est rapide comme le Rhône, large comme la Loire, encaissé comme la Meuse, tortueux comme la Seine, limpide et vert comme la Somme, historique comme le Tibre, royal comme le Danube, mystérieux comme le Nil, pailleté d'or comme un fleuve d'Amérique, couvert de fables et de fantômes comme un fleuve d'Asie », note encore Hugo.

Le Rhin, on l'oublie, appartient aussi, et même surtout, en tout cas, autant à la Suisse, au Liechtenstein, à l'Autriche, côté Voralberg, aux marges du lac de Constance, vers Bregenz, à la Belgique, au Luxembourg, aux Pays-Bas, qu'au couple franco-allemand mythique et à la proche Lorelei, qui, elle, est purement allemande, mais que l'on peut rejoindre en bateau de croisière depuis Strasbourg. Il débute dans les Grisons suisses, prend sa source sur les flancs du Saint-Gothard, passe par le Bodensee (« notre » lac de Constance), conflue avec l'Aar en amont de Bâle, descend vers le nord, reçoit l'Ill et la Lauter, deux rivières éminemment alsaciennes, à l'ouest, le Neckar souabe et badois à l'est. Il joue

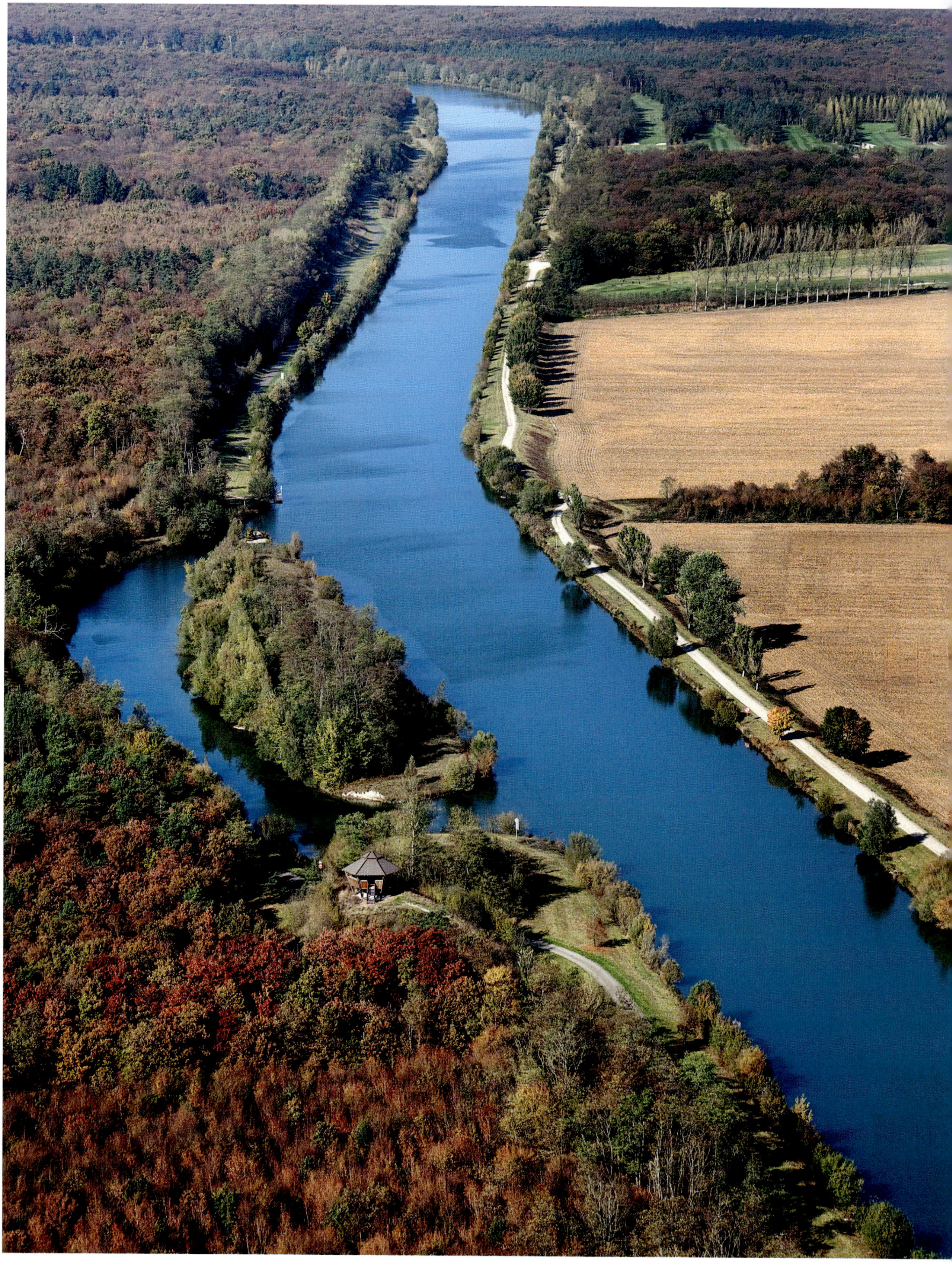

CI-CONTRE Le Rhin dans les environs de Petit-Landau (Haut-Rhin).

ensuite avec le Main, la Lahn et la Moselle, se jette dans la mer du Nord, mêlant ses eaux à celles de la Meuse dans un grand delta.

Vais-je faire rêver en évoquant les poissons du Rhin, disparus ou renaissants ? Saumons, esturgeons, truites, anguilles, tanches ou brochets... En affirmant que, après des accidents de pollution chimique, à Bâle, il y a une décennie, il est, désormais, plus propre que jamais. Mais si les Bâlois s'y baignent sans mal, enfournant leurs affaires dans des sacs imaginés par la ville et qui leur servent de bouées, les gens d'Alsace, eux, se tiennent prudemment à distance. Vais-je encore signaler qu'on prend le bac à Rhinau, pour rejoindre la rive allemande et l'Europa Park à Rust qui est une sorte d'Eurodisney à la mode germanique ? Ou encore prendre le risque d'effrayer en alignant les instruments modernes qui permettent de réguler le Rhin, d'en capter la force vive, de la transformer en énergie rationnelle : barrages de Kembs ou de Gambsheim, usines hydroélectriques d'Ottmarsheim, de Vogelgrun, de Marckolsheim, de Sundhouse ou de Gertsheim, sans omettre la centrale nucléaire de Fessenheim qui vit longtemps se lever les boucliers écologiques ?

Rhin rêveur, nom brumeux, fleuve large, ponts-carrefours de Kehl, Marckolsheim, Vogelsheim ou Huningue, ou encore golfs de Plobsheim et de Chalampé, et enfin doucereux pèlerinage littéraire et romantique de Goethe à Sessenheim : ce sont là autant d'occasions de croiser, lorgner, rendre hommage à ce fleuve-roi, centre de l'Europe, chanté par les poètes, symbole de l'humanisme universel, mais alsacien seulement du bout des lèvres.

RIQUEWHIR

Riquewihr, un dimanche d'été : une autre face de l'enfer. Je galèje. Mais la fière cité libre et indépendante, sinon des comtes de Wurtemberg qui y imposèrent la confession luthérienne, est livrée à la grande foule touristique genre Mont-Saint-Michel sur le mode alsacien. Les Teutons en cuir sur leurs motos, les Suisses qui ont laissé leurs voitures de luxe au parking, les Franciliens en shorts juste sortis de l'autocar qui annoncent à l'un des trente restaurants de la cité « qu'ils n'ont qu'une demi-heure pour manger » donnent une image pénible de l'antique Richwilare fondée, au pied des Vosges et face à la plaine du Rhin, en 1049.

Riquewihr demande du temps, de la patience et, surtout, un brin d'imagination. J'ai eu la chance de la découvrir en compagnie de Jean Hugel (1924-2009), le plus intarissable bavard que l'Alsace ait connu, merveilleux conteur, vinificateur hors pair, conférencier distingué, humoriste patenté, parfaitement trilingue, surnommé « Johnny » pour son amour de l'Angleterre. Jean/Johnny m'a fait comprendre, devant une bouteille de gewurz grains nobles 1976 (l'année de la grande sécheresse), que Riquewihr était le centre du monde, « car elle est au centre de l'Alsace qui se situe elle-même au centre de l'Europe qui est bien au centre du monde ». Et que ce dernier se situait, très exactement, au centre de la cave des Hugel, là où se trouve le fameux tonneau dit de la Sainte-Catherine, datant de 1715 (« l'année où George Ier est devenu roi », a-t-il précisé).

Depuis 1639, les Hugel, qui sont l'honneur de Riquewihr, les yeux rivés vers la ligne bleue de la qualité, font des vins grands, droits et fiers, comme leurs glorieux coteaux du Sporen et du Schoenenbourg. Avec Étienne, le neveu de Jean, dans la mini-boutique qui fait l'angle de la rue de la 1re-Armée où se trouve la cave Hugel (« nous l'avons fait petite et modeste pour décourager les gens d'entrer chez nous », disait Jean qui possédait un sens de l'humour protestant très *british*), nous avons goûté les derniers millésimes en bouteille.

Un riesling « Jubilee », marque maison, issue du Schoenenbourg – mais les Hugel sont trop snobs pour inscrire le nom de leurs grands crus sur leurs étiquettes, arguant du fait que la garantie de leur seul nom suffit –, précédait la magnifique cuvée rouge dite « les Neveux », assemblage de pinot noir en fût neuf, imaginé jadis pour défier l'oncle Jean qui n'aimait guère ce cépage (« quand je le vois dans ma cave, je me tourne pour ne pas avoir à rougir de honte », glissait-il en riant par-devers lui). Néanmoins ce vin-là, propre à rivaliser avec un grand bourgogne, faisait son admiration. Il y eut enfin un gewurztraminer 2007, sélection de grains nobles à la bouche éclatante, mêlant les arômes de fruits exotiques, agrumes, ananas, litchis, avec la poire et la vanille, mais aussi le miel, le toast de pain grillé et la cire

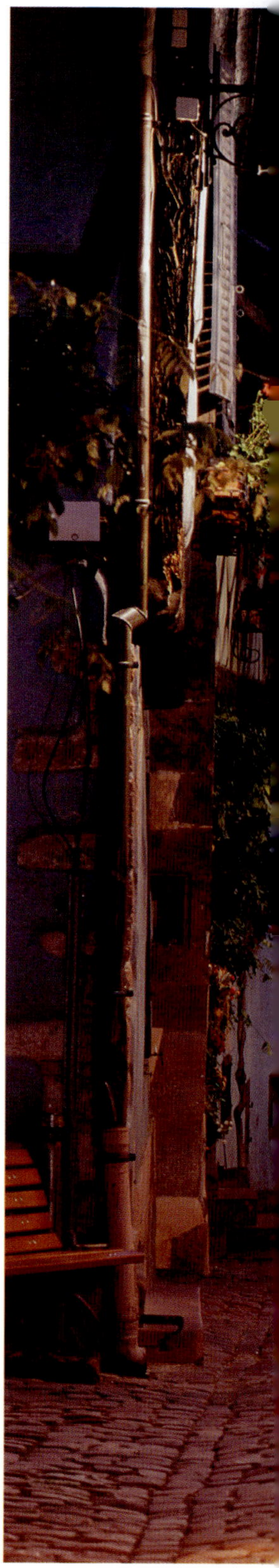

CI-DESSOUS La nuit, débarrassée de ses nuées de touristes, la grand-rue de Riquewihr retrouve sa solitude et sa beauté.

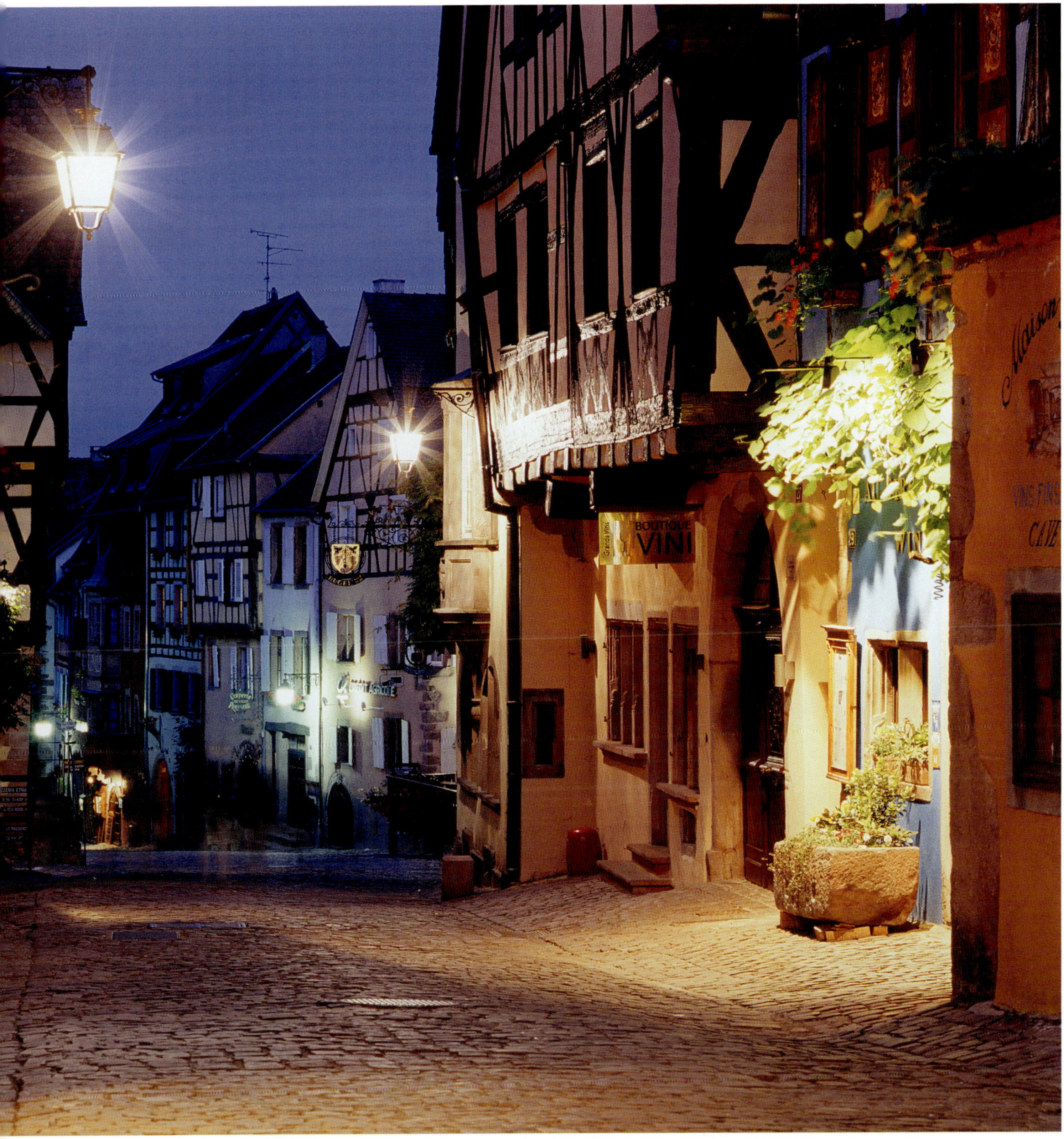

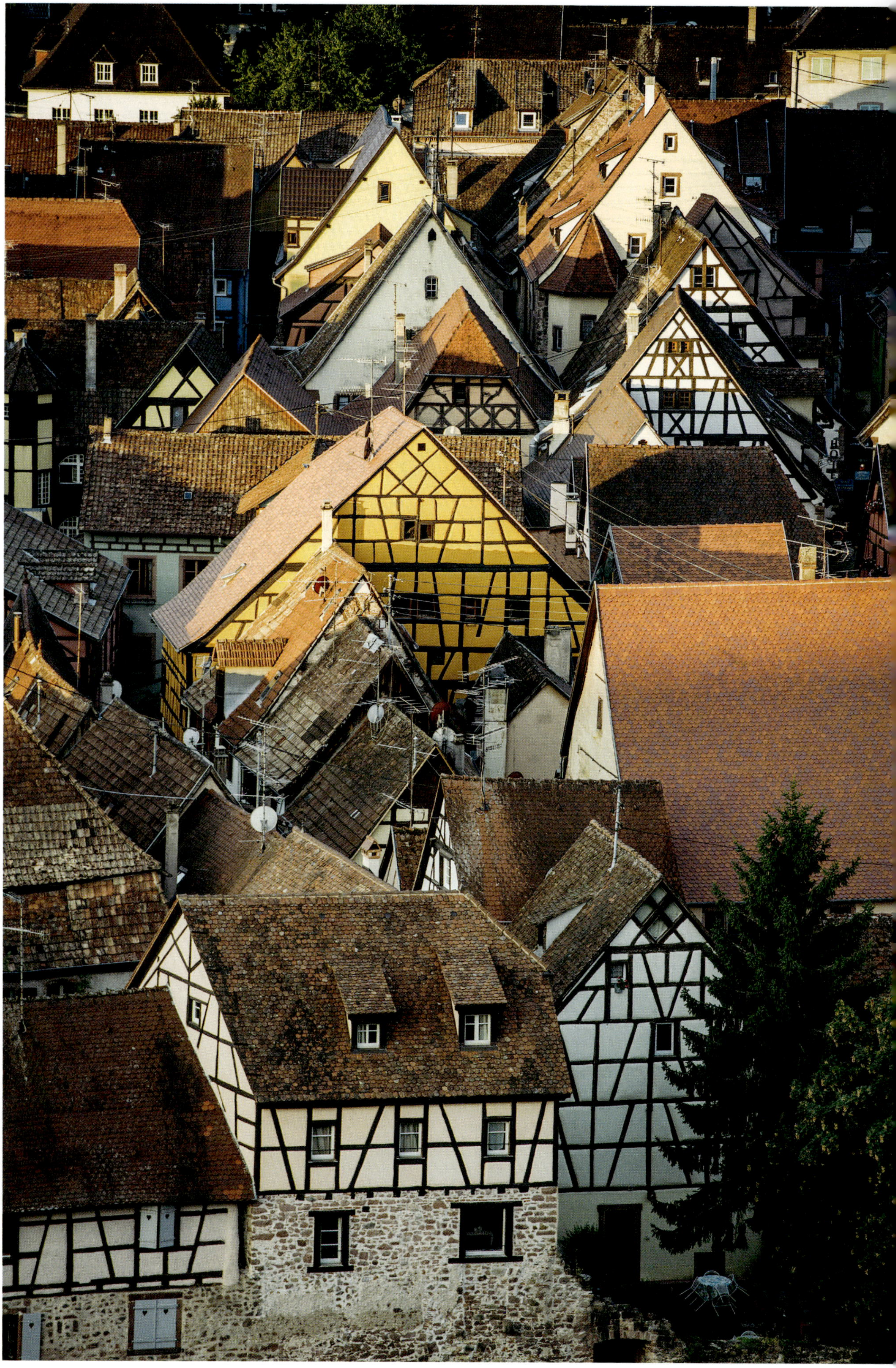

CI-CONTRE Une belle vue des toits et façades à pans de bois de la ville.

d'abeille. Un nectar noté 20/20 dans le guide de mes vieux potes experts, Bettane et Dessauve.

Riquewihr, bien sûr, ce n'est pas seulement les Hugel. Mais ceux-ci, et notamment Jean, le père d'Étienne et de Marc, par ailleurs président de la société d'archéologie locale, ont rénové quelques maisons anciennes avec leur cour abritant jadis le chapitre des évêques de Strasbourg qui eurent là leur résidence secondaire. Il fut un temps où la grand-rue de Riquewihr jouait les foires foraines, avec ses étalages de souvenirs multiples, alors que les demeures des venelles latérales pleuraient misère. Ça a un peu changé, non dans la grand-rue, toujours vouée au tourisme de masse, mais dans les ruelles adjacentes, désormais largement rénovées et guillerettes.

Il faut savoir ici prendre patience, suivre les panneaux indiquant le circuit historique, découvrir d'abord les remparts, l'ancien château devenu musée des PTT, puis « le gratte-ciel », c'est-à-dire la plus ancienne maison à colombage d'Alsace, face à l'hôtellerie du Cerf, égrener les maisons à oriel, prolonger jusqu'à la grande tour du Dolder qui a fêté en grande pompe – j'y étais ! – ses sept cents ans en 1991 et apparaît majestueuse avec ses 25 mètres de haut et sa fière armature à colombage.

À deux pas de là se trouve la cour des Vignerons avec sa tourelle de 1613, puis la cour de la Dîme qui appartint aux sires de Ribeaupierre, avec son vieux puits et sa margelle de pierre, enfin la rue des Juifs qui mène à la tour des Voleurs où l'on visite sa salle de torture avec ses instruments, ses oubliettes, son logis du gardien, ses meurtrières. Là s'élevait autrefois, fermé par une lourde porte, l'ancien ghetto. Le 6 juillet 1416, il fut envahi par trois cents Riquewihriens qui décidèrent d'apurer leurs dettes en massacrant les familles juives ici présentes. Vingt-huit personnes périrent, femmes et enfants. La nouvelle du massacre parvint aux oreilles du comte de Ribeauvillé qui avait alors des droits sur Riquewihr, et que quarante assassins des Juifs furent condamnés, et seize d'entre eux, échappant à toute grâce, décapités dans le bourg voisin de Beblenheim. Exemple rare, il est vrai, d'une justice rendue contre un crime religieux, en un Moyen Âge où l'intolérance était le plus ordinaire des états de fait quotidiens. « Tu vois, me disait Jean Hugel, qui était protestant et tolérant, disert sur le sujet, au moins, à Riquewihr, le crime contre les tiens a finalement été puni. Et c'est le signe que tu seras toujours le bienvenu ici. »

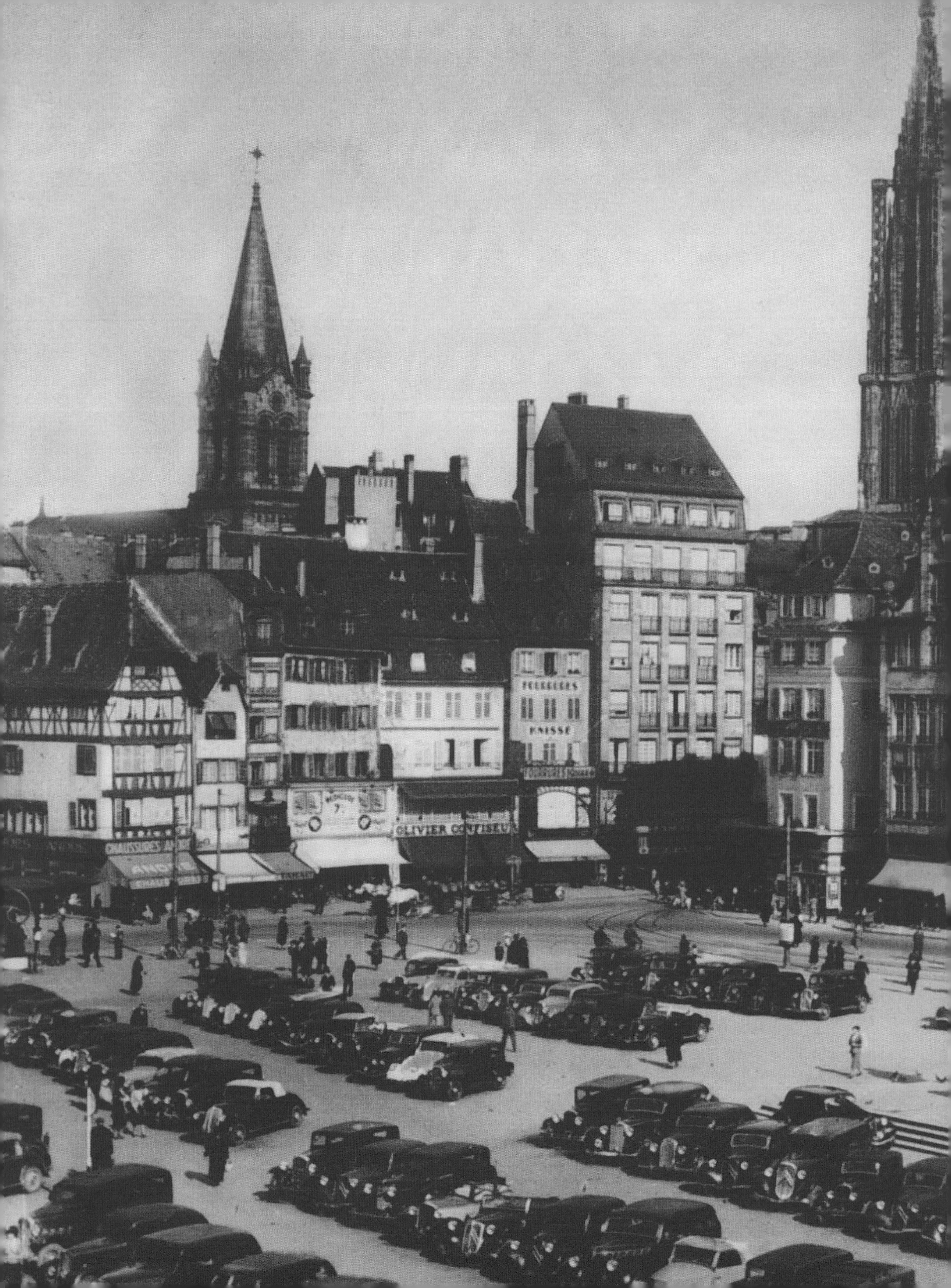
FOURRURES
KNISSE
OLIVIER CONFISEUR

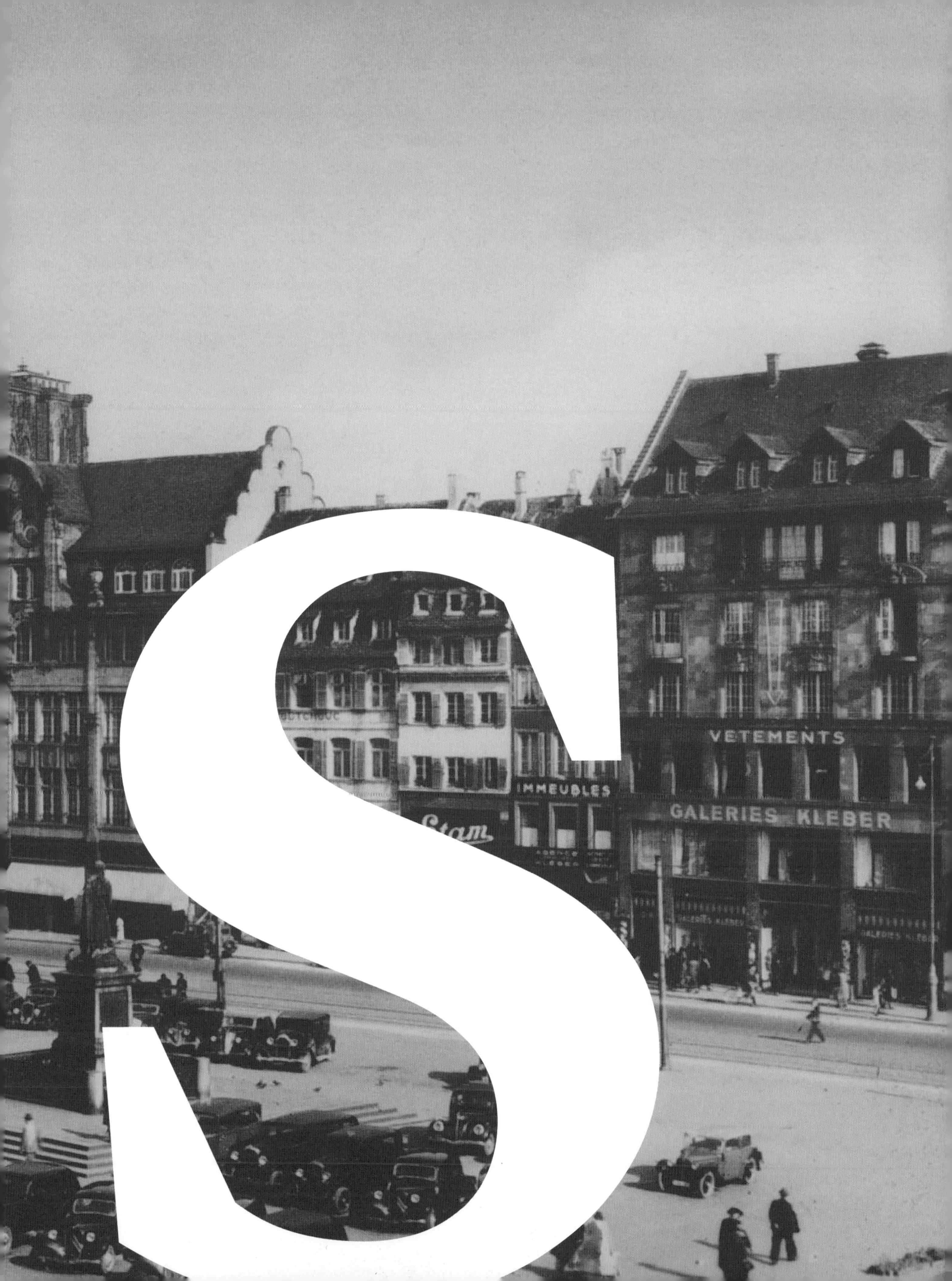
VETEMENTS
IMMEUBLES
GALERIES KLEBER
Stam

SCHLUMPF (FRITZ)

Un héros, un bienfaiteur, un imposteur, un escroc ? Un grand homme à qui l'Alsace a longtemps oublié de rendre hommage ? Un mauvais gestionnaire, roi de l'abus de biens sociaux, ou, au contraire, un patron de choc, paternaliste, certes, mais social, qui n'hésite pas à accompagner en pleine nuit, avec sa propre voiture, une de ses ouvrières devant accoucher en urgence ? Un Alsacien traqué par ses créanciers, préparant sa fuite en Suisse ? Ou un Helvète, ayant longtemps fait prospérer la filature alsacienne, ayant subi des revers, trouvant enfin refuge dans son pays d'origine ?

Avec Fritz Schlumpf, il y a le chromo et son envers, la carte postale en noir et blanc ou en couleurs et son contraire. Ses ennemis irréductibles demeurent, tel Jean Kaspar, l'homme fort de la CFDT d'alors, qui ne lâche pas prise quarante ans après « l'affaire », s'insurgeant contre la vision de « roman rose » laissée par sa veuve après sa mort (*Pour l'amour de Fritz, autobiographie*, d'Arlette Schlumpf, rédigé avec l'excellent éditeur Bernard Reumaux, La Nuée Bleue, 2009). La France du début du XXIe siècle, qui fête les grands mécènes, les amoureux des arts, les créateurs de fondations, n'est plus celle de 1976, qui pleure les usines fermées, accuse les « patrons voleurs suçant le sang des ouvriers », se révoltant contre leurs collections de luxe.

Aujourd'hui, pourquoi ne pas le dire, Fritz Schlumpf serait un héros. On reconnaît, à présent, qu'il a « créé de la beauté et de l'histoire » (Helmut Kohl), imaginé la plus belle collection de voitures au monde, « le Louvre de l'automobile », selon la formule de son ami Amédée Gordini : 430 voitures dont de mirifiques Bugatti, de rares Panhard, d'introuvables Ferrari, des Gordini sublimes, des Rolls-Royce de grande classe. Ce financier expert qui s'était créé, avec son frère Hans, plus timide, plus réservé, mais non moins efficace et tenace, un mini-empire textile et immobilier, allant de Malmerspach, dans la vallée de

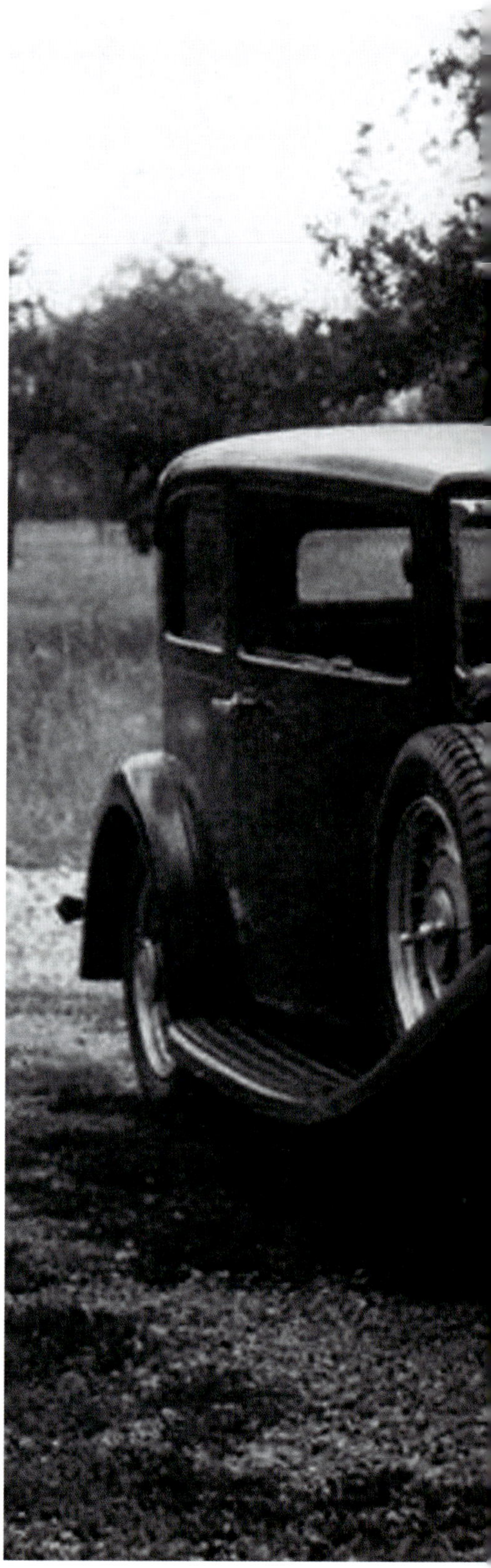

CI-DESSOUS Les frères Schlumpf avec leur Bugatti Type 49, huit cylindres en ligne, 3,3 litres – confortable et rapide.

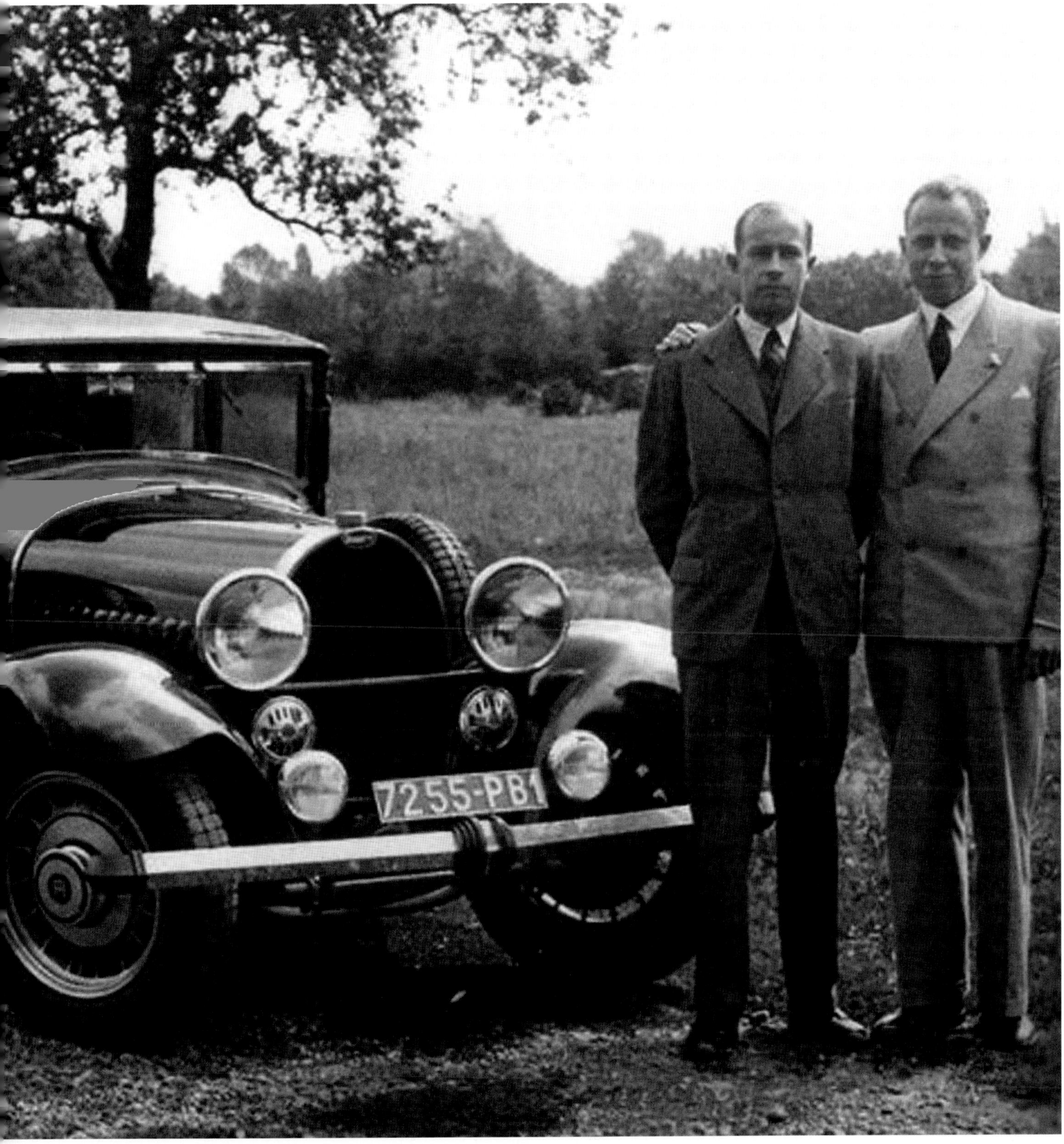

Thann, à Roubaix, passant par Erstein et les faubourgs de Mulhouse, rachetant, pour ses invités, l'hôtel du Parc mulhousien, rue du Steinbach, face au théâtre.

Né en 1906 près de Milan, d'un père négociant suisse et d'une mère mulhousienne, il fait ses débuts, modestement, en 1928 dans le négoce de la laine. Il crée la SAIL (Société anonyme pour l'industrie lainière) en 1935, destinée à acheter et à vendre de la laine pour son compte et celui de son frère. Il reprend, en 1940, la filature de laine peignée de Malmerspach dans la vallée de Thann. Puis achète en totalité les actions, en 1953, des Établissements de tissage Jean-Deffrenne à Roubaix, tout en laissant ce dernier P-DG de l'entreprise qui lui fera faux bond au moment de ses difficultés. En 1956, il reprend la filature de laine peignée d'Erstein, qui s'orientera vers les fibres synthétiques et artificielles.

En 1957, il rachète, à Mulhouse, HKC, les anciens établissements Heilman, Koechlin & Cie, dont les comptes ont été gonflés par le vendeur. Il ferme l'usine, recase le personnel à Malmerspach ou à Erstein, et use du site désaffecté pour réaliser son rêve : un musée contenant les quelque quatre cents voitures anciennes qu'il a commencé à collectionner patiemment, à l'heure où le marché s'y prêtait. Sa dernière acquisition industrielle se fait en 1971, avec la reprise des actions Gluck, issue d'une grande famille lainière de Mulhouse. S'il rassure les partenaires commerciaux de la société, il se met à dos le patronat local.

Car c'est là où le bât blesse : les Schlumpf sont catholiques dans un univers protestant. Ils se montrent chics, élégants, colorés, excentriques, provocants, à l'inverse de gens réputés discrets, feutrés. Ils viennent d'origine modeste, contrastant avec les rejetons de grandes dynasties familiales patiemment élevés dans la laine.

Ce n'est pas le lieu ici de refaire « l'Affaire » qui éclate en 1976, durant les années Giscard, dans un contexte de crise générale de l'industrie textile. Rappelons que deux banques des usines Schlumpf, dont la très locale Sogenal, refusent, en juin 1976, de payer des chèques émis par les entreprises, alors que les montants sont plutôt modestes. Les deux frères proposent de démissionner de leurs entreprises, mises en dépôt de bilan, et de les vendre pour le franc symbolique à un repreneur qui s'engagerait à les relancer en gardant le personnel.

Toute solution de crédit leur étant refusée et devant mettre la clef sous la porte de leurs trois entreprises alsaciennes, Hans et Fritz sont séquestrés le 29 septembre par les employés furibards, sans pouvoir communiquer avec l'extérieur. Le matin du 2 octobre, ils sont « exfiltrés » en Suisse avec l'aide de la police et des CRS. La suite fait partie de l'histoire judiciaire. Les deux frères, déclarés fugitifs aux yeux de tous, perdent leurs entreprises, et la collection de voitures de Fritz, qui a ajourné l'ouverture de son musée du fait de la crise textile, est, à son tour, occupée deux ans durant et ouverte au public, par leurs ouvriers, à l'initiative de la CFDT, s'inspirant des opérations de commando menées trois ans plus tôt par les Lip en Franche-Comté.

CI-DESSOUS Cette Bugatti Type 57 de 1935 est ici carrossée en coach Ventoux. C'est l'une des très nombreuses Bugatti de la collection Schlumpf exposée à Mulhouse à la Cité de l'Automobile.

L'épilogue sera long: Fritz et son frère, réfugiés à Bâle, ont non seulement perdu leurs usines, mais aussi leur fabuleuse collection de voitures qui sera revendue aux collectivités locales pour une somme dérisoire. Il faudra attendre plus d'une décennie pour que la « Cité de l'Automobile », c'est son nom officiel, se voit accoler, par voie de justice, le label de « collection Schlumpf ». Fritz et son épouse Arlette occuperont, six ans durant, le dernier étage du prestigieux hôtel des Trois Rois sur le Rhin, attendant patiemment et vainement que la justice française tranche en leur faveur et leur rende leurs biens.

Fritz ne reviendra que furtivement en France, rendant visite à « sa » collection en chaise roulante en septembre 1990, dix-huit mois avant sa mort. On sait qu'en pleine période électorale de mars 1978, François Mitterrand vient visiter le musée alors occupé par les syndicalistes. « Quelle folie ! C'est du Louis II de Bavière… », s'exclame-t-il sans que l'on comprenne tout à fait, à ce moment-là, ce que ce mot insolite pouvait contenir de louange non ironique.

Les rangées de voitures rutilantes, éclairées de cinq cents lampadaires, répliques de ceux du pont Alexandre-III, impressionnent. Le lieu aujourd'hui a un peu perdu de son âme, avec des séparations coupant ses perspectives. Mais la grandeur de la collection – sa folie – demeure. Il est sans doute temps de rendre justice à Fritz Schlumpf.

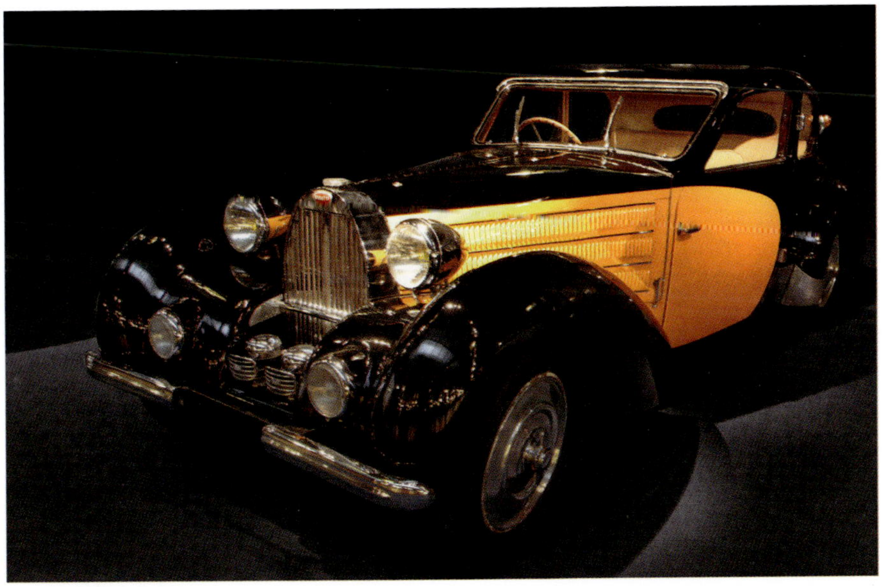

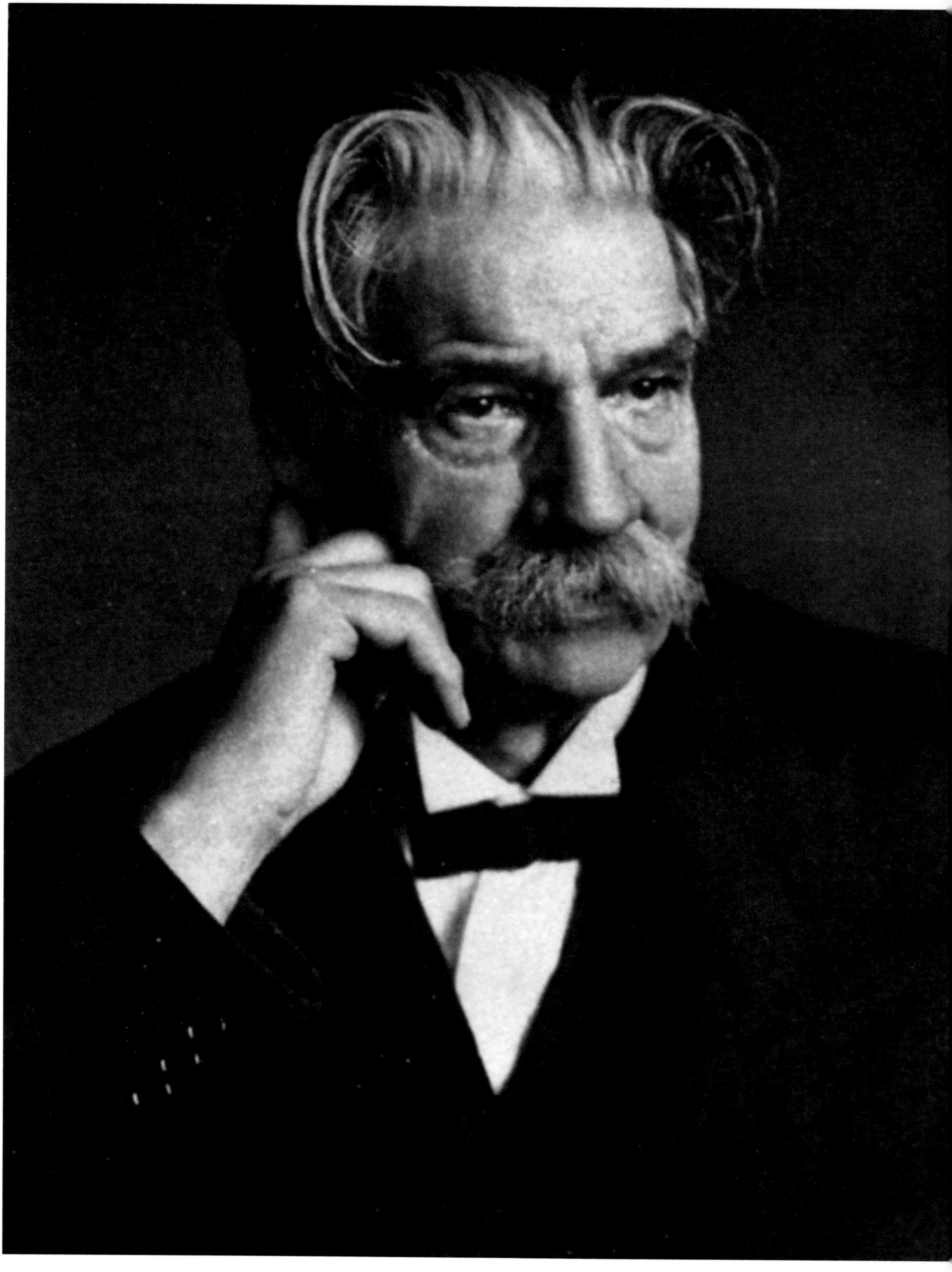

CI-CONTRE La haute figure d'Albert Schweitzer, qui était aussi le grand oncle de Jean-Paul Sartre.

SCHWEITZER (ALBERT)

Dans le petit village de Gunsbach où il a été élevé, où son père fut pasteur, où il acheta une maison en 1923 avec l'argent du prix Goethe décerné par la ville de Francfort, son souvenir est partout présent. Un sentier de promenade, semé de panneaux explicatifs illustrés de ses pensées, sillonne le bourg, monte vers la forêt, longe l'église, la cure paternelle, l'ancien presbytère, pour aboutir à un sommet d'où l'on domine la vallée de Munster et Wihr-au-Val, et où l'on a érigé une statue pensive à sa gloire.

Quant à sa demeure, en bordure de route, couverte de lierre, elle accueille avec sa grande figure souriante dans l'encadrement de la porte. Souvenirs, photos, archives sont là, avec son bureau, comme s'il allait revenir bientôt de Lambaréné. Schweitzer et les siens, Schweitzer et son orgue, Schweitzer et ses femmes, la douce Hélène Bresslau, qui fut son aide, son épouse, sa femme aimante, et sa fidèle collaboratrice Emma Hausknecht, qui contribua à créer le musée d'objets africains dans le village, juste au-dessus de l'école, dans une dépendance de mairie, sont présents comme des êtres familiers.

Sa destinée est étrange en vérité. Albert Schweitzer, né en 1875, est l'homme que l'on révère ou qu'on ignore, celui qui agace (on se souvient des méchants vers de Boris Vian : « Qu'il soit minuit, qu'il soit midi, vous me faites ch… Dr Schweitzer ») ou qui suscite les vocations. Près d'un demi-siècle après sa mort, ses livres ne cessent d'être réédités, son œuvre d'être poursuivie, son pieux souvenir d'être entretenu. Philosophe, théologien, musicien et musicologue, mais aussi réparateur d'orgue, auteur d'un ouvrage de référence sur Bach, son grand homme, médecin à Lambéréné au Gabon, où il bâtit de ses propres mains un village-hôpital, face au fleuve de l'Ogooué, il obtint le prix Nobel de la paix en 1953.

Il était alors un quasi-inconnu en France, révéré en Amérique, à l'égal d'un saint, comme « l'homme le plus important du siècle », mais aussi en Allemagne où la plupart de ses œuvres connaissent le succès. Il avait pourtant choisi de soigner les malades dans l'Afrique-Équatoriale française. Après la déclaration de la guerre de 1914, il se trouve arrêté, en tant que citoyen du Reich, par l'autorité militaire (à minuit, d'où le titre de la pièce de Gilbert Cesbron dont sera tiré le film d'André Haguet avec Pierre Fresnay, Raymond Rouleau et Jeanne Moreau), puis interné en France, à Garaison, dans les Hautes-Pyrénées.

Auparavant, il aura été ce jeune surdoué qui tint, dès neuf ans, l'orgue de son église, celle de son père, puis cet organiste virtuose qui, après avoir été formé en Alsace par Édouard Munch, se perfectionne à Paris, chez Charles-Marie Widor. Il aurait pu demeurer ce notable strasbourgeois, perclus d'honneurs, qu'il fut d'ailleurs au tout début des années 1900. Il est alors docteur en philosophie, puis en théologie, après un bref passage à Berlin, pasteur de l'église Saint-Nicolas de Strasbourg, où il bénira le mariage de Theodor Heuss, le futur premier président de la République fédérale d'Allemagne. Puis il est chargé de cours à la faculté de théologie, avant de devenir, à partir de 1903, directeur du Collegium Wilhelmitanum de l'université de Strasbourg.

Sa destinée prend un tour neuf lorsque, en 1904, une main mystérieuse pose sur sa table de travail une brochure qui va bouleverser le cours de sa vie. Celle-ci contient le rapport mensuel des « Missions évangéliques de Paris » évoquant le sort des Noirs africains, déshérités de la terre, en proie aux maladies de toutes sortes, la lèpre, la maladie du sommeil, évoquant le manque de missionnaires et de médecins au Gabon, en Afrique-Équatoriale française. Lui, qui avait été frappé à Colmar par la statue, signée Bartholdi, d'un jeune Noir en proie à l'inquiétude, va alors se décréter en mission. Il décide de devenir médecin et d'aller à Lambaréné.

Il oublie sa gloire strasbourgeoise, se remet à l'étude, modestement, huit ans durant, comme simple étudiant en médecine, et partira, avec sa future épouse Hélène Bresslau, qui a, entre-temps et pour l'accompagner, décidé de suivre des cours d'infirmière. Il doit faire face à l'incompréhension générale, donne un concert de Bach pour financer son voyage, mais demeure inflexible dans ses résolutions. Il part avec force médicaments et de nombreux bagages, traverse le fleuve, bâtit un hôpital, à partir d'un poulailler insalubre. Certains (André Audoynaud, *Le Docteur Schweitzer et son hôpital à Lambaréné, l'envers d'un mythe,* L'Harmattan, 2006) n'ont vu en lui qu'un charpentier ajoutant sans cesse un pavillon à l'autre, dans des conditions d'hygiène douteuses, alors qu'un autre hôpital se créait, plus moderne, de l'autre côté du fleuve. D'autres encore ont insisté sur le fait que le bon docteur était préoccupé de soigner ou de faire soigner plus que d'éduquer, de garder les Noirs au sein de leur univers culturel, demeurant rétif à leur évolution. D'en faire de bons nègres, des sauvages acceptables, non des citoyens indépendants.

Si le débat reste ouvert, l'œuvre de Schweitzer, philosophe, théologien, humaniste, demeure. Se placer au service des autres, s'oublier soi-même, faire don de sa personne, concevoir la vie comme un échange, refuser de tuer et même de blesser inutilement les humains comme les animaux : telles furent ses volontés, ses obsessions, qu'il fit passer de l'écrit (*Ma vie et la pensée*, *La Civilisation et l'Éthique*) en actes concrets avec courage, non sans panache, dans un univers hostile. Qui peut en dire autant ?

Il fut longtemps, à l'image de ce que sera plus tard Tomi Ungerer pour l'art, un Alsacien mieux compris outre-Atlantique et outre-Rhin que chez lui et, en tout cas, qu'en France. « Je l'aime et l'admire, comme vingt Français et comme deux cents millions d'Américains et d'Européens », écrira Gilbert Cesbron à l'orée des années 1950, juste avant que son Nobel ne le révèle à ses compatriotes.

SEEBACH (LOTHAR VON)

« Monsieur von Seebach, s'il vous plaît, s'il vous plaît peignez-nous une fois encore,

Monsieur von Seebach, le bon temps

D'antan

La violette à la Meinau...

L'églantine au petit Rhin...

L'île des pêcheurs dans la rose argentée...

L'orangerie au clair de lune... »

Ainsi chantait Germain Muller (voir son entrée) à propos de ce Monet alsacien qui peignit si joliment la région au grand air de 1900. Il fut l'artiste allemand le plus apparenté à l'Alsace, à la fois voisin et paroissien, amoureux ardent, proche cousin sensible, témoin vibrant. De son trait agile, entre réalisme et impressionnisme, avec un rien de pointillisme, il trace des portraits précis et fins, avec des modèles rarement flattés, le plus souvent féminins, nus parfois, habillés à la mode de son temps souvent, mais aussi des scènes de genre à la campagne, comme en ville, des paysages doucereux, champêtres, charmeurs, éternels.

Il est né Lothar, même si, parfois, on le francise en Lothaire. Fils du baron Julius von Seebach, capitaine de cavalerie, et de Pauline Fischer de Karlsruhe, en 1853 à Fessenbach, dans le Pays de Bade, il suit les cours de peinture à l'huile d'Emil von Heimburg, disciple de Piloty à Munich. Il s'établit à Offenbourg, puis intègre l'Académie des beaux-arts du grand-duché de Bade à Karlsruhe. Passionné de peinture française, il installe son atelier à Strasbourg, au n° 3 de la place Kléber, c'est-à-dire au cœur même de la ville, là où se dresse la haute flèche de la cathédrale, dominant de haut le toit des maisons, à partir de 1875.

Lothar von Seebach s'enracine en Alsace. Il ouvre une école de peinture, participe aux activités du groupe de Saint-Léonard, aux côtés de Charles Spindler (voir cette entrée) et d'Anselme Laugel. Il découvre l'impressionnisme comme une révélation durable à la suite de voyages à Paris dans les années 1880. Il peint aussi bien les ouvriers et artisans de son temps que les paysans aux champs, les enfants dans leur candeur ou les personnes âgées dans le regard de la nostalgie. Il se montre habile, jamais excessif, dans le maniement des couleurs et l'utilisation de la demi-teinte, se distingue encore par des portraits de femmes, élégantes, mystérieuses ou tristes, jeunes ou vieilles, absentes à elles-mêmes, présentes et malicieuses, alertes ou languissantes, bref, ineffables.

Son portrait le plus fameux, celui de la poétesse Elsa Koeberlé, qui figure, à côté des meubles de Spindler, au musée d'Art contemporain de Strasbourg, dresse une figure sévère et douce à la fois, aimable, malgré le nez aiguisé et un regard un peu narquois, livré sur fond jaune d'or, uniforme. L'un de ses modèles les plus fameux dans les années 1920, jeune fille singulière ou doux visage triste, la mystérieuse Eulalie, alias Marguerite Romilly, semble jouer pour lui de toutes les poses à sa guise : nue, habillée, de face, de dos, alanguie ou raidie. De Seebach, peintre de plein air, on aime encore ses scènes de genre, ses tailleurs de pierre, son jardin à bière sous la tonnelle, comme son tendre Paysage du Ried où figure son autoportrait en gentleman-farmer. On n'omet pas ses rues strasbourgeoises, où la cathédrale joue souvent le rôle de repère, non plus que le portrait un peu mélancolique qu'il dresse de son ami le compositeur Hans Pfitzner. La précision du trait, la force du regard, les teintes douces forment une sorte de lamento visuel fort prégnant.

« Le goût pour la couleur, plus précisément la propension coloriste transmise par son professeur Fernand Keller, lui prépara la voie vers l'impressionnisme », note sa biographe fervente Brigitte Wilke (Les Travaux et les Jours, Lothar von Seebach, peintre de l'Alsace 1900, La Nuée Bleue, 2003). Ce faux dilettante est d'abord un vrai passionné des gens et des choses. En son académie privée strasbourgeoise, Lothar von Seebach forme à sa manière agile, aux portraits comme aux paysages, des peintres de talent, dont Lucien Blumer (1871-1947), Auguste Camissar (1873-1962), Hans Mathis (1882-1944), sans oublier Paul Spindler, le fils de Charles.

Il est en convalescence dans les Grisons peu avant que n'éclate la Première Guerre mondiale, revient en France en 1921, obtient, sans trop de difficulté, la nationalité française, ce qui n'est pas une mince affaire, alors, pour un natif d'outre-Rhin. Puis il séjourne encore en Allemagne, notamment dans la propriété familiale de Fessenbach. Il revient à Strasbourg à partir de 1923, où il décède à l'hôpital civil en 1930. Le large cortège funéraire suivi par les artistes locaux et les notables dit la belle estime dans laquelle ce Badois « naturalisé alsacien », auteur de si jolis paysages et portraits de la région, était tenu.

CI-DESSOUS La poétesse Elsa Koeberlé dresse une figure sévère et douce, à la fois, aimable, malgré le nez aiguisé et un regard un peu narquois.

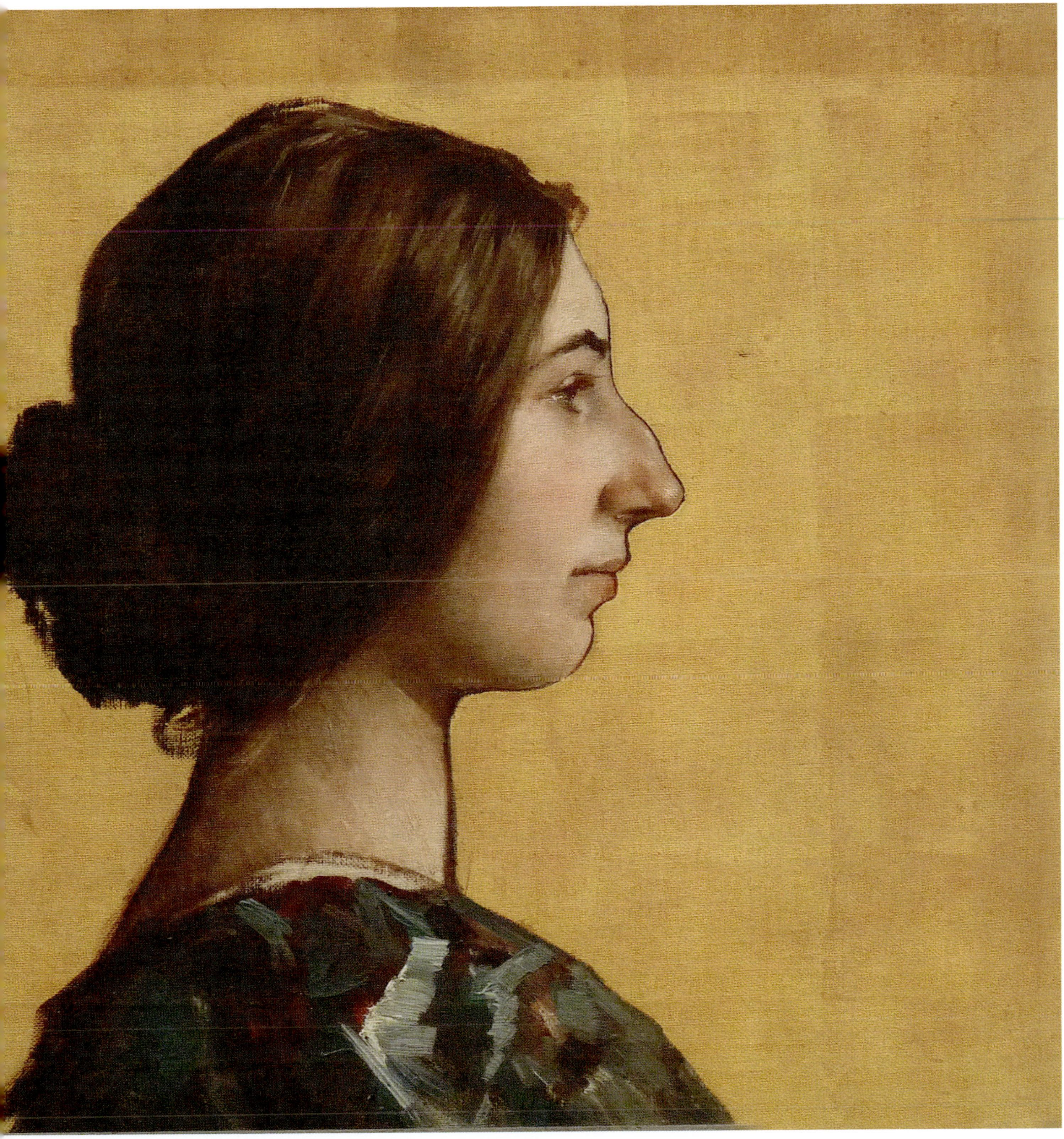

SPINDLER (CHARLES, PAUL ET JEAN-CHARLES)

Un nom magique en Alsace, plus confidentiel à « l'intérieur ». Entre Wissembourg et Ferrette, toutes les bonnes familles possèdent « leurs » Spindler : portraits de gens et de villages, scènes des champs, fables et légendes savamment mises en scène (comme le *Hans im Schnokeloch* ou *L'Ami Fritz*). Spindler est un sésame qui rassemble les générations, unit les goûts, signe que la méthode initiée par le fondateur a su traverser le temps.

Les Spindler ? C'est d'abord une dynastie : il y a Charles, le père (1865-1938), illustrateur, aquarelliste, marqueteur, mais aussi photographe et écrivain, Paul, le fils (1906-1980), sculpteur de formation, qui poursuit la tradition paternelle de la marqueterie, enfin Jean-Charles (né en 1948), qui innove dans ce sens, maîtrisant tradition et abstraction. Leur berceau : Saint-Léonard, ancien couvent de bénédictins, revu en thébaïde artiste au pied du mont Sainte-Odile, à deux pas de Boersch, d'Ottrott et d'Obernai.

À l'extrême fin du XIXe siècle, alors que l'Alsace vit sous l'annexion, Charles Spindler réunit là, grâce au gentilhomme fermier et mécène Anselme Laugel, un groupe d'amoureux des arts désireux de s'exprimer en liberté. Il y a le dessinateur Joseph Sattler, originaire de Bavière, présenté par son cousin Paul Braunagel qui suivit ses cours aux Arts décoratifs de Strasbourg. Il y a aussi l'illustrateur et faïencier Léon Hornecker, le sculpteur Alfred Marzolff, d'autres encore, comme Léo Schnug, Émile Schneider, Gustave Stoskopf, Georges Ritleng ou le Badois devenu Strasbourgeois Lothar von Seebach. Ils formeront ensemble le cercle de Saint-Léonard. Leur but : montrer que l'Alsace, à l'heure de l'Art nouveau, a son mot à dire entre le Jugendstil allemand d'inspiration néogothique, l'art floral de l'école de Nancy ou à la parisienne façon Guimard, sans oublier les folies de Gaudi à Barcelone et les innovations bruxelloises du baron Horta. Féru du Moyen Âge, passionné par ses légendes antiques, Charles Spindler multiplie les essais : fresques, vitraux, tableaux, panneaux, marqueteries, illustrations d'ouvrage reflètent sa manière.

Ses « images alsaciennes », qui paraissent de 1893 à 1896, ne nient pas l'influence de Dürer et racontent une Alsace de toujours destinée à perdurer. Elles seront le prélude d'un vaste travail ethnographique. Avec son ami Anselme Laugel, il parcourt les fêtes d'Alsace, notamment celles du nord de la région, plus particulièrement fidèle aux traditions, lors des fêtes locales, et, munis d'un appareil photographique Steinhell, ils immortalisent les costumes locaux. Ce sera la base de son travail futur.

Les images de l'Alsace d'hier subsisteront grâce aux Spindler. Charles, en travaillant le bois pour une collection de meubles Art nouveau, comme sa fameuse chaise papillon, mais aussi ses guéridons et paravents, découvre l'art de la marqueterie qu'il va développer et qui illustreront tous les villages d'Alsace. La brasserie Jenny à Paris, rue du Temple, est un véritable musée Spindler avec ses trésors de format géant.

Ses peintures des années 1920 (comme son portrait du peintre Paul Bruyère jeune dans la veine d'un Modigliani), ses affiches publicitaires, ses étiquettes pour les vignerons (Boeckel à Mittelbergheim, Siebert à Wolxheim, le Clos Sainte-Odile pour Weissenburger à Obernai), ses meubles, crédences, casiers à musique, banquettes, fauteuils ou paravents, ses carafes à liqueur pour Lalique font connaître encore son art de façon diversifiée.

Il réalisera enfin des panneaux sur le thème des métiers de l'Alsace (potier, brodeuse, ébéniste, peintre-verrier, souffleur de verre) lors de l'Exposition internationale des arts et techniques de Paris en 1937. Sans omettre le chemin de croix en quatorze panneaux réalisés en 1934 – et inauguré en 1935 – pour l'église du mont Sainte-Odile.

Quand Charles décède en 1938, Paul, son fils, reprend le flambeau. On doit à cet élève de François-Rupert Carabin à l'École des beaux-arts de Strasbourg, qui fréquente aussi l'atelier de Lothar von Seebach, des sculptures fameuses : celles d'Yvette Guilbert, l'actrice et chanteuse parisienne, d'Ettore Bugatti, le constructeur automobile de Molsheim, sans omettre une marqueterie de sainte Berewesinda, mère de sainte Odile, présente dans l'église qui a accueilli les panneaux du chemin de croix signés de son père. Mais son grand œuvre sera de développer et d'affiner le style de marqueterie paternel.

Les personnages de l'Alsace quotidienne aux champs, réalisés pour la brasserie Jenny dans les années 1930, les figures légendaires (*Léda et le Cygne*, *Les Trois Parques*), les paysages de la campagne anglaise (pour un salon de thé de Harrogate), sans omettre ceux des années 1950-1960 perpétuant l'image immuable des villages alsaciens d'autrefois et d'aujourd'hui (Nordhouse, Wangen, Bouxwiller ou Geiswiller) : voilà sa marque.

On n'omettra pas celle, exemplaire, du *Petit Train*, perle de la collection de Marc Wucher à l'hôtel du Parc d'Obernai, qui vaut, à elle seule, le détour. Datée de 1957, cette composition qui fait se juxtaposer un village dominé par les oiseaux posés sur une portée de fils électriques introduit, avec les rails, la fumée de la locomotive et les couleurs contrastées des bois précieux, un air de modernité bienvenue dans le style Spindler, qu'on aurait pu trouver éternel, sinon passéiste.

Ce modernisme que prolongera Jean-Charles (né en 1948) se reflète encore dans des compositions symbolistes ou semi-abstraites : *La*

CI-DESSOUS L'escarpolette : *Die Schaukel* de Charles Spindler (1909).

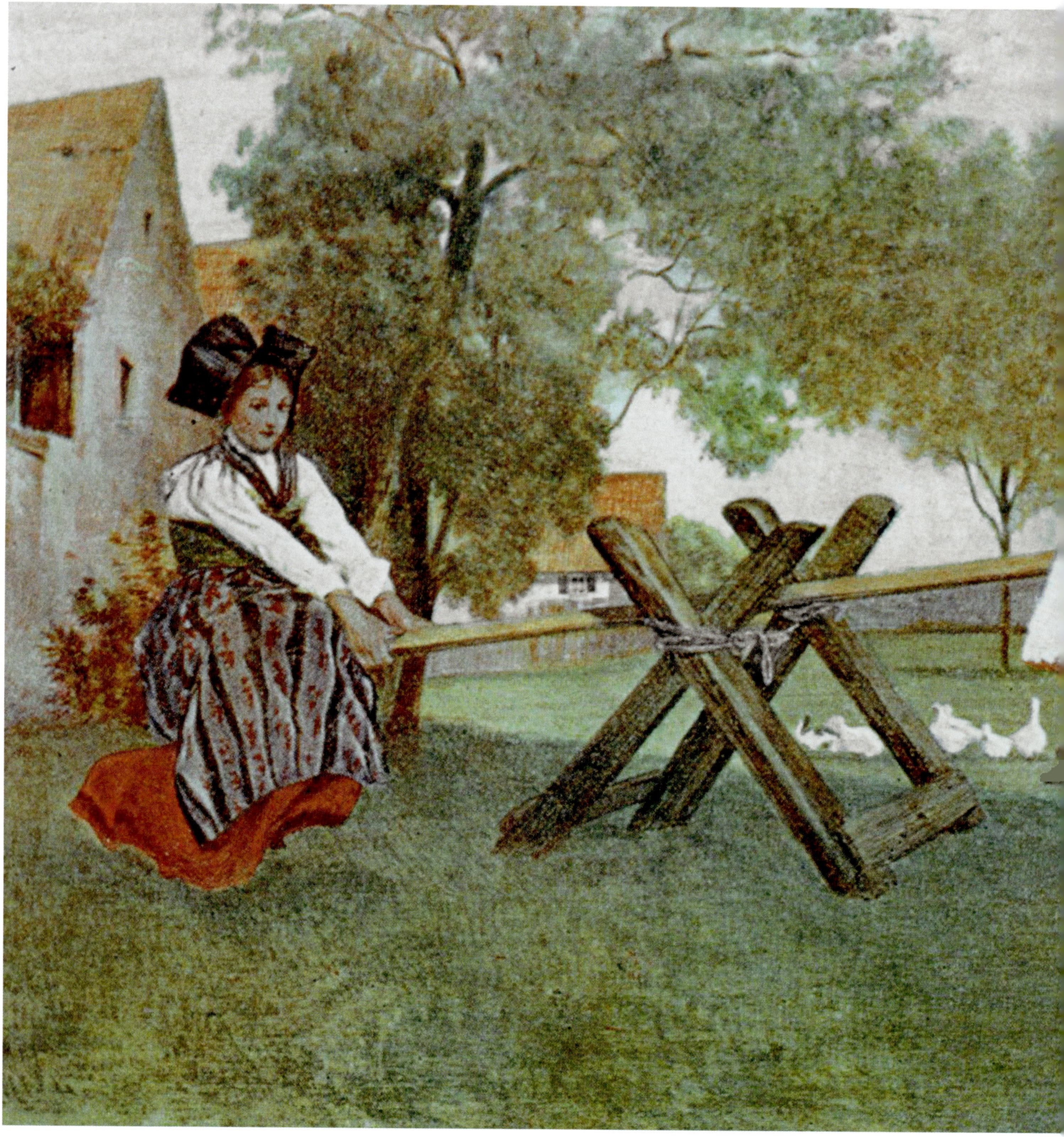

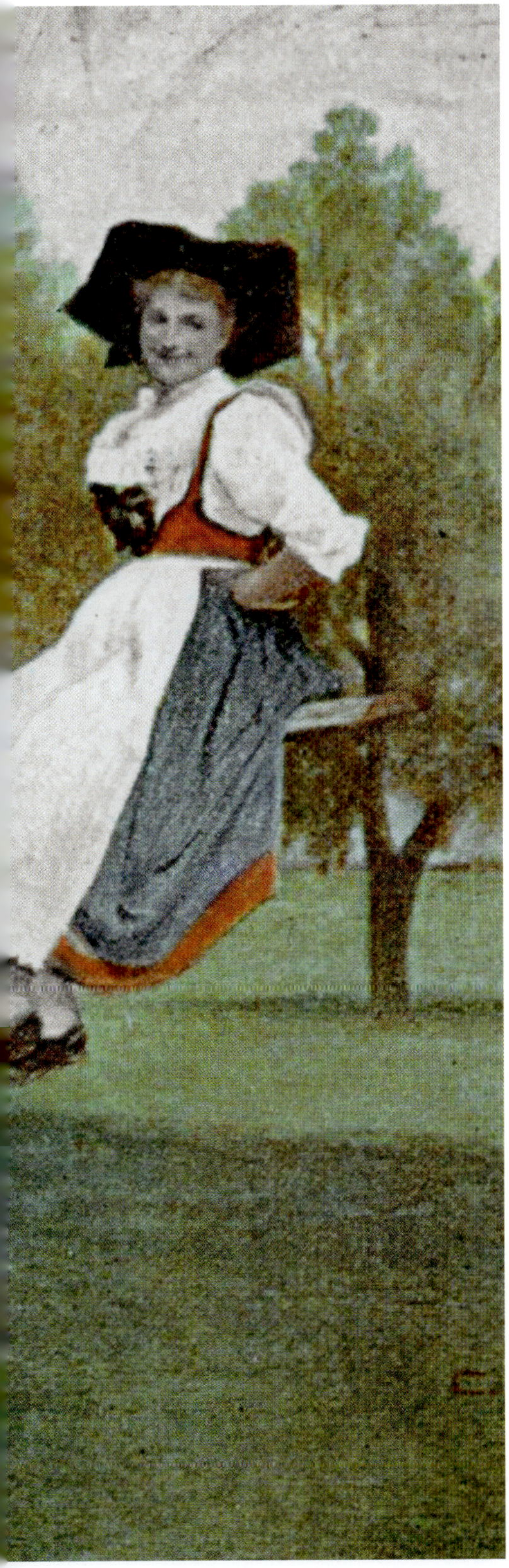

Terre (de 1958), où une tête de mort et des ossements jouxtent des racines d'arbres, la *Création du règne animal*, qui date de 1952, le *Paravent aux poissons*, de 1959, ou encore le très allégorique *Iceberg*, millésimé 1968. Quand Jean-Charles reprend le flambeau en 1975, l'atelier de Saint-Léonard s'est ouvert aux stagiaires comme aux visiteurs passionnés.

L'ancien monastère, qui fut jadis une thébaïde d'artistes, accueille des étudiants de l'École Boulle ou de l'Institut français de restauration des œuvres d'art. Jean-Charles diversifie la palette familiale. Les villages anciens sont conservés, et développés (*Ribeauvillé après les vendanges, Châtenois*). Mais les thèmes s'enrichissent. Avec *Les Deux Arbres* (qui laissent se profiler au loin la cathédrale de Strasbourg), puis les variations sur l'eau et les éléments rageurs autour de *L'Île de feu* ou de *La Vague*.

Paravents, vastes panneaux, meubles encore : les commandes affluent. Le hall du « Four Seasons » de Prague accueille *Les Schlitteurs*, tandis que le musée d'Art moderne et contemporain de Strasbourg consacre un salon aux créations Spindler, avec quelques chaises marquetées, le paravent de *La Dame aux Cygnes* et *Sainte Odile au tombeau* qui trônent à leur place. L'œuvre continue. Les commandes sont nombreuses. Les winstubs, auberges tavernes, grandes tables (comme La Fourchette des Ducs d'Obernai avec sa cheminée signée de Charles Spindler) se font dépositaires de leurs œuvres.

STRASBOURG

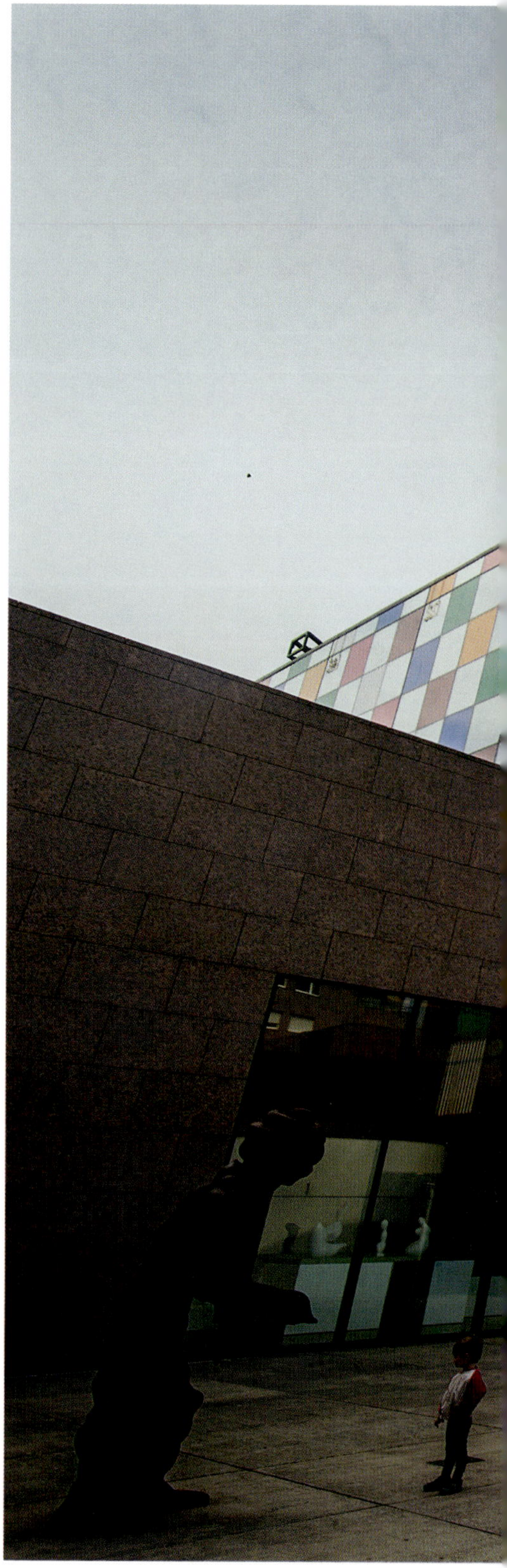

Comment aborder Strasbourg, qui pourrait résumer l'Alsace, valoir pour elle-même un « dictionnaire amoureux », se raconter à coups de guides, fictions, souvenirs ? J'ai consacré, *au moins*, deux livres à cette ville magique : *Je vous écris de Strasbourg*, un acte de foi en la ville, sa puissance d'évocation, sa richesse, son histoire, *Le Voyage de Clémence*, l'itinéraire, façon Alice, d'une petite fille en quête de son père, sur le chemin sinueux et enchanté de l'Alsace.

Né en Lorraine, je suis devenu strasbourgeois malgré moi dans les années 1960, fréquentant d'abord une pension juive – en fait, un orphelinat –, les Violettes de la rue Sellenick, et l'école Akiba, avec des maîtres qui se nommaient Benno Gross, Armand Abécassis, André Warchawski, puis le lycée Fustel-de-Coulanges, voisin immédiat de la cathédrale et de sa « synagogue aux yeux bandés ». Puis, je suis passé d'une ville juive et grise à une ville rose, joyeuse, ouverte. Celle du grès venu des Vosges, avec lequel ont été bâtis non seulement la cathédrale, mais une bonne partie du centre.

Du gris au rose : de la ville impériale au village médiéval, des bâtiments bismarckiens ou wilhelmiens à ceux de la Renaissance et d'un Moyen Âge florissant, j'aurai refait à l'inverse le périple des voyageurs d'autrefois. Un parcours absurde ? Sans doute pas. Mon Strasbourg historique est un puzzle. J'ai sans doute tout compris, mais en zigzag. J'ai connu, un an après son inauguration en 1958, la grande synagogue de l'avenue de la Paix, le temple juif le plus vaste d'Europe, bâti après guerre pour remplacer le bâtiment néobyzantin du quai Kléber détruit par les nazis en 1940. Alors que j'ignorais encore la cathédrale d'Erwin de Steinbach, avec sa flèche unique…

Moi qui, de neuf à onze ans, ai vécu à l'ombre du parc des Contades et en deçà de l'avenue des Vosges, je n'aurai vu la Petite-France, la rue du Bain-aux-Plantes, les quais de l'Ill, la place Gutenberg avec la statue de Hans Gensfleich, l'imprimeur de Mayence, qui mit ici au point son invention révolutionnaire de 1492, que le temps de brèves escapades du week-end.

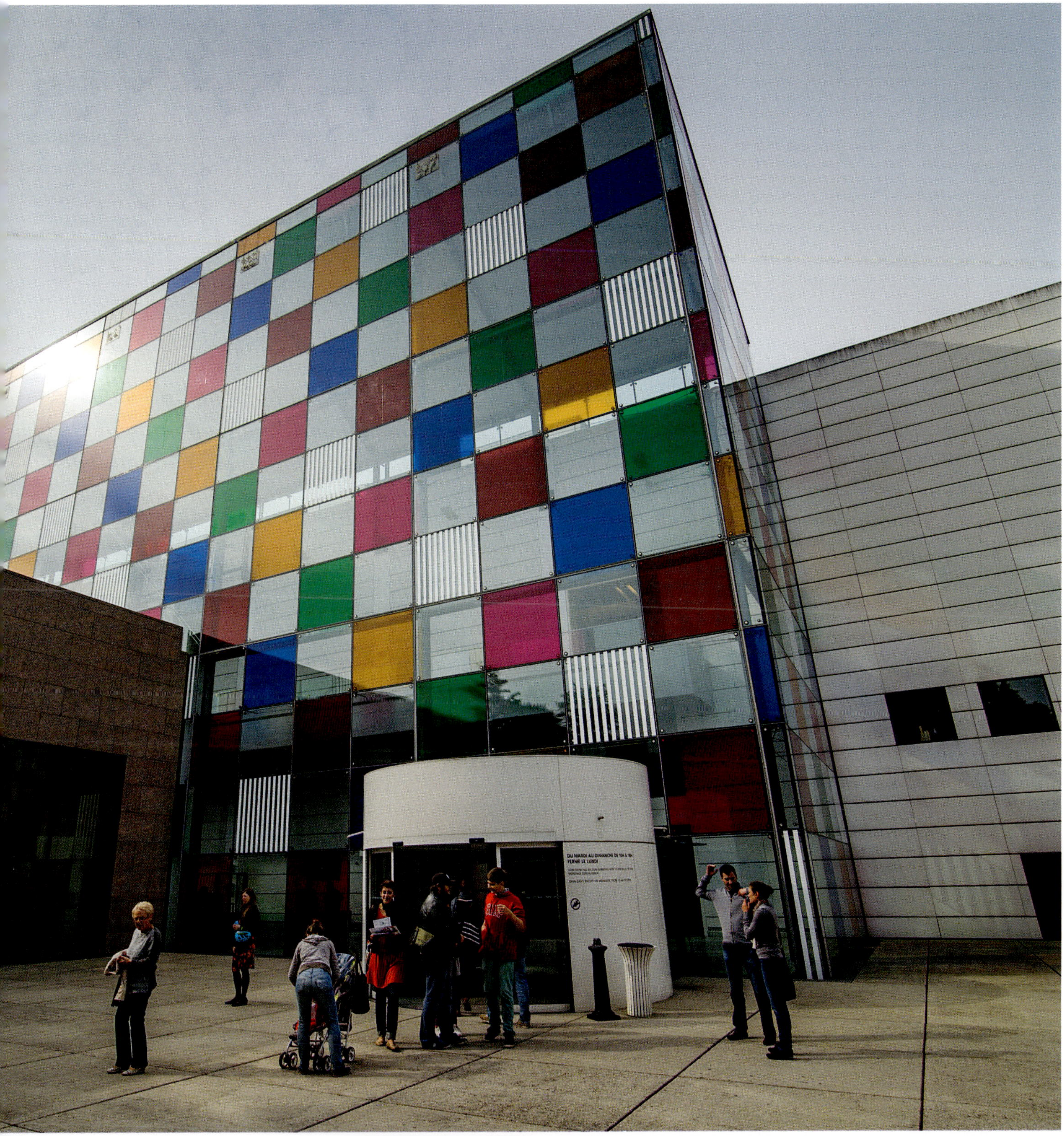
DU MARDI AU DIMANCHE
FERMÉ LE LUNDI

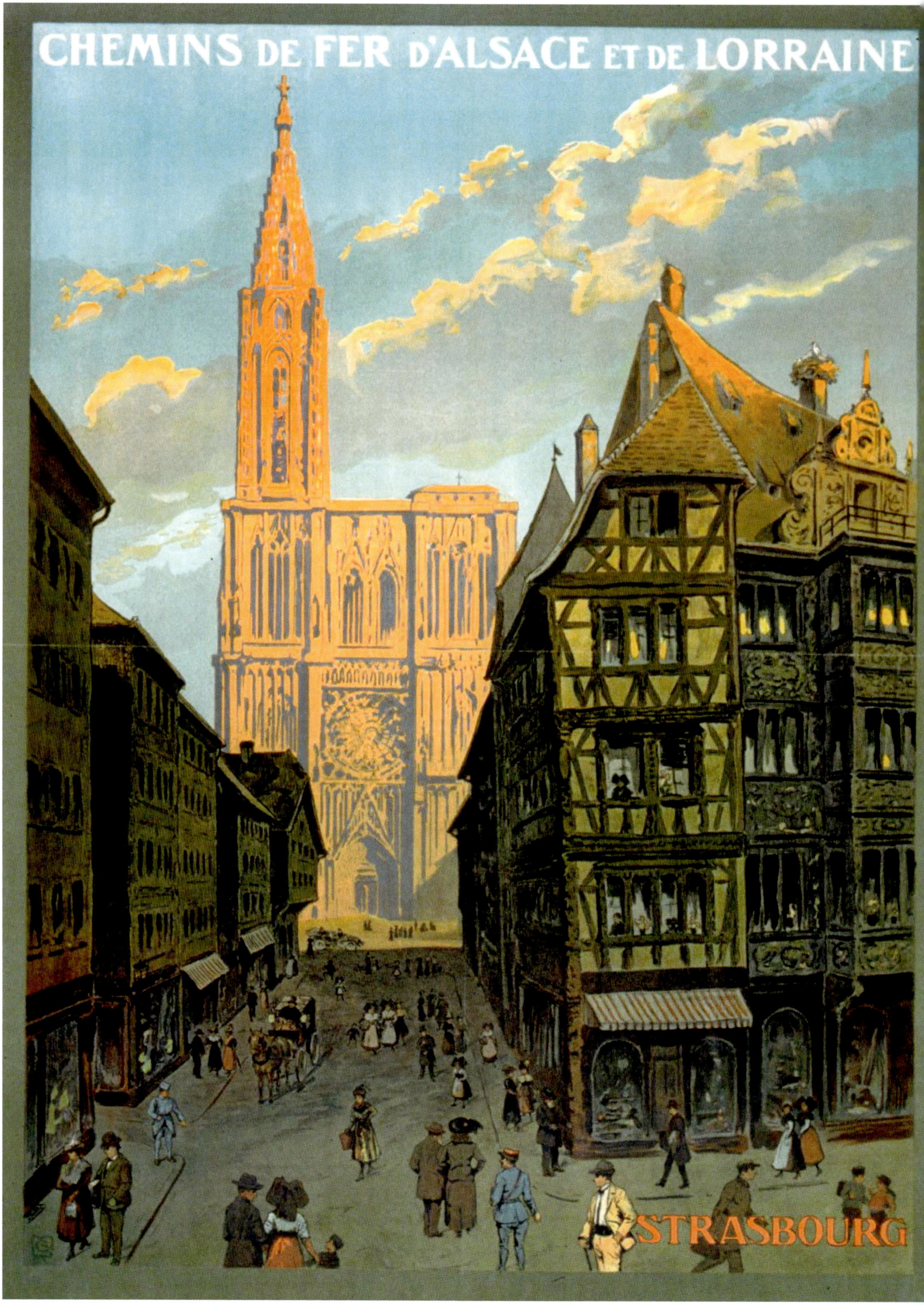
CHEMINS DE FER D'ALSACE ET DE LORRAINE
STRASBOURG

CI-CONTRE Une affiche ancienne vantant Strasbourg, la cathédrale, vue de la rue Mercière...

De généreuses familles juives m'invitaient chez elles, le vendredi soir, le temps du repas de shabbat, et mes parents se relayaient, le dimanche, pour nous faire découvrir, mon frère et moi, les palais gourmands de la ville.

Mes universités? Elles se nommèrent la Maison Rouge et son annexe la Diligence, toutes deux place Kléber (aujourd'hui remplacées par le – fort laid – centre commercial, contenant Habitat et la FNAC), l'Aubette, sur la même place, le Gourmet Sans Chiqué, presque caché à deux pas, dont les exquises terrines anciennes à l'armagnac me reviennent en bouche comme un doux souvenir, ou encore le Crocodile, qui était alors une brasserie aimable où l'on goûtait l'escalope de veau panée à la Holstein (avec filet d'anchois et œufs hachés), ou le plus exotique, car méditerranéen, Marius. J'en oublie sans doute...

Mais de cette mémoire sélective me parviennent des bribes de sucre glace, de raisins de Corinthe et de crème pâtissière sur les « schnecks » – que les Parisiens nomment pains aux raisins –, de fruits secs et d'amandes pour le berawecka et le kougelhopf jolis à l'œil et doux au toucher, fondant comme neige tendre. La couronne à la frangipane, les « patates » au chocolat et à la frangipane, le stollen à la cannelle, les savarins au kirsch: voilà encore des éléments de mythologie personnelle qui me parviennent d'autrefois et expliquent sans doute le gourmand de sucré que je suis toujours.

Ce n'est que bien tard que j'appris l'étrange destin de cette glorieuse cité: vouée aux occupations incessantes des envahisseurs franchissant le Rhin, elle est colonisée par les Celtes dans l'Antiquité, abritant un camp militaire baptisé Argentorate ou Argentoratum, au XIIe siècle avant J.-C. Avant d'être dévastée par les invasions des hordes germaniques, détruite par les Huns d'Attila en 451, de renaître sous le nom de Strateburgum (« la ville forte des routes ») sous les Francs, puis de se développer avec sérénité sous les Carolingiens.

On sait qu'en mars 842 les héritiers de Charlemagne, Charles le Chauve, qui règne sur la France occidentale, et Louis le Germanique, son pendant de l'autre côté du Rhin, prononcent le serment de Strasbourg, considéré comme le premier pacte politique de l'histoire et, tout à la fois, le plus ancien document de langue romane, rédigé aussi partiellement en idiome tudesque. En 843, avec le traité de Verdun, Strasbourg revient à la Lotharingie et à Lothaire, avant, à la mort de celui-ci en 870, de passer en Germanie. Durant sept siècles, l'Alsace et Strasbourg sont rattachées au Saint Empire romain germanique que fonde Otto le Grand en 962.

Strasbourg gagne cependant son autonomie à partir de 982, lorsque Otton II permet à l'évêque de battre monnaie et de rendre justice. Elle devient ville épiscopale. À partir de 1332, la bourgeoisie marchande impose son ordre, modifiant les institutions en sa faveur. Administrée par vingt corporations qui élisent trois cents échevins, parmi lesquels se recrutent les membres du Conseil et des commissions spécialisées (diplomatie et guerre, justice et finances) qui gèrent la ville, Strasbourg devient ville libre d'Empire et république indépendante, devant sa prospérité au commerce de transit du blé et du vin, et au monopole de la navigation entre Strasbourg et Mayence.

Riche, rayonnante, commerçante, connaissant une aura intellectuelle prestigieuse du fait du développement local de l'imprimerie, elle devient un des centres de la Réforme. Îlot d'indépendance au sein de l'Alsace française, après le traité de Westphalie, elle rejoint le royaume de France après sa défaite devant les troupes de Louvois en 1681. Louis XIV est reçu en la cathédrale de Strasbourg, Vauban bâtit une citadelle entre le Rhin et la ville, Strasbourg devient, en 1687, le siège de l'intendance d'Alsace, même si Colmar détient les instances judiciaires.

Sous la Révolution, la ville connaît des soubresauts dignes d'une capitale: le 21 juillet 1789, la population met à sac l'hôtel de ville. En 1792, alors que la patrie est déclarée «en danger», le capitaine Rouget de l'Isle compose, à l'initiative du maire de Dietrich, le *Chant de guerre de l'armée du Rhin*, adopté par les volontaires de Marseille et dès lors connu sous le nom de *La Marseillaise*. La terreur est animée par Saint-Just et Lebas. La cathédrale, devenue le temple de la raison, est sauvée par la pose d'un bonnet phrygien géant sur sa flèche.

La période de l'Empire marque son retour à la prospérité financière et commerciale. Durement assiégée en 1870, Strasbourg perd notamment les beaux volumes de sa grande bibliothèque dans un tragique incendie. De 1871 à 1918, elle devient le chef du Reichsland, «la terre d'Empire», d'Elsass-Lothringen. Au maire francophile Lauth, élu en 1871, succédera un bourgmestre allemand nommé par le pouvoir de Berlin, heureusement clairvoyant, Otto Back. Sous l'impulsion de l'architecte Conrath, élève d'Haussmann, se construit un Strasbourg gigantesque, impérial et bismarckien.

Le chancelier prussien voulait en effet faire de la «politique par l'architecture» (*Politik durch Bauen*), principe également appliqué avec Metz, dont un quartier a été récemment classé au patrimoine mondial par l'Unesco. Reste que ces bons principes et cet essor de bâtiments «kolossaux» autour de la place de la République et du Palais du Rhin (ex de l'Empereur), dû à l'architecte berlinois Hermann Eggert, font de Strasbourg une des rares villes d'aspect wilhelmien.

Certes, on trouvera plus de charme bucolique au Strasbourg médiéval de la Petite France et de la rue du Bain-aux-Plantes, de la rue des Moulins et du Fossé-des-Tanneurs. Le quartier tire son nom paradoxal du «mal français» dont venaient se soigner les mercenaires de Charles VIII, au retour de leurs campagnes d'Italie dans un hôpital proche. Ce fut jadis le quartier des pêcheurs, des tanneurs et des meuniers. Il reste quelques moulins, d'anciennes glacières (devenues un hôtel de luxe, le Régent), une maison des Tanneurs dite «Gerwerstub» datant du XVIe siècle, désormais table affable, et surtout une atmosphère charmeuse de «campagne en ville».

On parcourt les quais par bateau, ou mieux, inlassablement en remontant les quais de l'Ill, en essayant les diverses passerelles qui enjambent gracieusement le cours de l'eau. Là, un pont de pierre fait le gros dos, invite à le traverser. Jadis, Odile Jung, dite «Suzel» comme la fiancée de l'Ami Fritz, avait créé un délicieux salon de thé (Zum Kafeekranzel). C'est devenu un restaurant thaïlandais, signe des temps...

« À même ses rues quand le soir tombe, ce que l'on va chercher dans les winstubs proches de la cathédrale, c'est un peu de chaleur. Derrière les petits rideaux, les vitres en losanges, à l'abri, on se serre autour des tables méticuleusement astiquées. La tarte aux oignons qui fume encore et le pichet d'edelzwicker tout frais semblent réciter la même comptine : "Protégez-nous des démons de la nuit, des loups-garous de l'Europe centrale !" La spécialité de Strasbourg, c'est l'angoisse dans toute sa saveur à l'ombre d'une cathédrale. »

BERNARD FRANK

STRASBOURG, LA NUÉE BLEUE, 1997

Ce haut lieu du tourisme reste fréquenté par les Strasbourgeois qui n'y viennent pas seulement pour le charme des jardins, les tavernes et les tables fort sérieuses, mais aussi pour le tout proche musée d'Art moderne et contemporain signé Adrien Fainsilber. Ce bâtiment en verre et béton, qui joue la transparence, les grands volumes, laissant place à la lumière extérieure, livre, en une série de raccourcis saisissants, les divers symboles architecturaux de la ville, comme des chapitres d'histoire, des ponts couverts du XIIIe siècle au barrage Vauban de 1690, en passant par la cathédrale de grès rose et le curieux bâtiment moderne aux airs de navire lisse et chantourné du conseil général du Bas-Rhin, signé Claude Vasconi, millésimé 1989.

Ancienne et moderne, la ville se livre ici avec lenteur. De la terrasse de l'Art Café, la ville se raconte avec éclat. La promenade la plus simple à conseiller au promeneur venu prendre le pouls de la ville ancienne ? Simplement flâner rue du Bain-aux-Plantes et rue des Dentelles, rallier les quais, depuis le quartier de la cathédrale, au pied du château des Rohan et de l'Ancienne Douane, le cœur fluvial de la Petite-France, changer de rive, jouer avec les quais.

Et puis, encore, longer la cathédrale, éprouver sa statuaire si riche, admirer longuement sa façade occidentale, ses trois travées hautes de trois étages, porter son attention non seulement à la flèche unique qui fut, un temps, avec ses 142 mètres de hauteur, la plus haute de l'Occident chrétien, mais lorgner sa magnifique rose, de quatorze mètres de diamètre, et puis ces figures multiples, vierges, apôtres, saints et martyrs qui forment sa galerie si riche.

Si les 330 marches qui conduisent à sa plate-forme ne vous font pas peur et si le vertige ne vous guette pas, venez, comme tant d'autres avant vous, d'Hugo à Nerval, de Goethe à Stendhal, y prendre de la hauteur. Les toits de Strasbourg, la ville et ses lisières, le Rhin, la Forêt-Noire vous y attendent. Ainsi que l'horloge astronomique, le dédale des cryptes, la richesse du chœur, la beauté du transept, le jeu des chapelles.

La cathédrale est un labyrinthe, qui se guette à l'extérieur. La nuit, lorsque les lumières l'enveloppent, ses arcs-boutants fuselés, ses vitraux, ses figures amicales ou hautaines (on n'oubliera pas d'aller saluer en mon nom la fameuse synagogue aux yeux bandés, à deux pas de Fustel-de-Coulanges qui fut mon lycée) composent une symphonie magique. La cathédrale de Strasbourg, aurait dit Chardonne, c'est beaucoup plus que la cathédrale.

La nuit, l'ai-je dit, tout ici prend plus de relief et de sens : la cathédrale, bien sûr, et son environnement de grès, la voisine Kammerzell, qui abrite les fresques de Léo Schnug, avec ses vitraux en forme de tessons de bouteille, avec cette luminosité à nulle autre pareille. Et encore les ruelles alentour. Rue des Sœurs, rue des Juifs, rue des Écrivains, place du Marché-Gayot, cousine, en plus champêtre, de celle du Marché-Sainte-Catherine, dans le Marais, à Paris.

Et encore rue des Sables, quai des Bateliers, rue du Marocain, rue de l'Ancienne-Boucherie. La flèche illuminée apparaît, ou est-ce son reflet dans

CI-DESSOUS L'entrée de la nouvelle gare TGV avec sa grande verrière « ballonnée ».

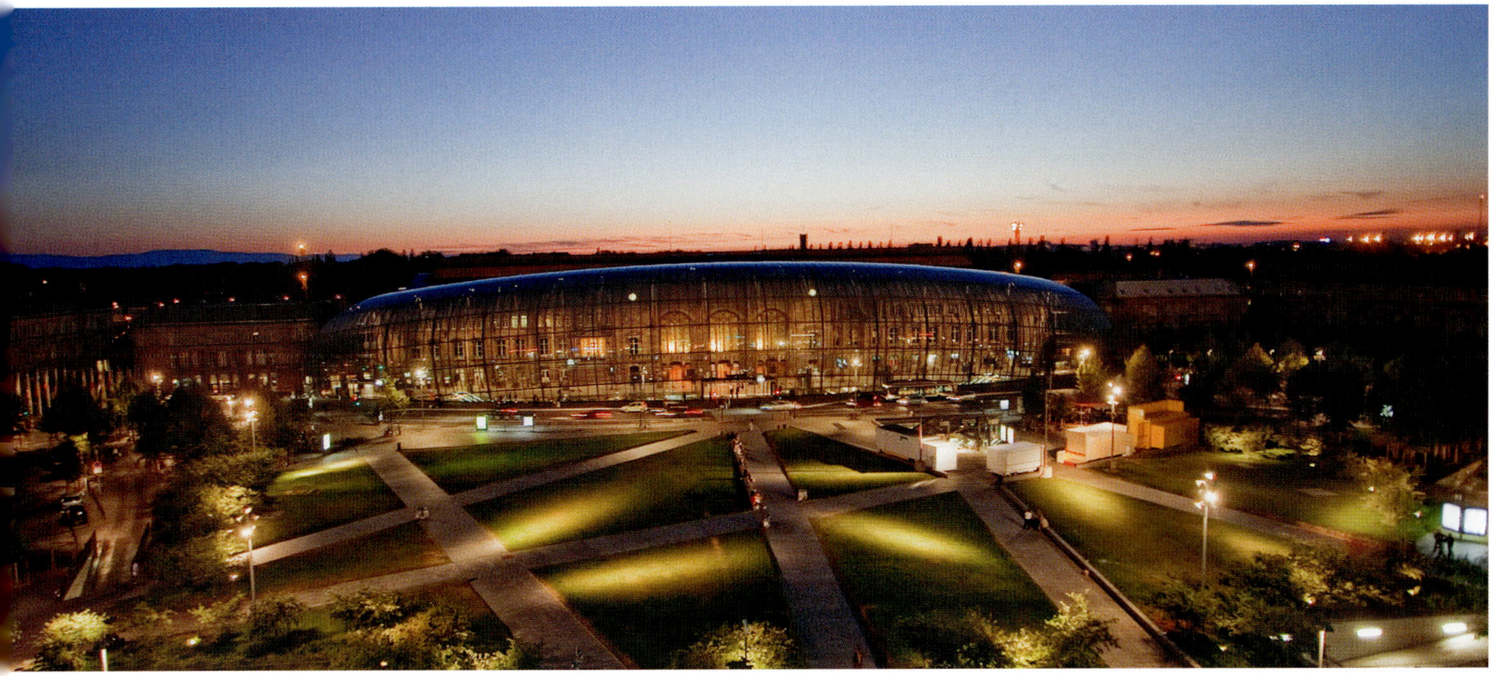

l'eau, au pied du château des Rohan qui abrite les musées des Arts décoratifs, des Beaux-Arts et de la Préhistoire. Et Saint-Thomas, cette cathédrale protestante, qui abrite en son sein le mystérieux et si parlant tombeau du maréchal de Saxe, cadeau de Louis XV à son preux chevalier, son officier préféré, son généralissime chéri, signé Pigalle, et dont la confession protestante et la gloire exigeaient un temple à sa mesure.

En ai-je parlé ailleurs ? De la Petite France, des quais de l'Ill, de la proche rue de l'Ail où mes amis les Demay tiennent la Cour Renaissance, une galerie dédiée à l'art du polychrome – je viens m'y recueillir. La majesté du lieu, sa sobriété, sa clarté aussi – celle d'un gothique très pur – siéent à merveille au mausolée montrant le maréchal représenté si noblement face à la France éplorée, à la mort ouvrant le sarcophage, aux drapeaux de ses victoires passées, face au lion batave, au léopard britannique, à l'aigle germanique. Hercule accablé s'appuie sur son sarcophage, en signe de solidarité pour l'éternité.

Strasbourg de mes amours... Intemporelle, fière, mixte et toujours rose de son grès omniprésent.

« Plus beau encore m'a semblé Strasbourg quand j'y suis revenu au mois de novembre 1918 et m'y suis enfin trouvé "chez nous". Que de fois j'ai prononcé alors le Nunc dimittis quand s'est déroulé devant mes yeux le prodigieux spectacle de l'entrée de nos soldats dans Strasbourg [...]. Que de fois, en ces jours de liesse et d'enthousiasme, je me suis écarté de la foule pour me jeter dans une rue étroite du vieux Strasbourg où je savais retrouver, maintenant pavoisé du drapeau tricolore, un vieux logis dont j'avais gardé le charmant souvenir ! »

ANDRÉ HALLAYS

STRASBOURGEOISE (LA BELLE)

Attention, chef-d'œuvre… À adorer, révérer, aimer, détester, mais surtout à ne pas oublier, lors d'une visite en ville… Peint en 1703 par Nicolas de Largillière, *La Belle Strasbourgoise* trône au musée des Beaux-Arts du palais des Rohan, depuis 1963, exprimant à la fois un symbole et un mystère. Acheté en vente aux enchères à Londres chez Sotheby's, avec l'aide de la Ville et de Cécile de Rothschild, il appartint, à partir des années 1930, au parfumeur François Coty. Il est « le » symbole de la ville, car on y a vu une Joconde alsacienne, belle, discrète, secrète, que chacun peut admirer à loisir, possédant, comme l'héroïne de Léonard de Vinci, le regard « de Vénus » (un œil plus grand que l'autre). Elle constitue un mystère, ensuite, car non seulement l'identité du modèle est restée inconnue, mais son origine – alsacienne, bas-rhinoise ou non – est sujette à caution.

On cite volontiers l'ancien conservateur Hans Haug, qui fut son principal défenseur, avec Germain Muller, alors adjoint de la mairie de Strasbourg, chargé de la culture. Selon Haug, « le costume avec ses accessoires – fichus, gants, chapeau – est porté avec tant de naturel qu'il ne peut s'agir que d'une Strasbourgeoise authentique ». L'auteur du tableau, Nicolas de Largillière, fils de marchand chapelier – et l'on se dit ainsi qu'il a dû être largement fasciné par le vaste chapeau de son modèle –, naît à Paris en 1656. Il passe son enfance à Anvers où sa famille a déménagé alors qu'il n'a que trois ans, voyage en Angleterre de 1675 à 1685, où il est remarqué par le roi Charles Ier, puis par son successeur Jacques II, se révélant un maître en portrait officiel.

Revenu en France en 1689, il connaît un large succès mondain, alterne les commandes officielles, les ex-voto et les allégories, avec des portraits de la noblesse et de la haute bourgeoisie. Il achève sa carrière comme directeur de l'Académie royale de peinture et de sculpture à Paris, où il décède en 1746. Si sa gloire est éclipsée aujourd'hui par celle de son ami, rival et contemporain Hyacinthe Rigaud (1759-1843), son œuvre demeure – on aime son portrait de Voltaire, sans fioriture, ni grandiloquence, comme celui, plus diaphane, d'Élisabeth de Beauharnais. Sa *Belle Strasbourgeoise* a-t-elle été peinte à Paris en prenant pour modèle une fille ou une épouse de la bonne bourgeoisie strasbourgeoise, dont la famille affirmait ainsi son retour à la France après les traités de Westphalie confirmés par ceux de Nimègue ? On peut le supposer. Car rien n'indique que Largillière soit venu à Strasbourg peindre « d'après nature ».

Certes, la noblesse de la composition en impose, comme la dame elle-même impressionne. Avec son immense chapeau à pointes, typique de la haute bourgeoisie strasbourgeoise de l'époque, le drapé fin de la robe, des dentelles, de ses nœuds, tenant un sage épagneul dans ses mains, la pâleur de son visage,

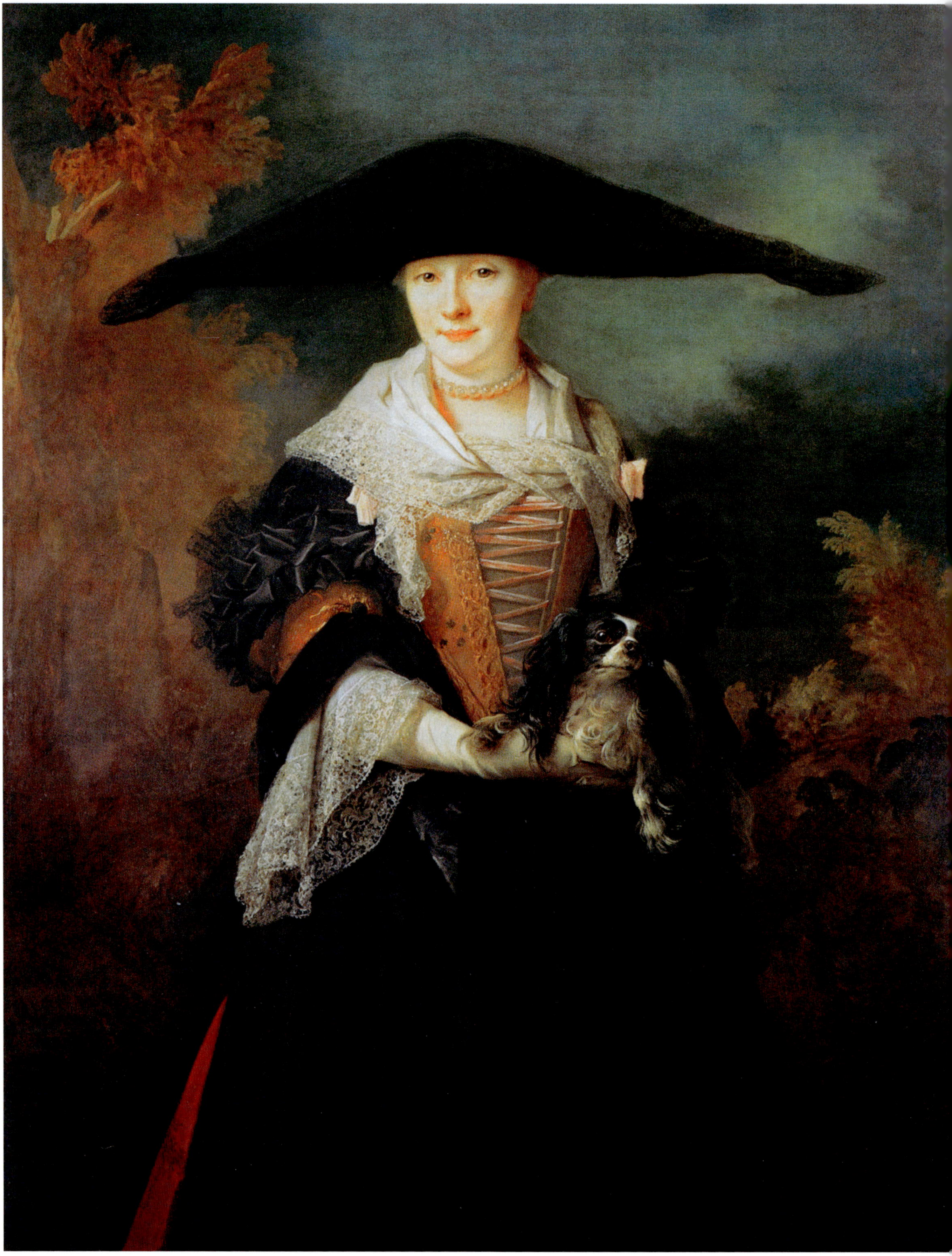

CI-CONTRE La *Belle Strasbourgeoise* a-t-elle été peinte à Paris en prenant pour modèle une fille ou une épouse de la bonne bourgeoisie strasbourgeoise, dont la famille affirmait ainsi son retour à la France après les traités de Westphalie confirmés par celui de Nimègue ?

sa blondeur troublante, son regard étrange. Bref sa paisible beauté et son mystère charment sans mal le visiteur des Rohan qui parvient devant elle comme un admirateur vite ébloui. Mais *La Belle Strasbourgeoise* possède aussi ses contestataires, à commencer par Robert Heitz, qui fut l'adjoint de Pierre Pflimlin, chargé des Beaux-Arts, dans la municipalité qui acquit le tableau contre sa volonté et dont aujourd'hui une galerie du palais des Rohan porte le nom.

Ce dernier mena d'ailleurs une fronde constante et raisonnée contre le tableau, participant, en 1973, pour le dixième anniversaire de son acquisition, à une exposition très critique dite « Autour de *La Belle Strasbourgeoise* », organisée par Victor Beyer et Jean-Louis Faure, avec quelques artistes de renom : Camille Claus, Raymond-Émile Waydelich (qui avait pourvu d'un masque de carnaval l'héroïne de Largillière, cachant son chien avec des billets de banque), le publiciste Roland Anstett (qui proposait, lui, « La Pelle Strasbourgeoise » avec une pelle industrielle en laiton) ou encore Heitz, lui-même, qui imaginait le modèle d'origine en version octogénaire sous le titre de « La Vieille Strasbourgeoise ». Autant dire que, aimé, révéré, idolâtré, honni ou détesté, le tableau très Grand Siècle de Nicolas de Largillière est devenu une référence strasbourgeoise par excellence.

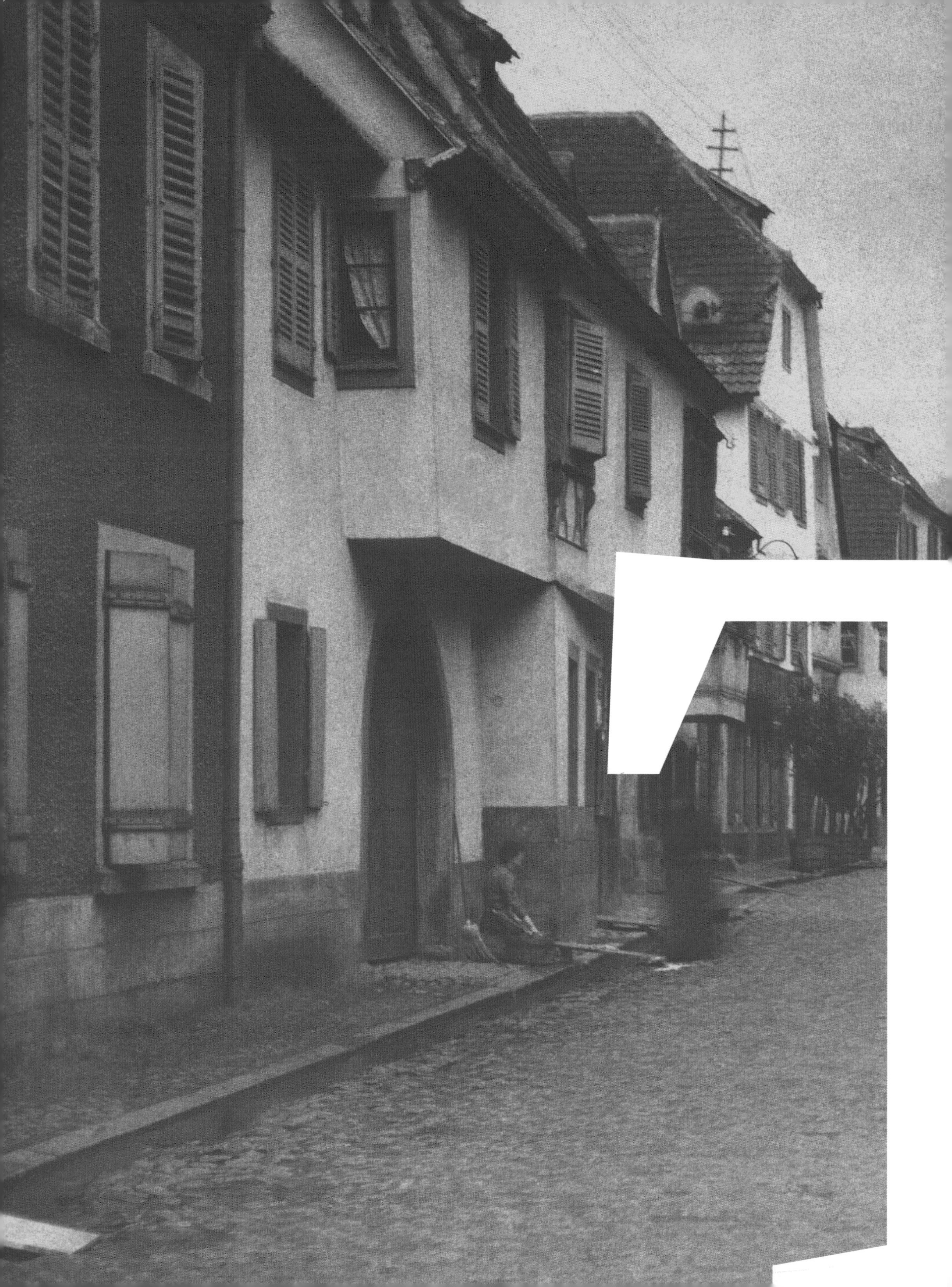

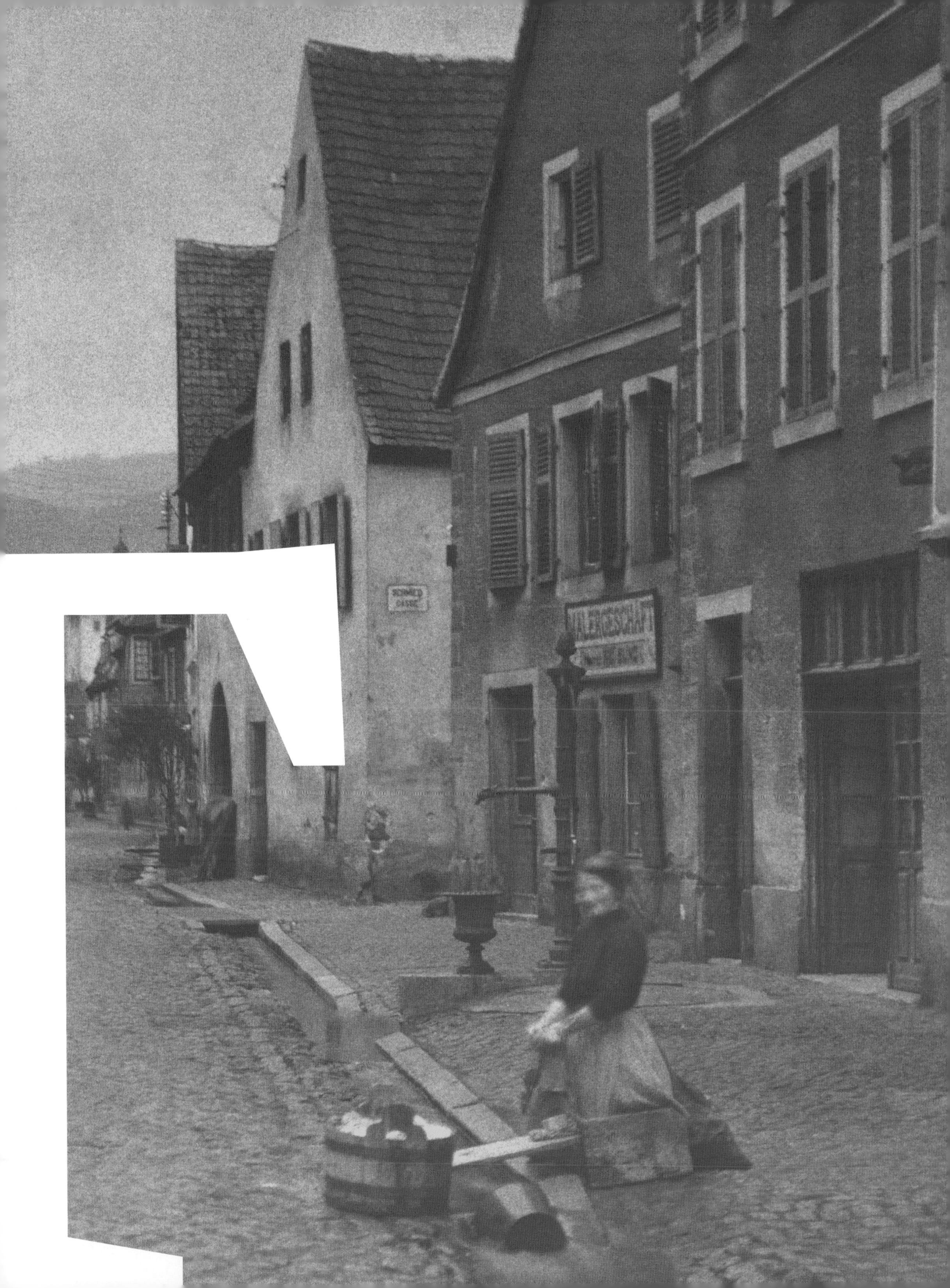

TARTE FLAMBÉE

De la pâte à pain, de l'huile de colza, des lardons, du fromage blanc ou de la crème, rajouter des oignons et de la noix de muscade râpée, le tout passé au four: c'est un petit chef-d'œuvre d'art populaire, une autre manière de savoir utiliser les restes. « Inventée » dans le Kochersberg, avec les restes de la récolte de blé, pratiquée désormais partout dans la province, cette pizza alsacienne servait jadis à nourrir les ouvriers agricoles qui travaillaient aux champs. On fait remonter son invention à l'habitude qu'avaient les paysans de faire cuire leur pain tous les quinze jours. C'était alors une fête que l'on célébrait en utilisant la pâte restante, en la passant au four avec fromage blanc, lardons, huile de colza. On présentait ensuite chaque tarte flambée sur une plaque de bois où on la découpait; chacun roulait sa part et la mangeait avec les doigts.

C'est toujours ainsi qu'on la déguste, juste pour le plaisir. La règle: elle se mange chaude, juste au sortir du four, possède des vertus « rassembleuses », car elle se partage, entre amis ou en famille, dans l'une ou l'autre de ces vastes auberges qui cernent Strasbourg en fin de semaine. Il est vrai que, comme sa sœur italienne, elle est devenue à la fois populaire et citadine, s'exportant en surgelé et se diversifiant. On trouve des tartes flambées nature, gratinées à l'emmenthal, garnies de champignons (on la dit alors « forestière »), d'escargots, de munster, voire de reblochon, de pommes de terre et de viande des Grisons (« montagnarde), sucrée et flambée, aux myrtilles, aux pommes, à la cannelle ou au sucre et à l'eau-de-vie.

Chacun revendique sa « vraie » tarte flambée. Une confrérie a d'ailleurs tenté de rassembler les auberges qui la proposaient. Mais le genre a fait tellement florès que tout un chacun peut désormais la trouver à sa guise. Elle n'est généralement proposée que le soir. D'aucuns la nomment « flammée », ce qui est plus proche de son étymologie: « flammekueche » ou « flammenkuechen », donc tarte aux flammes. Car si elle n'est pas flambée, elle est soumise aux grandes flambées des poêles en fonte des auberges d'entre Imbsheim, Dossenheim, Pfulgriesheim, Handschuheim, Stutzheim, Offenheim, Furdenheim, Ittenheim, sur les routes, grandes ou petites, et leurs abords, qui relient Strasbourg à Saverne.

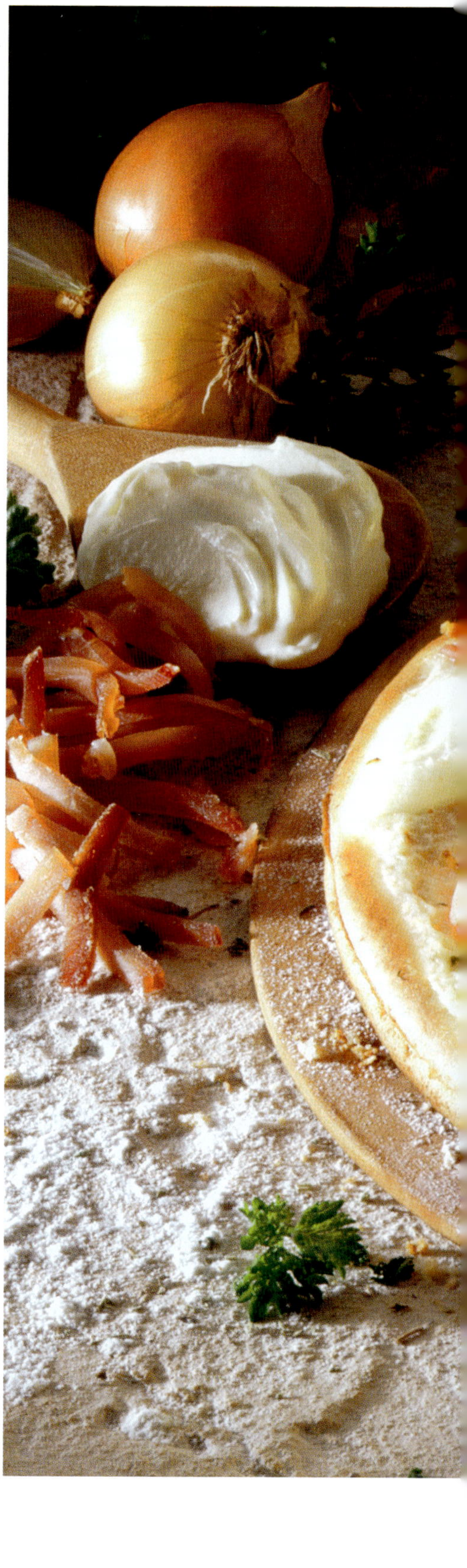

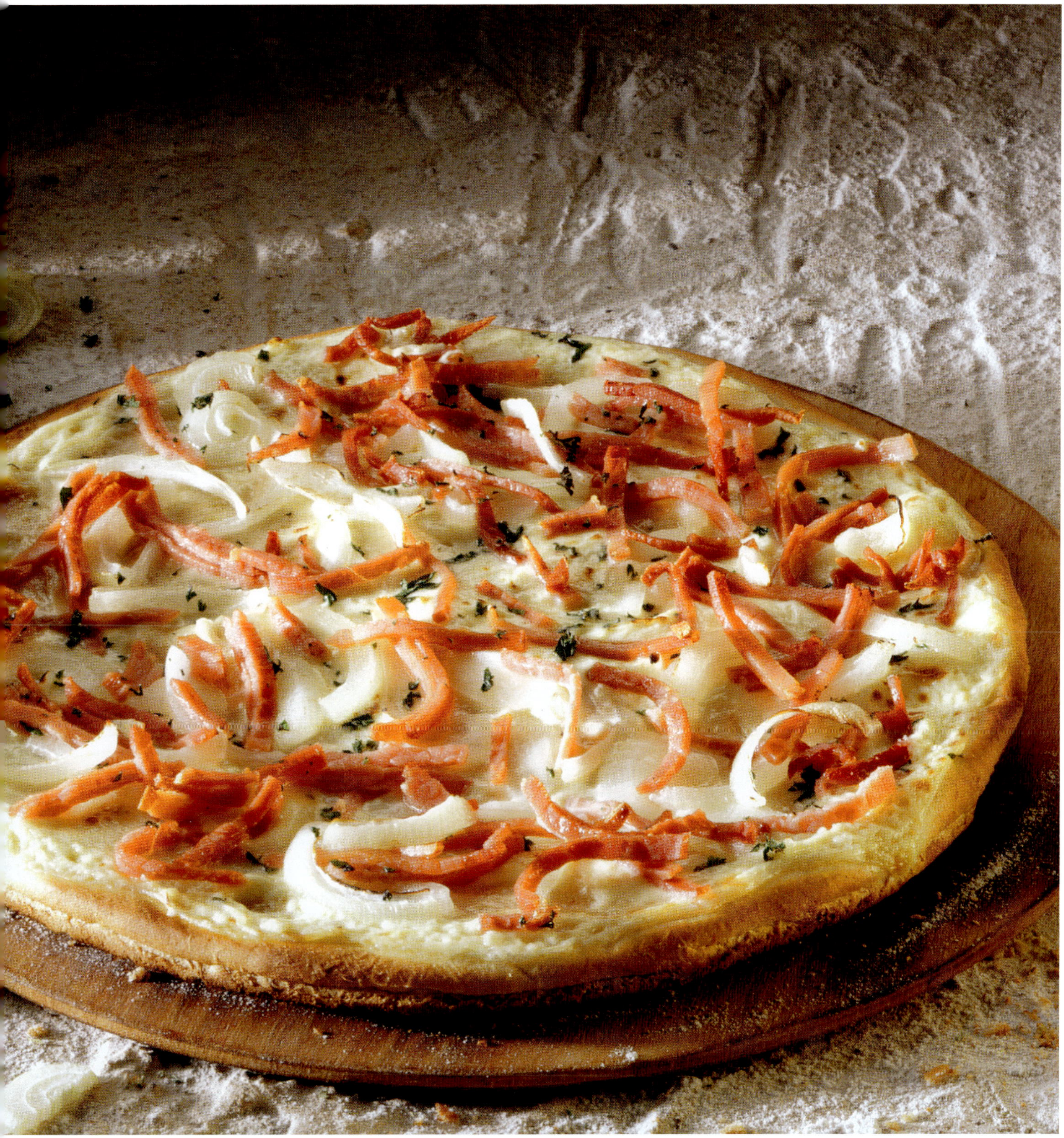

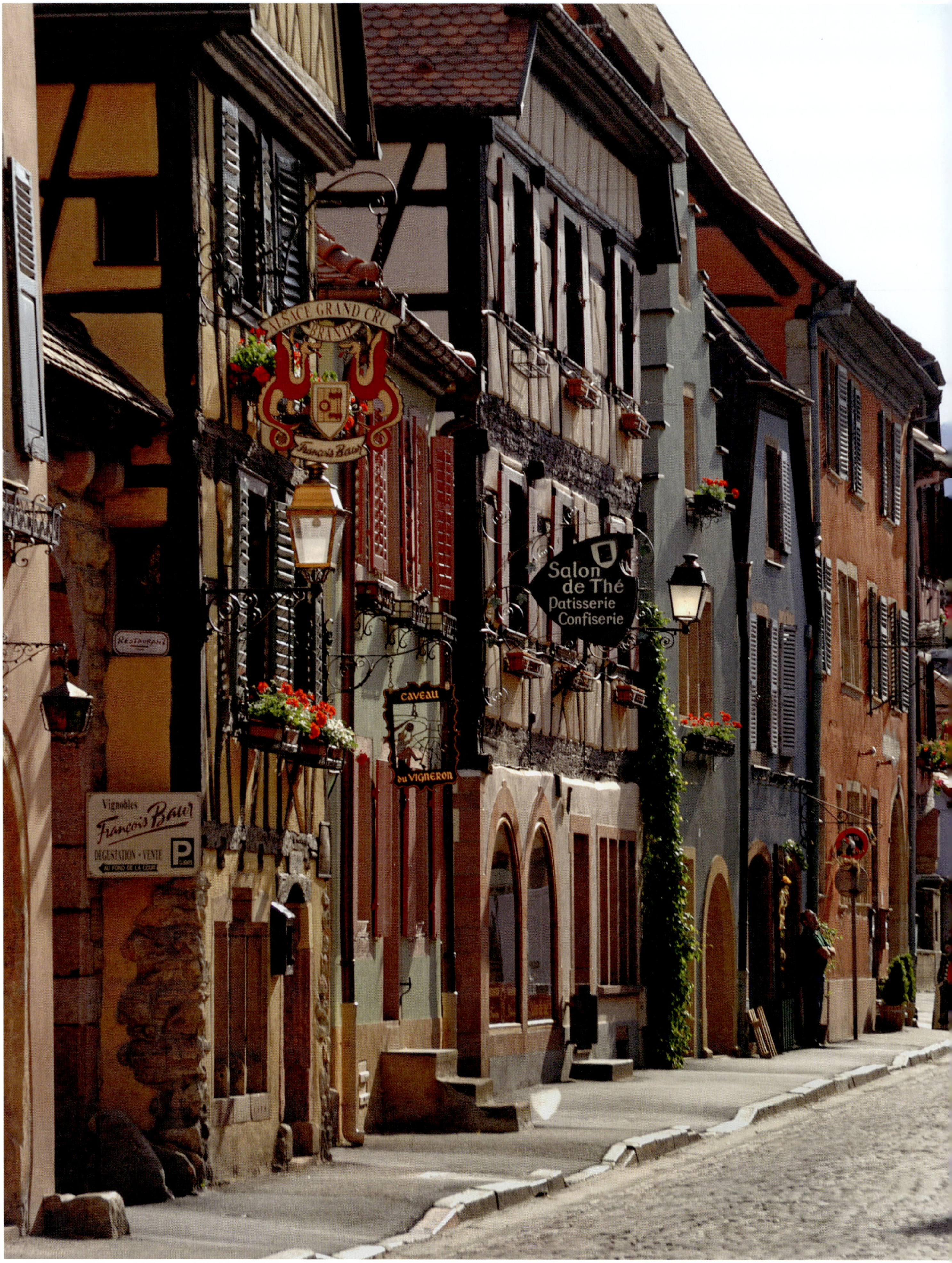

ALSACE GRAND CRU
BRAND
François Baur
RESTAURANT
Salon de Thé
Patisserie
Confiserie
CAVEAU
du VIGNERON
Vignobles
François Baur
DÉGUSTATION - VENTE
AU FOND DE LA COUR
P

CI-CONTRE La grand-rue de Turckheim avec ses riches façades et ses belles enseignes.

TURCKHEIM

Il y a beau temps que Turckheim ne vit plus au rythme de son veilleur. Même si celui-ci s'active encore l'été, ravissant les touristes qui le voient revêtir ses habits de fête et clamer « Veillez au feu et à la lumière ! ». Au reste, cette petite cité, vigneronne, fortifiée, glorieuse et industrieuse, a gardé pas mal de jolis signes de son passé qu'elle sait saupoudrer à la sauce nouvelle.

Sa grand-place est un théâtre, dédié à Turenne, qui aurait passé ici la nuit après la glorieuse bataille qui allait permettre aux troupes françaises de l'emporter face à l'armée impériale et germanique, rejetée au-delà du Rhin, permettant ainsi à l'Alsace de devenir enfin française. Les vignerons y cultivent un grand cru local fameux, le Brand, sur sol granitique, où le riesling possède une élégance rare. Le pinot noir, notamment promu depuis par les Hurst, Auguste le père, puis Armand le fils, en fournit quelques beaux exemples, dans le genre rouge, souple, fruité.

Chose plus rare, des vignerons célèbres ailleurs, comme Léonard Humbrecht et Jean Meyer, tous deux d'abord établis à Wintzenheim, sont venus y résider, conquis par la beauté du lieu, de son architecture, de sa situation à l'abri des vents du sud, protégée par les collines vosgiennes, avec sa vue plongeante sur la belle ligne bleue face au défilé qui mène à la proche vallée de Munster. Le premier a d'ailleurs installé ici sa cave, ultramoderne et panoramique, au cœur des vignes.

Bizarrement, cette vieille ville mêle assez adroitement charme ancien et travail à la mode d'aujourd'hui. Des entreprises industrielles (Aussédat-Rey et Scherb pour la pâte à papier, Staub pour les cocottes en fonte, mais juste pour leur siège) se trouvent ici présentes, non loin d'une cave coopérative vinicole d'importance, d'un charcutier-traiteur juif (Geismar), fameux pour son pickelfleisch, l'exquise poitrine de bœuf saumurée, depuis le XVIIIe siècle. L'art est aussi partout présent. Une winstub comme le Caveau du Vigneron s'improvise volontiers galerie, exhibant des vitraux médiévaux en forme de tessons de bouteille, comme une toile superbe signée Charles-Victor Pabst, un de ces petits maîtres méconnus du XIXe siècle peignant l'Alsace champêtre dans ses plus beaux atours.

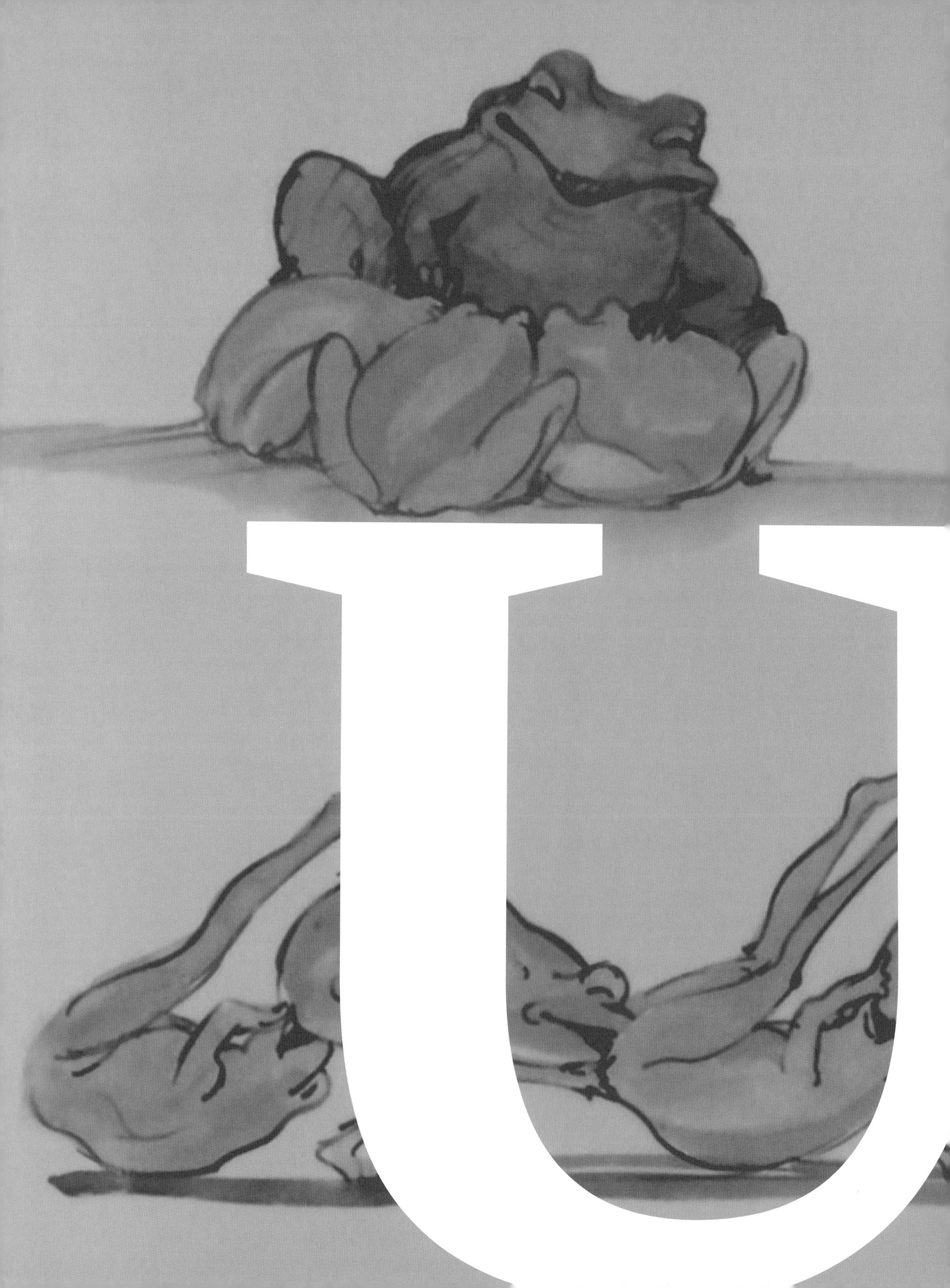
U

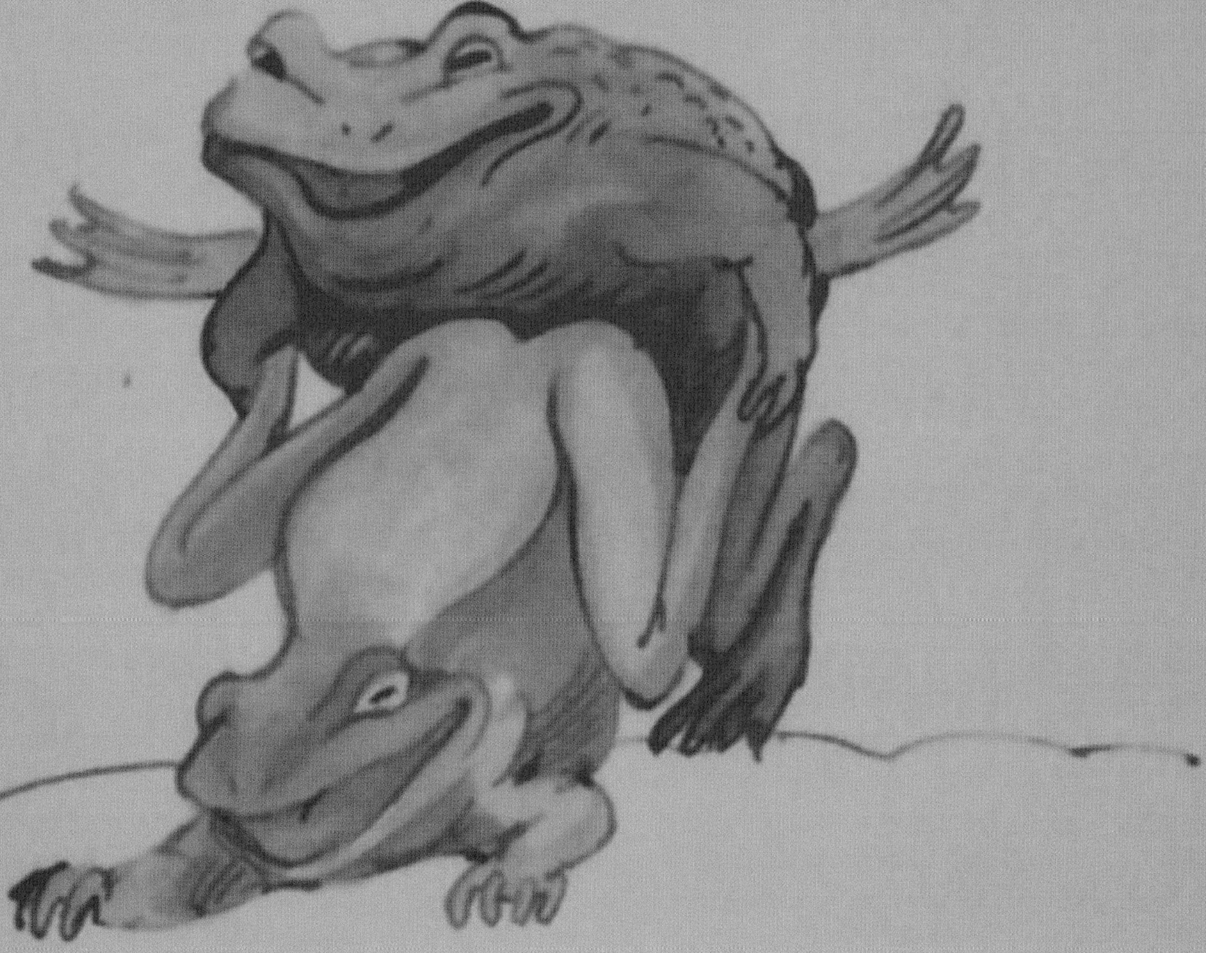

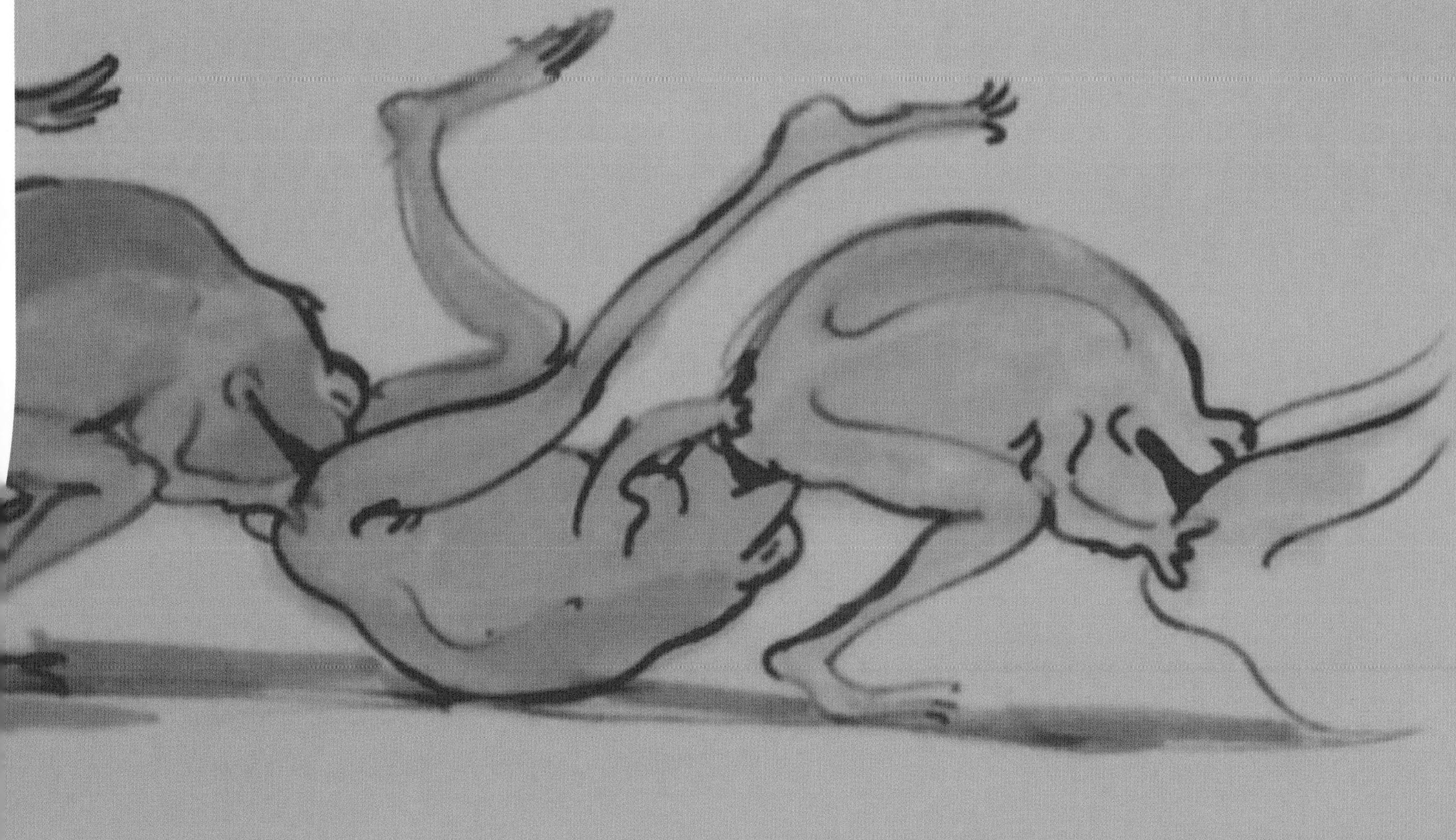

UNGERER (TOMI)

Question à mille euros (le prix d'une sérigraphie de Tomi) : comment un génie alsacien du XXe siècle peut-il être révéré en Amérique, en Allemagne, en Suisse et, bien sûr, dans sa région, tout en étant un quasi-inconnu à Paris ? Affichiste, conteur, mémorialiste, polémiste, homme de pub et d'idées, il vaut autant par ses célèbres images « refusées » (comme cette Germania suçant le bonnet phrygien de Marianne, imaginée pour célébrer l'amitié franco-allemande) que pour ses publicités fameuses (la cathédrale de Strasbourg reliée à une prise de courant pour l'EDF alsacienne). Rien de ce que fait Tomi ne laisse indifférent.

Né à Strasbourg en 1931, il a conté son enfance de petit Alsacien rétif à l'embrigadement, mais « nazifié » durant l'occupation, à Colmar, dans le quartier industriel de Logelbach, sous le regard protecteur de sa mère, dans *À la guerre comme à la guerre* (La Nuée Bleue, 1991). Dans le même esprit, on lui doit le drolatique *L'Alsace en tort et de travers* (L'École des Loisirs, 1988). Tomi se raconte, s'illustre, se moque, avec une verve sans pareille.

Sa vie ressemble au roman du siècle. Étudiant aux Arts décoratifs, il publie dans la revue *Simplicissimus* à Munich, puis part tenter dame fortune aux États-Unis en 1957 avec « deux cantines de dessins et de manuscrits plus soixante dollars en poche ». Vit au Canada, en Irlande, revient dans son Alsace natale, livre sa collection de jouets et une importante quantité de dessins aux musées de Strasbourg.

Fameux comme satiriste, dessinateur pour enfants (*Les Mellop's vont en avion*, *Les Trois Brigands*), illustrateur publicitaire ou « cartooniste » à succès aux États-Unis, en Allemagne et en Suisse, moins célèbre dans sa patrie natale, il illustre à merveille les contradictions de l'Alsace. Sa truculence, son sens de la provocation et, en même temps, l'attachement à ses origines en font un personnage à part. « Rien n'y fait. Tomi a, en Alsace, autant d'amis inconditionnels que d'ennemis conditionnés », écrit Paul Boeglin, l'un de ses biographes (*Mon Alsace*, La Nuée Bleue, 1997). Strasbourg, qui lui a consacré un musée, lui doit un monument érigé pour son bimillénaire, en lisière de la place Broglie et des quais de l'Ill : *L'Aqueduc de Janus*, exprimant sa double culture.

On l'aime autant pour ses caricatures toujours soignées, sa truculence jouant souvent le double sens, ses affiches publicitaires (pour la promotion de la lecture, de la Région Alsace, de l'Europe, des fêtes, comme celle du Rhin, à Kehl), ses obsessions érotiques (le *Kamasoutra des grenouilles*), que pour sa façon drolatique d'écrire, de s'exprimer. Ses Alsaciennes chevauchent des choucroutes ou se font suçoter le nez par leur voisine germaine, ses cigognes se cachent en terre ou dans un kougelhopf pour ne pas voir la réalité.

CI-DESSOUS Tomi, le provocateur de génie, et quelques-uns de ses livres.

« Alsacien, entend rien, voi(t) rien, di(t) rien, mange bien ! » C'est bien de ce caractère trop discret, un brin couard, en tout cas pas assez affirmatif, mais jouisseur quand même, dont Tomi Ungerer se moque avec chaleur. Alsacien blagueur et bon buveur, il joue les provocateurs avec tendresse.

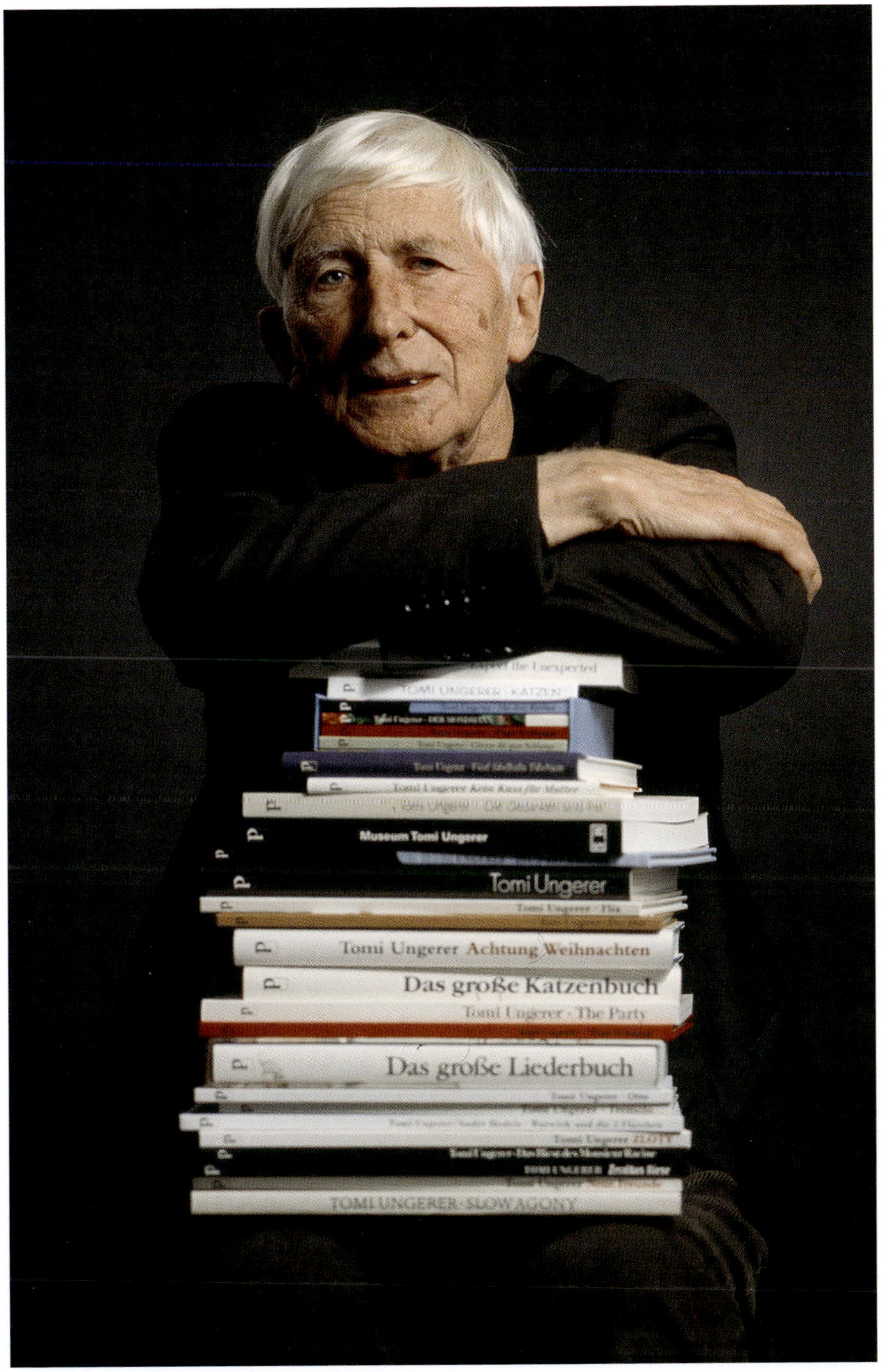

UNTEREINER (GUY)

Il traverse ce dictionnaire en étoile filante, gîte en Alsace bossue, copine avec la reine Christine (Ferber) et illustre une kyrielle de jolis ouvrages sur la gourmandise d'Alsace et de Lorraine. On le connut jadis en styliste facétieux pour la Manufacture d'Impression sur étoffes de Ribeauvillé. Une brouille avec le patron de la maison, Jean-Michel Borin, dit « Jimboum », l'a amené à proposer ses nappes « géniales » (le terme est de Jimboum lui-même) à d'autres et de concevoir une collection sous son nom.

Théières à l'anglaise, Alsace vue en Technicolor et en multiples personnages drolatiques et animés, au gré de sa fantaisie et des saisons, mais aussi cartes postales amusantes, animalières et folkloriques ont fait de ce drôle de paroissien au verbe haut perché, volontiers hilarant, une sorte de Hansi de la campagne. On aime son air faussement naïf, savamment roué, ses idées vives et fraîches qui lui permettent de recréer une Alsace d'aujourd'hui - sa voisine Lorraine - à partir de la tradition d'avant-hier.

Pur autodidacte, bûcheur né, il multiplie les illustrations en tout genre, prépare des expositions au gré de ses voyages. Il est parti au Japon et à Chicago, chez Jean Joho, le chef (alsacien, natif de Barr) de l'Everest, au 40e étage de la Bourse, retrouvant une inspiration ancienne qui le titillait lorsque, en bon pentecôtiste, il imaginait une Alsace rêvée, cousinant avec le pays Amish. Il s'évade du folklore, travaille la gouache comme le collage, renouvelle son inspiration jouant avec le pop'art ou retrouvant les images d'autrefois.

On pourrait lui voir un cousinage évident avec Hansi par sa haute taille, son nez en pirouette, son goût d'une certaine facétie enfantine, ses évocations villageoises dans une Alsace rêvée - il a d'ailleurs joué le rôle d'Hansi dans un film télévisé, « Hansi entre création et provocation », réalisé par Horst Brandenburg et Christian Monzinger. Mais lui serait un Hansi moderne et roué, quotidien et ouvert au monde d'ailleurs, qui cousinerait aussi avec Norman Rockwell.

Comme le dessinateur américain de la côte est, dont le magnifique musée de Stockbridge (Massachusetts) évoque l'œuvre de peintre autant que d'illustrateur de magazines (*Boy's Life*, *The Saturday Evening Post*, *Look*), Guy Untereiner aime les gens simples qu'il met en scène avec joyeuseté, fermeté, sagesse, tendresse. Qu'il évoque en tableautins hauts en couleur, à coup de cartes postales, gravures, livres, dessins.

Il sait avoir le trait fin, même s'il reste toujours proche de la caricature. Ce personnage haut en couleur est un cas. Sa place dans ce dictionnaire amoureux est naturelle. Il m'a portraituré en « Gilles im Schnokeloch » et m'accompagne souvent, en bon voisin de table, dans mes tournées gourmandes du sud au nord de la province. Il a le sens de la formule, manie l'ironie avec brio. Trace de l'Alsace, qu'il rebaptise « Pudloland » juste pour moi, des contours neufs. Bref, ses avis sont toujours pertinents et son humour fait mouche.

J'oubliais l'essentiel : ce paroissien de Siewiller qui se moque volontiers des Lorrains, alors qu'il est né en Moselle et que sa commune la touche du nez (« le quart-monde est à nos portes », lance-t-il souvent dans une formule que j'ai reprise ailleurs), est un pur autodidacte. Pâtissier, jadis aux Trois Roses à la Petite Pierre, puis au Soldat de l'An II de Phalsbourg, il est devenu peintre et illustrateur comme on endosse un sacerdoce.

S'il gîte, en famille, à Siewiller, il occupe la seule demeure à colombage de Drulingen, repeinte en bleu et transformée en boutique atelier, où chacun peut le visiter, acheter ses œuvres. Un artiste officiel, reconnu dans sa région, la vantant avec ardeur ? Il y a de ça. Il représente, en tout cas, l'une des figures (déjà) légendaires de l'Alsace d'aujourd'hui. Avec lui, comme avec Dreikaus, Siffer, Waydelich et, bien sûr, Ungerer, l'Alsace héroï-comique, a, en ce début du XXIe siècle, son fin mot à dire.

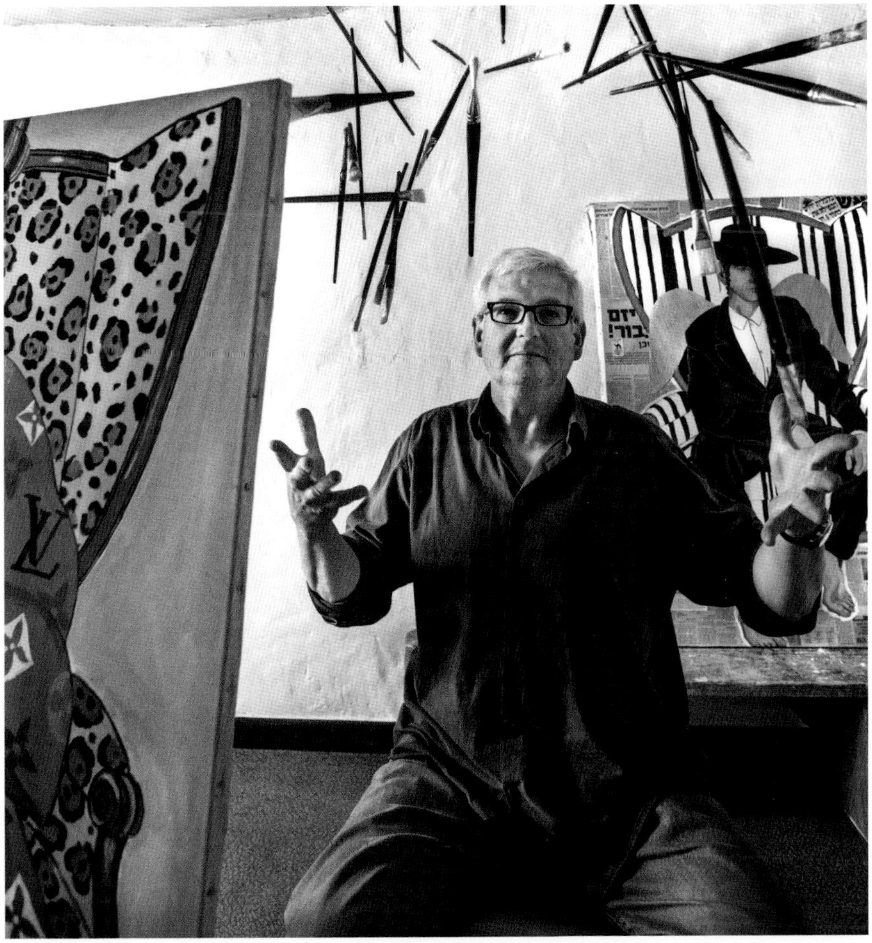

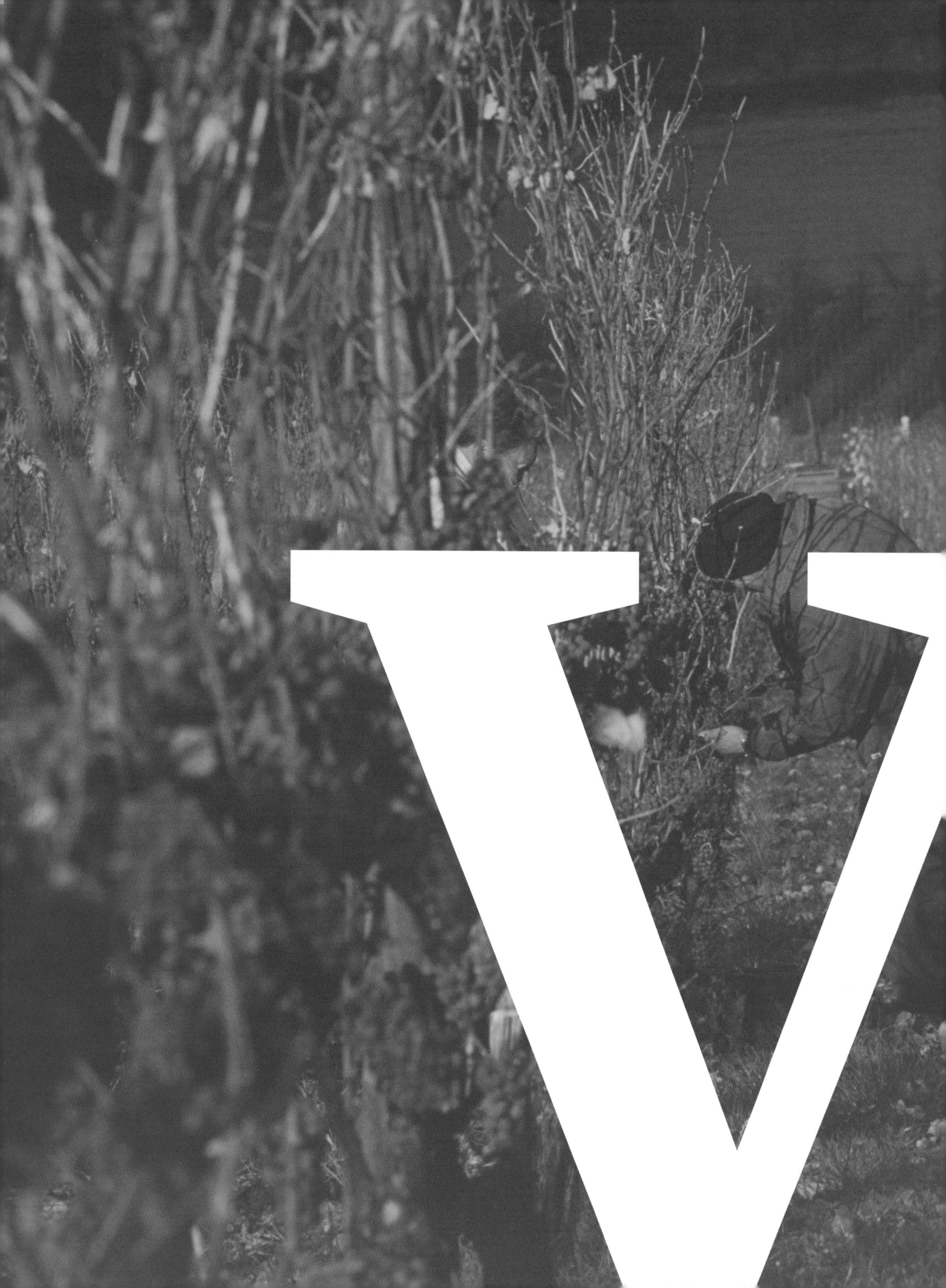
V

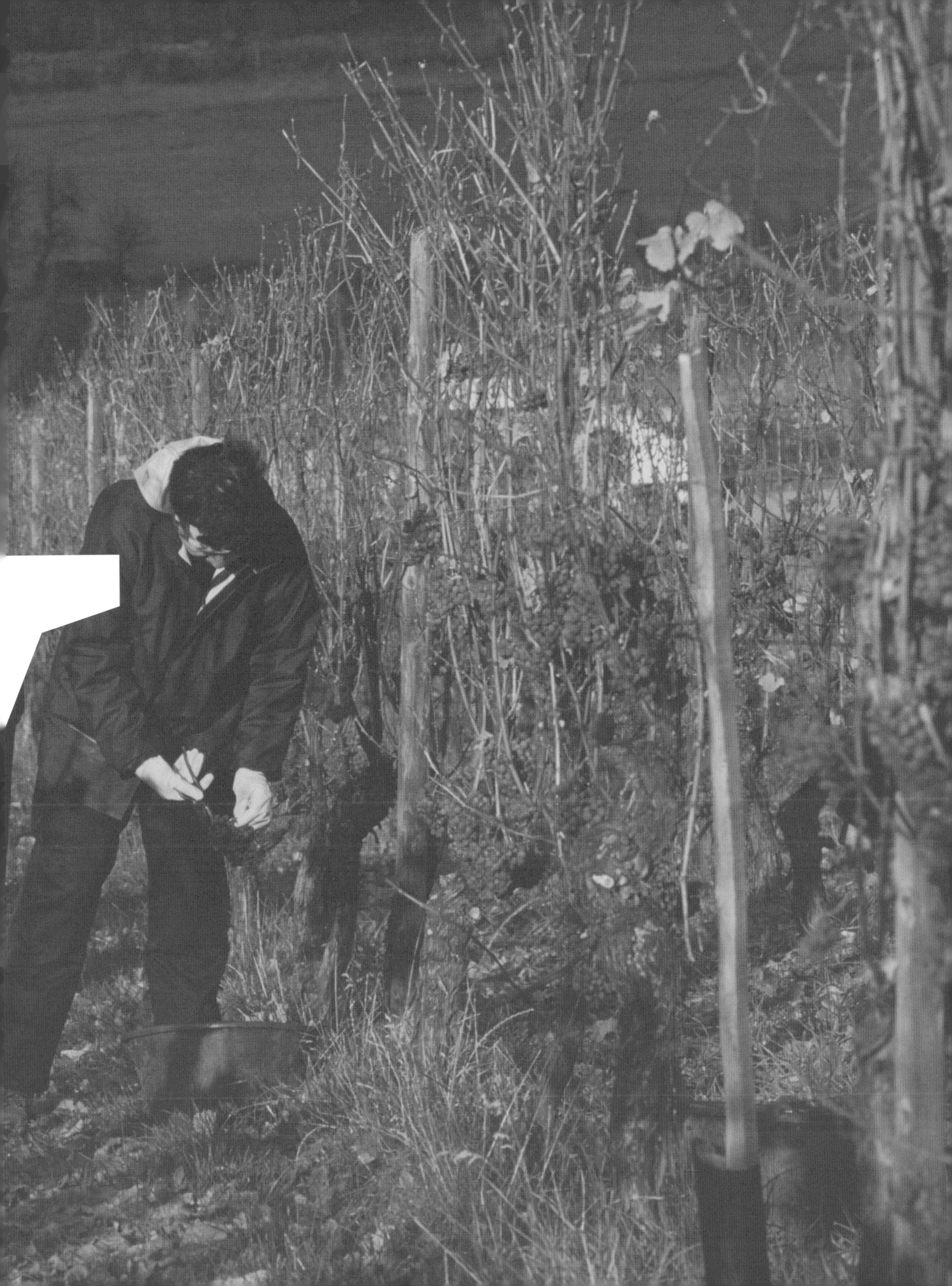

CI-DESSOUS Deux tonneaux anciens dans une cave vénérable.

VINS (D'ALSACE)

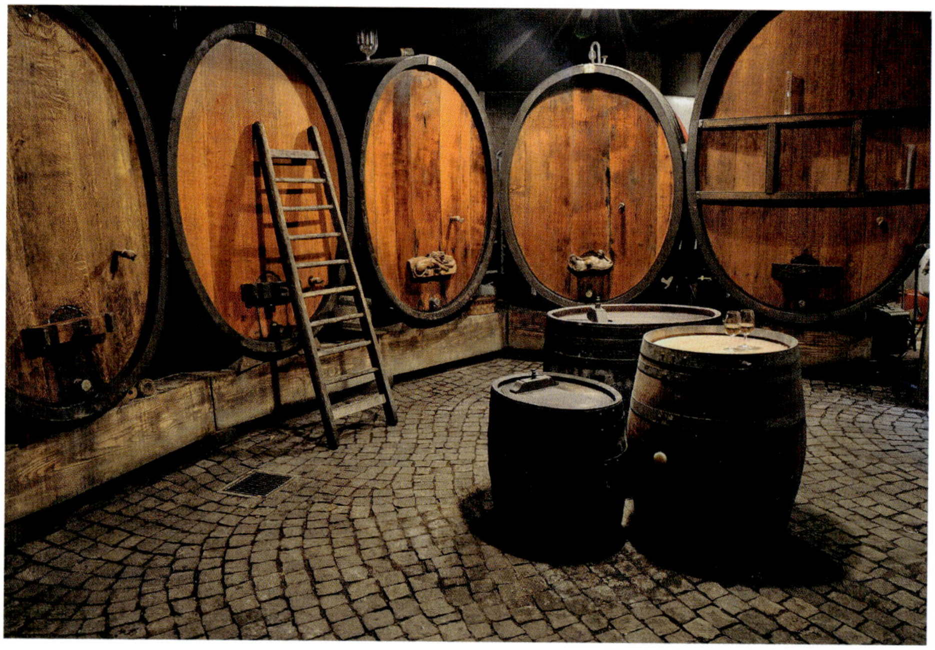

Souvent incompris à Paris, rejeté avec les vins du Rhin, ceux d'Allemagne, à cause de sa forme oblongue dans maintes boutiques à l'étranger, le vin d'Alsace a l'apparence d'un mal-aimé. Il fut fréquemment, après la dernière guerre, le petit vin « soufré », vif, fruité, à avaler vite, qu'on poussait sur le comptoir. Il a fait d'immenses progrès depuis un demi-siècle, s'imposant des règles draconiennes pour les grands crus, les vendanges tardives, les grains nobles, baissant ses rendements, soignant ses vins, réduisant le soufre, jouant le naturel, voire le bio, à sa mesure.

Mes mésaventures à son sujet sur son mauvais traitement dans les bonnes tables parisiennes abondent. Il y a ce maître d'hôtel d'un restaurant parisien (le Louis XIII, boulevard Saint-Denis, aujourd'hui disparu) qui me déconseille de prendre un riesling de Colette Faller pour accompagner des belons au champagne et des saint-jacques à la nage, en me glissant : « Si vous l'avez goûté là-bas, il devait être bon, sinon, on le soufre "à mort" pour le faire voyager. Prenez donc autre chose ! »

Il y a encore ce célèbre restaurateur lyonnais (Jean-Paul Lacombe du Léon de Lyon) me recommandant de boire son « gewurz grains nobles », qu'il a pris « pour faire plaisir à un ami vigneron », et indiquant tout à trac et avec une belle franchise : « Pour moi, c'est de l'eau de Cologne ! »

Pis encore, il y a, chez Le Divellec, près de l'Assemblée nationale, des ministères et des Invalides, ce sommelier qui croit malin de proposer à Georges Hugel de Riquewihr qui entend faire boire son riesling à un de ses clients, sur le mode de : « Puisque vous êtes à Paris, buvez donc un vin français ! »

Il y en a sûrement d'autres, et des pires. Avouons tout de même que ces « perles » datent un peu. Que, dans les dégustations à l'aveugle, l'Alsace triomphe. Qu'à l'étranger, ses sept cépages principaux, même ceux qui ne sont pas classés grands crus, comme le sylvaner, le pinot blanc, l'auxerrois, le klevner d'Heiligenstein et, bien sûr, le pinot noir font un tabac justifié. Que sa cohorte de bons vignerons, jouant la qualité, les petits rendements, les vendanges vertes, les tris draconiens, augmente chaque année. Bref, que l'Alsace du vin a, depuis quelques années, le vin en poupe.

Au carrefour de l'Europe, à la pointe avancée de la France vers nos amis d'outre-Rhin, de Suisse, du Benelux et d'ailleurs, les vins d'Alsace à la fois diversifiés et rares sont les meilleurs ambassadeurs d'une région qui demeure à l'avant-garde de la gourmandise française. Ils offrent une extraordinaire palette d'arômes. Le sylvaner tout frais, avec une belle pointe d'acidité, est tout à fait indiqué pour une bonne soif. Le pinot blanc (auxerrois ou klevner), gouleyant pour se faire le palais, joue l'accord parfait avec les mets de winstub. Le muscat au nez de raisin frais à croquer est idéal pour s'ouvrir l'appétit si besoin est.

Quant au gewurztraminer, aux arômes d'épices, comme son nom l'indique, mais aussi de rose, il est le vin de la joie et de la fête sans complexe, parfait avec un foie gras ou un dessert. Aristo de son espèce, le riesling, au nez minéral, un brin « pétrolé » (oui, vous avez bien lu : d'hydrocarbures, lorsqu'il vieillit, et ce n'est pas une tare), a l'élégance racée. Et sa belle tenue s'accorde avec huîtres et poissons dont il relève le caractère iodé. Le pinot gris, qu'on nommait jadis tokay, avant que l'appellation ne soit rendue aux Hongrois, est toujours surprenant dans ses arômes de sous-bois, son nez fumé, sa richesse en bois : il s'accorde aux viandes blanches comme au gibier, il est le plus rouge des blancs d'Alsace.

Jadis, on aimait les vins d'Alsace vifs, gouleyants et frais. Aujourd'hui, ils jouent tous les rôles. De l'apéritif festif avec le crémant (qui fait un joli substitut au champagne, et peut être issu de pinot blanc ou gris, de riesling, mais aussi de chardonnay, « champagnisés », sur Giropalette ou Rotopal) à la quintessence de grains nobles doucereuse, *in fine*, avec un fromage fort, un dessert pâtissier ou glacé ou simplement pour le plaisir, en passant par tous les stades du repas, carnassier ou poissonnier, ils jouent l'harmonie heureuse.

Peu de régions offrent une aussi grande palette d'arômes, variétés de style, source de multiples plaisirs. Vivent donc les vins d'Alsace ! Avec eux, la fête est mouvante, généreuse, perpétuelle !

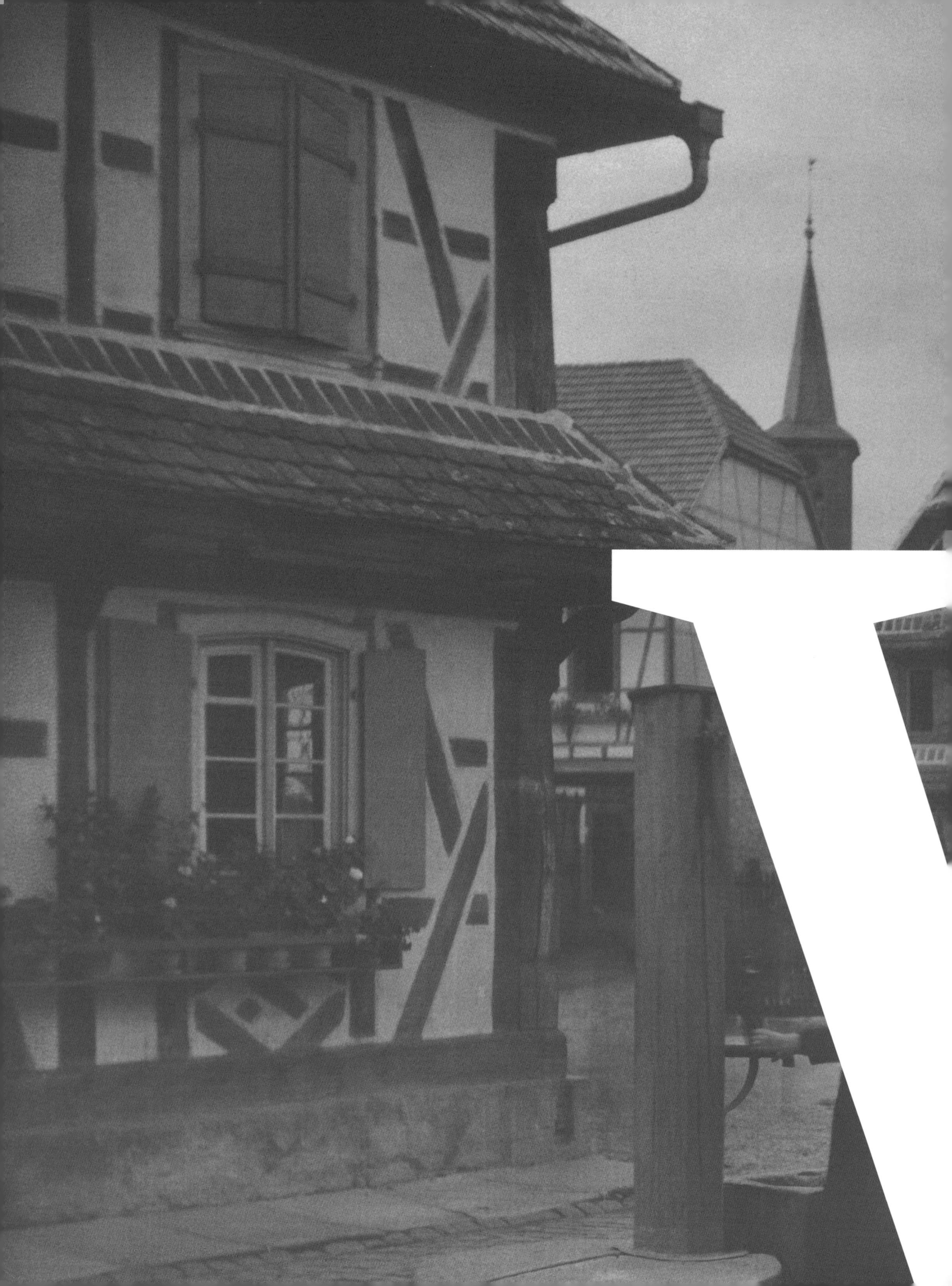

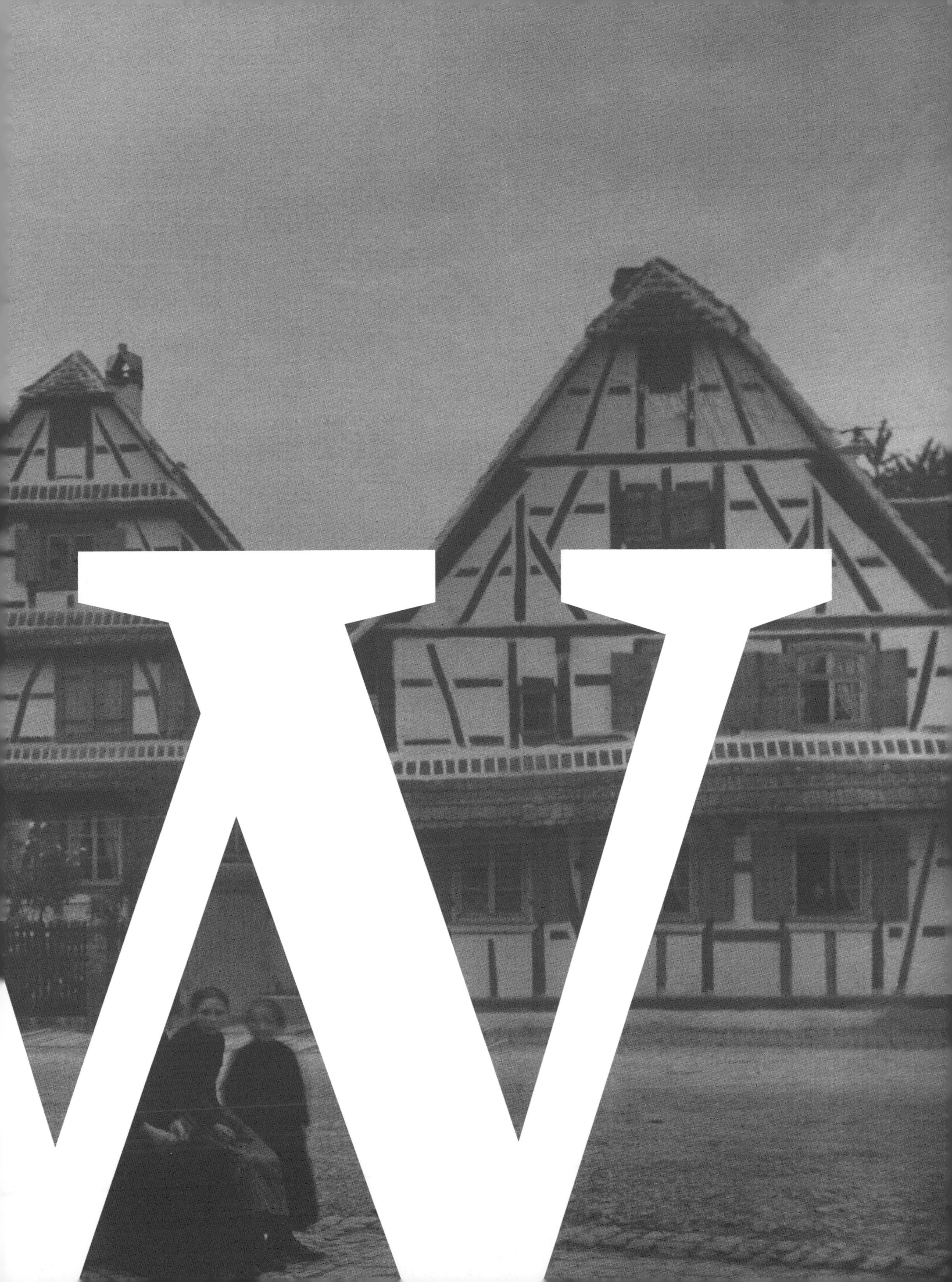
V

WALCH (RENÉ)

Tout le monde, en Alsace du Nord, notamment dans les auberges proches du pays de Hanau, possède des toiles de René Walch. Tout le monde ? J'exagère à dessein. Mais tout le monde ou presque connaît ce stakhanoviste de la nature morte qui reproduit cent fois les mêmes motifs ou plutôt des fruits voisins, un pot de grès, une cruche, une terrine, une assiette ou un vase, sans jamais se lasser. Ni lasser.

Ce travailleur infatigable, né à Bouxwiller en 1935, et décédé en 2015, tint longtemps une sorte de boutique-atelier dans la grande rue pittoresque de Lichtenberg, au pied du monumental et sombre château médiéval. Il grandit avec ses trois frères dans une famille de condition modeste. À seize ans, il décide d'entrer dans l'enseignement, fait l'École normale pour être instituteur. Il le sera neuf ans durant à Lichtenberg. Il entreprend ensuite une licence en psychologie à l'université de Strasbourg, devient conseiller d'orientation scolaire.

Doué pour le dessin, il fait de sa passion un hobby, puis son métier. À partir de 1971, il commence à dessiner et à peindre, se spécialise dans les natures mortes, multipliant les sujets avec les fruits, légumes, objets de table, en des couleurs d'une grande douceur, se diversifiant parfois avec ses paysages inspirés du pays de Hanau. C'est mystérieux, chatoyant, bien vu, toujours net, précis, doucereux.

Rouge d'une cerise ou d'une framboise, jaune d'or avec ses reflets verts d'une mirabelle, vert tendre ou rouge léger d'une pomme, bleu-gris du grès d'une chope ou encore jaune brillant d'un citron contrastant avec le blanc nuancé de points bleus d'une poterie de faïence : ce sont quelques-uns de ses thèmes de prédilection qui reviennent sans cesse dans ses toiles souvent petites, savantes, minutieuses, techniciennes.

On pourrait voir en lui un proche parent du médiévalisant Sébastien Stosskopff (1597-1657), mais ses natures mortes à lui récusent le symbolisme. Elles valent par elles-mêmes, la disposition des objets, leur lumière diffuse, leurs tendres nuances, créant ainsi une atmosphère. Il expose à partir de 1973, d'abord à la mairie de Bouxwiller, puis à Strasbourg à la galerie Gutenberg. Il crée sa propre galerie près du château de Lichtenberg. Mais se fait connaître surtout par les restaurateurs alsaciens amateurs d'art et amis qui exposent ses œuvres sur leurs murs.

Je dois bien avoir une dizaine de Walch, qui semblent se répondre sur le même mur. Leurs supports durs, leurs jolis encadrements, en bois rustique ou doré, ou coloré de bleu, de vert, ajoutent à leur charme. Leurs collectionneurs, qui ont largement dépassé les limites de l'Alsace, sont aujourd'hui disséminés sur les cinq continents.

CI-DESSOUS Une nature morte du cher René Walch.

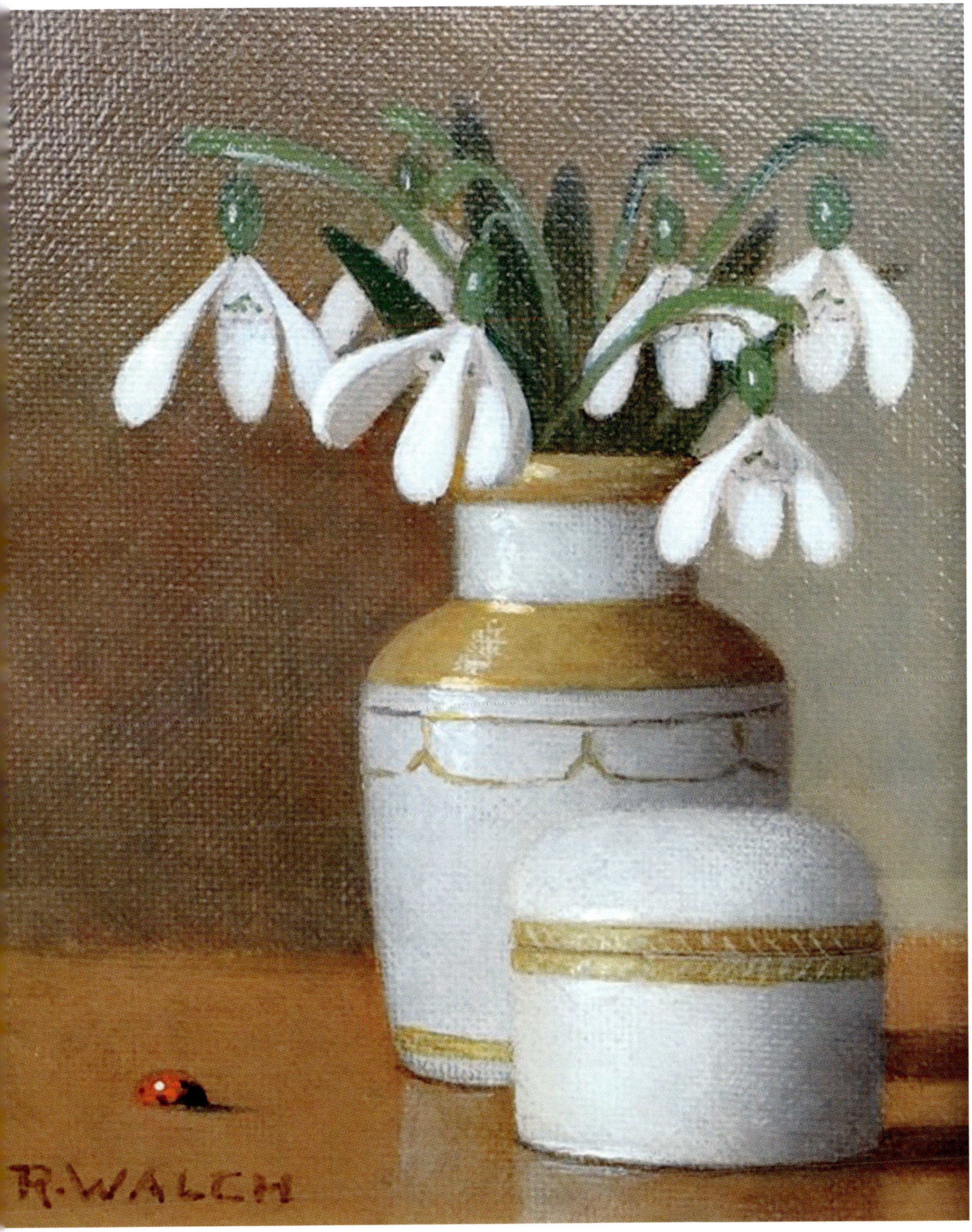

WESTHOFFEN

Ce gros bourg de mille six cents habitants, sur la route des vins, côté nord, avec ses 235 hectares de belles et bonnes terres nourries de vignes, ses riches coteaux, mais aussi ses cinq mille cerisiers qui en font la capitale de la cerise d'Alsace, ne manque pas d'allure. Je m'y perds à plaisir, j'y emmène souvent mes amis venus de Paris en quête d'une Alsace différente. Il y a le vigneron Étienne Loew, un brin poète, rue Birris, qui fait goûter ses cuvées choisies, comme son surprenant « esprit de sylvaner », puis la synagogue de 1867, pile au centre du bourg, à deux pas de la mairie et des restes d'anciens remparts.

Le cimetière juif se trouve au bout du vieux village, non loin de la rue Léon-Blum et de celle des Rabbins-Guggenheim. Il y avait là Max et Ernest, mais aussi Simon Debré, père de Robert, fondateur de la pédiatrie moderne, grand-père de Michel, Premier ministre du général de Gaulle et principal rédacteur de la Constitution de la Ve République, et du peintre Olivier Debré. Je n'oublie pas le Pr Bernard Debré, chirurgien urologue et auteur du *Dictionnaire amoureux de la médecine*, ni, bien sûr, Jean-Louis, président de l'Assemblée nationale avant de l'être du Conseil constitutionnel.

Mais nous nous éloignons de Westhoffen. La rue Léon-Blum (dont le père est né ici même) longe quelques maisons modernes. Le cimetière proche, qui semble comme enclavé entre les coteaux de vignes, abrite les tombes des Juifs voisins de Balbronn, où se trouve encore une jolie synagogue néo-mauresque, visible dans le village, mais fermée, ou de Traenheim, comme celle du vénéré rabbin Feissel Kahn, révéré à l'égal d'un saint mystique à la fin du XIXe siècle jusqu'au début des années 1920. Berceau du judaïsme alsacien et grand fournisseur de rabbins dans toute la France (Simon Debré le fut à Neuilly-sur-Seine et à Sedan, Jules Bauer sera directeur de l'École rabbinique à Paris), Westhoffen fut, à sa manière sensible, une petite Jérusalem.

On peut visiter le village au pas du flâneur, ne pas louper le beau pressoir proche de la mairie, la splendide église-halle gothique dédiée au culte protestant, ni la haute église Saint-Martin. Prolonger encore le voyage vers Bergbieten et Wolxheim, deux communes vigneronnes proches, toutes deux dotées d'un coteau classé grand cru nommé Altenberg, le premier étant argilo-marneux, le second marno-calcaire, donnant l'un des muscats et rieslings de belle ampleur, l'autre des pinots gris et gewurztraminers de classe. Mais c'est déjà une autre histoire en d'autres lieux...

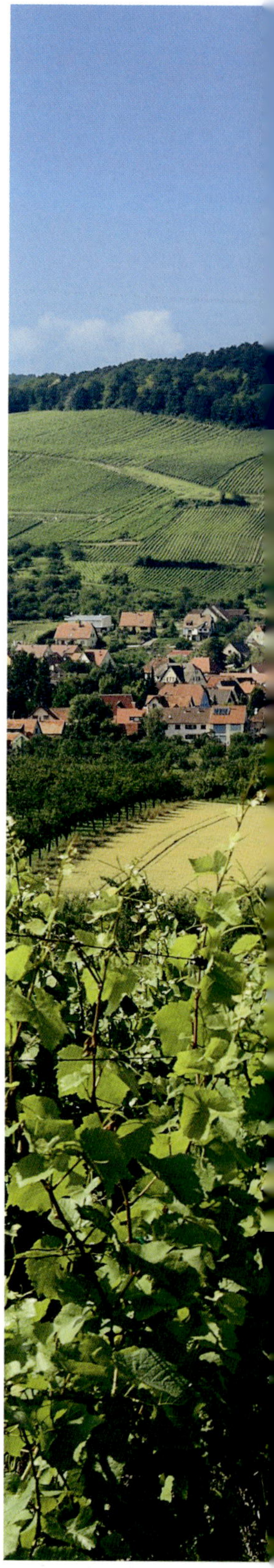

CI-DESSOUS Vue du village de Westhoffen au pied de son coteau et depuis les vignes.

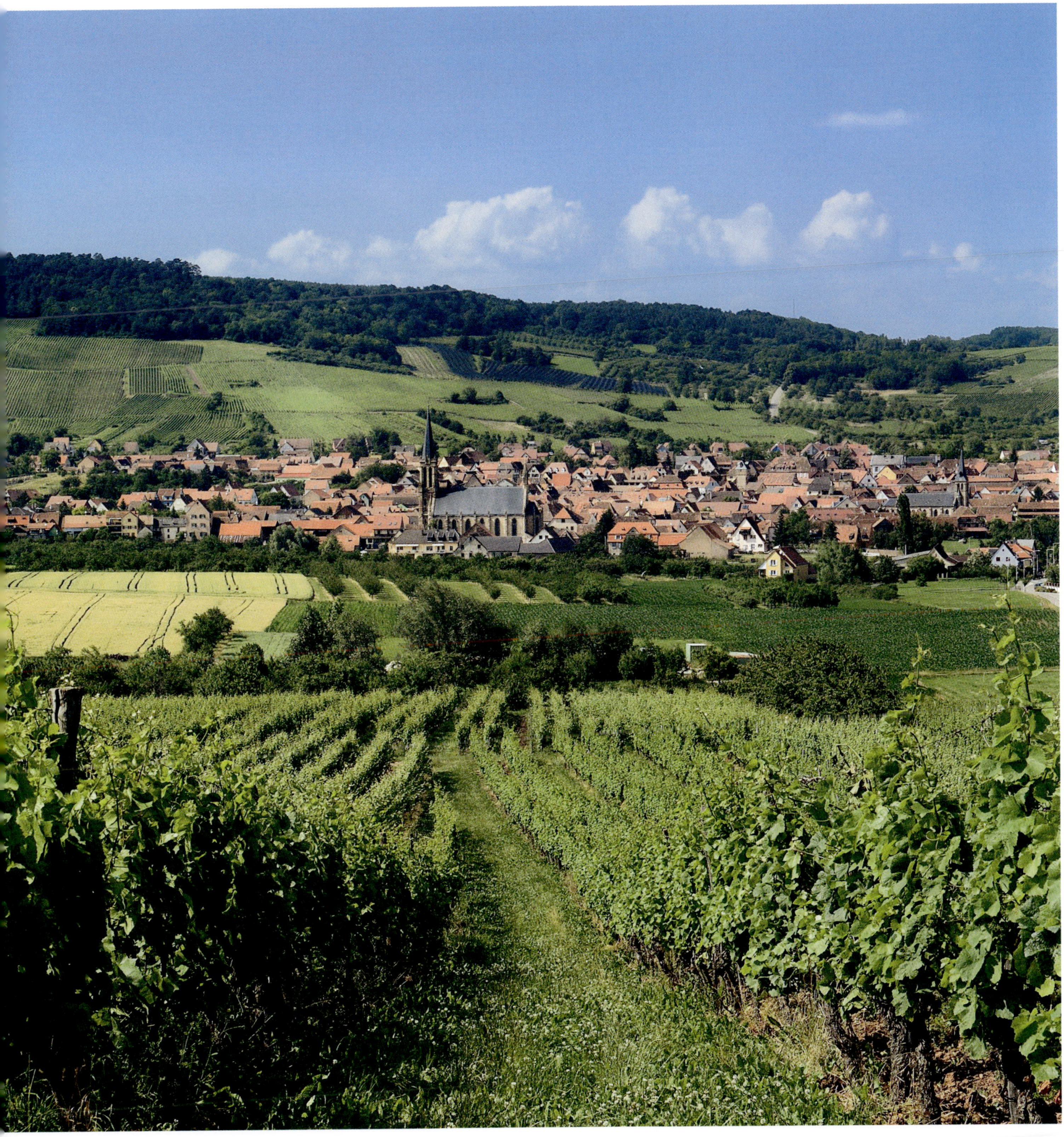

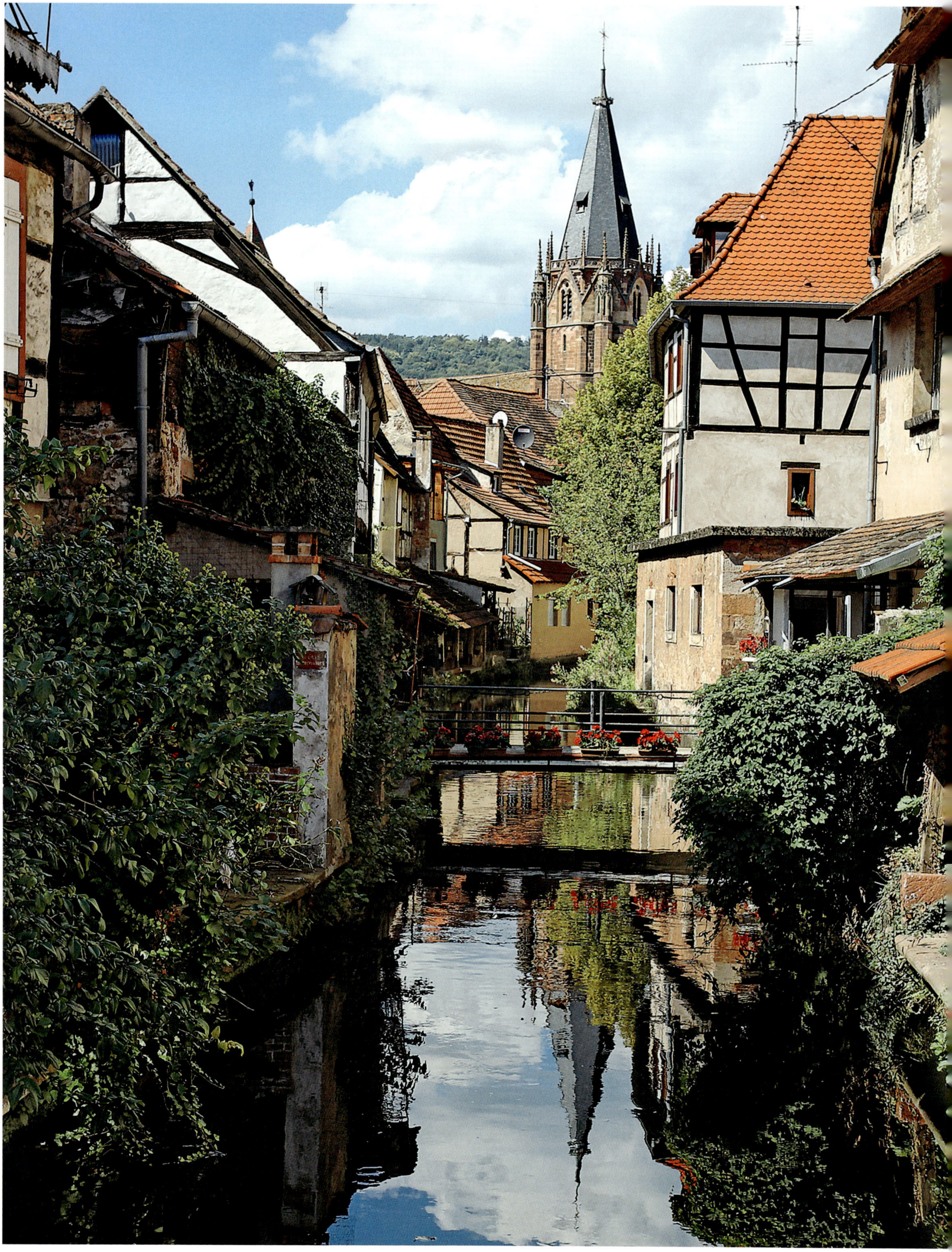

WISSEMBOURG

J'entretiens depuis plus de trente ans une histoire d'amour avec cette petite cité, la plus septentrionale d'Alsace, la plus alsacienne aussi sans nul doute, la plus fidèle à son image d'antan. Il y a là toute une région en réduction. Le quai Anselmann, les rives de la Lauter, le mince barrage qui régule son débit, le quartier de la Petite-Venise qu'on nomme ici le Schlupf, l'hôtel de ville que reproduit Hansi avec son parvis verglacé en hiver, où tous les fêtards noctambules du nouvel an se cassent joyeusement la figure dans *Mon village*.

Je n'oublie pas la maison dite de L'Ami Fritz, quai de Bitche, avec son oriel et sa façade Renaissance, où l'on tourna l'adaptation cinématographique de l'œuvre d'Erckmann-Chatrian dans les années 1930. Des remparts herbus, un donjon des Husgenossen datant de 1420, la tour dite Schartenturm, vestige d'un ancien monastère, le musée Westercamp avec ses souvenirs de la guerre de 1870, du moins à l'heure où j'écris ces lignes. Et puis le souvenir de Jeannot Kientz, qui m'attend avec un frais pichet de vin blanc en son historique Auberge du Cygne, rue du Sel.

Rien de tout cela n'a changé en trente ou trente-cinq ans. J'y venais jadis avec ma mère, voir la « vraie Alsace », celle des livres d'images, celle de l'oncle Hansi. L'Allemagne, celle du Palatinat et de la route du vin, non loin de Bad Bergzabern, commence juste là. Là où porte le regard. On ne sait plus si son vin vient d'ici ou de là. Le vignoble le plus au nord d'Alsace se trouve à deux pas : Rott, Steinseltz, Riedseltz, Oberhoffen-les-Wissembourg, Cleebourg. Les terrains à pinot gris ou noir, le Huttgasse, le Kimberg, l'Alsace méconnue, l'Alsace secrète… mais oui, c'est bien là.

Quand le grand tourisme file vers Riquewihr et le Haut Koenisgbourg, je convoque mes amis ici même. Nous allons manger une tarte flambée dans une cour intérieure cachée par le lierre, allons parler d'art avec Anne-Marie qui tient galerie rue Nationale, boire une bière, juste en face ou presque, chez Pierre Lauth au Petit Dominicain. Nous n'omettons pas de jeter un œil à la synagogue moderne, sans oublier de rendre hommage au premier domicile français de Stanislas Leszczynski, roi de Pologne en exil, qui vint ici trouver refuge en 1719 et y tint une cour modeste, avant que sa fille, la douce Marie, n'épouse Louis XV, le bien-aimé.

Le mariage fut célébré par procuration dans la cathédrale de Strasbourg, le roi (âgé de quinze ans, alors que Marie en avait vingt-deux) étant représenté par le duc Louis d'Orléans. La cour de Pologne quitta alors Wissembourg. Stanislas retrouve son trône brièvement jusqu'à ce que Louis XV lui offre le duché de Lorraine. La grande bâtisse dit hôpital Stanislas abrita le roi en exil et sa cour. C'est aujourd'hui une maison de retraite qui a gardé avec son haut toit de tuiles plates, ses fenêtres en « chiens-assis » et ses autres plus larges, une certaine grandeur.

Mais tout Wissembourg mérite la promenade lente et la visite appliquée. Ainsi la vaste maison du Sel, qui fut le premier hôpital de la ville, avec son toit immense légèrement déformé. Ou encore, bien sûr, l'église Saint-Pierre-et-Saint-Paul partiellement romane avec son monumental clocher-beffroi, sa rare chapelle-passage menant au cloître près de la salle capitulaire, sa haute tour octogonale de style gothique, son cloître majestueux, son impressionnante collection de tombes de moines et de pères-abbés.

Son tracé en rond, de ville médiévale précieusement conservé, ses ruelles, ses relais de poste comme jadis, l'Ange et le Cygne déjà cité, les salons de thé, Matern-Criqui ou Rebert avec sa façade peinte néogothique signée Malher, pour la pause sucrée, la dérive aussi, au-delà des remparts, vers une sorte de campagne intouchée, ces maisons patriciennes dont les grilles font mirer leurs jardins aux visiteurs : il y a une grâce typique de Wissembourg, qui vaut bien celle de Bruges ou de Gand en Flandres, et ne se découvre nulle part ailleurs ainsi, en Alsace.

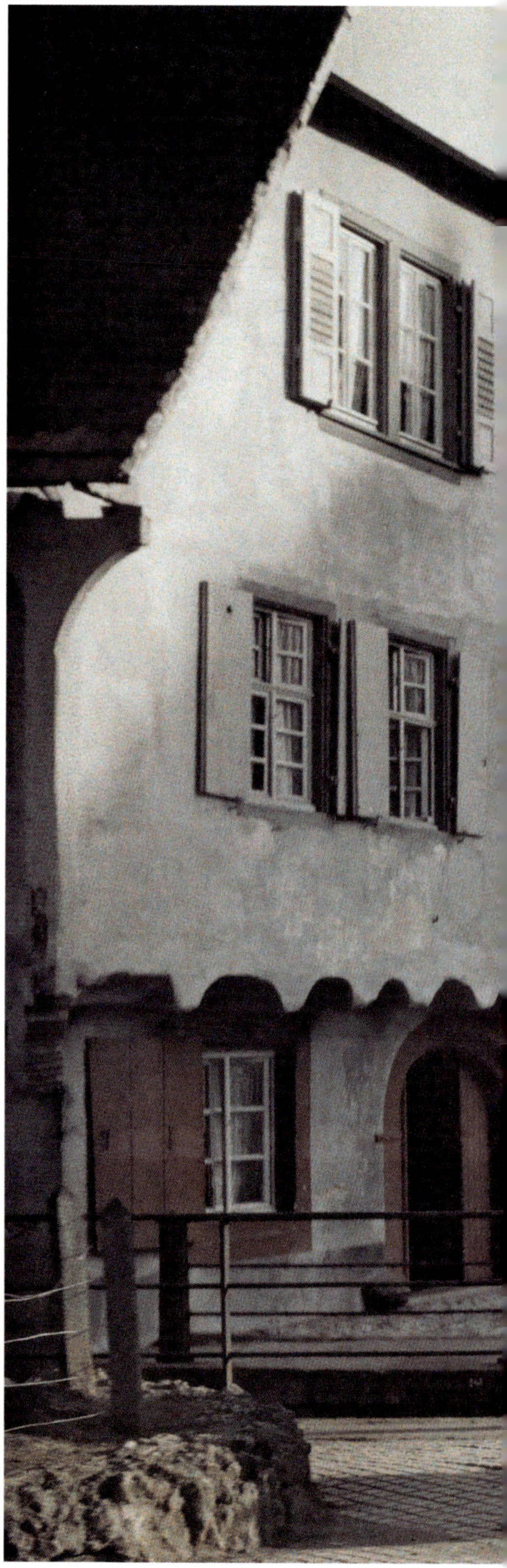

CI-DESSOUS Photo ancienne des quais de la Lauter.

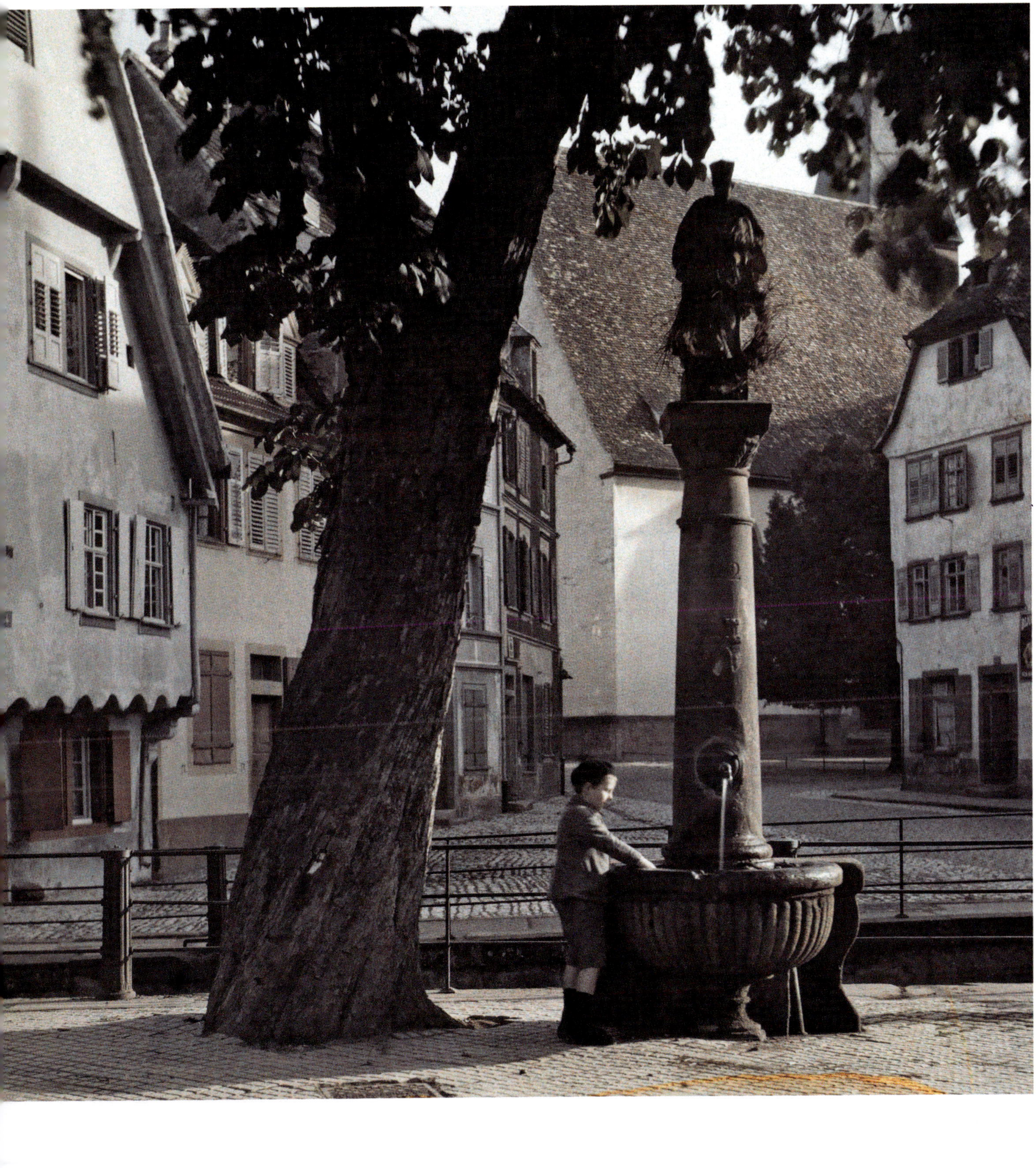

WÜRTH

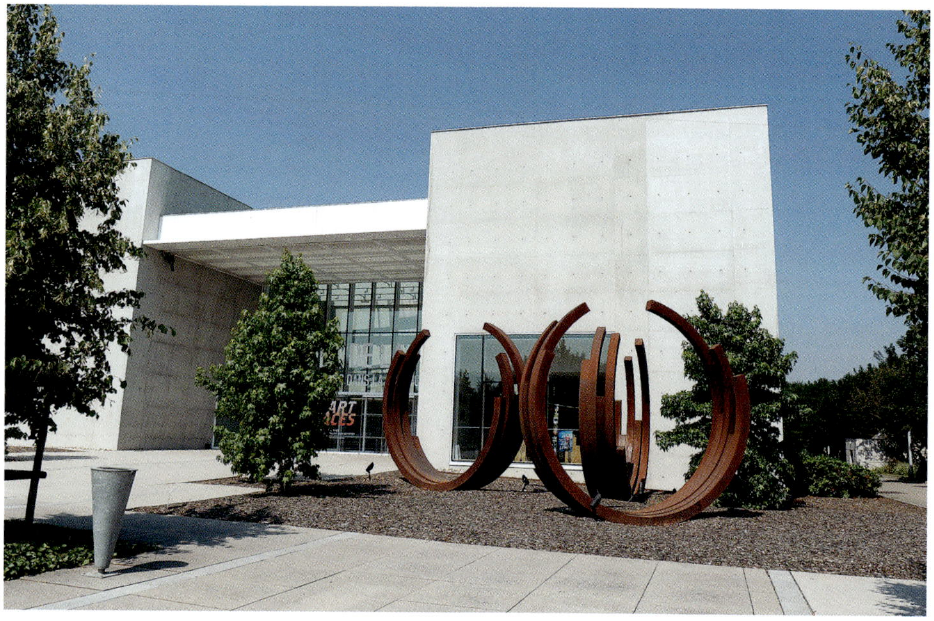

Bâle a la Fondation Beyeler, l'Alsace le musée Würth. J'allais dire : « l'incroyable musée Würth », tant sa situation, dans la zone industrielle d'Erstein, face à l'usine du même nom, a quelque chose d'insolite, voire de saugrenu. Mais il y a la logique implacable de Reinhold Würth, entrepreneur allemand de Künzelsau, dans le Land de Bade-Wurtemberg, qui reprit à dix-neuf ans la quincaillerie paternelle pour la transformer en entreprise multinationale, leader mondial des produits de fixation et d'outillages, présente dans quatre-vingt-six pays, représentant quatre cents sociétés et regroupant soixante mille collaborateurs.

Accompagner sa filiale française à l'architecture élégante et fine d'un musée conçu comme un coffre de béton laissant filtrer la lumière naturelle : voilà le travail réalisé en beauté par deux architectes d'origine lyonnaise, Clément et Jacques Vergely. Le résultat est saisissant. Mais, au-delà de la beauté du lieu, il y a les œuvres elles-mêmes qui donnent leur couleur au lieu. La collection Würth, qui se compose de douze mille pièces d'art ancien et (surtout) moderne et contemporain, se promène, en quelque sorte, entre les diverses filiales et les autres musées (douze sans celui d'Erstein), notamment en Allemagne, en Espagne, en Belgique, en Autriche, en Suisse, aux Pays-Bas et au Danemark.

Ici un Baselitz (*Donna via Venezia*) donne la main à un Anselm Kiefer (*Claudia Quinta*). Et s'il convient de ne pas confondre un Boudin (*Le Havre vu du port*) et un Pissarro (*Port du Havre, marée haute*), un Max Ernst (*Trio* ou encore *Corps enseignant pour une école de tueurs*) s'y distingue fort bien d'un Magritte (*Le Domaine enchanté*). L'étrange bonheur offert ici même ? Permettre de se balader en plein champ, de dériver vers le grand Ried, puis de découvrir cette curieuse zone d'activité, avant de céder aux plaisirs de déambuler entre deux Emil Nolde (*Fermes frisonnes*, *Trois spectateurs*), quelques Max Beckmann (*Nu avec chat*, *La Corniche*, *Paysage à Saint-Cyr-sur-Mer*), un Vasarely et un Roy Lichtenstein (*Nu sur la plage*). Sans omettre de remarquer un Klee, trois Masson (*Pasiphaé*, *Les Insectes matadors*, *Le Coquillage*), un Bonnard (*Nuages sur les toits*) et un trio de Botero (*Massacre des Innocents*, *Les Souffrances de Sor Angelica* et *Oswolt Krel*, un pastiche de Dürer).

L'éclectisme semble être la règle maison, mais avec un constant souci d'exigence et de qualité. L'expressionnisme allemand, Die Brücke ou le Blaue Reiter flirtent avec le surréalisme, le maniérisme, l'impressionnisme français et le pop'art américain. Une *Tête de christ*, de Rouault, jouxte une *Chevauchée matinale*, de Lovis Corinth. On y ajoute une machine folle de Tinguely ou un emballage de Christo. Et l'on comprend vite que ce lieu rare et intrigant, difficilement classable, inauguré en janvier 2008, où les œuvres exposées ont vocation à changer sans cesse en bousculant l'univers culturel du visiteur, soit vite devenu l'un des nouveaux lieux qui font bouger l'art à quelques pas du Rhin.

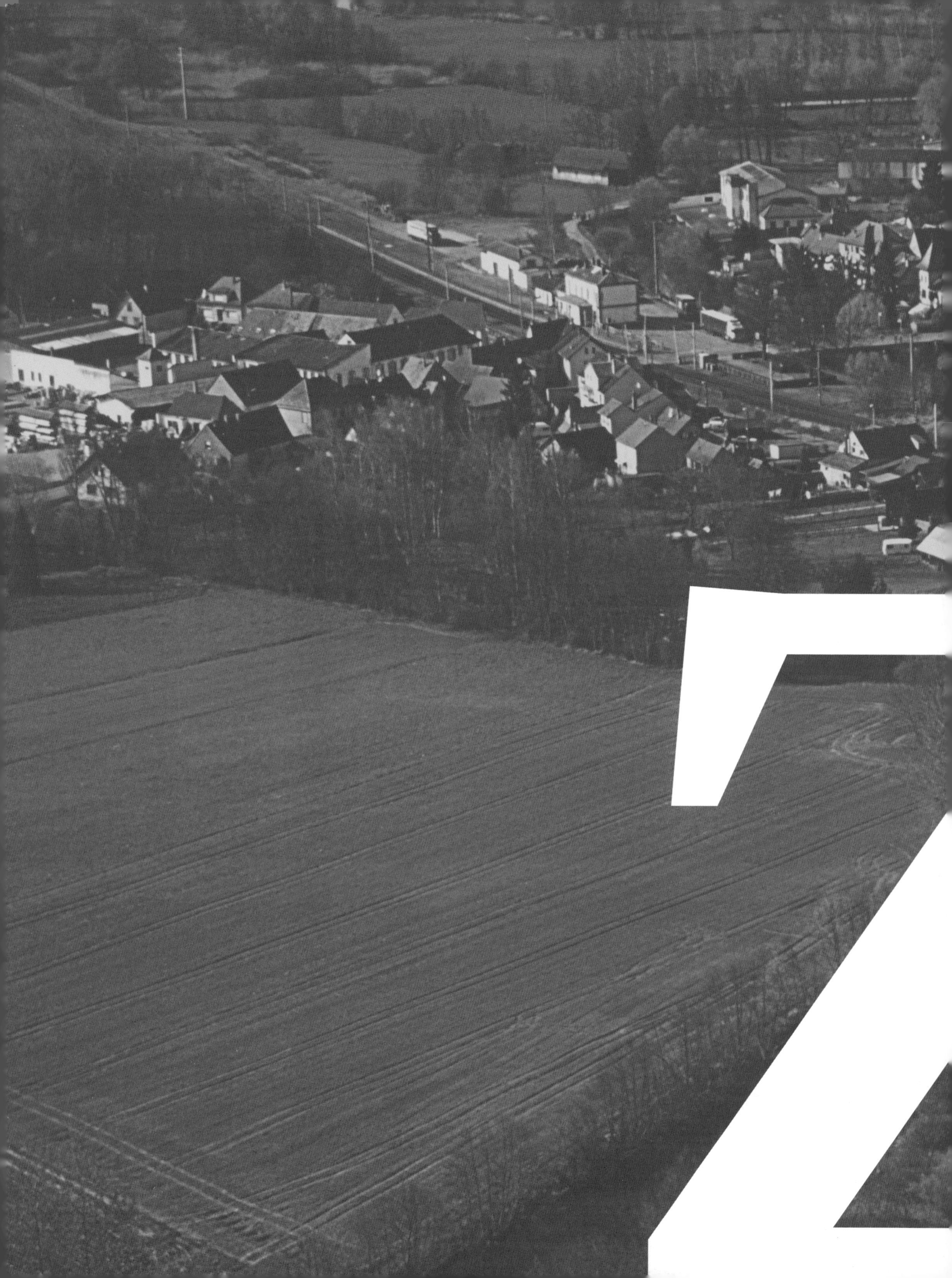

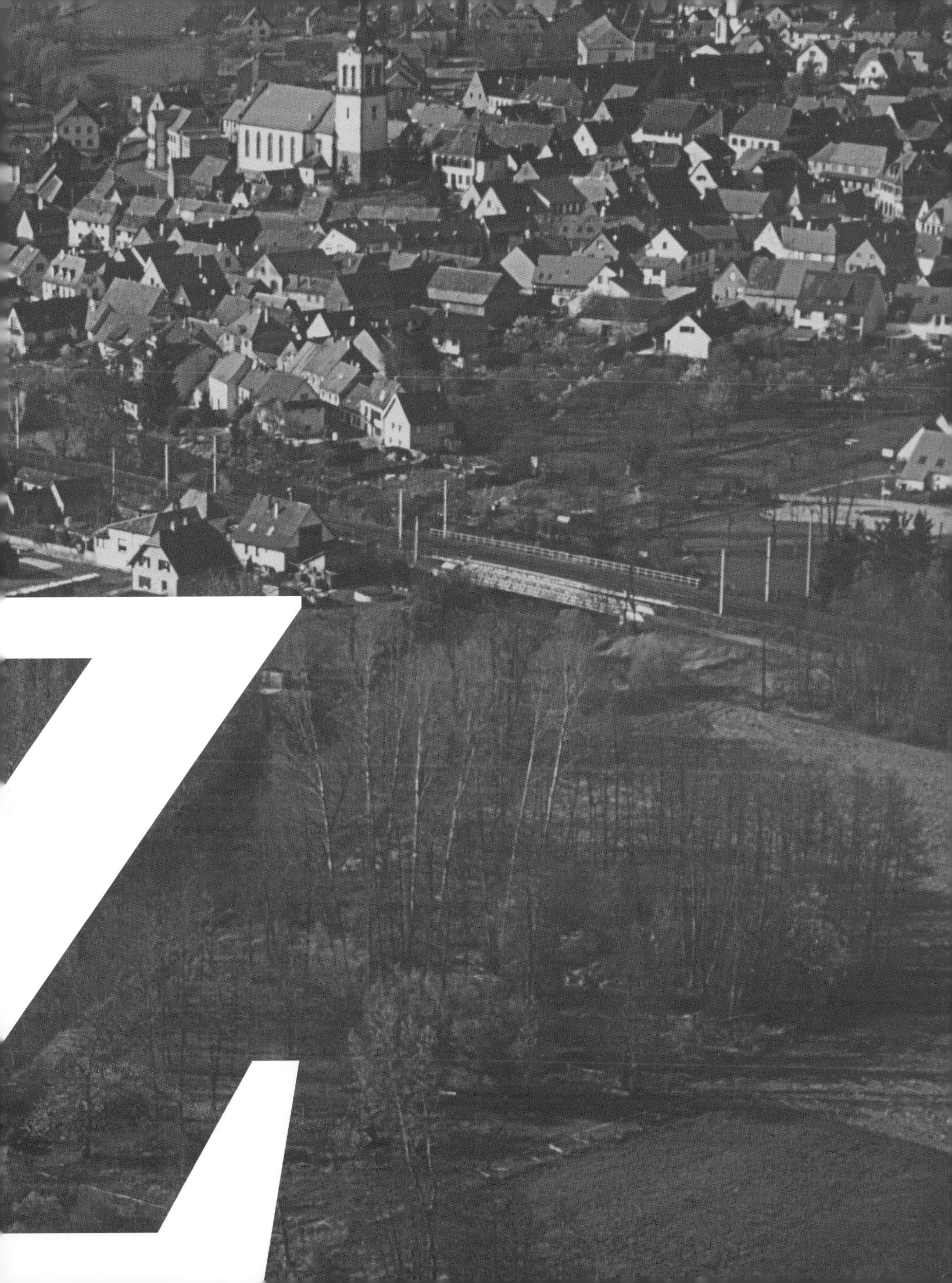
Z

CI-CONTRE La Zorn vue du château du Barr qui domine Saverne et les Vosges.

ZORN

Zorn/Sorgue : l'analogie est facile. Je pense à la rivière dont les entrelacs baignaient le bourg natal de René Char, cette Isle-sur-la-Sorgue en Vaucluse si bien nommée. « J'avais 10 ans. La Sorgue m'enchâssait. Le soleil chantait les heures sur le sage cadran des eaux », écrivait-il dans *La Parole en archipel* (1962). Doux pays d'oliviers qu'ont conquis, depuis, des nuées de brocanteurs, devenu la capitale de la chine.

La rivière, au pays où je suis, est plus discrète : elle est là comme un repère, j'allais dire une frontière. Son nom m'intrigue. *Zorn*, en allemand, c'est la colère. Rappelez-vous *Mars* de Fritz Zorn (Gallimard, 1979), ce récit poignant d'un jeune bourgeois zurichois qui contait, sous pseudonyme évident (il se nommait Fritz Angst, *Angst* comme la peur ou l'angoisse), son cancer, son mélange de désespoir, de révolte et de résignation, sa mort imminente.

Ma Zorn à moi est tout le contraire : rivière calme, ténue, flâneuse, presque terne, réputée pour sa richesse poissonneuse, notamment en salmonidés, elle coule en amont de Saverne. Ses affluents se nomment la Zinsel (du Sud), le Baerenbach, le Mosselbach et le Rohrbach. Longtemps, je l'ai confondue avec le canal de la Marne au Rhin qui la fréquente, la suit, l'épouse, puis la prolonge, notamment vers Lutzelbourg en Moselle. Là où la ligne de chemin de fer de Paris aborde franchement le vert chemin des Vosges, glissant, puis réapparaissant sous un tunnel, juste après une ruine romantique.

Viaducs, ponts, forêts la chevauchent. Elle baigne le bas des Vosges du Nord, sillonne les abords du pays de Saverne, glisse vers celui du Hanau, se faufile près du Bastberg, mouille encore le si riche Kochersberg, ondule non loin des faubourgs de Strasbourg. C'est une douce inconnue, buissonnière autant que taiseuse. Saverne, Monswiller, Steinbourg, Dettwiller, Wilwisheim, Hochfelden, Schwindratzheim, Waltenheim, où le canal qui la double donne un aspect impressionniste et portuaire au paysage, puis Wingersheim, Krautwiller, Brumath, Geudertheim, Weyersheim, Herrlisheim et Rohrwiller forment ses repères villageois. Longue de près de 100 kilomètres, elle constitue un affluent cousin de la Moder et, plus encore, un sous-affluent fluet du Rhin.

Elle copine avec le vert des Vosges, ses forêts de pins et de hêtres, le grès rose, le houblon, les champs de blé et du trop présent maïs. Elle est une rivière du Nord : douce, effacée, tendre, mais présente. Elle souligne timidement le beau paysage qui est le mien.

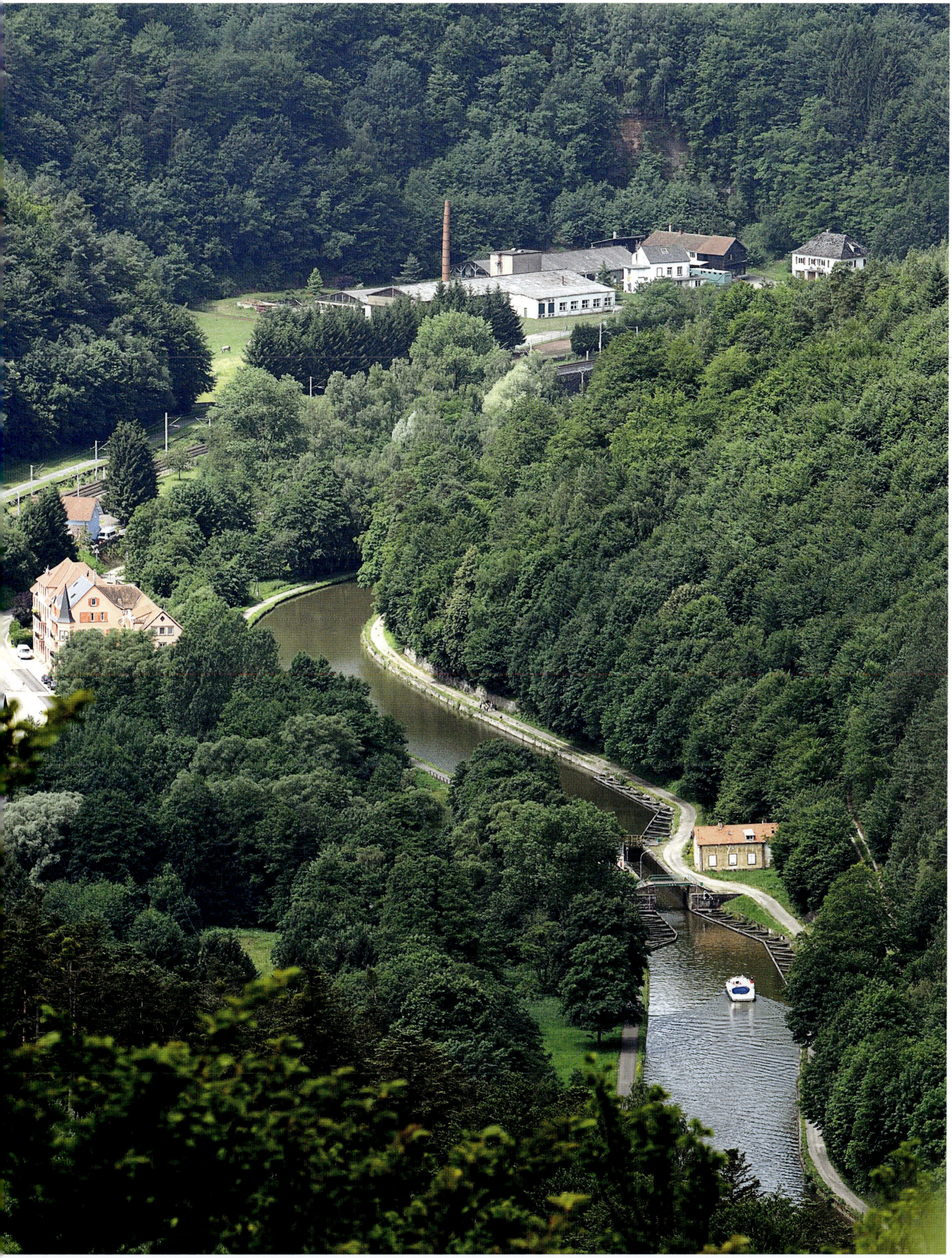

« L'Alsacien est ombrageux, susceptible, rancunier, entêté (...) il est tantôt humble, tantôt orgueilleux, tantôt confiant comme un enfant et tantôt arrogant. Ses silences qui alternent avec des accès de sincérité vous laissent confus. »

FRÉDÉRIC HOFFET

PSYCHANALYSE DE L'ALSACE

TABLE DES ENTRÉES

DU MÊME AUTEUR

CHEZ FLAMMARION

Le Devoir de Français, récit, 1984 (J'ai Lu, 2012).
L'Amour du pays, récit, 1986 (prix Maurice Genevoix, prix Jacques Chardonne).
Le Voyage de Clémence, roman, 1987.
Elles sont chefs (photos de Maurice Rougemont), 2005.
Les Plus Belles Tables de France (photos de Maurice Rougemont), 2011.
Chez Alexandrines
L'Alsace des écrivains, 2016.

CHEZ MICHEL LAFON

Le Pudlo Paris, 1999, 2000, 2001, 2002, 2003, 2004, 2005, 2006, 2007, 2008, 2009, 2010, 2011, 2012, 2013, 2014, 2015, 2016.
Le Pudlo France, 2000, 2001, 2002, 2003, 2005, 2006, 2007, 2008.
Le Pudlo Paris des Bistrots et Brasseries, 2007, 2009, 2010.
Le Pudlo Alsace, 2007, 2009, 2010, 2013, 2014, 2015.
Le Pudlo Bretagne, 2005, 2008, 2009, 2010.
Le Pudlo Lorraine, 2007, 2009.
Le Pudlo Corse, 2004, 2005.
Le Pudlo Luxembourg, 2007.
Le Pudlo Week-Ends, 2000.

CHEZ ARMAND COLIN

À quoi sert vraiment un critique gastronomique ?, 2011.

AUX ÉDITIONS DU CHÊNE

Le Tour de France gourmand (photos de Maurice Rougemont), 2014.
Maison Kammerzell (photos de Maurice Rougemont), 2014.

AUX ÉDITIONS OUEST-FRANCE

Bretagne Nouvelle Vague (photos de Jean-Daniel Sudres), 2012.
Alsace Nouvelle Vague (photos de Maurice Rougemont), 2013.
Alsace Tradition (photos de Maurice Rougemont), 2013.

AUX ÉDITIONS DE LA MARTINIÈRE

France Bistrots (photos de Maurice Rougemont), 2012.

AU MERCURE DE FRANCE

Le Goût de Strasbourg, 2006.

CHEZ GLÉNAT

Les Grandes Gueules et leurs recettes (photos de Maurice Rougemont), 2009.

AUX ÉDITIONS DU ROCHER

Comment être critique gastronomique et garder la ligne, 2004.
Le Devoir de Français, récit, 2003.

CHEZ ROBERT LAFFONT

Saveurs des Terroirs de France, avec les sœurs Scotto, 1991.

CHEZ PLON

Le Dictionnaire Amoureux de l'Alsace, 2010.
Les Chemins de la Douce France, récit, 1996.

CHEZ ATHÉO

Le Pudlo Alsace-Lorraine, 2004.

CHEZ MAZARINE/FAYARD

Le Pudlo de Paris gourmand, 1998.

CHEZ RAMSAY/MICHEL LAFON

Le Pudlo de Paris gourmand, 1995, 1996, 1997.

AUX ÉDITIONS JEAN-PAUL SCHORTGEN

Le Pudlo Luxembourg, 2002, 2005.

À LA RENAISSANCE DU LIVRE

Les Trésors gourmands de la France (photos de Maurice Rougemont), 1997.

CHEZ ALBIN MICHEL

52 week-ends autour de Paris, 1983, 1985, 1987, 1990, 1993.
52 week-ends en France, en collaboration, 1986.
La Jeune Cuisine d'Alsace, 1986.
Le Guide Pudlowski de l'Alsace gourmande, 1988, 1989, 1992, 1995.
Le Guide Pudlowski des villes gourmandes, 1989 (Gutenberg du Livre pratique).
Le Guide Pudlowski de Paris gourmand, 1990, 1991.
52 week-ends dans les Relais et Châteaux, 1991, 1994.

CHEZ ARGENTORATUM

Le Pudlo Alsace de l'an 2000, 1999.

CHEZ BUEB ET REUMAUX

Le Guide de l'Alsace heureuse, 1985.

CHEZ FRANÇOIS BOURIN

Je vous écris de Strasbourg, 1988.

EN POCHE-DNA/ÉDITIONS DE LA NUÉE BLEUE

Guide de Strasbourg gourmand, 1993.
Winstubs d'Alsace, 1994, 1996.
Paris für Feinschmecker, 1994 (en allemand).
Lorraine gourmande, 1996.

CHEZ JEAN-CLAUDE LATTÈS

Le Guide Pudlowski de Paris gourmand, 1992 (prix la Mazille), 1993, 1994.

CHEZ SEGHERS

L'Année poétique 77, anthologie, 1978.

CHEZ HOLOGRAMMES

Paris, fête gourmande, 1990.

CRÉDITS ICONOGRAPHIQUES

www.mapsofthepast.com : 6-7.

Agefotostock.com/Arco/W. Dieterich : 196-197.

AFP : Frederick Florin 266 ; Sean Gallup 139.

Bernard Chenal-Wikimedia : 127.

Chris Brooker : 125.

Coyau@WikimediaCommons : 107.

DR : 20, 22, 42-43, 52-53, 68, 82, 83, 86, 89, 97, 102-103, 111, 117, 128, 131, 132, 134-135, 140-141, 142, 147, 158, 164, 215, 217, 218, 226, 230, 246-247, 251, 259.

en.expertissim.com : 160-161

Gamma : Explorer/René Mattes 36-37 ; Hoa-Qui/ Franck Charel 38-39 /Michel Perez 162-163, 169, 177, 252-253 /Dominique Reperant 40-41 ; JAI/ Walter Bibikow 80-81 ; Jacana/Claudius Thiriet 268-269 ; Robert Doisneau/Rapho 77, 78.

Getty Images : DeAgostini 24 ; Indianapolis Museum of Art 157 ; Keystone 29 ; Universal History Archive/UIG 200-201 ; Willy's Pictures/ Ullstein Bild 73 ; Gaetan Bally 249 ; Dave Bartruff 49 ; Michael Boys 202 ; Gianni Dagli Orti 12-13 ; Grand Tour 32, 85, 209 ; Hemis/Denis Bringard 98-99, 186-187, 271 /René Mattes 14-15, 121, 181/ Bertrand Rieger 54-55, 94-95, 171, 194-195, 261/ Adam Woolfitt 34-35 ; ImageBroker/Daniel Schoenen 71, 210 ; Jai/Walter Bibikow 183 ; Richard Klune 104 ; Ocean/Bruno De Hogues 61 ; National Geographic Creative/Gervais Courtellemont 178-179, 240-241, 256-257, 265 ; robertharding/Peter Richardson 244 ; Michael Runkel 229 ; Paul Starosta 189 ; Sodapix/Bernd Schuler 262 ; The food passionates/ Kaktusfactory, Ninprapha Lippert 243 ; Jan-Peter Westermann 152.

Ji-Elle-Wikimedia : 184.

Jean-Marc Pascolo-Wikipedia : 108.

Marc Lapolla : 154-155.

Les mouettes17.eklablog.fr/Andrée Martin : 62.

Mairie de Wintzenheim-Kochersberg : 150.

Musée d'art moderne et contemporain de Strasbourg : 222-223.

Musée des beaux-arts de Strasbourg : 238.

Musée historique de Haguenau : 145.

Musées de Strasbourg, M. Bertola : 30-31.

Peter 111 -Wikimedia : 92.

Photo12/Archives Snark : 114-115.

Photononstop : C. Dumoulin 254 ; Peter Langer/ Design 235.

Picasa : 148.

RMN/Franck Raux : 122.

Roger-Viollet : CAP 74-75 ; Neurdein : 16-17.

Maurice Rougemont : 46, 56.

Rue des archives : 199, 212-213 ; Agip 58 ; NYC/ Granger 44 ; Louis Monier 101 ; Tallandier 65.

Sipa : Collection Yli 66 ; Superstock 136-137, 190-191.

Tomi Ungerer/Musées de Strasbourg/ Diogenes Verlag : 246-247.

tourismeenfrance.com : 192.

Claude Truong-Ngoc : 174.

Frantisek Zvardon : 206

www.colmar.fr : 117.

www.liveauctioneers.com : 158